国際貿易紛争処理の法的課題

国際貿易紛争処理の法的課題

阿部克則・関根豪政　編著

は し が き

　国際貿易紛争処理は，1995 年の世界貿易機関（WTO）発足以来，WTO 紛争処理手続を中心に展開されており，多くの貿易紛争が WTO ルールに基づいて，法的に処理されてきた。また近年は，自由貿易協定（FTA）/経済連携協定（EPA）にも紛争処理手続が盛り込まれることが一般化している。これらは，国際紛争処理の司法化の流れの一部を構成するものであり，貿易紛争の解決に大きく貢献してきたと言えよう。例えば WTO 紛争処理制度は数多くの事件を処理してきており，2019 年 6 月時点で事件番号は 600 に迫っているが，それは司法的に貿易紛争を処理することの実効性が各国に評価されていることの証左と考えられる。

　このような国際貿易紛争処理制度の活用は，同制度の手続法的側面における発展につながった。WTO 紛争処理手続の根拠法である「紛争解決に係る規則及び手続に関する了解」（DSU）は，「関税及び貿易に関する一般協定」（GATT）に比べれば各種手続規定を整備したものの，その内容は国際司法裁判所等の国際裁判所の規程・規則に比べれば簡略なものにとどまる。そのため，パネル・上級委員会は，その審理の過程で発生する様々な手続法的問題に対して解釈を求められてきた。その例が，DSU に明示の規定がない先決的抗弁や拡大第三国の権利の問題，また，履行確認手続の導入により新たに発生した「妥当な期間」概念の意味や履行パネルの管轄事項の問題である。パネル・上級委員会はそうした手続法的論点について判断を積み重ねてきたが，実体法的論点に比べ，実務的に関与している関係者以外からの関心は強くない論点が多く，学術研究の対象とはあまりならない傾向にあった。

　本書は，上記のような背景の下で行われた阿部・関根・小寺の 3 名による共同研究（科研費（基礎研究（C）：「国際貿易紛争処理制度の手続法的発展」2015 年〜2017 年，研究代表者：阿部克則　課題番号 15K03142））の成果が基礎となっている。我々の共同研究では，あえて手続的側面に焦点を当てて多角的に分析を行った結果，多くの成果を得ることができた。本書の第 1 部には，それらの成果と，本書の趣旨に賛同した平見の寄稿を加えたものを収録した。そこで分析

v

はしがき

した諸問題は，いずれも国際貿易紛争処理の日々の実務にとって重要なものであると同時に，理論的にも，紛争処理手続の目的や正統性に密接にかかわるものである。

他方で国際貿易紛争処理は，現在，岐路に差し掛かっている。米国は，WTO の紛争処理制度の「生みの親」とも言え，同制度を活発に利用してきたが，現在では極めて批判的な姿勢をとっている。その象徴とも言えるのが，上級委員会委員の任命問題である。米国は，上級委員会が DSU に規定されている通りに行動していないと批判し，任期が満了した上級委員の後任の選出をことごとく拒否している。このまま米国のスタンスが変わらなければ，2019 年末には現職の上級委員は 1 名になってしまうことが予想されており，仮にそれが現実化すれば，上級委員会は完全に機能不全に陥ると同時に，上訴手続を前提としたパネル手続も深刻な影響を受ける可能性が高い。

そこで本書には，このような危機的状況の発生を受けて，WTO 紛争処理が抱えるいくつかの制度的課題を分析する諸論文も収録することとした（本書の第 2 部）。そこには，平見に加えて外務省で実務に携わる堀見の寄稿も含め，また，2018 年からスタートした共同研究（科研費（基盤研究 (B)：「国際経済紛争処理手続の比較法的分析」2018 年〜2021 年，研究代表者：阿部克則　課題番号 18H00799））の成果の一部も加えた。WTO 紛争処理手続を巡る制度的問題は多岐にわたるため，すべてを網羅的に扱うことはできなかったが，今後の方向性やあり得る対応策等を提示することを試みた。

現在，国際貿易紛争処理を巡る状況は極めて流動的で混沌としており，それらに適切に対処できる論稿を書き上げることには困難を伴ったが，他方で，そうした状況を静観して筆を止めるべきではないと考え，本書を上梓するに至った。どのような形であれ，WTO や FTA による紛争処理の必要性は今後も変わることはないと思われる。本書が将来に向けて，国際貿易紛争処理の法的課題を解決するために少しでも貢献できれば幸いである。

最後に，本書の刊行を後押ししていただいた東京大学の中谷和弘先生，そして出版を快く引き受けていただいた信山社の袖山貴氏，稲葉文子氏，今井守氏に心から感謝申し上げたい。特に今井氏には，本書の企画から刊行まで，大変にご尽力いただいた。また，本書に収録した諸論稿を執筆するにあたっては，外務省の国際経済紛争解決研究会のメンバーをはじめとする多くの研究者・実務家の方々から有益なコメントやアドバイスを得ることができた。すべての方

はしがき

のお名前を明記することはできないが，これらの方々にも心から御礼申し上げる次第である。そして本書の刊行には，令和元年度学習院大学研究成果刊行助成金の支給を受けた。貴重な支援をいただいた学習院大学にも記して感謝申し上げる。

2019 年 6 月

阿部克則・関根豪政

目　　次

は し が き（v）

◆ 序　　章 ◆ ─────────────────────────
国際貿易紛争処理の現状と本書の意義・構成
　　……………………………………… 阿部克則・関根豪政 …3

Ⅰ　国際貿易紛争処理の司法化と手続法的問題の生起（3）
Ⅱ　WTO 紛争処理制度の危機（5）
Ⅲ　WTO 紛争処理制度の危機下での研究の意義と本書の構成（7）

■ 第1部　国際貿易紛争処理における手続法的発展と課題 ■

◆ 第1章 ◆ ─────────────────────────
WTO 紛争処理手続におけるパネル設置要請と先決的抗弁
　　………………………………………………… 阿 部 克 則 …15

Ⅰ　は じ め に（15）
Ⅱ　特定の措置の明示（18）
Ⅲ　法的根拠の明示（29）
Ⅳ　防御権の侵害（37）
Ⅴ　協議要請に明示されなかった措置又は法的根拠（42）
Ⅵ　お わ り に（43）

ix

目　次

◆ 第 2 章 ◆

「複数の被申立国」手続の可能性とその法的対応

……………………………………………… 関 根 豪 政 …*47*

Ⅰ　序：貿易紛争における「複数の被申立国」手続の議論の必要性（*47*）

Ⅱ　「複数の被申立国」が惹起される場面（*48*）

Ⅲ　WTO 法における「複数の被申立国」の手続（*51*）

Ⅳ　我が国民事訴訟法における訴訟参加（*54*）

Ⅴ　手続外の加盟国が被申立国等として手続に加入することの可否（*62*）

Ⅵ　協議段階と共同被申立国（*72*）

Ⅶ　DSU 改正交渉（*74*）

Ⅷ　お わ り に（*75*）

◆ 第 3 章 ◆

WTO 紛争処理における measure 概念の展開
──国際通商における「法の支配」の射程──

……………………………………………… 平 見 健 太 …*79*

Ⅰ　問題の所在（*79*）

Ⅱ　measure 概念の不明瞭性（*81*）

Ⅲ　概念の明確化（*86*）

Ⅳ　概念の柔軟性・広範性が有する実践的含意（*97*）

Ⅴ　結　論（*102*）

◆ 第 4 章 ◆

拡大第三国権利の概念の形成と展開

……………………………………………… 関 根 豪 政 …*105*

Ⅰ　は じ め に（*105*）

Ⅱ　通常の第三国権利及び拡大第三国権利（*107*）

Ⅲ 拡大第三国権利の要求ないし付与の動機 （*114*）

Ⅳ DSU 交渉における議論 （*146*）

Ⅴ FTA における限定的だが有益な取り組み （*151*）

Ⅵ 拡大第三国権利に内在する問題 （*157*）

Ⅶ 司法的機関の慎重性と政治的な意思の調和 （*161*）

Ⅷ お わ り に （*164*）

◆ 第5章 ◆ ─────────────────────────

WTO 紛争処理制度と「妥当な期間」
──履行過程における時間の制度的統制──

……………………………………………… 小 寺 智 史 …167

Ⅰ 序 （*167*）

Ⅱ 国際紛争処理における時間 （*169*）

Ⅲ WTO 紛争処理制度における RPT の決定過程──紛争当事者間
の合意による RPT 決定 （*175*）

Ⅳ WTO 紛争処理制度における RPT 仲裁決定の法理 （*182*）

Ⅴ 結 （*189*）

◆ 第6章 ◆ ─────────────────────────

WTO 履行パネルの管轄事項

……………………………………………… 阿 部 克 則 …195

Ⅰ は じ め に （*195*）

Ⅱ 履行措置と宣言されていない新たな措置に関する請求 （*198*）

Ⅲ 原審手続時と変わっていない措置で，DSB 勧告・裁定の対象
ではないものに関する請求 （*207*）

Ⅳ 補助金協定第7.8条との関係 （*215*）

Ⅴ お わ り に （*218*）

目　次

◆ **第7章** ◆ ─────────────────────

国家間貿易紛争処理手続の公開

……………………………………………… 関 根 豪 政 …*221*

　Ⅰ　は じ め に（*221*）

　Ⅱ　手続公開の法的根拠（*223*）

　Ⅲ　手続公開の理論的背景（*225*）

　Ⅳ　手続公開に関する法的議論の限界と立法的対応（*239*）

　Ⅴ　FTA 紛争解決制度における手続の公開（*246*）

　Ⅵ　お わ り に（*257*）

◆ **第8章** ◆ ─────────────────────

CAFTA-DR 紛争処理手続におけるパネル設置要請と先決的抗弁

……………………………………………… 阿 部 克 則 …*261*

　Ⅰ　は じ め に（*261*）

　Ⅱ　CAFTA-DR 紛争処理手続の概要と仲裁パネル設置要請の要件
　　（*262*）

　Ⅲ　エルサルバドル－関税待遇事件における先決的抗弁（*266*）

　Ⅳ　グアテマラ－労働事件における先決的抗弁（*269*）

　Ⅴ　WTO 紛争処理手続における先決的判断との比較（*274*）

　Ⅵ　お わ り に（*282*）

■ 第2部　国際貿易紛争処理の制度的課題 ■

◆ **第9章** ◆ ─────────────────────

WTO 上級委員会検討手続第 15 項をめぐる諸問題
　　──退任上級委員に関する移行規則はどうあるべきか──

……………………………………………… 阿 部 克 則 …*285*

　Ⅰ　は じ め に（*285*）

xii

目　次

Ⅱ　国際裁判所における退任裁判官に関する移行規則 (*289*)

Ⅲ　退任上級委員に関する移行規則と上級委員会の規則定立権限 (*295*)

Ⅳ　上級委員に関するいかなる移行規則が望ましいか？ (*302*)

Ⅴ　お わ り に (*306*)

◆ 第 10 章 ◆ ────────────────────────────

WTO 紛争処理と司法抑制

──不均衡な制度構造を背景とした紛争処理機能の再定位──

……………………………………………… 平 見 健 太 …309

Ⅰ　は じ め に (*309*)

Ⅱ　WTO の制度構造の特質 (*310*)

Ⅲ　司法抑制の可能性 (*320*)

Ⅳ　お わ り に (*332*)

◆ 第 11 章 ◆ ────────────────────────────

安全保障例外条項と紛争処理の限界

──司法判断適合性の観点から──

……………………………………………… 堀 見 裕 樹 …335

Ⅰ　は じ め に (*335*)

Ⅱ　ロシア−通過運送事件(DS512)における GATT 第 21 条に関する議論 (*338*)

Ⅲ　他の経済関連条約の安全保障例外条項に関する事例 (*350*)

Ⅳ　若干の考察 (*355*)

Ⅴ　お わ り に (*359*)

xiii

目　次

◆ 第 12 章 ◆

紛争解決機関(DSB)の機能の再検討
　── DSB は WTO 紛争解決手続の正統性の付与にいかに
　　寄与しうるか ──
　　…………………………………………… 関 根 豪 政 …361

　Ⅰ　は じ め に（361）
　Ⅱ　紛争処理に携わる政治的機関の機能と限界（363）
　Ⅲ　パネル及び上級委員会と DSB の関係性（368）
　Ⅳ　DSB の「司法による法創造」への関与（371）
　Ⅴ　お わ り に（384）

◆ 終　章 ◆

WTO 上級委員会問題と各国の改革提案の動向
　………………………………………… 阿部克則・関根豪政 …387

　Ⅰ　米国が指摘する上級委員会の問題点（387）
　Ⅱ　EU・中国・インド等による共同提案（393）
　Ⅲ　その他各国による共同提案（396）
　Ⅳ　DSU 第 25 条仲裁の利用（400）
　Ⅴ　お わ り に（402）

〈執筆者紹介〉（掲載順）

＊は編者

＊阿 部 克 則（あべ・よしのり）

1972 年生まれ。1998 年東京大学大学院総合文化研究科修士課程修了。修士（学術，東京大学）。2007 年ケンブリッジ大学 LLM 課程修了。修士（法学，ケンブリッジ大学）。千葉大学法経学部助手・助教授等を経て現在，学習院大学法学部教授。外務省経済局国際経済紛争処理室主任調査員を兼務。

＊関 根 豪 政（せきね・たけまさ）

1981 年生まれ。2013 年慶應義塾大学大学院法学研究科博士課程修了。博士（法学，慶應義塾大学）。日本学術振興会特別研究員 (PD) を経て現在，名古屋商科大学経済学部教授。

平 見 健 太（ひらみ・けんた）

1984 年生まれ。2017 年早稲田大学大学院法学研究科博士課程単位取得退学。博士（法学，早稲田大学）。現在，東京大学社会科学研究所・日本学術振興会特別研究員 (PD)。

小 寺 智 史（こでら・さとし）

1979 年生まれ。2010 年中央大学大学院法学研究科博士後期課程単位取得満期退学。修士（法学，中央大学）。エクス＝マルセイユ大学客員研究員等を経て現在，西南学院大学法学部教授。

堀 見 裕 樹（ほりみ・ひろき）

1981 年生まれ。2010 年東北大学大学院法学研究科博士課程後期 3 年の課程修了。博士（法学，東北大学）。東北大学大学院法学研究科助教等を経て現在，外務省経済局国際経済紛争処理室調査員。

国際貿易紛争処理の法的課題

序　章

国際貿易紛争処理の現状と本書の意義・構成

阿部克則・関根豪政

I　国際貿易紛争処理の司法化と手続法的問題の生起

　周知のように WTO 紛争処理手続は，GATT 時代の紛争処理手続に比べ，司法裁判に近い準司法的制度（quasi-judicial system）となったことが特徴である[1]。GATT 時代におけるパネル報告書は，GATT 締約国のコンセンサスにより採択されるとされていたため，紛争当事国のうち報告書に不満を持つ当事国（通常は敗訴国）が反対すれば，採択することができなかった。しかし WTO 紛争処理手続においては，ネガティブ・コンセンサス方式に基づいて報告書採択の決定が行われるため，全ての WTO 加盟国が採択に反対しない限り，紛争解決機関（DSB）において報告書は採択されるようになった。また，WTO においてはパネル報告書に対する上訴手続が導入され，上級委員会が設立された。上級委員会は，WTO 協定の統一的な解釈を行い，「WTO 法」の発展に大きな役割を果たしてきた。他にも，WTO においては，履行確認手続や対抗措置承認手続が導入され，パネル・上級委員会報告に基づく紛争解決機関の勧告の履行確保が図られることとなった。

　こうした WTO 紛争処理手続は，実際の運用を通じて，本来想定されていたよりもさらに司法化され裁判的手続に近づいていった。とりわけ上級委員は，ICJ 等の国際裁判所と大差ない司法機関の一員として自らを認識するように

---

(1)　岩沢雄司『WTO の紛争処理』（三省堂，1995 年）210-212 頁；Isabell Van Damme, *Treaty Interpretation by the WTO Appellate Body*（Oxford University Press, 2009）, p. 157.

なったと言われる[2]。元上級委員の Georges Abi-Saab は，WTO 設立 10 周年を記念した書籍の中で，司法的機能を付与されて創設された機関はさらなる司法化に向かって発展していくものであり，「発足後 10 年間における上級委員会の解釈手法は，自らを司法機関として常に肯定するものであった」と述べた[3]。そして，WTO におけるラウンド交渉の失敗により立法的機能が停滞すると，WTO 加盟国は，紛争解決制度を通じたルール・メイキングを試みるようになり，それに応える形での上級委員会による「司法立法」の動きが見られるようになった[4]。

かかる司法積極主義的な傾向は，先決的抗弁やアミカス・ブリーフ，パネル・上級委員会審理の公開といった WTO 紛争処理制度の手続法的問題の処理についても同様であった[5]。元来，それらの手続法的問題について DSU は，簡略な規定を置くのみか，あるいは全く規定していない場合もあった。WTO 紛争処理制度が国際裁判として設計されていなかった以上，ICJ 等の国際裁判所における規程・規則のような詳細な定めが存在しないことは当然であろう。しかし，紛争解決了解（DSU）改正交渉が難航し，立法的な対応が進まないことを受けて，「裁判所」的に機能し始めたパネル・上級委員会が，それら「訴訟法」についても必要に迫られて整備していったのである。このような背景の下，2014 年に我々が研究計画を立案した当初の問題意識は，WTO を中心とし，FTA の紛争処理手続にも広がる司法化の流れの中で生ずる，数多くの手続法的問題に焦点を当てて，深い分析を行う必要があるというものであったことは本書のはしがきでも述べた通りである。

---

(2) Van Damme, *supra* note 1, p. 158.

(3) Georges Abi-Saab, "The Appellate Body and Treaty Interpretation," in Giorgio Saceredoti, et al. (eds.), *The WTO at Ten: The Contribution of the Dispute Settlement System* (Cambridge University Press, 2006), p. 456.

(4) Cosette D. Creamer, "From the WTO's Crown Jewel to its Crown of Thorns," *AJIL Unbound*, Vol. 113 (2019), pp. 51-55. doi:10.1017/aju.2019.1, 間宮勇・荒木一郎「WTO のルール・メイキング——過去 20 年間の活動を振り返って」日本国際経済法学会年報 25 号（2016 年）12 頁以下。

(5) Van Damme は，上級委員会が「裁判所」だと性格づけることができるのであれば，様々な手続法的問題についても決定することができる「固有の権限(inherent powers)」が上級委員会には認められると論ずる。Van Damme, *supra* note 1, pp. 168-207.

II　WTO 紛争処理制度の危機

　司法的な WTO 紛争処理制度の運用は，基本的には高く評価され，紛争付託件数が 400 に達した 2009 年に，前 WTO 事務局長の Pascal Lamy は，「紛争処理制度は WTO の王冠の宝石（the jewel in the crown）と広くみなされている」とまで評したが[6]，その役割が拡大していくことに対しては懸念も示されていた[7]。特に米国は，2005 年の時点で既に，パネル・上級委員会はWTO 協定に存在する「意図的な曖昧さ（constructive ambiguity）」を無視して，「司法立法（gap-filling）」を行うべきではないと，DSU 改正交渉において主張しており[8]，一連のゼロイング紛争や，中国の国有企業関連補助金紛争における上級委員会の解釈に対しても，同様の批判を行っていた[9]。

　そして，2016 年以降，WTO 紛争処理制度を巡る状況は急速に変化し，とりわけ上級委員会は現在危機に直面している。事の発端は，直接的には，2016 年 5 月に韓国出身の上級委員であった Seung Wha Chang の再任を米国が拒否したことであった[10]。このとき米国は，同委員の影響により上級委員会報告書に紛争解決に不要な傍論が数多く含まれていることを，再任拒否の理由とした。さらに政権交代後の 2017 年 8 月には，米国は上級委員会検討手続第 15 項の存在とその運用を理由に，新しい上級委員の任命を拒否するようになった（いわゆる Rule15 問題）。この経緯の詳細は本書の第 9 章に譲るが，退任上級委員が任期満了後も長期にわたり審理に参加していること，及び，その根拠となる上級委員会検討手続第 15 項を加盟国ではなく上級委員会自らが策定したことが，米国の批判の根拠であった。そしてその後米国は，上級委員会批判を本格化させ，上級委員会が報告書発出期限（いわゆる 90 日ルール）を遵守していないことや，DSU に定めのない先例拘束性を主張していること，事実問題で

---

(6)　WTO Press Release, WTO Disputes Reach 400 Mark, Press/578（6 November 2009），https://www.wto.org/english/news_e/pres09_e/pr578_e.htm

(7)　Van Damme, *supra* note 1, pp. 6-7.

(8)　Communication from the United States, TN/DS/W/82/Add.1 and Corr.1.

(9)　"Chapter I - The President's Trade Policy Agenda" in *2018 Trade Policy Agenda and 2017 Annual Report*, p. 23, https://ustr.gov/about-us/policy-offices/press-office/reports-and-publications/2018/2018-trade-policy-agenda-and-2017.

(10)　Minute of Meeting, WT/DSB/M/379, paras. 6.2-6.10.

ある加盟国の国内法の意味内容を解釈していること等，論点を拡大させている[11]。

　そのため，2017年以降，任期切れとなった上級委員の後任の選出，及び，1期目の任期が終了した上級委員の再任は，米国の拒否により全て進んでいない。これは，上記の手続がいずれもDSU第2条4項の規定に基づいて，DSBにおけるコンセンサスで行わなければならないからである。その結果，上級委員会の定数が7名のところ，現職の委員は2018年9月から3名のみとなり，このまま補充がなされなければ2019年12月には1名となる可能性が高くなっている。上級委員会は，3名の委員により1つの事件を審理するとされているので（DSU第17条1項），2019年12月までは機能するが，1人でも欠けると（例えば，DSU第17条3項で言う「自己の利益との衝突」があり得るような案件に直面すると）たちまち機能停止となってしまう。

　また，上級委員会が機能不全となった場合でも，パネルの設置は可能だが，DSU第16条4項により，パネル報告が採択されるのは，紛争当事国が「上級委員会への申立ての意思」を示さない場合である。よって例えば，パネル報告書に不満を持つ紛争当事国が上訴の通知をした場合，上級委員が3名に満たず審議が行われないという事態が生ずると，パネル報告書は採択もされないことになり，事実上，パネル報告書の採択をブロックすることが可能となる。これは，コンセンサス方式をとっていたGATT時代への逆戻りも意味しうる。

　こうした結果を招きかねない米国の強硬な姿勢に対しては，EUをはじめとする多くのWTO加盟国が強く批判をしているが，米国の態度はかたくなであり，上級委員任命プロセスの開始に同意する兆しはない。そこでかかる状況を打破するため，WTOの一般理事会の下で，上級委員会問題を議論するための非公式会合が2019年1月から開始された[12]。在ジュネーブのニュージーランド大使David Walkerが議長を務める同会合は，Walker Processと呼ばれ，本稿執筆中の2019年6月時点においても進行中である。このプロセスを全体としてみれば，上級委員会を批判する米国と，逆に上級委員会を擁護するEUや中国等の多くの加盟国とが対立しており，日本や豪州はその中間に位置して妥協点を探ろうとしている構図が形成されている[13]。Walker Processの帰趨

---

(11)　"Chapter I - The President's Trade Policy Agenda" *supra* note 9, pp. 22-28.

(12)　General Council Chair appoints facilitator to address disagreement on Appellate Body, https://www.wto.org/english/news_e/news19_e/gc_18jan19_e.htm

は未だ不透明であるが，米国とEU等との対立は，WTO紛争処理手続を司法裁判的に理解するEU等と，司法裁判ではない紛争解決のための手続と理解する米国との間に存在する根本的な考え方の違いが背景にあると考えられる。そのため，この対立は簡単には解消できない様相を呈している[14]。

Ⅲ　WTO紛争処理制度の危機下での研究の意義と本書の構成

このような状況を踏まえると，WTO発足以来，司法化の流れの中で形成されてきた手続法的発展に関する研究は，現状を踏まえていない無意味なものとの批判を受けるかもしれない。しかしながら，WTO紛争処理手続は，依然として多くのWTO加盟国から支持されており，上級委員会が機能停止しそうな現状を見て，直ちにWTOの紛争処理手続を分析する意義は失われたと結論づけることは早計と言えよう。終章で言及するように，仮に上級委員会が機能停止した場合には，DSU第25条が規定する仲裁手続を活用しようとするアイディアもある。また，もし米国で政権交代があれば，米国の態度が一変する可能性も否定できない。それゆえに，従来のWTO紛争処理に関する手続法的分析は，依然として有用であろう。さらに言えば，多くのFTAの紛争処理手続は，WTOの紛争処理手続をモデルとしており，WTOにおける手続法の発展は，FTAに対して示唆を与える側面もある。このような観点から，本書の第1部（「国際貿易紛争処理における手続法的発展」）には，WTOのパネル・上級委員会により形成されてきた手続法理に関する論稿を中心に収録した。

他方で，米国が提起する問題は，WTO紛争処理制度のあり方の根幹に関するものである。ドーハラウンドの挫折に見られるように，WTOにおける多角的貿易交渉が十分な結果を出せず立法的な機能が停滞する中，パネル・上級委員会による司法積極主義の功罪がこれまでにも指摘されてきた[15]。また，

---

(13)　これらの点について詳しくは，本書の終章を参照。

(14)　なお，WTO紛争処理手続がGATTのそれより司法化されたとは言え，依然として「裁判的側面」と「調停的側面」があることは，WTO設立時点から指摘されていた。例えば，岩沢・前掲注(1)211頁；奥脇直也「国際調停制度の現代的展開」立教法学50巻（1998年）76頁を参照。

(15)　例えば，以下の文献を参照。Richard H. Steinberg, "Judicial Lawmaking at the WTO: Discursive, Constitutional, and Political Constraints," *American Journal of International Law*, Vol. 98, No. 2 (2004), pp. 247-275; Joost Pauwelyn, "Treaty Interpretation

WTO協定の運用を担う各種理事会・委員会の行政的な機能も十分に活用されず，紛争処理制度に多くの問題が持ち込まれる傾向もあった。そのため，WTO紛争処理手続が目下直面している課題を検討するにあたっては，パネル・上級委員会を見ているだけでは不十分であり，DSBや他の理事会・委員会等，WTOシステム全体の中で，制度論的に分析することも必要であろう。そこで本書の第2部（「国際貿易紛争処理の制度論的課題」）は，WTO紛争処理手続を巡る現状を踏まえて，その制度論的課題を分析した論稿から構成することとした。

　より詳細な本書の構成は以下の通りである。まず第1部では，国際貿易紛争処理における手続法の発展について，全8章を通じて分析した。

　第1章では，WTOのパネル設置要請に対して提起されることが一般的となった先決的抗弁について分析している。迅速な審理が要求されるWTO紛争処理手続においては，手続の当初に，パネル設置要請において紛争の範囲を画定することが重要であるが，パネル設置要請に瑕疵がある場合，紛争の範囲が画定できない。そうした場合に被申立国が提起する先決的抗弁をどのように判断すればよいのか，パネル・上級委員会が示してきた法理を考察した。

　第2章では，貿易の一層の複雑化を受けて，WTOの紛争処理手続において複数の被申立国が存在する事例が出現する可能性と，それに対処する方策について検討している。その際，我が国の民事訴訟法を参考にしつつ，WTOにおける被申立国の参加の実現性とそれに向けた課題を考察した。これは，第4章の拡大第三国権利研究の延長線上にもある研究であり，拡大的な第三国権利は，第三国として参加するWTO加盟国の利害関係が大きいからこそ認められるということであれば，利害関係がさらに深い場合の紛争処理手続への参加形態が問題となる。

　第3章では，WTO紛争処理手続のプロセス全体を貫く鍵概念でありながらも，これまで十分な研究がなされてこなかった「措置（measure）」の概念が分析対象となる。measureとは，同手続において審理の対象となる加盟国の行為を指すDSU上の概念であり，このmeasureに該当する行為のみが審理を通

---

or Activism?: Comment on the AB Report on United States - ADs and CVDs on Certain Products from China," *World Trade Review*, Vol. 12, No. 2 (2013), pp. 240-241; Amrita Bahri, "'Appellate Body Held Hostage': Is Judicial Activism at Fair Trial?," *Journal of World Trade*, Vo. 53, No. 2 (2019), pp. 293-316.

じてその協定整合性を問われることになる。それゆえ，この measure 概念の実質と射程を明らかにすることは，WTO 紛争処理手続の俎上に載りうる事象の範囲を明らかにすることを意味し，ひいては同手続が国際通商における「法の支配」の実効性をいかなる範囲において確保しうるのか，その射程を見極めることにも繋がる。

　第 4 章においては，WTO のパネルの判断を通じて形成されてきた拡大第三国権利について検討した。DSU 第 10 条等は第三国参加を行う WTO 加盟国に認められる権利を規定するが，パネルは，事案によってはそこに規定される内容以上の権利を認め，より深くパネル手続に参加することを認めてきた。しかし，その法的根拠は必ずしも明白ではなく，その運用方針も曖昧なところが少なくない。本章では，過去の判断を追い，運用方針を明確化することを試みつつ，それを批判的に考察した。

　第 5 章では，WTO の紛争処理制度における「妥当な期間」についての分析を試みた。国際・国内を問わず裁定の履行は当事者間に委ねられるのが一般的であるが，WTO においては履行に対する制度的介入の程度が高いとの特徴がある。そこで，WTO の履行における「妥当な期間（RPT）」の決定において，どの程度の制度的統制が働いているかとの点について，主観的レベルと客観的レベルの双方から分析した。その結果，とりわけ DSU 第 21 条 3 項(c)号の仲裁手続下では，両レベルでの一定の制度的統制が及んでいることを明らかにした。同時に，かかる「妥当な期間」の決定過程においても，事例の集積を通じた仲裁人による規範制定の経緯が確認されることを示した。

　第 6 章の分析の対象は，WTO 履行パネルの管轄事項である。履行パネルは，原審パネルと異なり，原審手続の結果採択された DSB 勧告裁定を遵守するために被申立国がとった実施措置が，DSB 勧告裁定に整合的か否かを判断する。そのため，履行パネルの管轄の範囲内に入る措置は自ずと限定されるが，ケースによっては，被申立国が実施措置と宣言していない措置について，申立国が請求の対象とすることがある。そのような管轄事項の拡大は，履行パネルの目的からして妥当なのか，検討した。

　第 7 章では，パネル及び上級委員会の解釈を通じて発展してきた紛争処理手続の公開に焦点を当てた。同章ではまず，手続の公開が必要とされてきた理論的背景を分析した上で，現在のパネル及び上級委員会の解釈運用の脆弱性を指摘しつつ，立法的な対応も実現しきれていない状況を追った。また，FTA に

おける手続公開に関する規定も分析し，それらが WTO における議論を踏まえてどのような動向を示しているかについて調査した。これらを通じて，パネルや上級委員会による手続法的立法と，加盟国が WTO 内外でそれに対応する様子を明らかにした。

第 8 章では，CAFTA-DR（中米・ドミニカ共和国自由貿易協定）の紛争処理手続における先決的抗弁の問題を扱った。CAFTA-DR は WTO のパネル手続に類似した紛争処理制度（仲裁パネル）を有しているため，パネル設置要請に対する先決的抗弁が提起されている。これは第 1 章で検討した WTO におけるパネル設置要請に対する先決的抗弁の問題と共通するところがあり，CAFTA-DR の仲裁パネルも WTO の判例に依拠した。手続的問題に関して WTO のケースローが FTA に影響を与える例として興味深い。

次に，国際貿易紛争処理の制度論的側面に焦点を当てた第 2 部では，以下の 4 つの論稿を収録した。

第 9 章では，近時の上級委員会検討手続第 15 項問題（Rule15 問題）を検討した。上述のように米国は，上級委員会が自ら退任上級委員の地位を決定していることを批判している。この問題は，国際裁判所における退任裁判官の地位の問題と類似しているため，ICJ 等と比較しつつ，WTO における退任上級委員の問題を分析した。

第 10 章では，近年の米国による批判を契機に改めて注目されることとなった WTO 紛争処理手続の司法積極主義に焦点を当て，こうした判断傾向を生み出す背景を探るとともに，問題に対する処方箋として司法抑制の法理を構築することの可否を論じた。本章で注目されるのは，以上の問題を考察するために，国際組織としての WTO の制度構造に着目している点である。すなわち，WTO はその内部において権力分立になぞらえた権限配分構造を採用しているところ，かかる制度構造上の特質が，司法積極主義の誘発といかに関わっているのか，またパネル・上級委員会の司法抑制をいかに基礎づけうるのかが論じられている。

第 11 章は，安全保障例外条項と WTO 紛争処理手続との関係について分析した。米国通商拡大法第 232 条による輸入制限を契機に，安全保障を名目とした貿易制限的措置の GATT 第 21 条整合性を，パネル・上級委員会がどのように審査できるのかが注目されている。また，輸出管理や通信技術，データ流通等を巡っても，安全保障との関係に焦点が当たっている。他方で，国家主権

◇ 序　章 ◇ 国際貿易紛争処理の現状と本書の意義・構成〔阿部克則・関根豪政〕

の根幹である安全保障の問題を，司法的な手続により扱うことの限界も指摘されるところであり，司法判断適合性をどのように考えるべきか論じた。

　第 12 章では，WTO の上級委員会による「司法立法」が行き過ぎているのではないかとの懸念に対応するために，その過程に加盟国の政治的な意思を反映させるための方策としての DSB の関与の強化の可能性を探った。DSB の「発言」機能の強化，パネル及び上級委員会の判断に対する直接的な加盟国の統制の実現，DSB 等における意思決定方式の変更の可否，評価機関の設置などの新制度の創設等，様々な可能性を探ったうえで，DSU 第 13 条手続や「立法的差戻し」の有効性について論じた。

　最後に終章では，現在進行中の WTO 上級委員会問題の現状とそれに呼応した各国の改革提案について検討した。具体的には，まず，米国がどのような点で WTO 上級委員会に不満を抱いているか整理した。その上で，EU 等の各国が示した対応策の内容を追い，それらの提案の特徴や実現可能性について考察した。加えて，注目が高まっている DSU 第 25 条仲裁の利用についても触れ，その意義と問題点に若干の検討を加えた。

　以上が本書の構成である。

◆ 第1部 ◆

国際貿易紛争処理における手続法的発展と課題

● ● 第 1 章 ● ●

WTO 紛争処理手続における
パネル設置要請と先決的抗弁

阿 部 克 則

I　は じ め に

　先決的抗弁（preliminary objection）とは，国際裁判・仲裁において，本案の決定を阻止することを目的として，当事国により提起される抗弁のことをいう[1]。国際司法裁判所（国際司法裁判所規則 79 条），国際海洋法裁判所（国連海洋法条約 294 条），ICSID（ICSID 条約 41 条）などにおいて先決的抗弁に関する手続が採用されている。国内裁判所のような一般的な裁判権が与えられていない国際裁判所においては，何らかの先決的抗弁が提起されることが多いが，WTO 紛争処理手続においてもそれは同様である。WTO 紛争解決了解（DSU）には，先決的抗弁に関する明文の規定はないが，パネル・上級委員会は，被申立国が先決的抗弁を提起することを認めている[2]。

＊　本章は，千葉大学法学論集 27 巻 4 号（2013 年）59-93 頁に掲載された「WTO 紛争解決手続におけるパネル設置要請と先決的抗弁」に，科研費（基礎研究(C)：「国際貿易紛争処理制度の手続法的発展」2015 年〜2017 年，研究代表者：阿部克則　課題番号 15K03142））の成果を加えて，アップデートしたものである。

(1)　杉原高嶺『国際司法裁判制度』（有斐閣，1996 年）243 頁；Hugh Thirlway, "Preliminary Objections," in Rüdiger Wolfrum et al. (eds.), *The Max Planck Encyclopedia*, vol. 8, (Oxford University Press, 2012) p. 406.

(2)　WTO においては，先決的抗弁はすみやかに提起しなければならないとされるが，その重要性から，上訴を含むいかなる手続段階においても提起できるとされる。Appellate Body Report, *European Communities – Definitive Anti-Dumping Measures on Certain Iron or Steel Fasteners from China*, WT/DS397/AB/R, para. 561 [hereinafter Appellate

◆ 第 1 部 ◆　国際貿易紛争処理における手続法的発展と課題

　ただし，WTO 紛争処理手続の場合，WTO 協定上の紛争に関しては事実上
の強制管轄権を持っているため，国際司法裁判所の管轄権に対する抗弁のよう
な先決的抗弁が提起されるわけではなく，ほとんどの先決的抗弁は，パネル設
置要請に関するものである。WTO 紛争解決了解第 6 条 2 項は，「（パネル設置）
要請には，協議が行われたという事実の有無及び問題となっている特定の措置
を明示するとともに，申立ての法的根拠についての簡潔な要約（問題を明確に
提示するために十分なもの）を付する」と規定しており，パネル設置要請に明示
された措置と法的根拠が「請求（claim）」を構成し，パネルの付託事項となる。
被申立国が提起する先決的抗弁の多くは，パネル設置要請が DSU 第 6 条 2 項
の要件を満たしていない，あるいは，申立国がパネル手続の中で提示した請求
が，パネル設置要請で画定された付託事項に含まれていないというものである。

　このような抗弁が認められる理由として，上級委員会は，付託事項の画定は
デュープロセスの観点から重要であり[3]，正確なパネル設置要請は，付託事
項を明確化し，当事国と第三国に対して申立ての法的根拠を知らしめるもので
あることを指摘している[4]。すなわち，申立ての対象となる特定の措置が明
示されていない，又は，申立ての法的根拠が示されていないようなパネル設置
要請では，付託事項を確定できず，被申立国及び第三国に対して紛争の性質を
通知できないことが，先決的抗弁を認め得る実質的根拠なのである。このよう
なパネル設置要請の不備に関してパネルが先決的判断を行うことができるのは，
紛争解決機関（DSB）におけるパネル設置要請の採択がネガティブ・コンセン
サスによってほぼ自動的に行われ，DSB によるパネル設置要請の詳細な検討
はなされないのが通例であるので，パネルにその役割が求められることになる
からであろう[5]。DSU に明文の根拠は無いものの，準司法的機関としてのパ
ネルには，ある事件における管轄の範囲（付託事項）を判断する黙示的な権限
（Kompetenz-Kompetenz）が慣行として認められてきたと言える[6]。

　　Body Report, *EC - Fastener*].

（3）　Appellate Body Report, *Brazil - Measures Affecting Desiccated Coconut Brazil-Desic-
　　cated Coconut*, WT/DS22/AB/R, para. 21 [hereinafter Appellate Body Report, *Brazil -
　　Coconut*].

（4）　Appellate Body Report, *European Communities - Regime for the Importation, Sale
　　and Distribution of Bananas*, WTO/DS27/AB/R, para. 142 [hereinafter Appellate Body
　　Report, *EC - Banana III*].

（5）　*Ibid.*

◇ 第1章 ◇ WTO 紛争処理手続におけるパネル設置要請と先決的抗弁〔阿部克則〕

こうした考え方に基づき，パネル設置要請に関する先決的抗弁は，すでに一般化しており，かつ，相当数のケースで何らかの抗弁が認容されているため，実務上の重要性は高い。しかし，DSU やその他の手続規則には明文規定がなく，先決的判断に関する手続が不明確なままにとどまっている。DSU 附属書3 にあるパネルの標準的検討手続には，先決的抗弁に関する定めがなく，各々のパネルが採用する検討手続の中に先決的抗弁に関する項目が含められている。それらによれば，先決的判断の要請は第1意見書の提出以前に提起されなければならず，申立国による反論は第1回会合の前に提出しなければならないことなどを定めているが，詳細な内容は決められていない[7]。また学説上も十分な検討がなされているとは言えないため，本稿は，パネル設置要請に対する先決的抗弁を中心に，パネル・上級委員会の従来の判断を整理し，その問題点を明らかにすることを目的とする[8]。なお本章は，原審パネルの設置要請を検討の対象とするため，履行パネルの管轄事項に関する問題は，第6章で扱う。また，パネル設置要請以外の問題に関する先決的判断や，先決的判断の発出時期・形式等の問題についても，本稿では扱わない[9]。

---

(6)　Petros C. Mavroidis, "Article 6 DSU," in Rudiger Wolfrum et. al. (eds.), *WTO: Institutions and Dispute Settlement* (Martinus Nijhoff Publishers, 2006), p. 349; Jayant Raghu Ram, "Pitching outside the DSU: Preliminary Rulings in WTO Dispute Settlement," *Journal of World Trade*, Vol. 50, No. 3(2016), pp. 371-375.

(7)　すべての事件のパネル検討手続が公開されているわけではないが，例えば以下のものはパネル報告に付属して公開されている。Working Procedures for the Panel in *United States - Subsidies on Upland Cotton*, WT/DS267/R/Add.3, Annex M-1, para.12; Working Procedures for the Panel in *United States - Measures Affecting the Cross-Border Supply of Gambling and Betting Services*, WT/DS285/R, Annex A, para.11.

(8)　この問題を明確に扱っている先行研究として，Scott Little, "Preliminary Objections to Panel Request and Terms of Reference: Panel and Appellate Body Rulings on the First line of Defence in WTO Dispute Settlement Proceedings," Journal of World Trade, Vol. 35, (2001), pp. 517 ff がある。この論文は優れた内容であるが，執筆時点から10年以上が経過しており，本稿はその後の発展を踏まえた新たな分析を加えるものである。その他に，紛争解決了解第6条2項に関するコメンタリーとして，次のものがある。Yang Guohua, et. al., *WTO Dispute Settlement Understanding: A Detailed Interpretation* (Kluwer Law International, 2005), pp. 57-72; Mavroidis, *supra* note 6.

(9)　これらの問題については，以下の文献を参照。Raghu Ram, supra *note* 6, pp. 375-389; Fernando Piérola, "The Issuance of Preliminary Rulings before the Issuance of the Panel Report: A Development in the Management of Panel Proceedings?," *Global Trade and*

◆ 第 1 部 ◆　国際貿易紛争処理における手続法的発展と課題

　検討の順序としては，DSU 第 6 条 2 項がパネル設置要請の満たすべき要件として定めている「特定の措置の明示」と「法的根拠についての簡潔な要約」に関する先決的抗弁をそれぞれ分析し，さらに先決的抗弁の認容に際して被申立国の「防御権の侵害」が必要か否かという論点について考察することとする。なお，パネル設置要請自体の問題ではないが，協議要請によって明示されていなかった措置又は法的根拠を，パネル設置要請に含めた場合に関する先決的抗弁についても，最後に検討を加える。

II　特定の措置の明示

1　特定の措置が明示されていないとの先決的抗弁

　パネル設置要請の第一の要件は，「問題となっている特定の措置を明示する」ことである（DSU 第 6 条 2 項）。明示の仕方としては，法令名等により形式的に明示する方法と，措置の性質を説明することにより実質的に明示する方法と，両方が認められる[10]。前者の明示方法としては，パネル設置要請に，「問題となる措置は以下の通りである」としたうえで，法令名をリストアップすることがよく行われる。他方，後者の明示方法としては，例えば米国－継続ゼロイング事件のパネル設置要請のように，「ゼロイングが用いられた多数のアンチダンピング税を継続的に賦課すること」を措置として説明するというものがある[11]。いずれの方法をとるにせよ，問題となる措置が，十分な正確さをもって明示され，パネルが何について判断を求められているのかがパネル設置要請から判るようになっていることが必要とされる[12]。

Customs Journal, Vol. 6, Issue 1 (2011), pp. 35-36.

(10)　Panel Report, *China - Measures Affecting Trading Rights and Distribution Services for Certain Publications and Audiovisual Entertainment Products*, WT/DS363/R, para. 7. 17 [hereinafter Panel Report, *China-Publications and Audiovisual Products*]; Panel Report, *United States - Anti-Dumping Measures on Certain Shrimp from Viet Nam*, WT/DS404/R, para. 7.50 [hereinafter Panel Report, *US - Shrimp (Viet Nam)*]

(11)　Request for the Establishment of a Panel by the European Communities, WT/DS350/6, at 3.

(12)　Appellate Body Report, *United States - Continued Existence and Application of Zeroing Methodology*, WT/DS350/AB/R, para. 168 [hereinafter Appellate Body Report, *US - Continued Zeroing*].

◇ 第 1 章 ◇ WTO 紛争処理手続におけるパネル設置要請と先決的抗弁〔阿部克則〕

　この要件に関する先決的判断が行われ，措置が明示されていないとされた
ケースは，多数存在し，パネル又は上級委員会が問題となっている措置が明示
されていないとの判断を行った理由は様々であるが，そもそもパネル設置要請
に何らの記載も無いとの単純な理由で請求が却下されたケースも少なくない。
例えば，米国‐熱延鋼板事件では，米国が慣行（general practice）として
"adverse facts available" を用いていることを，日本がパネル手続の中でアン
チダンピング（AD）協定違反だと主張したことに関し，パネルは，"general
practice" という用語はパネル設置要請に記載されておらず，その他に適切な
記述もないので，付託事項外だと判断した[13]。また，米国‐COOL 事件では，
メキシコが TBT 協定違反だと請求した措置のうち，パネル設置要請時にすで
に成立していたにもかかわらずパネル設置要請に記載が無かった措置（2009
Final Rule （FSIS））については，付託事項に含まれないとパネルは結論し
た[14]。

　このように，パネル設置要請に問題となる措置の内容が記載されていること
が重要であるが，これはその措置の存在を立証することまでを要求されるもの
ではない。米国‐継続ゼロイング事件では，パネルは，問題となっている措置
の存在と詳細な内容をパネル設置要請は立証しなければならないとしたが[15]，
上級委員会は，これを取消し，パネル設置要請は措置の性質と問題の要点が示
されていれば足りるとした[16]。上級委員会によれば，この事件で問題となっ
たような明文化されていない措置（unwritten norms）に関しては，その存在自
体をパネル手続の中で証拠によって立証することが申立国には求められるが，
それはパネル設置要請時に要求されるものではなく，申立国が問題としたい措
置の性質が判る程度の内容を以て，措置を明示すれば良い[17]。この点は，請
求が認容できるかという実体的な問題と，請求がそもそも付託事項に含まれる
かどうかという手続的な問題とを，上級委員会が区別したものと理解できる。

---

(13)　Panel Report, *United States – Anti-Dumping Measures on Certain Hot-Rolled Steel Products from Japan*, WT/DS184/R, paras. 7.18-22.

(14)　Panel Reports, *United States – Certain Country of Origin Labelling (COOL) Requirements*, WT/DS/384/R, WT/DS386/R, paras. 7.18-20.

(15)　Panel Report, *United States – Continued Existence and Application of Zeroing Methodology*, WT/DS350/R paras. 7.42-61.

(16)　Appellate Body Report, *US – Continued Zeroing, supra note12*, paras. 167-72.

(17)　*Ibid.*, para. 169.

◆ 第1部 ◆ 国際貿易紛争処理における手続法的発展と課題

2 明示された措置と関連する措置

上述のような比較的単純なケースの他に，問題となる措置がパネル設置要請に明示はされていないものの，明示されている措置と関連性がある場合，当該措置が付託事項に含まれるかどうかが争われたケースがある。日本－フィルム事件では，申立国である米国がパネル手続の中で提起した8つの措置について，パネル設置要請に明示されておらず，付託事項外であるとの抗弁を日本が行った。この点につきパネルは，パネル設置要請に明示的に記載されていない措置は，それがパネル設置要請に明示的に記載されている措置と「明確な関係（clear relationship）」がある場合にのみ，DSU第6条2項にいう明示された措置に含まれると判示した[18]。この基準に照らし，8つの措置のうち3つは，付託事項に含まれるが，その他の5つの措置は付託事項外であるとされた[19]。パネルによれば，景品類に関する公正取引委員会告示は，パネル設置要請に記載されていないが，パネル設置要請に記載されている景品表示法と密接な関係がある下位の法令（subsidiary）であるので，付託事項内である[20]。逆に，同じ公正取引委員会告示であっても，パネル設置要請に記載されていなかった国際的契約に関するものは付託事項外とされた。当該告示は，パネル設置要請に記載されていた独占禁止法を根拠とするものではあるが，独占禁止法は派遣労働者に関する措置としてパネル設置要請において言及されたのであって，国際的契約の問題とは無関係に明示されたものだとパネルは判断した。パネルによれば，独占禁止法をパネル設置要請に記載するだけでは，同法のもとで日本がとる措置をすべて付託事項に含むことはできないと言う[21]。このように，上位法と下位法という関係がある場合，上位法がパネル設置要請に記載されていれば，下位法も付託事項に含まれると認められる可能性はあるが，上位法が一般性を持つ場合には，あらゆる下位法が付託事項に含まれるわけではなく，上位法がパネル設置要請に記載された文脈によって判断がわかれることになると言えよう。

日本－フィルム事件のパネルが示した「明確な関係」との基準は，後のパネ

---

(18) Panel Report, *Japan – Measures Affecting Consumer Photographic Film and Paper*, WT/DS44/R, para. 10.8.

(19) *Ibid.*, paras. 10.12-19.

(20) *Ibid.*, para. 10.13.

(21) *Ibid.*, para. 10.16.

◇ 第1章 ◇ WTO 紛争処理手続におけるパネル設置要請と先決的抗弁〔阿部克則〕

ルにも引き継がれている。例えば，米国−炭素鋼事件では，パネル設置要請に記載されていなかった2つの措置，すなわち，expedited sunset review に関する手続ついて，パネル設置要請に明示された措置の下位に属するもの（subsidiary）ないしは密接に関係するもの（closely related）ではないため，付託事項に含まれないとパネルは判断した(22)。また，米国−ベトナム産エビ事件では，ベトナムがパネル設置要請に記載していなかった「ゼロイングの継続的な適用（continued use of challenged practices）」が付託事項に含まれるかどうかが問題となったが，パネルは，個別のアンチダンピング調査決定が常に将来にわたった慣行の継続までも含むものとは言えないとし，「ゼロイングの継続的な適用」は付託事項外だとした(23)。

　このように，「明確な関係」基準は，かなり厳しい基準であると考えられる。これに関連して，中国−原材料事件のパネルは，申立国が各種法令を「問題となる措置」としてパネル設置要請に列挙した後に，「関連する措置（related measures）」も付託事項に含まれると記載していた点について，単に「関連する措置」とだけ記載するパネル設置要請は，あまりに広い措置を付託事項に含めることができてしまうので，「関連する措置」という文言がないものとしてパネル設置要請を解釈するとした(24)。他方で，本件パネルは，同じくパネル設置要請に含まれていた「実施措置（implementing measures）」との文言に関して，パネル設置要請に明示された措置を実施するための措置を指すものと理解するとしたので(25)，日本−フィルム事件のパネルと同様に，上位法の下で制定される下位法は付託事項に含まれるとの考え方を示したと言えよう。

---

(22)　Panel Report, *United States - Countervailing Duties on Certain Corrosion-Resistant Carbon Steel Flat Products from Germany*, WT/DS213/R, paras. 8.10-8.12〔hereinafter Panel Report, *US - Carbon Steel*〕.

(23)　Panel Report, *US - Shrimp (Vietnam)*, *supra* note 10, paras. 7.67-68.

(24)　First Phase of Preliminary Ruling, *China - Measures Related to the Exportation of Various Raw Materials*, WT/DS394/R, WT/DS395/R, WT/DS398/R, Annex F-1, paras. 16-18. また，"among others" との表現も，「問題となる措置」の "open ended list" を許すことになってしまうので，この表現を使うことでパネル設置要請に記載されていない措置を請求対象に含めることはできないと，パネルは判断した。*Ibid.*, paras. 10-13.

(25)　*Ibid.*, para. 19.

◆ 第1部 ◆　国際貿易紛争処理における手続法的発展と課題

3　パネル設置要請後に成立した法令などの措置

　上記2で検討した措置の関連性は，基本的には，パネル設置要請時に共に存在する複数の措置の間のものであった[26]。つまり，パネル設置要請時にすでに成立していたにもかかわらずパネル設置要請に記載されていなかった法令等が，パネル設置要請に明示された措置と明確な関係があるかどうかが問題とされた場合である。これと関連するがやや異なる問題として，パネル設置要請時には未だ存在していなかった措置で，パネル設置要請に記載された措置と関連性を持つものが，付託事項に含まれるかどうかが争われたケースがある。

　例えばアルゼンチン－履物事件のパネルは，パネル設置要請後に行われたアルゼンチンによるセーフガード措置の修正が，パネル設置要請に記載されていなくとも付託事項に含まれるとした。同パネルによれば，パネル設置要請に明示された元のセーフガード措置とそれに対する修正措置とは，基本法とその実施措置との関係に類似するとし，全く新しい別の措置ではないので，修正措置を付託事項に含めたとしても，それは付託事項の拡大には当たらない[27]。むしろ，修正措置が付託事項に含まれないとすると，いわゆるムービング・ターゲットの抜け道を許してしまうことになるとパネルは指摘した[28]。同様な考え方は，チリ－価格拘束制度事件において上級委員会によっても示された。上級委員会は，パネル設置後にチリの価格拘束制度に加えられた修正措置は，同制度の本質を変えないので，付託事項に含まれるとした[29]。加えて上級委員会は，ムービング・ターゲットの問題に触れて，修正された措置について検討を加えることが，DSU第3条7項が要求する「紛争に関する明確な解決を確

---

(26)　パネル設置要請書に記載される措置は，原則として，パネル設置時点において存在する措置だとされる。Appellate Body Report, *European Communities – Customs Classification of Frozen Boneless Chicken Cuts*, WT/DS269, 286/AB/R, para. 156 [hereinafter Appellate Body Report, *EC – Chicken Cuts*]. また，パネルは，問題となっている措置がパネル設置時点において協定に違反しているか否かを判断すべきとされる。Appellate Body Report, *European Communities – Selected Customs Matters*, WT/DS315/AB/R, para.187 [hereinafter Appellate Body Report, *EC – Customs Matters*].

(27)　Panel Report, *Argentina – Safeguard Measures on Imports of Footwear*, WT/DS121/R, paras. 8.37, 8.45.

(28)　*Ibid.*, para. 8.41.

(29)　Appellate Body Report, *Chile – Price Band System and Safeguard Measures Relating to Certain Agricultural Products*, WT/DS207/AB/R, paras. 136-39, 143.

保すること（to secure a positive solution to the dispute）」につながるとも指摘した。

このように，パネル設置要請後に成立した法令等については，それがパネル設置要請に明示された措置の本質を変えない場合には，付託事項に含まれるとされているが，それに加えて，パネル設置要請の書きぶりが修正措置を含むようなものである必要があるかについては，従来のパネル・上級委員会の判断は必ずしも一致していない。チリー価格拘束制度事件において上級委員会は，アルゼンチンのパネル設置要請が，価格拘束制度を構成するものとして「規則，補則及び／又は修正」も含むとの記載を含んでいたことを1つの判断根拠として挙げており[30]，EC－IT製品事件のパネルも，パネル設置要請が修正措置を含むように記載されていたかどうかを検討して，「いかなる修正又は拡張，及び関連又は実施措置」との文言がパネル設置要請に存在していたことを重視している[31]。他方でEC－留め具事件のパネルは，中国のパネル設置要請に「修正措置も含む」というような文言が存在しないにもかかわらず，パネル設置後に成立したEC規則を付託事項内だとした。パネルによれば，本件で問題となるパネル設置後のEC規則は，元のEC規則と内容が実質的に同一のものであるので，パネル設置要請に「修正措置を含む」との文言が入っているかどうかは問題にならないという[32]。以上のパネル・上級委員会の判断を整理すれば，パネル設置要請に，パネル設置後の措置が含まれるような文言が存在するかどうかは原則として考慮されるが，元の措置とパネル設置後の措置との同一性が高い場合には，例外的にパネル設置要請に「修正措置を含む」というような文言がなくとも構わないということになろう。

4　法令が複数の側面を持つ場合

次に，パネル設置要請に記載された法令が複数の側面を持つ場合に，どの側

---

(30)　*Ibid.,* para.135.

(31)　Panel Report, *European Communities and Its Member States – Tariff Treatment of Certain Information Technology Products,* WT/DS375, WT/DS376/R, WT/DS377/R, paras. 7.139-41 [hereinafter Panel Report, *EC – IT Products*].

(32)　Panel Report, *European Communities – Definitive Anti-Dumping Measures on Certain Iron or Steel Fasteners from China,* WT/DS397/R, paras. 7.36-38 [hereinafter Panel Report, *EC – Fastener*].

◆ 第1部 ◆ 国際貿易紛争処理における手続法的発展と課題

面について申立国が問題とするのかまでパネル設置要請において明確にしなければならないかとの問題も存在する。EC－商標及び地理的表示（豪州）事件のパネルは，パネル設置要請に記載された EC 規則（Regulation 2081/92）のどの側面について申立国が問題としようとしているのか，パネル設置要請からは不明確だとの先決的抗弁を EC が提起したのに対して，DSU 第6条2項は特定の「措置」を明示することを要求しているのであって，措置の「特定の側面」まで明示することは求めていないと判断した(33)。たしかに，DSU 第6条2項の文言からすれば，「問題となっている特定の措置」をパネル設置要請において明確にすれば足りると言えよう。もしそれ以上の説明が必要な場合があるとすれば，それは同じく DSU 第6条2項にいう「問題を明確に提示するために十分」かどうかという法的根拠との関係に依存すると考えられる。

　他方で，パネル設置要請において，ある法令の特定の部分が WTO 協定に違反すると請求したものの，パネル手続の中では同じ法令の他の部分も協定違反であると請求する場合には，やや問題が異なる（EC－商標及び地理的表示（豪州）事件は，このようなケースではない）。米国－表面処理鋼板サンセットレビュー事件では，申立国である日本は，サンセット・レビューの開始に関する米国法令を列挙し，当局がサンセット・レビューを職権開始する証拠基準が補助金協定第11.3条に違反するとパネル設置要請に明示したが，パネル手続の中で，これらの法令が調査当局に，サンセット・レビューの職権開始に関する裁量を与えていないので，同じく補助金協定第11.3条に反するとも申立てた。これに対してパネルは，この2つは異なる請求であり，後者はパネル設置要請に明示されていないので，付託事項外であると判断した(34)。また中国－出版物及びオーディオビジュアル製品事件では，出版物の流通に関する外資系企業への差別について，パネル設置要請は資本登録と運営条件に関する差別的要件だけに言及し，その他の差別的要件には触れていなかったが，申立国である米

---

(33) Preliminary Ruling, paras.10-11, reproduced in Panel Reports, *European Communities - Protection of Trademarks and Geographical Indications for Agricultural Products and Foodstuffs*, WT/DS290/R, para. 7.2 [hereinafter Panel Report, *EC - GIs*].

(34) Panel Report, *United States - Sunset Review of Anti-Dumping Duties on Corrosion-Resistant Carbon Steel Flat Products from Japan*, WT/DS244/R, paras. 7.46-7.53. パネルは，この問題はパネル設置要請が法的根拠を明示したか否かだとしているが，補助金協定11.3条はパネル設置要請に記載されており，措置の側面まで明記する必要性に関する問題ととらえるべきであろう。*Ibid.*, para. 7.48.

24

国は，パネル手続の中でその他の差別的要件に関しても請求を提起した。これに対してパネルは，これらの差別的要件は，いずれも，パネル設置要請に列挙された法令の一部ではあるが，付託事項に入るのはパネル設置要請で明示された資本登録と運営条件に関する差別的要件だけだと判断した(35)。すなわち，同じ法令の中でも，ある部分は付託事項内だが，他の部分は付託事項外だとされたのである。このように，申立国は「措置の側面」までパネル設置要請の中で明示することを必ずしも要求されないが，パネル設置要請の段階で法令の一部について請求を提起することを選択した場合には，同じ法令であっても他の側面に関する請求をパネル手続の中で行うことはできないと言えよう。

5 産品の特定

DSU 第6条2項は，特定の措置の明示を要件としているが，措置の対象となる産品の特定が必要か否かについては，何も規定していない。この点に関し EC－コンピューター製品事件で上級委員会は，問題となる WTO 協定上の義務によっては，特定の措置を明示するために，対象産品の特定が必要になる場合があるとし，本件のパネル設置要請において用いられていた LAN 製品とマルチメディア・コンピューターという用語は，一般的な用語ではあるが措置の特定にとっては十分に詳細であるため，米国のパネル設置要請は DSU 第6条2項の要件を満たすと結論した(36)。本件では個別の関税分類が紛争の主題となったため，どの産品に関する分類を問題とするのかをパネル設置要請において示すことによって，特定の措置の明示が可能になったケースであった。他方，EC－鶏肉事件で上級委員会は，DSU 第6条2項が要求するのはあくまで「措置」の特定であり，「産品」の特定はその結果でしかないとの考え方を示した(37)。上級委員会によれば，EC－コンピューター製品事件では税関当局による個別の関税分類が問題になったのに対し，EC－鶏肉事件では一般的に適用可能な法令が問題となっているとの違いがあると言う(38)。同様の問題は，

---

(35) Panel Report, *China - Publications and Audiovisual Products, supra* note 10, paras. 7. 99-7.104.

(36) Appellate Body Report, *European Communities – Customs Classification Of Certain Computer Equipment,* WT/DS62/AB/R, WT/DS67/AB/R, WT/DS68/AB/R, paras. 67-73 [hereinafter Appellate Body Report, *EC - Computer Equipment*].

(37) Appellate Body Report, *EC - Chicken Cuts, supra* note 26, para. 165.

EC－IT 製品事件でも生じ，パネルは EC－鶏肉事件の上級委員会の判示を引用しつつ，本件で問題になっている措置も一般的に適用可能な法令であり，申立国のパネル設置要請は当該法令の一部の側面に焦点を当てているため，結果として産品を特定しているとの考え方を示した[39]。

　これらの一連の判断から言えることは，「産品の特定」は「特定の措置の明示」と独立した要件ではなく，「特定の措置の明示」に必要な場合にのみ，「産品の特定」が問題になるということであろう。そのため，例えば中国－原材料事件では，申立国が問題とする中国の輸出割当と輸出税措置の内容を明確化するために，対象産品の特定が必要となり，本件のパネル設置要請はその観点から産品を十分に特定しているとされた[40]。他方，米国－FSC 事件では，パネル設置要請が FSC 補助金の農業協定整合性に関して対象産品について何ら言及していなかったが，これはすべての農産品に関して請求する趣旨だと解され，特定の措置は明示されていると判示された[41]。したがって，パネル設置要請において産品の特定が必要か否かは，ケースバイケースで判断されることになろう。

6　AD 協定第 17.4 条

　AD 協定には，紛争解決に関する特別規則があるが，その第 17.4 条が付託事項に関わる。同条項は次のような規定である：

　協議を要請した加盟国が 17.3 の規定に基づく協議において合意による解決が得られなかったとし，かつ，輸入加盟国の行政当局が最終的な措置として確定的なダンピング防止税を課し又は価格に関する約束を認めた場合には，当該協議を要請した加盟国は，問題を紛争解決機関に付託することができる。協議を要請した加盟国は，また，暫定措置が著しい影響を及ぼしている場合において，当該暫定措置が 7.1 の規定に反してとられたとす

---

(38)　*Ibid.*, paras. 166-167.

(39)　*Ibid.*, para. 7.197.

(40)　Second Phase of Preliminary Ruling, *China－Measures Related to the Exportation of Various Raw Materials*, WT/DS394/R, WT/DS395/R, WT/DS398/R, Annex F-2, paras. 10-29.

(41)　Panel Report, *United States－Tax Treatment for "Foreign Sales Corporations"*, WT/DS108/R, paras. 7.28-7.32.

◇ 第 1 章 ◇ WTO 紛争処理手続におけるパネル設置要請と先決的抗弁〔阿部克則〕

るときは，問題を同機関に付託することができる。

この規定は，輸入加盟国の行政当局が (1)確定的なダンピング防止税を課した場合 (2)価格に関する約束を認めた場合 (3)暫定措置がとられた場合に，紛争をDSB に付託できると定めている。この規定の趣旨は，確定 AD 課税などがとられる前に，AD 調査のあらゆる段階で WTO への申立てが可能になってしまうと，AD 調査を不当に妨害することになるため，そのような事態を避けることにあるとされる[42]。

　よって，同条項はパネル設置要請について直接に定めるわけではないが，グアテマラ－セメント（Ⅰ）事件で上級委員会は，AD 協定第 17.4 条と DSU 第 6条 2 項とはあわせて読むものであり，AD 協定第 17.4 条にいう「確定的なダンピング防止税」「価格に関する約束」「暫定措置」のうち少なくとも 1 つの措置をパネル設置要請に明示しなくてはならないのであって，本件のパネル設置要請は，いずれの措置も明示していないので，DSU 第 6 条 2 項の要件を満たしていないと判断した[43]。この解釈は，AD 協定第 17.4 条の趣旨からすれば妥当であろう。もし 3 つの措置のいずれも明示せずにパネル設置要請ができてしまうとすれば，AD 調査の途中段階で申立てをすることもあり得るからである。

　ただしこのことは，AD 調査の様々な側面について請求することを妨げるものではない。EC －留め具事件においては，申立国である中国が具体的に問題とした調査開始通知（Notice of Initiation）がパネル設置要請に特定の措置として明示されていなかったため，EC が当該通知に関する請求は付託事項外だとの抗弁を提起した。この点に関しパネルは，グアテマラ－セメント（Ⅰ）事件での上級委員会の判示を引用しつつ，AD 協定第 17.4 条はパネル設置要請において上述の 3 つの措置のいずれかを明示しなければならないと解釈されるが，そのことは問題となる AD 調査のいかなる側面に関しても請求を提起できるという申立国の権利を制限するものではなく，確定 AD 税に関する紛争においては，AD 調査の開始から課税に至るあらゆる点での AD 協定違反について

---

(42)　Amy S. Dwyer, "Article 17 ADA," in Rüdiger Wolfrum et al. (eds.), *WTO: Trade Remedies* (Martinus Nijhoff Publishers, 2008), p. 229.

(43)　Panel Report, *Guatemala－Anti-Dumping Investigation Regarding Portland Cement from Mexico,* WT/DS60/R, paras. 65-66, 80-89.

◆ 第1部 ◆　国際貿易紛争処理における手続法的発展と課題

申立てができるとした[44]。また，メキシコ－コーンシロップ事件においては，パネル設置要請には確定措置だけが明示されていたところ，暫定措置の AD 協定第 7.4 条違反に関する請求が付託事項内であるか否かが争われたが，両者は関係しているので付託事項内であるとパネルは判断した[45]。AD 協定第 17.4 条の文言からは，暫定措置が第 7.1 条に違反するとの請求しか提起できないかのようにも読めるが，確定措置との関連性を根拠に，暫定措置の期間についても請求を提起できるのである。

　このように，AD 協定に関する申立てにおいては，特定の措置の明示の仕方が非常に形式的になっているが，そのことは申立のタイミングに関する制約から必要とされているのであり，請求内容を限界づけるものではない。したがって，AD 協定上の紛争に関しては，パネル設置要請における特定の措置の明示の仕方が，他の協定上の紛争の場合と異なることになるが，この違いは実質的には大きな意味は無いと考えられる[46]。ただし，確定措置，価格約束，又は暫定措置のいずれかを明記しさえすれば，DSU 第 6 条 2 項の要件を必ず満たすとは言えないことには注意が必要であろう。例えば，アルゼンチン－家禽 AD 税事件では，確定 AD 課税が「措置」として明示されていたが，一部の輸出者に質問状を送付していなかったことが AD 協定第 6.2 条に違反することをパネル設置要請に記載していなかったことから，この事実に関する請求は付託事項外だとパネルは判断した[47]。つまり AD 課税あるいは調査手続のどの側面が AD 協定に違反するのかを，明示しなければならないので，AD 協定に関する申立てにおいて DSU 第 6 条 2 項の要件が実質的に緩和されることにはならない。

（44）　Panel Report, *EC - Fastener, supra* note 32, paras. 7.162-7.167.

（45）　Panel Report, *Mexico - Anti-Dumping Investigation of High Fructose Corn Syrup (HFCS) from the United States,* WT/DS132/R, paras. 7.51-43 [hereinafter Panel Report, *Mexico - Corn Syrup*].

（46）　リトルも，グアテマラ－セメント（Ⅰ）事件での上級委員会の結論には問題があるとしつつ，実務上のインパクトは小さいとする。Little, *supra* note 8, at 551.

（47）　Panel Report, *Argentina - Definitive Anti-Dumping Duties on Poultry from Brazil,* WT/DS241/R, para. 7.157.

Ⅲ　法的根拠の明示

1　パネル設置要請に法的根拠が明示されていないとの抗弁

　パネル設置要請の第2の要件は，「申立ての法的根拠についての簡潔な要約」を付することである。この要件に関する先決的抗弁が認められたケース，あるいは職権による先決的判断により一部の請求が付託事項外だとされたケースは，かなりの数に及ぶが，その中には，パネル設置要請において，ある請求に関する法的根拠が明らかに記載されていないという単純なケースもある。例えば，ブラジル－ココナッツ事件では，申立国であるフィリピンが，被申立国であるブラジルに対してGATT第23条1項に基づく協議を要請したにもかかわらず，ブラジルが拒否したことをDSU第4条違反だと，パネル手続の中で請求した。しかしフィリピンのパネル設置要請には，ブラジルが協議を拒否したとの記述はあったが，それがDSU第4条違反だとの記載は無かった。そのためパネルは，当該請求は付託事項外だと判断した[48]。また豪州－鮭事件では，申立国であるカナダは，豪州の措置はSPS協定に違反するとの違反申立てだけでなく，非違反申立てもパネル手続の中で行った。これに対して豪州は，カナダのパネル設置要請が，豪州の措置はカナダの利益を無効化又は侵害したと述べてはいるものの，その法的根拠であるGATT第23条1項(b)が明記されていないので，非違反申立ては付託事項外だと抗弁を提起した。パネルは，違反申立てに関連してGATT第23条はパネル設置要請に記載されているものの，非違反申立てに関しては何ら法的根拠が示されていないとして，豪州の抗弁を認容した[49]。この他，EC－ベッドリネン事件[50]，カナダ－航空機信用及び保証事件[51]，及び米国－エビ（ベトナム）事件[52]においても，同様な抗

---

(48)　Panel Report, *Brazil - Measures Affecting Desiccated Coconut*, WT/DS22/R, paras. 287-290.

(49)　Panel Report, *Australia - Measures Affecting Importation of Salmon*, WT/DS18/R, paras. 8.26-28.

(50)　Panel Report, *European Communities - Anti-Dumping Duties on Imports Of Cotton-Type Bed Linen from India*, WT/DS141/R, para.6.17 [hereinafter Panel Report, *EC-Bed Linen*]. パネルは，協議要請でAD6条に言及しながらパネル設置要請では同条を記載しなかったことは，同条に関する請求を提起しないことを示唆するものとした。

(51)　Panel Report, *Canada - Export Credits and Loan Guarantees for Regional Aircraft*,

◆ 第1部 ◆ 国際貿易紛争処理における手続法的発展と課題

弁が認められた。

　上述の例とやや異なり，EC－バナナ（Ⅲ）事件では，パネル設置要請において請求の法的根拠が示されていないわけではないが，単に「農業協定」と記載され，協定のどの条文に違反するかが明示されていないこととが問題となった。この点につきパネルは，単に協定名を挙げるだけでは不明確すぎるとして，先決的抗弁を認めた[53]。さらに同パネルは，申立国がTRIMS協定第5条違反の請求を第1意見書において初めて行ったことにつき，パネル設置要請にはTRIMS協定の第2条だけが明示されていたことを理由として，付託事項外であるとした[54]。パネルによれば，特定の協定の，特定の条文（a specific article）が示されていれば，DSU第6条2項が要求する最低限の基準は満たすことになる[55]。この結論は，上級委員会にも支持され，申立国はパネル設置要求の中で，詳細な主張を展開する必要はないとされた。上級委員会は，パネル設置要請で示すべき「請求（claim）」と，第1意見書以降に展開すべき「主張（argument）」との違いは重要であり，DSU第6条2項の趣旨目的からすれば，「請求」が明確になれば十分であるとの基準を示したのである[56]。この「請求」と「主張」の区別は，その後，パネルと上級委員会によっても確認されている[57]。

　またTRIPS協定が遵守すべきと規定しているパリ条約とベルヌ条約の違反を申立てる場合には，TRIPS協定の条文だけでなく，パリ条約とベルヌ条約の条文もパネル設置要請に明記しなければならないとされている。例えばEC

WT/DS222/R, paras. 7.45-7.49 [hereinafter Panel Report, *Canada － Aircraft credit and Guarantees*].

(52) Panel Report, *US － Shrimp (Viet Nam), supra* note10, para.7.230.

(53) Panel Report, *European Communities － Regime for the Importation, Sale and Distribution of Bananas*, WTO/DS27/R, paras. 7.30-7.31, 7.46 [hereinafter Panel Report, *EC-Bananas III*].

(54) *Ibid.*, paras. 7.31, 7.46.

(55) *Ibid.*, para. 7.29.

(56) Appellate Body Report, *EC － Bananas III, supra* note 4, paras. 141-42.

(57) E. g., Appellate Body Report, *India － Patent Protection for Pharmaceutical and Agricultural Chemical Products*, WT/DS50/AB/R, para. 88 [hereinafter Appellate Body Report, *India － Patents (US)*]; Appellate Body Report, *Korea － Definitive Safeguard Measure on Imports of Certain Dairy Products*, WT/DS98AB/R, para. 139[hereinafter Appellate Body Report, *Korea － Dairy*].

◇第1章◇　WTO紛争処理手続におけるパネル設置要請と先決的抗弁〔阿部克則〕

－商標及び地理的表示（豪州申立て）事件では，パネル設置要請において
TRIPS協定第2条に基づき，パリ条約の第6条と第10条は明記していたが，
第4条には何ら言及が無かったため，パリ条約第4条に関する請求は付託事項
外とされた[58]。同様に中国－知的財産権事件では，パネル設置要請において
TRIPS協定第9条1項に基づき，ベルヌ条約第5条は記載されていたが，第
2条は明記されていなかったので，同条に関する請求は付託事項外だとパネル
は判断した[59]。TRIPS協定が遵守を義務づけているパリ条約とベルヌ条約の
規定は多岐にわたるため，TRIPS協定第2条又は第9条1項をパネル設置要
請に記載するだけでは請求の法的根拠が不明確であるため，パネルの判断は妥
当であろう。

　なおインド－特許（米国申立）事件では，米国のパネル設置要請にTRIPS
協定第63条が記載されていなかったため，同条に関する請求が付託事項に入
るか否かが争われたが，パネルは，第1回会合の前までに提起された請求であ
れば検討することにつき両当事国が同意したため，第63条に関する請求も付
託事項に含まれるとしたが[60]，上級委員会はこの認定を取消した[61]。上級委
員会によれば，付託事項はパネル設置の時点で決まるものであり，これを変更
する裁量はパネルには与えられていない[62]。このように，仮に紛争当事国の
合意があったとしても，パネル設置要請によって一度決まった付託事項は，変
更できないというのが上級委員会の立場である。これに関連して興味深いのは，
カナダ－小麦輸出及び穀物輸入事件のパネルは，パネル設置要請後に発出した
先決的判断において瑕疵があると判断した点につき，申立国である米国に対し
てパネル設置要請を再提出することを示唆したため[63]，米国はパネル手続の
停止を要請し（約1ヶ月），その間に新たなパネル設置要請を行って，DSBは

---

(58)　Panel Reports, *EC - GIs, supra* note 33, paras. 7.37-43.

(59)　Panel Report, *China - Measures Affecting the Protection and Enforcement of Intellectual Property Rights*, WT/DS362/R, paras. 7.3-9, 7.15.

(60)　Panel Report, *India - Patent Protection for Pharmaceutical and Agricultural Chemical Products*, WT/DS50/R, paras. 7.8-7.14.

(61)　Appellate Body Report, *India - Patents (US), supra* note 57, para. 96.

(62)　*Ibid.*, para. 92.

(63)　Preliminary Ruling by the Panel, para. 65, reproduced in Panel Report, *Canada - Measures Relating to Exports of Wheat and Treatment of Imported Grain*, WT/DS276/R, para. 6.10 [hereinafter Panel Report, *Canada - Wheat Exports and Grain Imports*].

◆ 第 1 部 ◆ 国際貿易紛争処理における手続法的発展と課題

別のパネルの設置を承認したことである[64]。このケースでは，形式的には 2 つの異なるパネルが設置されたことになるが，DSU 第 9 条 3 項に従い，実質的には同一のパネルが審査を行った（事件番号も同一）。このように，新たなパネル設置要請を形式的には採択し，実質的な修正を加えれば，付託事項の変更もできることになり，上述のインド－特許（米国申立）事件での上級委員会の立場とも整合的であろう。

　このように，パネル設置要請において法的根拠を明示することに関しては，かなり厳格な判断がパネル・上級委員会によってなされてきたといえる。例示列挙も認められていないため[65]，申立国には細心の注意が必要になる。

2　一つの「条」に複数の義務が含まれている場合

　次に，パネル設置要請が条文を記載していたとしても，それが「条（article）」だけを示していて，「項（paragraph）」まで指定していない場合，DSU 第 6 条 2 項の要件を満たすと言えるかという問題がある。韓国－乳製品事件では，EC のパネル設置要請にはセーフガード協定第 4 条が記載されていたが，第 4 条の 1 項に関する請求なのか，2 項に関する請求なのかが示されていなかったので，韓国はこの点が不十分だとの抗弁を提起した。パネルは，EC－バナナ（Ⅲ）事件の上級委員会報告に依拠し，本件のパネル設置要請は DSU 第 6 条 2 項の要件を満たすと判断した[66]。この点につき上級委員会は，EC－バナナ（Ⅲ）事件で自らが示した判断基準は，協定の「条」を列挙するだけで，常に DSU 第 6 条 2 項の要件が満たされるわけではなく，あくまで最低限の要請だとし，特に 1 つの「条」に異なる複数の義務が含まれている場合には，不十分である可能性があると指摘した[67]。上級委員会は，後に検討する防御

---

(64)　Panel Report, *Canada – Wheat, supra nota* 63, para. 6.11. 2 つのパネル設置要請は，WT/DS276/6 と WT/DS276/9 である。

(65)　パネル・上級委員会は，"among others" や "including, but not limited to" という文言によって，明示されていない法的根拠を加えることはできないとしている。Panel Report, *EC-BananasIII, supra* note 53, para. 7.30; Appellate Body Report, *India – Patents (US), supra* note 57, para. 90; Appellate Body Report, *EC – Fastener, supra* note 2, para. 597.

(66)　Panel Report, *Korea – Definitive Safeguard Measure on Imports of Certain Dairy Products*, WT/DS98/R, paras. 7.4-7.7.

(67)　Appellate Body Report, *Korea – Dairy, supra* note 57, paras. 120-124.

権の侵害がなかったとの理由で，結論としては DSU 第 6 条 2 項の要件を満たすとしたが，単なる「条」の列挙で十分かどうかはケースバイケースで判断すべきとの立場を示したのである。

「項」までパネル設置要請に明記すべきかについて，タイ－ H 形鋼事件で上級委員会は，1 つの基準を示した。本件で上級委員会は，AD 協定第 5 条について，調査当局が遵守すべき「多様ではあるが密接に関連した手続段階」を規定しているので，第 5 条を明記すれば DSU 第 6 条 2 項の要件を満たすと判断した[68]。また米国－ EC 産特定産品事件で上級委員会は，パネル設置要請が DSU 第 23 条を法的根拠と明示していたところ，これは第 23 条 2 項(a)に関する請求の法的根拠の明示の仕方として適切かを検討し，第 23 条 1 項と 2 項は，共に WTO 加盟国が一方的措置をとってはならないという義務に関係しているため，相互に密接な関係（close relationship）があると指摘した。それゆえ，パネル設置要請に DSU 第 23 条と記載すれば，同第 23 条 2 項(a)に関する請求は付託事項内だと上級委員会は結論した[69]。

しかし「密接な関係」という基準は，それほど明確にはなっていない。例えば米国－炭素鋼事件では，パネル設置要請に補助金協定「第 21 条（特に 1 項及び 3 項）」と記載されていたところ，第 21 条 4 項に関する請求は付託事項外だと上級委員会は判断したが，4 項が 1 項や 3 項と「密接な関係」にあるか否かを全く検討していない[70]。また，EC －管継手事件では，パネル設置要請の中で AD 協定の「第 6 条，特に，1 項，2 項，4 項，6 項，10 項及び 12 項（ただしこれらに限らない）」と列挙されていたが，9 項と 13 項に関する請求は付託事項に含まれないとパネルは判示した[71]。しかし第 6 条は AD 調査にお

---

(68) Appellate Body Report, *Thailand – Anti-Dumping Duties on Angles, Shapes and Sections of Iron or Non-Alloy Steel and H-Beams from Poland,* WT/DS122/AB/R, para. 93 [hereinafter Appellate Body Report, *Thailand – H-Beams*].

(69) Appellate Body Report, *United States – Import Measures on Certain Products from the European Communities,* WT/DS165/AB/R, para. 111.

(70) Appellate Body Report, *United States – Countervailing Duties on Certain Corrosion-Resistant Carbon Steel Flat Products from Germany,* WT/DS213/AB/R, para. 172 [hereinafter Appellate Body Report, *US – Carbon Steel*]. パネル設置要請の該当部分は，WT/DS213/3, at 3.

(71) Panel Report, *European Communities – Anti-Dumping Duties on Malleable Cast Iron Tube or Pipe Fittings from Brazil,* WT/DS219/R, para. 7.14.

◆ 第 1 部 ◆ 国際貿易紛争処理における手続法的発展と課題

ける当局の手続的義務を課す規定であり，タイ－Ｈ形鋼事件で問題となった
AD 協定第 5 条と同様に，各項は「密接な関係」にあるとも考えられる。この
点についてパネルは，各項は異なる主題に関する義務を課すものであり，仮に
「相互関連（inter-linked）」又は「依存（dependent）」関係にあるとしても，そ
れは決定的な要素ではないとした(72)。AD 協定第 5 条と第 6 条は，同程度に
詳細な手続的義務を課しているにもかかわらず，「項」まで指定しなければな
らないかについて，正反対の結論が導かれているのである。このように，「密
接な関係」基準には不確実性が残り，あまり有用な基準とは言い難い。

　他方，パネル設置要請の書きぶりを考慮して，「十分に明確か」を判断する
ケースも多い。例えば米国－OCTG サンセットレビュー事件では，パネル設
置要請が AD 協定第 3 条を法的根拠として明示していたが，「項」までは指定
していなかったことに関し，パネル設置要請全体を読めば，第 3 条が複数の義
務を含んでいるとしても，申立国の請求内容は十分明確であると判断され
た(73)。また，米国－AD 計算方法（中国申立）事件では，中国がパネル設置要
請において AD 協定の附属書Ⅱとだけ法的根拠を明示した請求に関し，当該
パネル設置要請の説明部分を読めば，同附属書の第 7 項が法的根拠であること
は明確であるとして，DSU 第 6 条 2 項の要件は満たすと，上級委員会は判断
した(74)。したがって，パネル設置要請で「項」まで明示すべきか否かは，パ
ネル設置要請における説明が，DSU 第 6 条 2 項にいう「問題を明確に提示す
るために十分なもの」と言えるかどうかにも依存している(75)。

　なお，米国－動物事件では，SPS 協定附属書 C 第 1 項(b)に関するアルゼン

---

(72)　*Ibid.*

(73)　Panel Report, *United States － Sunset Reviews of Anti-Dumping Measures on Oil Country Tubular Goods from Argentina*, WT/DS268/R, paras. 7.45-7.47 [hereinafter Panel Report, *US － OCTG Sunset Review*];

(74)　Appellate Body Report, *United States － Certain Methodologies and Their Application to Anti-Dumping Proceedings Involving China*, WT/DS471/AB/R, paras. 5.165-5.169.

(75)　なお日本－DRAM（韓国申立）相殺関税事件では，相殺関税の調査手続に関し補助金協定 11 条や 12 条等，複数の「条」をパネル設置要請に記載した請求については，パネル設置要請全体を読んでも，申立国が何を問題としたいのかが不明であるとして，DSU 第 6 条 2 項の要件を満たさないとパネルは判断した Panel Report, *Japan － Countervailing Duties on Dynamic Random Access Memories from Korea*, WT/DS336/R, para.7. 21 [hereinafter Panel Report, *Japan － DRAMS (Korea)*].

34

チンの請求について，同条項は，幅広い義務を規定しているため，アルゼンチンのパネル設置要請の書きぶりでは，そのうちの一部の義務だけがパネルの付託事項に入るとされた[76]。これは，「項」レベルまでパネル設置要請に記載していたとしても，その中に「幅広い義務」が定められている場合には，いずれの義務に関する請求なのか，設置要請の中で明確にしなければならない場合もあり得ることを示していると言えよう。

3　問題の明確な提示

　上記2の問題にも関連していたが，DSU第6条2項は，申立ての法的根拠が「問題を明確に提示するために十分なもの（sufficient to present the problem clearly）」であることも要求している。これに関連して従来争われてきたのは，パネル設置要請において明示された措置と明示された条文とのつながりをどの程度説明すればよいかという点である。この点に関し，米国－OCTGサンセットレビュー事件で上級委員会は，パネル設置要請は申立てられている措置と請求の根拠となっている協定の規定とを「はっきりと（plainly）」結びつけなければならないと指摘し，本件のパネル設置要請はこの基準を満たしていると判断した[77]。またEC－通関措置事件で上級委員会は，問題となる措置が「どのように又はなぜ（how or why）」協定違反になるのかに関する「簡潔な説明（explain succinctly）」をパネル設置要請が含まなければならないとの立場も示した[78]。

　この基準に照らして，重要な判断がなされたのが，中国－原材料事件であった。このケースでは，いずれの申立国のパネル設置要請も，「輸出割当」，「輸出税」，及び「その他の輸出制限」という3つのセクションから構成されており，「その他の輸出制限」のセクションには，性質の異なる様々な法令が列挙されたうえで，GATT第8条1項(a)，同条4項，第10条1項，同条3項(a)，第11条1項，及び中国加入議定書及び作業部会報告書の諸規定が法的根拠として明示されていたが，どの法令がどのGATT規定等に違反するかは説明されていなかった[79]。そのため中国は，このセクションは措置と協定条文との

---

(76)　Panel Report, *United States – Measures Affecting the Importation of Animals, Meat and Other Animal Products from Argentina*, WT/DS447/R, paras. 7.187-7.192.

(77)　Appellate Body Report, *US – OCTG Sunset Review, supra* note 73, paras. 162-71.

(78)　Appellate Body Report, *EC – Customs Matters, supra* note 26, para.130.

◆第1部◆　国際貿易紛争処理における手続法的発展と課題

つながりを説明していないので，問題を明確にしていないとの先決的抗弁を提起したが，上級委員会はこの抗弁を認め，本件のパネル設置要請は「問題を明確にする」ものではないとしたのである[80]。

　たしかに問題となったパネル設置要請の部分では，37の法令が列挙され，どの法令がどの協定条文に違反するのかが全く示されていなかったが，他方で，例えば輸出割当が「一律の公平かつ合理的な方法で」実施されていないなどの説明も付しており，GATT第10条3項(a)に違反するとの請求を行うことは十分に推測できるような内容ではあった[81]。それにもかかわらず上級委員会は，問題となった措置すべてについて付託事項外だと判断したのである。このような上級委員会の厳格な姿勢は，そのWTO発足当初の立場からはかなり変化していると考えられる。例えば，EC－バナナ（Ⅲ）事件のパネル設置要請は，GATT第1条，第2条，第3条，第10条，第11条，第13条，輸入ライセンス協定第1条，第3条，農業協定，GATS第2条，第16条，第17条，及びTRIMS協定第2条を列挙しているが，ECの「バナナ・レジーム（the regime and related measures）」が，各条文にどのように違反するのかについては，何らの説明もなかった[82]。しかし上級委員会は，このパネル設置要請はDSU第6条2項の要件を満たすとし，パネル設置要請で特定される「請求（claims）」と，第1意見書以降のパネル手続の中で展開される「主張（arguments）」とは違うことを強調したのである[83]。

　最近のパネル設置要請と初期のそれとを比較すると，ページ数が増え，なぜある措置が協定違反なのかに関する説明が増えていることが明らかであるが，これは「問題を明確にする」という観点からは望ましいことと言えよう。しか

---

(79)　Request for the Establishment of a Panel by the United States, WT/DS394/7, at 6-9; Request for the Establishment of a Panel by the EC, WT/DS395/7, at 6-9; Request for the Establishment of a Panel by Mexico, WT/DS398/6, at 6-9.

(80)　Appellate Body Reports, *China－Measures Related to the Exportation of Various Raw Materials,* WT/DS394/AB/R, WT/DS395/AB/R, WT/DS398/AB/R, paras. 218-35 [hereinafter Appellate Body Report, *China－Raw Materials*].

(81)　Request for the Establishment of a Panel by the United States, WT/DS394/7, at 6; Request for the Establishment of a Panel by the EC, WT/DS395/7, at 6; Request for the Establishment of a Panel by Mexico, WT/DS398/6, at 6.

(82)　Request for the Establishment of a Panel, WT/DS27/6, at 1-2.

(83)　Appellate Body Report, *EC－Banana III, supra* note 4, para. 141.

◇第1章◇ WTO紛争処理手続におけるパネル設置要請と先決的抗弁〔阿部克則〕

しこのことは同時に，EC－バナナ（Ⅲ）事件で上級委員会が示した「請求」と「主張」の区別を曖昧にし，パネル設置要請において「請求」を超えた「主張」を展開するよう要求することになりかねない。したがって，パネル設置要請において求められる措置と協定条文とのつながりの説明は，あくまで「簡潔な（succinctly）」もので足りるとすべきであろう。この点に関し，韓国－空気圧伝送用バルブ事件のパネル報告書は，問題となっている措置が「どのように又はなぜ（how or why）」AD協定の第3.1条等に違反するのか，日本のパネル設置要請書が説明していないとして，日本の請求のいくつかを付託事項外だと判断したが，この判断は「どのように又はなぜ（how or why）」という点を強調しすぎており，パネル設置要請書において「請求」ではなく「主張」を展開するよう要求するもので，妥当なものではない[84]。

Ⅳ　防御権の侵害

1　DSU第6条2項に関する先決的抗弁が認められるためには，被申立国の防御権の侵害が必要だとするケース

これまで見てきたように，DSU第6条2項が明文上規定する要件は，特定の措置と法的根拠の明示であるが，先決的抗弁が認められるためには，それに加えて被申立国の防御権の侵害が必要だとする解釈が，上級委員会から示された。まず，EC－コンピューター製品事件で上級委員会は，米国のパネル設置要請が「LAN製品」という曖昧な用語を用いていたことでデュープロセス上の権利が侵害されたとのECの主張に対し，用語に曖昧さがあっても，パネル手続におけるECの防御権（rights of defence）は侵害されていないので，デュープロセスは確保されていると述べた[85]。上級委員会は，防御権の侵害がなければDSU第6条2項の要件が満たされていると言えるのかについて明確にしていないが，結論としては米国のパネル設置要請はDSU第6条2項の

---

(84)　Panel Report, *Korea - Anti-Dumping Duties on Pneumatic Valves from Japan*, WT/DS504/R, paras. 7.64-65, 7.91-92, 7.129, 7.173. なお本稿の脱稿後に発出された本件上級委員会報告書では，本稿での指摘に沿う形でパネル判断を覆した。Appellate Body Report, *Korea - Anti-Dumping Duties on Pneumatic Valves from Japan*, WT/DS504/AB/R, paras. 6.4, 6.6, 6.7, 6.8, 6.32.

(85)　Appellate Body Report, *EC - Computer Equipment, supra* note 36, para.70.

37

◆ 第 1 部 ◆　国際貿易紛争処理における手続法的発展と課題

要件を満たしていると判断した[86]。続いて韓国－乳製品事件では，より明確な考え方が上級委員会によって示された。この事件で上級委員会は，上記Ⅲ2で検討したように，EC のパネル設置要請がセーフガード協定の「条」を単に列挙していたことが「法的根拠の明示」に該当するかどうかを審査したが，その際には「被申立国の防御能力が害されたかどうか（whether the ability of the respondent to defend itself was prejudiced）」を考慮に入れるとした[87]。その上で上級委員会は，EC のパネル設置要請はより詳細なものであるべきではあったが，韓国は自らの防御権が侵害されたことを具体的に立証できなかったので，パネル設置要請が DSU 第 6 条 2 項の要件に合致していないとの抗弁は認められないと結論した[88]。

このような審査基準は，タイ－H 形鋼事件の上級委員会も採用した。ポーランドのパネル設置要請が，AD 協定第 2 条と第 3 条の請求に関して不十分だとのタイの抗弁に対して上級委員会は，ポーランドが第 1 意見書の中で当該請求について明確にしたので，タイがそれ以上の明確化を必要としていたとは言えないので，タイが何ら侵害を受けていないことを強く示唆するとし，ポーランドのパネル設置要請は DSU 第 6 条 2 項の要件を満たしていると判断した[89]。

さらに米国－炭素鋼事件において上級委員会は，上記の自らの判断を整理し，パネル設置要請の瑕疵は申立国の意見書によって治癒されることはないが，被申立国の防御権が侵害されたかを審査する場合には，特に申立国の第 1 意見書考慮することができるとした[90]。また上級委員会は，DSU 第 6 条 2 項の要件が満たされているか否かは，パネル設置要請書全体と，「付帯状況（attendant circumstances）」を考慮に入れて，判断すべきとした。その上で，EC の第 1 意見書で展開された主張に鑑みれば，米国の防御権の侵害はなかったと考えられるとした[91]。

このように，1998 年から 2002 年にかけて，DSU 第 6 条 2 項の要件の充足性判断においては，被申立国の防御権が侵害されたかどうかを，申立国の第 1

---

(86)　*Ibid.*, para.73.

(87)　Appellate Body Report, *Korea－Dairy, supra* note 57, para.127.

(88)　*Ibid.*, para.131.

(89)　Appellate Body Report, *Thailand－H Beams, supra* note 68, paras. 95-96.

(90)　Appellate Body Report, *US－Carbon Steel,supra* note 70, para.127.

(91)　*Ibid.*, para.133.

意見書などを考慮に入れて決定するとの判断枠組が、上級委員会によって確立されたと言える。そして、この判断枠組は、タイ－H形鋼事件[92]、メキシコ－コーンシロップ事件[93]、韓国－牛肉に関する各種措置事件[94]、米国－ラム肉事件[95]、豪州－リンゴ事件[96]、EC－IT製品事件[97]、EC－留め具事件[98]、及び中国－原材料事件[99]のパネルにおいても踏襲された。

2 DSU第6条2項に関する先決的抗弁が認められるためには、被申立国の防御権の侵害は必要ないとするケース

他方で、近年の事件のパネルには、DSU第6条2項に関する先決的抗弁が認められるためには、被申立国の防御権の侵害は必要ないと明確に述べるものがある。例えば日本－DRAM（韓国申立）事件のパネルは、DSU第6条2項の要件が満たされているかどうかは、パネル設置要請の文言のみによって判断されるべきであり、パネル手続の中で防御権の侵害があったかどうかを検討することは、後からパネル設置要請の不明確さを訂正することを認めることになり、デュープロセスの目的に合致しないとした[100]。また米国－継続ゼロイング事件のパネルも、DSUには防御権の侵害に関する規定はないこと、及び、韓国－乳製品事件で上級委員会が示した判断枠組は、そのケースに特有の事情に基づくもので一般的に適用されるものではないことから、DSU第6条2項の要件の充足性判断において、被申立国が防御権の侵害を立証する必要はないとの考え方を示した[101]。さらに米国－AD税／相殺関税事件のパネルも、

---

(92) Panel Report, *Thailand - H Beams, supra* note 68, paras. 7.14, 7.24, 7.29-31.

(93) Panel Report, *Mexico - Corn Syrup, supra* note 45, paras. 7.16-18.

(94) Panel Report, *Korea - Measures Affecting Imports of Fresh, Chilled and Frozen Beef,* WT/DS161/R, WT/DS169/R, paras. 798, 816.

(95) Panel Report, *United States - Safeguard Measures on Imports of Fresh, Chilled or Frozen Lamb Meat from New Zealand and Australia,* WT/DS177/R, WT/DS178/R, paras. 5.48-52.

(96) Preliminary Ruling by the Panel, *Australia - Measures Affecting the Importation of Apples from New Zealand,* WT/DS367/7, para.11.

(97) Panel Report, *EC - IT Products, supra* note 31, paras. 7.217-18.

(98) Panel Report, *EC - Fastener, supra* note 32, para.7.15.

(99) First Phase of Preliminary Ruling, *China - Raw Materials, supra* note 24, para.27.

(100) Panel Report, *Japan - DRAMS (Korea), supra* note 75, para.7.9.

(101) *Panel Report, United States - Continued Existence and Application of Zeroing*

◆ 第 1 部 ◆　　国際貿易紛争処理における手続法的発展と課題

DSU 第 6 条 2 項との整合性は，パネル設置要請自体によって判断されるべき
で，パネル手続の中で被申立国の防御権が侵害されたかどうかは無関係だとし
た[102]。

　上記の 3 つのパネルは，上級委員会が一度は確立したと思われる判断枠組を
正面から否定するものであったが，この判断枠組を否定はしないものの，防御
権の侵害の有無を全く検討せずに先決的抗弁を認容するケースは少なくない。
EC －ベッドリネン事件と米国－ラインパイプ事件では，パネル設置要請に法
的根拠が何ら示されていない場合には，そもそも防御権の侵害の有無は問題と
ならないとした上で，パネル設置要請は DSU 第 6 条 2 項の要件を満たしてい
ないと，パネルは判断した[103]。また，カナダ－航空機信用及び保証事件と米
国－エビ（ベトナム申立）事件においても，法的根拠又は請求が全くパネル設
置要請に記載されていなかった点に関しては，防御権の侵害を検討せずに，パ
ネルは抗弁を認容している[104]。米国－炭素鋼事件では，上述のように上級委
員会は防御権侵害に関する判断枠組を示したが，法的根拠が示されていない請
求に関しては，防御権侵害の有無を検討せずに，抗弁を認容している[105]。

　このように，DSU 第 6 条 2 項の要件充足性を判断するにあたって，防御権
侵害の有無は常に考慮されているわけではない。さらに最近では，上級委員会
は，パネル設置要請が DSU 第 6 条 2 項に合致しているかどうかを判断する際
に，申立国の第 1 意見書などを参照することを否定するようになった。EC －
留め具事件において上級委員会は，申立国の第 1 意見書を参照してパネル設置
要請の意味を明確化することが可能な場合もあるかもしれないが，本件におい
ては，申立国である中国の意見書を参照して AD 協定第 6.2 条と第 6.4 条に関

　　Methodology, WT/DS350/R, paras. 7.63-67.

(102)　Panel Report, *United States - Definitive Anti-Dumping and Countervailing Duties on Certain Products from China*, WT/DS379/R, para.10.159.

(103)　Panel Report, *EC - Bed Linen, supra* note 50, para.6.16; Panel Report, *United States - Definitive Safeguard Measures on Imports of Circular Welded Carbon Quality Line Pipe from Korea*, WT/DS202/R, para. 7.124. なお EC －ベッドリネン事件のパネルは，別の請求に関しては，防御権の侵害の有無を検討した（Panel Report, *EC-Bed Linen, supra* note 50, paras. 6.26-29）。

(104)　Panel Report, *Canada - Aircraft credit and Guarantees, supra* note 51, paras. 7.45-7.49; *US - Shrimp(Viet Nam), supra* note 10, para. 4.230.

(105)　Appellate Body Report, *US - Carbon Steel, supra* note 70, para. 174.

◇ 第 1 章 ◇ WTO 紛争処理手続におけるパネル設置要請と先決的抗弁〔阿部克則〕

する請求を付託事項に含めることはできないとした[106]。また中国－原材料事件では，パネルが，産品の特定に関する抗弁については中国の防御権が侵害されたかどうか申立国の第 1 意見書を待ってから判断することが適切だとしたのに対し[107]，上級委員会は，申立国の第 1 意見書に対する被申立国の反応はDSU 第 6 条 2 項の要件充足性判断には関係がないとして，パネルを批判した[108]。上級委員会によれば，中国が防御権を行使できたとしても，それはパネル設置要請が DSU 第 6 条 2 項の要件を満たしていることを意味しないとしたのである[109]。

3　防御権侵害の有無を検討すべきか

以上検討してきたように，米国－炭素鋼事件までに上級委員会が築いてきた防御権侵害の判断枠組は，近年では揺らいでいることが判る。特に，中国－原材料事件では，パネルが従来の上級委員会の判断枠組に忠実に従ったのに対し，上級委員会自らがそれを批判するという，奇妙な結果となった。こうした事態になっているのは，防御権侵害の判断枠組が内包する矛盾に原因があると考えられる。というのは，従来上級委員会は，パネル設置要請の瑕疵は第 1 意見書などによって事後的に治癒されないとしながら，パネル設置要請の不備によって被申立国の防御権が侵害されたかどうかは第 1 意見書などを考慮して判断するとしていたからである。つまり防御権侵害の有無は，パネル手続が開始され第 1 意見書が提出されてからしか判断できない事後的なものであり，それにもかかわらずパネル設置要請の事後的な治癒はできず第 1 意見書の提出を待つことができないのであれば，防御権侵害の判断枠組自体が維持できない。パネル設置要請の瑕疵は事後的に治癒できないとの前提と，防御権侵害の判断枠組とは，本来的に相容れないものと言えよう。

したがって，中国－原材料事件での上級委員会の判断を見る限り，上級委員会は，防御権侵害の判断枠組を否定するという「判例変更」を示唆しているようにも思われる。パネルの付託事項をパネル設置時に確定するという DSU 第6 条 2 項の趣旨からすれば，防御権侵害を事後的に考慮せず，パネル設置要請

---

(106)　Appellate Body Report, *EC - Fastener, supra* note 2, paras. 598-99.

(107)　First Phase of Preliminary Ruling, *China - Raw Materials, supra* note 24, para. 27.

(108)　Appellate Body Report, *China - Raw Materials, supra* note 80, para. 233.

(109)　*Ibid.*

◆第1部◆　国際貿易紛争処理における手続法的発展と課題

の文言だけをみて判断することは妥当であると言えよう。また，紛争の迅速な処理の観点からも，被申立国の防御権を確保するために手続的な配慮がなされ，パネル手続が延びてしまうことは，望ましいとは言えない。他方で，防御権の侵害を考慮しないと，先決的抗弁が認容されやすくなる効果があることも認識しておく必要がある。実際に，防御権侵害を認めて先決的抗弁を認容したケースは，タイ－ H 形鋼事件しかない(110)。先決的抗弁が認容された請求について，パネル・上級委員会が何らの実体的判断もしないことは，紛争の効果的解決の観点からは望ましくなく，申立国は，パネル設置要請の起草に際して十分な注意が必要である。上級委員会が今後，防御権侵害の判断枠組についてどのような立場を示すのか注目される(111)。

V　協議要請に明示されなかった措置又は法的根拠

　最後に，パネル設置要請自体の問題ではないが，協議要請において明示されなかった措置又は法的根拠がパネル設置要請に含まれていた場合，それに関する請求が付託事項に含まれるか否かが問題となったケースを検討しておきたい。DSU 第 4 条 4 項は，「協議の要請は…問題となっている措置及び申立ての法的根拠を示すものとする」と定めているため，協議要請にも，請求対象となる措置とその法的根拠が記載されることになるが，協議の結果，パネル設置要請に記載される措置と法的根拠が，協議要請時と異なる場合が問題となる。

　まず，協議要請に明示されなかった措置に関しては，ブラジル－航空機事件で上級委員会は，DSU 第 4 条と第 6 条は，協議の対象となった措置とパネル設置要請で明示された措置とが完全に一致することは求めていないとし，本件のパネル設置要請で示された補助金は協議要請で示された補助金とその本質が変わらないため，付託事項に含まれるとした(112)。同様の判断は，米国－綿花

---

(110)　Panel Report, *Thailand - H Beams, supra* note 68, paras. 7.29-31

(111)　なお米国 – OCTG（韓国申立）事件のパネル報告書は，紛争当事国が先決的抗弁を提起しなかったとしてもパネルは職権で自らの管轄権を判断する義務があるので，本件で米国が防御権侵害を被ったか否かに関わりなく，問題となっている請求事項について管轄権を有するかどうか判断するとした。Panel Report, *United States - Anti-Dumping Measures on Certain Oil Country Tubular Goods from Korea*, WT/DS488/R, paras. 7.93-7.95. このパネル報告書は，防御権侵害の検討は不要だと明示的に述べたもので，注目されるが，上訴されていない。

事件でも上級委員会は示し，申立国が紛争の範囲を拡大しない限り，協議要請とパネル設置要請との厳格な一致は要求しないとした[113]。

　また，法的根拠に関しては，メキシコ－コメに対する AD 措置事件で上級委員会は，上述の措置の場合と同じ論理が当てはまるとした。上級委員会によれば，協議の結果得られた情報に基づいて申立国が法的根拠を修正することは，協議プロセスの自然な成り行きであって，パネル設置要請で示される法的根拠を協議要請で示された法的根拠の枠内に限定することは，協議前置主義の趣旨を無視することになる。よって，法的根拠に関し協議要請とパネル設置要請が完全に一致する必要はなく，前者から後者が「発展した（evolved）」ものであり，申立ての本質を変更しないのであれば法的根拠の追加は許容されるとした[114]。

　このように，措置についても法的根拠についても，パネル設置要請における一定の追加は認められるが，これは妥当であろう。上級委員会が指摘するように，申立国は協議に際して様々な質問を被申立国に対して行い，どのような措置がとられているのか，あるいは被申立国がどのような法的見解を持っているのかを確認した上でパネル設置要請を行うため，協議で得られた情報によっては，問題とする措置や申立ての根拠を協議要請時からは変更する必要が生じる可能性がある。したがって，同じ紛争であるという前提が崩れない限りは，協議要請とパネル設置要請との相違は許容されるべきであろう[115]。

Ⅵ　お わ り に

　以上検討してきたように，DSU 第 6 条 2 項の要件充足性に関しては，かな

---

(112)　Appellate Body Report, *Brazil – Export Financing Programme for Aircraft*, WT/DS46/AB/R, para. 37.

(113)　Appellate Body Report, *United States – Subsidies on Upland Cotton*, WT/DS267/AB/R, para.293 [hereinafter Appellate Body Report, *US – Upland Cotton*].

(114)　Appellate Body Report, *Mexico – Definitive Anti-Dumping Measures on Beef and Rice*, WT/DS295/AB/R, para.138.

(115)　なお，協議要請とパネル設置要請とが一致しているかどうかの検討は，協議の秘密性から，協議で実際に何が議論されたかを考慮に入れずに行われるべきだと上級委員会はしている。Appellate Body Report, *US – Upland Cotton*, *supra* note 113, para.287. Panel Report, *EC – Fastener*, *supra* note 32, paras. 7.24-7.26 も同趣旨である。

◆ 第1部 ◆　国際貿易紛争処理における手続法的発展と課題

り厳格な判断がなされてきており，先決的抗弁が認容されるケースも多い[116]。その背景には，WTO紛争処理手続が，手続の迅速性を重視しており，その実現のためには付託事項を手続の初期段階で確定する必要があることが挙げられる。もし，紛争解決に時間をかけてよいのであれば，付託事項を拡大することは許容されるであろうが，それはDSU第3条3項の趣旨には合致しないと考えられる。他方で，WTO発足当初から時系列的にパネル・上級委員会の判断を分析すると，パネル設置要請に求められる詳細さと明確さは，明らかに高い水準のものへと変化している。こうした判断基準の厳格化について，申立国と被申立国のデュープロセス上の権利を考慮したときに，どのように考えればよいだろうか。

　まず，曖昧なパネル設置要請を許容すれば，被申立国にとっては請求内容が不明確で，申立国の第1意見書が提出されるまで反論を準備する機会が損なわれるため，不利に働く。それゆえ申立国が，パネル設置要請の段階で明確にできたはずの措置や法的根拠が明示されていない場合は，被申立国の先決的抗弁を認めてよいであろう。申立国が訴訟戦術として敢えてパネル設置要請を曖昧にすることや，申立国のミスで措置や法的根拠が明示されていなかったような場合に，パネル設置要請のDSU第6条2項の要件充足性を認める必要はないと考えられる。

　しかし，申立国に帰責性のない事項については，パネル設置要請を柔軟に解釈すべきであろう。例えば，上記Ⅱ3で検討したような，パネル設置要請後の新しい法令については，被申立国がパネルの判断を回避するために抜け道として利用されること（ムービング・ターゲット）は望ましくなく，申立国が新たに別のパネル設置要請を行わなければならないとすれば，紛争の迅速で効果的な解決につながらない。パネル設置要請に明記された措置と「本質が変わらない」措置であれば，柔軟に付託事項に含めることが，申立国と被申立国との間

（116）　国際司法裁判所規則第38条2項は，「請求には，裁判所の管轄権の基礎とされるべき法的根拠をできる限り記載する。請求には，また，請求の性質を正確に記載し，その基礎となる事実および理由を簡潔に記載する」と定めており，DSU第6条2項とほぼ同じ規定になっているが，国際司法裁判所では，請求(application)の事後的修正を比較的容易に認めるため先決的抗弁は認容されていない。この点につき，Christian Tomuschat,"Article 36," in Andreas Zimmermann et al. (eds.), *The Statute of the International Court of Justice* (Oxford University Press, 3rd ed. 2019), p. 786.

◇ 第 1 章 ◇ WTO 紛争処理手続におけるパネル設置要請と先決的抗弁〔阿部克則〕

の権利バランスを確保することになると考えられる。

　また，近年ではパネル設置要請に対する先決的抗弁がほぼ全ての事件において提起されるようになり，一種の訴訟戦術として，濫用とも言い得るような状況も生じている。司法化された手続においては，そうした訴訟戦術を駆使することが当然の傾向ではあるが，それによってパネル審理が長引くことは避けるべきである。さらに，パネル・上級委員会が過度に形式的に判断し，先決的抗弁が認容されると，パネルの付託事項が狭められ本来解決すべき事項が未解決のまま残されるという事態も生じ得る。それゆえ，パネル設置要請に対する先決的抗弁に関するルールは，あくまで紛争の迅速かつ効果的な解決に資するものとすべきであろう。

　なお，WTO 紛争処理手続における先決的抗弁に関しては，現行 DSU 等に規定がないため，何らかの形で手続規則を整備することも必要であろう。EC－バナナ（Ⅲ）事件で上級委員会は，パネルの標準的検討手続に，先決的判断に関する詳細な規定があることが望ましいと，すでに指摘していた[117]。DSB においても，近年の先決的判断の実行について，統一性の欠如に関する懸念が提起されている[118]。DSU 改正は実現困難と思われるため，従来のパネル・上級委員会の判断をベースとしたガイドラインを DSB において採択する等の方法が考えられよう。

---

(117)　Appellate Body Report, *EC‐Banana III, supra* note 4, para.144.

(118)　2013 年 1 月 28 日の DSB 会合において，ブラジルが懸念を表明したことに対して，カナダなどが同調した。Minutes of Meeting, Dispute Settlement Body, 28 January 2013, WT/DSB/M/328, paras. 7.1-7.9.

第2章

「複数の被申立国」手続の可能性とその法的対応

関 根 豪 政[1]

I　序：貿易紛争における「複数の被申立国」手続の議論の必要性

　「サプライチェーンのグローバル化」が謳われるようになって久しい[2]。当該概念は，ある産品が完成するまでの製造過程が，最適立地の追求ゆえに複数国にまたがる現象を示したものであり，近年は，より多くの国がその過程に関与する傾向が強まっていることが指摘されている[3]。そうであるならば，そのことはまた，WTOにおける手続をはじめとする貿易紛争解決手続の在り方にも影響を与えるのかもしれない。一例として考えられるのが，1つの紛争解決手続に更に多くの国が関与する紛争の発生である。これまでも，複数国が共同の申立国として提起した事例は多くみられたが，これからは被申立国が複数国存在するような紛争が付託される可能性もある。たとえば，原材料を生産する国（A国）において補助金が交付され，その原材料を輸入した別の国（B国）

＊　本研究は，JSPS科研費（基盤研究(C)：「国際貿易紛争処理制度の手続法的発展」，課題番号15K03142）の助成を受けたものである。

(1)　本章における民事訴訟法に関する記述については，佐瀬裕史教授（学習院大学）から貴重なコメントを頂いた。ここに記して御礼申し上げたい。なお，当然ながら，本稿にあり得るすべての誤りは筆者の責に帰する。

(2)　中川淳司「TPP交渉の行方と課題1：TPPの背景と意義」貿易と関税62巻1号（2014年）24頁，馬田啓一「メガFTAの潮流と日本の通商戦略の課題」国際経済66巻（2015年）5頁。

(3)　Richard Baldwin, "WTO 2.0: Global Governance of Supply-Chain Trade", *Policy Insight*, No. 64, (2012), p. 2.

◆ 第1部 ◆　国際貿易紛争処理における手続法的発展と課題

が加工製品や最終製品を製造する際に，再び補助金が交付されたとする。その最終製品で被害を受けた国は，とりわけ A 国と B 国の補助金が複雑に入り組んで最終製品の価格に反映されているような場合には，A 国及び B 国の双方を相手に紛争を提起するのも手となる。このような背景を受け，本稿では，これまで焦点があまり当てられることのなかった「複数の被申立国が存在する紛争」[4]に対する WTO 紛争解決手続の対処について論じたい[5]。

　以下では，第Ⅱ節で「複数の被申立国」が考えられる場面について更なる検討を加えた上で，第Ⅲ節で，現行の「紛争解決に係る規則及び手続に関する了解」（DSU）における当該問題の扱いを簡潔に整理する。第Ⅳ節では，複数被申立国手続を検討する上で，国内の民事訴訟法における議論が参考になると考えられることから，我が国の民事訴訟法の現状を概観し，第Ⅴ節にて，WTO 紛争解決手続をさらに詳細に分析する。第Ⅵ節では，パネル手続の前提となる協議段階における複数被申立国の問題も議論する。そして，第Ⅶ節では，DSU 改正交渉において複数被申立国手続がどのように議論されているか探る。以上を踏まえ，第Ⅷ節にて，若干の立法論的提案を試みたい。

Ⅱ　「複数の被申立国」が惹起される場面

　「複数の被申立国」が考えられる場面についてもう少し検討する。ここでは，

---

(4)　本稿では以下，議論の都合上，「複数の被申立国」と記した場合には，それを広い意味で捉えることとしたい。すなわち，厳密には被申立国には該当しない（我が国の民事訴訟法でいうところの補助参加や共同訴訟的補助参加に相当するような）場合であっても，「複数の被申立国」に含めることとする。これは，WTO においては複数の被申立国の議論が原始的な状況にあり，多くの場面でこの問題が co-respondent と単純に論じられるのみの状態にあること，そして，その状況下で我が国の民事訴訟法のように詳細に訴訟参加について議論することは WTO 紛争解決手続の実態と大きく乖離することに基づく。当然，WTO の紛争解決実務が発展し精緻化することになれば，参加形態に応じた厳密な議論が必要になるであろう。

(5)　複数の被申立国の手続について論ずる例として，福永有夏『国際経済協定の遵守確保と紛争処理：WTO 紛争処理制度及び投資仲裁制度の意義と限界』（有斐閣，2013 年）124 頁以下。また，EC －特恵関税事件において，被申立国の EU と利害関係が合致する第三国は「共同被申立国」ともいえる関係が存在していたと指摘するものとして，川島富士雄「EC の途上国に対する関税特恵の供与条件（GSP）事件」『WTO パネル・上級委員会報告書に関する調査研究報告書（2004 年版）』231 頁。

◇第2章◇「複数の被申立国」手続の可能性とその法的対応〔関根豪政〕

5つの場面を取り上げる。第1が，単独の申立国が，複数の加盟国の類似した措置に対して，複数の申立てを行う場合である。例えば，A国，B国，C国の3か国が，D国からの同一の産品に対して類似したアンチダンピング税を導入している状況下で，D国が各措置のWTO協定非整合性を主張してパネルに紛争を付託したとする。この場合，被申立国は3か国で，紛争解決手続の検討対象となる措置も3種類となるが，その内容の近似性ゆえに便宜上，一括で審議することは考えられる。これはまさに，DSU第9条が念頭に置く複数の申立国と対照的な状況であり，3つの手続を独立して進めることも可能であるが，効率性（訴訟経済）や判断の一貫性の確保等の観点から，同時に審議することが正当化されることになる。おそらく，このような複数の手続の併合は，第9条の場合と同様に，「同一の問題（the same matter）」であることや，パネリストが同一といった指標を基礎に検討することになるのであろう[6]。

　第2が，WTO違反の可能性がある単一の措置に対して複数の被申立国が関与している場合である。具体的には，EU−鶏肉（中国）事件がこれに近い——ただし，本件自体は複数の被申立国の事例とはされていない——と考えられる[7]。本件で問題とされたのは，EU（被申立国）による鶏肉製品の関税割当制度であるが，申立国の中国が争点にあげたEUの割当は，ブラジル及びタイとの間で交わした各二国間合意に基づいたもの（基礎となるのは「関税及び貿易に関する一般協定」（GATT）第28条）であった[8]。実際に検討の対象とされた措置は，基本的にはEUの域内法であったため[9]，被申立国をEUのみとした

(6) 例えば，AD協定下の正常価額決定における中国の非市場経済国認定をめぐって中国が米国を提訴した紛争（DS515）とEUを相手取っている事例（DS516）とは統合させる潜在性を有していたと言えよう。あるいは，米国の鉄鋼及びアルミニウムの関税引き上げに対する対抗的な措置を導入したカナダ，中国，EU，メキシコ，トルコ，ロシアに対して米国が最恵国待遇等の違反を主張した事例（DS557，DS558，DS559，DS560，DS561，DS566）も同様である（ただし，対メキシコのみ米国はGATT第2条違反を主張していない）。なお，これらの点に関しては，外務省・国際経済紛争解決研究会の参加者からの助言を頂いた。ここに記して感謝の意を表したい。

(7) Panel Report, *European Union – Measures Affecting Tariff Concessions on Certain Poultry Meat Products*, WT/DS492/R〔hereinafter Panel Report, *EU – Poultry Meat (China)*〕.

(8) さらに言うと，GATT第28条に基づく合意は，EC−鶏肉事件（DS269及びDS286）におけるDSBの勧告及び又は裁定の履行に関連して実現されたものである。*Ibid.* para. 7.34.

49

◆ 第1部 ◆ 国際貿易紛争処理における手続法的発展と課題

こと自体に耳目が集まることはなかったが，仮にこの関税割当の WTO 協定非整合性が EU とブラジルないしタイとの間の合意から直接派生するものであった場合——換言すれば，それらの国の合意が紛争解決手続の検討対象となる措置とみなされる場合[10]——ブラジルやタイも訴訟当事国（被申立国）として含まれる余地があったと言える。なお，本件では，これらの第三国については，本件判断に直接的な関係を有するとして拡大的な第三国権利が認められている[11]。

　第3は，単一の措置に対して WTO の加盟国と，当該加盟国が所属している関税同盟等の地域経済統合体が関連する場合である。すなわち，WTO 違反を疑われる行為が，地域経済統合体の行為とも，その加盟国による行為とも把捉される（他国からは外見上わからないような）場合や，地域経済統合体と加盟国の双方に勧告を発することがより実効的である場合等には，地域経済統合体・加盟国の双方を被申立国とすることが有効となる。なお，これまでのWTO 紛争では，この地域経済統合体・加盟国（専ら EU 及び EU 加盟国）のパターンが複数の被申立国の問題が生じうる主たる例であった[12]。

　第4が，前述の第1と第2の場合の中間的な措置が問題となる状況である。第Ⅰ節で取り上げた補助金の交付の例はこの類型に属しうる。つまり，第2の類型のように，複数国間が意識的に関与している措置ではないが，複数の加盟国の行為が相乗的に関連しているために，個別に提起するよりも適切な紛争解決が実現できそうな場面である。第Ⅰ節の補助金の例——単一の製品が製造される複数段階かつ複数国で補助金が交付されているような場合——であれば，それぞれの交付国を相手に個別に手続を進めることも否定されないものの，補助金の影響が複雑に連動していることから，全体として1つの手続で解決する方が問題のスムーズな解決に資する可能性がある。その場合には，複数の被申

---

(9)　中国の主張は「EU によって開始された修正交渉」とされていたため，手続は主に EU の責任を検討する形で進められた。*Ibid.* para. 3.1.

(10)　実際に，GATT 第28条2項の主語は，"the contracting parties" と複数形になっており，義務違反が複数国によるものとみなすことが可能となっている。

(11)　Panel Report, *EU – Poultry Meat (China), supra* note 7, para. 7.43. 本書第4章も参照。

(12)　たとえば，EU －エネルギー関連法事件では，EU と加盟国（EU 指令の実施のための国内法が争点）の双方を相手取って紛争が付託されている。Panel Report, *European Union and its Member States - Certain Measures Relating to the Energy Sector*, WT/DS476/R.

◇第2章◇「複数の被申立国」手続の可能性とその法的対応〔関根豪政〕

立国の事例とすることに意義が生まれる。これまでのところ，このような事態が具体的に問題とされた WTO の事例は存在しないが，製造過程の複数国化が一層進めばあり得ない話ではない。

　最後に，極めて例外的かもしれないが，理論的には想定しうる場合として，「代理」訴訟的な被申立国の追加が挙げられる。例えば，ある加盟国（発展途上国）が衛生植物検疫措置（SPS 措置）を導入していたところ，当該措置のために輸出の機会が減少した輸出国（例えば米国）により WTO 協定違反として提訴された際に，第三国（例えば EU）が当該措置の協定整合性の証明を請け負う（いわば援護する）形で被申立国として参与する場合である[13]。特に SPS 協定のように，科学的証拠等が問題となる場合には，十分な証明能力がない発展途上国がそのことで敗訴することを防止するために，先進国が援護することが適切な場面も生じうる。したがって，ここでの被申立国の追加は，当事者間の公平性の実現が根拠になると思われる[14]。とりわけ，争点とされる発展途上国による SPS 措置が，先進国（先の例であれば EU）との FTA の締結を契機に導入されたといった背景がある場合には，当該先進国の関与はより正当化されやすくなると思われ，その内容次第では，当該紛争は前述の第2の類型により類似することになろう。

Ⅲ　WTO 法における「複数の被申立国」の手続

　このように，複数の被申立国が存在する紛争が想定しえる中で，WTO の紛争解決の手続の細部について定める DSU ではどのように規定されているのであろうか[15]。

---

(13)　厳密には，これは我が国の民事訴訟法でいう補助参加に該当する（よって被申立国とは区別される）と思われるが，注(4)でも述べたように，WTO における議論では co-respondent の文脈でしか捉えられていないことが多いので，ここでは複数の被申立国の一例として把握する。

(14)　この点につき，後述する我が国の民事訴訟法では，補助参加を広く認めるように解する場合の一つの考慮要素として公平性や判決の内容的正当性といったことが取り上げられるが（勅使河原和彦『読解民事訴訟法』（有斐閣，2015 年）233 頁以下，高橋宏志『重点講義民事訴訟法〔下〕（第 2 版補訂版）』（有斐閣，2014 年）442 頁），本稿のこの例はそれに類するものと捉えられるかもしれない。

(15)　本稿ではパネル段階における手続に焦点を当てる。上級委員会における複数の被申

◆ 第1部 ◆　国際貿易紛争処理における手続法的発展と課題

　DSU は，複数の加盟国による申立てに関する規定は設けるものの（第9条），複数の加盟国に対して申立てが行われる場合については何ら言及しない[16]。他方で，禁止する規定も存在しないことから，複数の被申立国を相手とした紛争解決手続が認められないことにはならない。

　この問題を考察する上で関連するのが「付託事項」である。DSU 第7条1項によると，パネルの付託事項は「（紛争当事国が引用した対象協定の名称）の関連規定に照らし（当事国の名称）により文書（文書番号）によって紛争解決機関に付された問題を検討し，及び同機関が当該協定に規定する勧告又は裁定を行うために役立つ認定を行うこと」とされる。この標準的な付託事項においては，パネルの設置要請文書が上記「文書（文書番号）」に記載されることになり，当該文書内で複数の被申立国を想定したパネル設置要請が行われれば，複数の被申立国が認められることになる[17]。

　実際の事例としては，申立国である米国が，EU とその加盟国の双方を当事国としてパネル設置要請に記載した上で，パネルに紛争を付託した EC － 大型民間航空機事件がある。同事件のパネル手続において EU は，関連 EU 加盟国も被申立国とされたことに対して，自らが唯一の適切な被申立国であるべきと主張したが，パネルは，EU 加盟国も被申立国として含めることの有効性を明確に認め[18]，EU 加盟国に向けても勧告を行った[19]。その後の EC － 情報技術製品事件においても，EU はやはり，当該事件においては EU のみが被申立国として扱われるべきであると主張した[20]。しかし，EU 自身が，その加盟

　　立国の問題については今後の検討課題とする。

(16)　Roland Bartels, "Procedural Aspects of Shared Responsibility in the WTO Dispute Settlement System", *Journal of International Dispute Settlement*, Vol. 4, No. 2 (2013), p. 350.

(17)　あるいは，個別の被申立国を対象とした複数のパネル設置要請文書を併記することで被申立国を複数とすることも可能と思われる。これに近似した状況が，EC － コンピューター機器事件で見られた（本稿第Ⅴ節4も参照）。

(18)　Panel Report, *European Communities and Certain Member States – Measures Affecting Trade in Large Civil Aircraft*, WT/DS316/R, paras. 7.174-76.

(19)　*Ibid.* paras. 8.5-7.

(20)　Panel Reports, *European Communities and Its Member State – Tariff Treatment of Certain Information Technology Products*, WT/DS375/R, WT/DS376/R, WT/DS377/R, para. 7.86.

◇ 第2章 ◇「複数の被申立国」手続の可能性とその法的対応〔関根豪政〕

国が被申立国となること自体には異論を唱えておらず（同事件の申立国の主張がEUによる措置を対象にしていると争った），パネルもEU加盟国が同時に当事国となることを否定してはいない[21]。

このように，これまでの判断例をみると，申立国が複数の被申立国を適正に付託事項に含めていれば，パネルはそれを受け入れて手続が進められることになると把握できる[22]。つまり，申立国が自ら選定する限りにおいて，複数の被申立国を対象とする手続は基本的には認められるということになる[23]。

問題は，複数の被申立国が望まれる，あるいは，既存の被申立国や潜在的な被申立国（第三国）が，被申立国が複数とされることを要求しているのにも拘らず，申立国が単独の被申立国のみを対象に手続を開始した場合である。パネルの設置はネガティブ・コンセンサス方式によって決定されることになるため[24]，かかる状況であってもパネルは適正に設置されることになる。となると，パネルの設置後に，潜在的な被申立国が何らかの形で係属中の手続に参加ないし追加されることが認められるのか，との点が議論されなければならない。

以下では，この論点に焦点を当てるが，それに際して，WTOの文脈における議論のみを分析するのでは限界がある。そこで，多くの蓄積がある国内民事訴訟法における「多数当事者訴訟」の議論を参考にしたい。もちろん，我が国の民事訴訟法とWTOの紛争解決手続とは，多くの点で顕著な相違があるため，単純に制度を移入することは難しいが，すくなくとも議論のための有益な素材を提供することは事実であるため，両制度の相違に留意しつつ，WTOに

---

(21)　*Ibid.* paras. 7.86-90. ただし，本件の勧告はEUのみを名宛人としており，加盟国に対しては行われていない。なお，複数の加盟国が被申立国とされたGATT期の事例としては1件存在する。Report of the Panel on Uruguayan Recourse to Article XXIII, L/1923, BISD 11S/95. 本件では，ウルグアイが15か国を相手に申立てを行った。

(22)　たしかに，これまでの事例はEUとその加盟国が含まれる「複数の被申立国」の事例に限定されているが，複数の被申立国の手続が認められるのが地域統合体と加盟国の関係に限定される理由はないと思われる。

(23)　なお，事件番号や報告書は別とされたが，パネル会合などは共同で開催された事件として，米国／カナダ−継続的譲許停止事件がある。Panel Report, *United States – Continued Suspension of Obligations in the EC – Hormones Dispute*, WT/DS320/R, para. 7.1; Panel Report, *Canada – Continued Suspension of Obligations in the EC – Hormones Dispute*, WT/DS321/R, para. 7.1.

(24)　DSU 第6条1項。

53

◆ 第1部 ◆ 国際貿易紛争処理における手続法的発展と課題

おける議論の参考にしたい。

Ⅳ 我が国民事訴訟法における訴訟参加

　我が国の民事訴訟法の下では，当事者間で行われている訴訟に第三者が訴訟開始後に加わる方法は，当事者が第三者を加入させる（引込む）場合，第三者が主体的に加入する場合，そして，裁判所の命令で第三者が加入する場合の3通りが考えられる。当事者による引込みとしては，訴えの主観的追加的併合（第三者の訴訟引込み）が存在する。第三者の主体的な参加は，第三者による訴えの主観的追加的併合及び共同訴訟参加（当事者参加），補助参加，共同訴訟的補助参加があり得る。そして，裁判所による追加は，弁論の併合により実現されることになる。以下，それぞれの詳細をみていく（本節では明記されない限り，条文番号は民事訴訟法のそれを指す）。

1　既存当事者による訴えの主観的追加的併合

　「訴えの主観的追加的併合」とは，訴訟の係属中に，既存の当事者（原告又は被告）が第三者に対する訴えを追加的に併合提起することや，第三者が当事者として訴訟に加入することを示す[25]。第三者による主観的追加的併合については後述2にて触れるので，ここでは既存当事者による主観的追加的併合（第三者の訴訟引込み）について概説する。

　原告による主観的追加的併合（原告による第三者に対する訴えの併合）については，それを肯定するのが一般的な学説であるものの[26]，最高裁判決はそれを否定している[27]。かかる判決に対しては総じて批判的な見解が提示されているが，主観的追加的併合を認める学説も常に併合を認めるわけではなく，併合を認める要件については見解が分かれている状態にある[28]。また，実務においては，最高裁判決に沿って，別訴を提起した上での弁論の併合（後述3）で対処する方法が採用されている状況にある[29]。

---

(25)　中野貞一郎ほか『新民事訴訟法講義（第3版）』（有斐閣，2018年）592頁。

(26)　安西明子「主観的追加的併合」高橋宏志ほか編『民事訴訟法判例百選（第5版）』（有斐閣，2015年）202頁。

(27)　最判昭和62年7月17日民集41巻5号1402頁。

(28)　安西・前掲注(26)203頁。

54

◇第 2 章◇「複数の被申立国」手続の可能性とその法的対応〔関根豪政〕

被告による主観的追加的併合についても，学説上様々な議論が行われているが，やはり一般的な規定は存在していない[30]。

2 訴 訟 参 加

第三者が訴訟に参加する形態は主に 3 種類に分類される[31]。第 1 が，第三者が当事者の資格で訴訟に参加する当事者参加（第三者による主観的追加的併合）である。当事者参加には，①第三者が従前からの原告ないし被告の共同訴訟人として訴訟参加する共同訴訟参加（第 52 条）[32]，②共同訴訟参加以外の，明文規定がない場合における第三者による主観的追加的併合，③第三者が 3 人目の独立の当事者として加入し，三面的な関係となる独立当事者参加（第 47 条）等が含まれる。③については，第三者が訴訟の結果によって権利が害される場合に参加が認められる詐害防止参加（第 47 条 1 項前段）と，訴訟の目的の全部若しくは一部が自己の権利であることを主張する場合に認められる権利主張参加（第 47 条 1 項後段）に分けられる。本稿は，被申立国が複数想定される場合（共同被申立国，あるいはそれに類する状態）を前提としていることから，原則的には三面構造をとる独立当事者参加はひとまず議論の対象外とする。

共同訴訟参加の要件は，「訴訟の目的が当事者の一方及び第三者について合一にのみ確定すべき場合」である（第 52 条）。ここでいう訴訟の目的が「合一にのみ確定すべき場合」とは，判決の内容が当事者間及び当事者の一方と参加人との間において一様とされることを意味するため，判決の効力が参加人と相手方の間にも及ぶことになる（つまり，必要的共同訴訟となる）[33]。共同訴訟参

---

(29) 秋山幹男ほか『コンメンタール民事訴訟法Ⅰ（第 2 版追補版）』（日本評論社，2014年）377 頁，田邊誠「主観的追加的併合」伊藤眞＝山本和彦編『ジュリスト増刊 民事訴訟法の争点』（有斐閣，2009 年）78 頁。

(30) 詳しい議論としては，高橋・前掲注(14)560 頁以下，井上治典『多数当事者の訴訟』（信山社，1992 年）115 頁以下等。

(31) 上原敏夫ほか『民事訴訟法（第 7 版）』（有斐閣，2017 年）244 頁。

(32) 参加人は，共同原告となる場合には，自己の請求を定立して参加することになる一方で，共同被告として参加する場合には，請求棄却等の判決を求めることになるが，当事者適格が肯定されることが前提となる。伊藤眞『民事訴訟法（第 6 版）』（有斐閣，2018 年）669 頁。

(33) 中野ほか・前掲注(25)592 頁，秋山ほか・前掲注(29)506 頁，兼子一ほか『条解民事訴訟法（第 2 版）』（弘文堂，2011 年）274 頁〔新堂幸司＝高橋宏志＝高田裕成〕。

◆ 第 1 部 ◆　国際貿易紛争処理における手続法的発展と課題

加をする第三者は，原告又は被告に対する請求について当事者適格を有することが求められるとするのが判例・通説とされる[34]。第52条は一般的には，共同訴訟参加の結果，類似必要的共同訴訟（共同訴訟人となるべき者全員が参加しなくとも訴訟追行権が認められる必要的共同訴訟）が成立する場合を想定していると理解されるが，固有必要的共同訴訟（共同訴訟人となるべき者全員が参加しなければ訴えが不適法となる必要的共同訴訟）において欠落している共同訴訟人となるべき者が参加する場合も含まれると解されている[35]。

　この民事訴訟法第52条に限らず，明文規定が存在しない場合でも第三者による手続への加入は肯定されうる（第三者による主観的追加的併合）[36]。ただし，それは民事訴訟法第38条前段を充足する（つまり，訴訟の目的である権利義務が共通又は各権利義務の発生原因が同一である）ことが条件とされる[37]。しかし，実務上は，別訴を提起した上で，弁論の併合についての裁判所の判断に委ねることとされている[38]。

　第三者が訴訟に参加する第2の形態が，参加人に訴訟当事者としての地位が与えられない補助参加である。補助参加人は，当事者の一方（被参加人）を勝訴に導くことで自己の利益を守ることを目的として，被参加人を補助することになる。補助参加人は相手方に対する請求を定立しない。補助参加のためには「訴訟の結果について利害関係を有する」（第42条）第三者に該当しなければならない。ここでいう「利害関係」は法律上の利益に限定され，経済的利益や感情的利益は含まれないとされる[39]。また，かつての通説は「訴訟の結果」を判決主文における訴訟物についての判断と捉え，それが補助参加人の法律上の地位に影響を与えるか否かを問題としていたが（訴訟物限定説），近時は，判決の理由中の判断も含むとする見解（訴訟物非限定説）が多数説になってい

---

(34)　秋山ほか・前掲注(29)506頁，中野ほか・前掲注(25)592頁，松本博之＝上野泰男『民事訴訟法（第8版）』（弘文堂，2015年）780頁等。

(35)　秋山ほか・前掲注(29)505頁，松本＝上野・前掲注(34)780頁。

(36)　否定的な見解として，伊藤・前掲注(32)669頁。

(37)　上田徹一郎『民事訴訟法（第7版）』（法学書院，2011年）554頁，松本＝上野・前掲注(34)747頁。

(38)　中野ほか・前掲注(25)592頁。

(39)　伊藤・前掲注(32)673頁。すなわち，当事者の一方と親友であることや，当事者の敗訴により利益配当等が減少する等の理由から参加することは認められない。中野ほか・前掲注(25)598頁。

◇第2章◇「複数の被申立国」手続の可能性とその法的対応〔関根豪政〕

る[40]。なお，補助参加制度は，様々な意図で利用されており，例えば，事情に明るい第三者を参加させることで裁判資料の収集を実現させるとの目的で利用されることもある[41]。

　第3が，共同訴訟的補助参加と呼ばれる形式である。これは共同訴訟参加と補助参加の中間的な位置づけが可能な参加形態で，強い利害関係を有するものの共同訴訟人としての当事者適格は欠く第三者が対象となりうる。当該第三者は補助参加人の地位を持ちつつも，より独立性が認められることになる[42]。もっとも，共同訴訟的補助参加については民事訴訟法に明文規定が存在しておらず，共同訴訟的補助参加人の権能が強化されるとしても，どこまで強化されるかの範囲については見解が一致しない状況にある[43]。なお，共同訴訟的補助参加の例としては，行政事件訴訟法第22条に基づく訴訟参加も挙げられる[44]。

　以下では，訴訟参加の代表的な類型である共同訴訟参加及び補助参加について，参加の手続や参加後の地位，判決の効力の問題を概観する。

⑴ 共同訴訟参加における参加の手続，参加後の地位，判決の効力

⒤ 参加の手続

　共同訴訟参加の申出は，参加の趣旨及び理由を明らかにして，参加後に訴訟行為をすべき裁判所に行うことになる（第52条2項，第43条の準用）。参加の要件を欠く場合には，後述する補助参加の場合とは異なり――当事者が参加に

---

(40)　勅使河原・前掲注(14)227頁，高橋・前掲注(14)438頁，伊藤・前掲注(32)674頁，松本＝上野・前掲注(34)805頁等。もっとも，後述するように，補助参加は異議が述べられない限り参加が認められるため，実際には，参加の利益がなくとも補助参加は可能である。松本＝上野・前掲注(34)807頁。

(41)　高橋・前掲注(14)490頁。

(42)　たとえば，被参加人の訴訟行為と抵触する行為も認められる。上田徹一郎＝井上治典『注釈民事訴訟法(2) 当事者(2)・訴訟費用』（有斐閣，1992年）153頁〔池尻郁夫〕。

(43)　たとえば，長谷部由起子「共同訴訟的補助参加の課題」山本克己ほか編『民事手続法の現代的課題と理論的解明：徳田和幸先生古稀祝賀論文集』（弘文堂，2017年）87頁以下参照。

(44)　南博方ほか『条解行政事件訴訟法（第4版）』（弘文堂，2014年）461頁〔神橋一彦〕，室井力ほか『行政事件訴訟法・国家賠償法（第2版）』（日本評論社，2006年）251頁〔前田雅子〕等参照。

◆ 第1部 ◆　国際貿易紛争処理における手続法的発展と課題

異議を述べた場合の手続（第44条1項）は用いられずに──終局判決で却下されることになる[45]。

(ii) 参加後の地位

訴訟に参加する第三者は必要的共同訴訟人の地位を得ることになる[46]。判決内容の合一確定が求められる必要的共同訴訟においては[47]，原則的には，共同訴訟人の1人が行った有利な行為は全員に効力が及び，不利な行為については全員で行わない限り効力を生じないとされる（第40条1項）[48]。他方で，相手方の訴訟行為は，共同訴訟人の1人に対して行われたものであっても，有利不利に拘わらず全員に対して効力を有することになる（同条2項）。

(iii) 判決の効力

共同訴訟参加においては，訴訟の目的が当事者の一方及び第三者について合一確定されることが要請されるため，同制度を通じて共同訴訟人となった参加人には，当事者として，判決の効力が及ぶことになる。

(2) 補助参加における参加の手続，参加後の地位，判決の効力

(i) 参加の手続

補助参加の申出と[49]，共同訴訟参加の申出とでは基本的に相違はなく，参加の趣旨及び理由を明らかにして，参加後に訴訟行為をすべき裁判所に書面又は口頭で[50]行うことになる（第43条1項）。ただし，補助参加については，当事者（被参加人及び相手方）から参加に異議が示されたときのための規定が特別に設けられており（第44条1項），当該規定に基づくと，裁判所は異議を受

---

(45)　兼子ほか・前掲注(33)275頁〔新堂幸司＝高橋宏志＝高田裕成〕，新堂幸司『新民事訴訟法（第5版）』（弘文堂，2011年）796頁。

(46)　上田＝井上・前掲注(42)273頁〔加波眞一〕。

(47)　なお，通常共同訴訟においては，共同訴訟人独立の原則に基づいて，共同訴訟人の一人の訴訟行為等は他の共同訴訟人に影響を及ぼさないとされる（民訴法第39条）。

(48)　有利・不利の意味については，高橋・前掲注(14)321頁。

(49)　以下，本節で議論する補助参加の手続，参加後の地位，裁判の効力等については，共同訴訟的補助参加についても原則的に共通する。主な相違点としては，共同訴訟的補助参加では，補助参加人の訴訟行為が主たる当事者の行為と抵触しても有利となるものであれば効力が認められることや，補助参加人の上訴期間が独立して計算されることが挙げられる。秋山ほか・前掲注(29)451頁，伊藤・前掲注(32)684頁。

(50)　伊藤・前掲注(32)676頁，松本＝上野・前掲注(34)807頁。

けて参加申出人に参加の理由を疎明させ，参加の許否の裁判をすることになる[51]。参加許否の決定については，当事者（異議を述べなかった当事者を含む）と補助参加の申出人に即時抗告権が認められている（第44条3項）[52]。

また，当事者は訴訟外の参加可能な第三者（対象は補助参加人となりうる者が多いが，それに限られない）に対して訴訟の係属の事実を通知することができる（訴訟告知，第53条）[53]。具体的には，当事者ら[54]告知権者が裁判所に告知書を提出することにより[55]，速やかに[56]被告知者に送達されることになる（第53条3項，民訴規則第22条）。なお，被告知者は，告知を受けたとしても，参加する義務は生じないとされるが[57]，被告知者が参加しなかった場合において，補助参加することができた被告知者に対して訴訟の参加的効力（後述(iii)）が生ずることもあるとされる（第53条4項）[58]。

(ii) 参加後の地位

補助参加人は，自己の名と費用で訴訟に関与することになる[59]。補助参加人に対する呼出しを欠く場合には，期日を適法に開くことはできない[60]。また，補助参加人には，被参加人を勝訴させるために必要なすべての訴訟行為をすることが認められる（第45条1項）[61]。他方で，その地位の従属性や補助参

---

(51) 異議権を失う場合については，第44条2項参照。

(52) 参加申出を不要とする当然の補助参加の是非については見解が割れている。兼子一『新修民事訴訟法体系（増訂版）』（酒井書店，1965年）399頁等参照。

(53) 訴訟告知の時期的制限については法律上の規定は存在しない。高橋・前掲注(14) 491頁。

(54) 被告知者も含まれる（第53条2項）。

(55) 告知書には，告知の理由及び訴訟の程度が記載されることになる（第53条3項）。

(56) よって，裁判所は，参加の利益や訴訟告知の適法性の審査を厳密には行わない。松本＝上野・前掲注(34)812頁，高橋・前掲注(14)491頁。告知要件の争いは，その効力を問題とする告知者と被告知者の間での後訟で判断されることになる。上原ほか・前掲注(31)255頁。

(57) 秋山ほか・前掲注(29)517頁，伊藤・前掲注(32)687頁。

(58) 参加的効力が生じない場合の議論については，伊藤・前掲注(32)688頁，新堂・前掲注(45)821頁以下等参照。なお，訴訟の相手方との間の判決効は生じないとされる。高橋・前掲注(14)479頁。

(59) 高橋・前掲注(14)426頁。なお，「補助参加だからといって，そのために要する準備や費用・時間が自分が当事者となって訴訟をする場合に比べて少なくて済むというわけのものではない」と指摘されている。新堂・前掲注(45)803頁。

(60) 高橋・前掲注(14)426頁，新堂・前掲注(45)808頁。

◆ 第1部 ◆　国際貿易紛争処理における手続法的発展と課題

加の目的ゆえに，被参加人が参加の時における訴訟の程度に従いすることができない行為（第45条1項但書），被参加人の訴訟行為と抵触する行為（同条2項）[62]，訴訟自体を設定・変更・消滅させる行為や被参加人に不利益となる行為（訴訟上の和解等）[63]はできないとされる。

(ⅲ) 判決の効力

また，補助参加人については判決の名宛人とはされないものの，第46条は，特定の場合を除いて，裁判の効力が補助参加人に対しても及ぶとする[64]。もっとも，ここでいう効力は，通説では，既判力とは異なる参加的効力（被参加人が敗訴した場合における被参加人と補助参加人との間での判決の効力）として理解される[65]。

3　弁論の併合

異なる当事者間での数個の訴訟が同一裁判所[66]に係属している状況下で，裁判所の裁量によって弁論が併合され（第152条1項），共同訴訟となる場合も考えられる[67]。多数の当事者が関与する訴訟において弁論が併合されるためには，共同訴訟の要件（第38条）を充足していることが求められる[68]。現在

---

(61)　第45条1項は，具体的には「攻撃又は防御の方法の提出，異議の申立て，上訴の提起，再審の訴えの提起」を例示する。

(62)　これには，参加人が被参加人に有利な訴訟行為を行った場合も含まれる。松本＝上野・前掲注(34)808頁。

(63)　明文規定は存在しないが，このように理解される。中野ほか・前掲注(25)602頁，松本＝上野・前掲注(34)808頁，上田・前掲注(37)561頁。

(64)　効力を有さないのは，補助参加の時における訴訟の程度に従い補助参加人が訴訟行為をすることができなかったとき（第46条1項），被参加人の訴訟行為と抵触することから補助参加人の訴訟行為が効力を有しなかったとき（同2項），被参加人が補助参加人の訴訟行為を妨げたとき（同3項），被参加人が補助参加人のすることができない訴訟行為を故意又は過失によってしなかったとき（同4項）とされる。

(65)　参加的効力説と（新）既判力説に関する議論については，たとえば，福本知行「補助参加人に対する判決の効力」高橋宏志ほか編『民事訴訟法判例百選（第5版）』（有斐閣，2015年）217頁。

(66)　官署としての同一性が求められるため，担当裁判官や合議体が異なっていても併合は認められる。上田・前掲注(37)272頁。

(67)　新堂・前掲注(45)797頁。

(68)　松本＝上野・前掲注(34)397頁，上田・前掲注(37)272頁。

の判例及び実務においては，併合前の弁論や証拠調べの結果は，援用なしに併合後も訴訟資料とされるのが一般的である[69]。

4　小　括

以上からもわかるように，我が国の民事訴訟法においては，訴訟の係属中に第三者を加入させる多様な仕組みが設けられている。また，参加方法も当事者として参加する場合から，当事者に対して従属的な地位で参加する（ただし，訴訟行為は広く認められている）補助参加までバリエーションが存在する。もちろん，これら複雑な構造がWTOの紛争解決手続に直ちに並行移入できるとは考えられないが，以下で行う具体的な分析における有用な指針の一つとなると言えよう。ここでは，民事訴訟法とWTO紛争解決手続の相違性ゆえに，両者を過度に比較分析することは避け，次の点が注目される旨を述べるにとどめたい。

まず，裁判所による弁論の併合については，共同原告／共同申立国を構成する場合は，WTOではDSU第9条（複数の加盟国の申立てに関する手続）等でそれに対応しうる。その一方で，共同被告／共同被申立国を構成する併合に関しては，パネル設置後にそれが可能かを記す明文規定がDSU上には存在しない。また，我が国の民事訴訟法では，共同訴訟参加については明文規定が設けられており，明文規定のない訴えの主観的追加的併合についても，それを一定程度認める学説も存在するが（ただし，実務上は採用されていない），これらに相当する規定はDSUには確認しえない[70]。

さらに，民事訴訟法においては，当事者参加とは区別される補助参加制度が設けられており，当該制度の下では，補助参加人は判決の名宛人とはならないが，事実上，当事者に近い地位で訴訟に参加することが認められる。この仕組みはWTOでいう第三国参加に近いが，前者の方が認められる訴訟行為が広いという特徴が指摘される。他方で，それゆえに補助参加は参加の要件が厳しく，「訴訟の結果について利害関係を有する」の要件を満たしていないとして参加が拒絶される可能性もある[71]。これらを踏まえると，我が国の民事訴訟

---

(69)　秋山幹男ほか『コンメンタール民事訴訟法Ⅲ（第2版）』（日本評論社，2018年）350頁，上田・前掲注(37)273頁。

(70)　もっとも，WTOの手続においては，紛争当事国が合意するのであれば，訴訟参加や第三国の引込みが認められる余地はある。この点の詳細は，後述第Ⅴ節参照。

◆第1部◆　国際貿易紛争処理における手続法的発展と課題

法下の補助参加は WTO においては，拡張的な第三国の権利を認める拡大第三国権利により近いとも言えるが，後者では WTO の第2回会合での意見書の提出までは認めないのが慣例である[72]。補助参加の場合には，判決の効力（参加的効力）が補助参加人に対しても及ぶことも WTO の第三国参加とは異なることも踏まえると，WTO には補助参加に相当する制度は存在しないのが現状である。WTO の手続においても，複数の被申立国が考えられる場面で，必ずしも第三国が被申立国と同じ地位である必要がない場合が考えられるため，補助参加に相当する制度は一考の余地があると言えよう。

このように，WTO の紛争解決手続においては，共同訴訟参加や補助参加についての仕組みが存在しない，ないし，議論が詳細には行われてきていないため，以下では WTO の紛争解決手続におけるそれらの形態の手続の実現可能性について更なる検討を加えたい[73]。

V　手続外の加盟国が被申立国等として手続に加入することの可否

1　特定の加盟国が自発的に被申立国として参加する場合

WTO の紛争解決手続において，潜在的な被申立国は，申立国が同国を被申立国として選定していないまま手続が進行している状況下で，紛争の直接的な影響が及ぶと予想されること等を根拠に，自ら手続に共同被申立国として参加すること（当事国参加）を要請することができるのであろうか。先で述べたように，DSU はこのことについて何ら記さない。

まず前提として，当該潜在的被申立国は第三国として参加することは可能である。一般的に，第三国参加はパネルの設置から10日以内に通報することが

---

(71)　WTO の第三国参加においても「実質的な利害関係」を有することは求められるが，法解釈に関する関心も含める広い概念として把握されている。松下満雄・米谷三以『国際経済法』（東京大学出版会，2015年）100頁。

(72)　詳しくは，本書第4章及び Takemasa Sekine, "Enhanced Third Party Rights under the WTO Dispute Settlement System", *Manchester Journal of International Economic Law*, Vol. 15 No.3 (2018), pp. 354-393.

(73)　なお，谷口教授は我が国民事訴訟法下における多数当事者訴訟の実務的な問題点――裁判が複雑になりすぎるとの問題――も指摘されており，これも WTO の紛争解決手続を検討する上で有益な示唆を与えると思われる。谷口安平『多数当事者訴訟・会社訴訟』（信山社，2013年）357頁。

◇ 第 2 章 ◇ 「複数の被申立国」手続の可能性とその法的対応〔関根豪政〕

指針として示されているが[74]，実際には当該期間が超過しても参加が認められている[75]。しかしながら，第三国参加のみでは（拡大的な権利が認められたとしても），当該参加希望国が望む関与の程度を満たさないことも多分に考えられる。仮に，潜在的な被申立国に共同被申立国としての地位が認められることになれば，被申立国間で共同の意見書を作成することもでき，十分な情報共有も可能になる。第三国参加では，情報や発言機会の不十分性から，被申立国間の見解に齟齬が生じ，被申立国側に不利な状況を生む恐れさえある。

そこで，DSU に明文規定がない状況でも第三国が被申立国として自発的に参加することが認められるか。これは既存の紛争当事国の合意がある場合には認められる余地がある。とりわけ，申立国による参加の容認は，新規の請求が提起されたとみなしうる行為と言える[76]。もちろん，先例に欠けることから，追加後の手続の進行方法や，追加前の情報の取り扱い等，DSU において想定されていない問題が多く惹起され，手続の遂行に不透明性も伴うと推測される。とはいえ，追加が望ましい状況であることの合意が関係国間に存在するのであれば，追加に伴う手続上の問題は，検討手続（DSU 第 12 条 1 項及び 2 項）や当事国間での調整等を通じて処理していくことになるであろう。状況次第ではあるが，参加を望む第三国を相手取って申立国が新たな手続を開始し，先行する手続が新規の手続を待つ形で併合することも考えられる。これは DSU 第 9 条の主旨にも沿うものとも捉えられ，当事国が合意している以上，認めること自体には障害がないと思われる[77]。

それに対して，紛争当事国が参加に否定的な場合には，第三国は被申立国として自発的に参加する術がないのが現状であろう。申立国側として参加するのであれば，新規の手続を開始し併合させるとの手段を用いることができるが（DSU 第 9 条や第 10 条 4 項の適用），被申立国側で参加するために第三国が手続

---

(74)　World Trade Organization, *A Handbook on the WTO Dispute Settlement System, 2nd Ed.* (Cambridge University Press, 2017), p. 67.

(75)　E.g., Panel Report, *European Communities – Export Subsidies on Sugar, Complaint by Australia*, WT/DS265/R, paras. 2.2-4.

(76)　第三国の参加容認の最終決定は誰がすべきかとの点については，DSU に明文規定がないことから，DSB 決定を通じて行うのが理想と言えるが，パネルが自らの裁量で被申立国を追加する最終判断を下すことも排除されないであろう。

(77)　第三国の参加がパネル手続の進行の不当な遅延を招く場合には，パネルが DSU 第 3 条 3 項や第 12 条 2 項等を根拠に，参加を拒絶することも想定される。

◆ 第1部 ◆ 国際貿易紛争処理における手続法的発展と課題

（消極的な請求）を開始し併合させることは，現行の DSU が予定している過程とは思われない。共同被申立国として追加的に参加することを認めるのであれば，パネルや DSB 主導による参加許可か（後記，3 及び 4 でその可否を検討する），立法的解決に委ねる必要があろう。

2　被申立国が第三国の引込みを要請する場合

　紛争手続が進行し，事実状況が明瞭になるにつれて，第三国の影響が大きいことが明らかになり，既存の被申立国が当該第三国を被申立国として引込むことが必要と認識した場合に，それは可能であろうか。

　他方の紛争当事国（申立国）が引込みに了承する場合には，第三国の自発的な参加に関する上記の議論と同様に，新たな請求が提起されたと把握することも可能なため，加入を認めることは考えられる[78]。問題は，第三国の引込みに対して，申立国が合意しない場合である。被申立国の要求で第三国を加入させる規定が設けられていない以上，そのような場合には第三国を引込むことは非常に困難になると言えよう。それでもなお，引込みを実現したいのであれば，パネル自らが能動的に第三国に参加を要請すること（下記 3 で論ずる），あるいは，DSB がかかる決定を行うこと（後記 4 参照）がとりえる手段の候補となる。また，被申立国が参加を求める第三国の参加が紛争の解決において不可欠な場合には，引込みが必要となる可能性が生ずる（後記 5 参照）。これらの点について以下，順次検討する。

3　パネルが特定の加盟国を被申立国等として引込むことの可否

（1）パネルには紛争解決手続外の加盟国を手続に加入させる権限があるか

　パネル自らが能動的に第三国の引込みを実施することが想定されるのは，次の 2 つの場面である。第 1 が，関係国が参加を要請（第三国が参加を要請，あるいは，被申立国が引込みを要請）したが，紛争当事国や対象第三国のいずれかが同意しない場合，第 2 が，紛争当事国の要請や合意に関係なく職権でパネルが

---

(78)　引込みの対象となる第三国が参加を拒絶することも推測されるが，強制的管轄権が事実上存在する WTO 手続においては申立国の同意が優先されよう。あるいは，第三国の参加が紛争解決において重要となる状況では（後述 5 の議論参照），不参加は当事国に不利益となるため，最終判断の効力が一定範囲内で及ぶ形で対処する制度の設計も考えられる（第Ⅷ節参照）。

◇第2章◇「複数の被申立国」手続の可能性とその法的対応〔関根豪政〕

参加を命ずる場合である。この点に関する DSU 上の明文規定が存在しない現状では，両場面においてパネルが参加を命ずることは難しい。実際に，トルコ－繊維製品事件では前記第1の例が具体化しており，パネルによる否定的な判断が示されている[79]。当該事件では，トルコ（被申立国）が EU も当事国（被申立国）として手続に含まれるべきと主張したが，EU が第三国として参加することさえも選択していない状況を受けてパネルは，「我々は WTO 加盟国を第三国参加させる，あるいはその他の方法でパネルの手続の全体を通じて参加することを指示する権限を有さない」と述べている[80]。この判断からは，当事国としての参加を希望する第三国に関して，パネルが，紛争当事国が合意していなくとも参加要請に許可を与えることができるかとの点についてまでは結論付けることできないが，かかる場合において，当事国の合意がない状況で，DSU に規定されていない行動をパネルが積極的に是認するとは考えにくい。また，上記のパネルの判断に依拠すると，前記第2の場面においても，加入を命ずることは困難と思われ，実際にパネルはそのような行動に謙抑的な姿勢を示すと予想される。我が国の民事訴訟法においても，職権で第三者を参加させる手続は存在していないことには留意を要する[81]。

(2) DSU 第13条の援用

たしかに，パネルが職権で第三国の手続参加を命ずることができるかは不透明と言えるが，パネルは，DSU 第13条に規定される情報提供者として手続外の加盟国を関与させる手段を保有している。とりわけ，手続に参加していない第三国が排他的に保有している情報が，パネルが判断を行う上で重要な要素となる場合には，DSU 第13条における権限の行使はパネルが「客観的な評価」を行う（DSU 第11条）上で不可欠とされる[82]。さらに，DSU 第13条に基づ

---

(79)　Panel Report, *Turkey – Restrictions on Imports of Textile and Clothing Products*, WT/DS34/R, para. 9.5 [hereinafter Panel Report, *Turkey – Textiles*].

(80)　*Ibid.*

(81)　我が国の民事訴訟法には，職権で第三者を訴訟に参加させる手続は存在しないが，行政事件訴訟法においては明文規定が存在する（第22条）。もっとも，実例はほとんどないとされる。南ほか・前掲注(44)465頁，新山一雄『職権訴訟参加の法理』（弘文堂，2006年）1頁参照。

(82)　Appellate Body Report, *United States – Measures Affecting Trade in Large Civil Aircraft (Second Complaint)*, WT/DS353/AB/R, para. 1139. 申立国が十分に情報を入手できない事情がある中で，パネルが DSU 第13条に基づいて情報の収集を行うことを

65

◆ 第 1 部 ◆　国際貿易紛争処理における手続法的発展と課題

いて情報提供を要請された加盟国は，それに「速やかかつ完全に応ずる」義務があると理解されていることから[83]，当該条項の手続は強固なものと言える。

　この手続は実際にトルコ－繊維製品事件でも用いられており，パネルは手続外の EU に対して，作成した質問に対する回答を求めるという形で情報提供を要請している。もっとも，本件において興味深いのは，当該要請に対して EU が示した慎重な姿勢である。EU は，インドが申立てを専らトルコに対して行うことを選択していることから，自らは他のいかなる形でも参加する意図がないということを最初に確認したうえで，パネルから提示された質問については喜んで回答するものの，DSU 第 13 条の下では，パネルでの訴答（pleading）と混同させないためにも，本件紛争と関連しうる事実上の又は法的な要素についての広範な議論を行うことは相応しくないとの見解を示したのである[84]。

　この EU の主張に端的に示されているように，DSU 第 13 条はパネルが主体的に必要な情報を他の加盟国から吸い上げられることにメリットがあるが，他方で，情報を要請する第三国を「参加」と同水準にまで昇華させることまではできない。この文脈で DSU 第 13 条に期待されるのは，当該手続を利用しているうちに，情報提供を要請した第三国の紛争における責任が明らかになり，新しい紛争解決手続を開始する（さらには，手続を併合させる）契機となることではないだろうか。

　なお，アミカス・ブリーフの受領可能性と関連して DSU 第 13 条が議論された際，上級委員会は，要請していない情報をパネルが受領することは妨げられないとしたため[85]，手続に被申立国に相当する立場で参加したいと考えて

　怠って申立国に不利な判断を下すと，DSU 第 11 条を充足していないと判断されることになりうる。*Ibid.* para. 1145. 反対に，紛争の相手国が排他的に保有しているわけではない情報については，DSU 第 13 条の援用によって情報提供を強要することはできないとする判断として，Panel Report, *Australia – Certain Measures Concerning Trademarks, Geographical Indications and Other Plain Packaging Requirements Applicable to Tobacco Products and Packaging*, WT/DS435/R, WT/DS441/R, WT/DS458/R, WT/DS441/R, paras. 1.82-83.

(83)　Appellate Body Report, *Canada – Measures Affecting the Export of Civilian Aircraft*, WT/DS70/AB/R, paras. 187-90.

(84)　Panel Report, *Turkey – Textiles, supra* note 79, para. 4.2.

(85)　Appellate Body Report, *United States – Import Prohibition of Certain Shrimp and Shrimp Products*, WT/DS58/AB/R, para. 108 [hereinafter Appellate Body Report, *US –*

いる WTO 加盟国も，自らの意思で情報を提出することは可能となっている[86]。しかしながら，そのような関与が認められるとしても，パネルは当該情報を考慮する義務はないため[87]，やはり被申立国の立場とは明確に区別されるであろう。さらに，第三国参加と比べても，「十分に考慮される」（DSU第10条1項）第三国参加のルートの方が明らかに有益と言えよう[88]。

4　DSB は被申立国の追加に介入することができるか[89]

　パネルの設置段階で，DSB が，被申立国が他の加盟国を被申立国として参加させたいとする要求が充たされていないことを根拠に，パネルの設置を拒絶することはほぼ不可能である。これは，パネルの設置がネガティブ・コンセンサス方式によって決定されるためである（DSU 第6条1項）。そこで，パネルの設置の決定とは別に，DSB の決定として被申立国を追加することが認められるか。この場合，DSB の決定はコンセンサスが必要とされること（DSU 第2条4項）がハードルとなる。この点につき，先で論じたように，紛争当事国が合意していればコンセンサスが形成され，加入を認める決定が実現される可能性は生まれるが，一方当事国が否定的な態度を示せば，その可能性は霧消する。

　そこで考えられるのが，DSB の議長による付託事項の変更の手続である。DSU 第7条3項によると，DSB は議長に対して，「紛争当事国と協議の上〔パネル〕の付託事項を定める権限を与えることができる」。この「付託事項を

Shrimp].

(86)　See also, Appellate Body Report, *European Communities – Trade Description of Sardines*, WT/DS231/AB/R, para. 164 [hereinafter Appellate Body Report, *EC – Sardines*].

(87)　Appellate Body Report, *US – Shrimp, supra* note 85, para. 108.

(88)　Appellate Body Report, *EC – Sardines, supra* note 86, para. 166; Appellate Body Report, *United States – Imposition of Countervailing Duties on Certain Hot-Rolled and Bismuth Carbon Steel Products Originating in the United Kingdom*, WT/DS138/AB/R, paras. 40-41.

(89)　Covelli は DSB を通じて加盟国が共同被申立国として手続に参加する途を開くべき旨を提案するが，DSB での決定過程等については詳しく触れてはいない。N. Covelli, "Member Intervention in World Trade Organization Dispute Settlement Proceedings After EC–Sardines: The Rules, Jurisprudence, and Controversy", *Journal of World Trade*, Vol. 37, No. 3, (2003), p. 689.

◆ 第1部 ◆　国際貿易紛争処理における手続法的発展と課題

定める権限」は「付託事項を修正する」ことをも含むであろう。実際に, 被申立国の調整で議長の関与が見られたのが EC －コンピューター機器事件である。当該事件では, 申立国の米国が, 最初に EU を相手に協議を開始しつつも (DS62), その後に, 英国 (DS67) とアイルランド (DS68) との間の協議要請を個別に行ったため, 当初は 3 つの紛争事例とされていた。しかし, 後者 2 件のパネル設置要請が議論された DSB 会合において議長が付託事項の修正を提案したため, 3 つのパネル設置要請が 1 つに統合される形で修正され[90], 最終的に, EU, 英国そしてアイルランドの三者を被申立国とする手続とされた[91]。

　もっとも, EC －コンピューター機器事件は, DSB 議長の関与を通じて被申立国を複数とすることの実現性を示唆する事例ではあったものの, 内実は米国が個別に設定した付託事項を統合したに過ぎない。よって, いずれの紛争においても被申立国に含まれていない加盟国を, 被申立国として付託事項に含めるように議長が定めることができるか否かを検討する上で有効な題材とは言い難い。

　さらに言うと, DSB が議長に権限を与える決定もコンセンサスが基礎とされる点も看過できない。たしかに, 当事国が第三国の加入に否定的であっても, その問題の解決を DSB 議長に一任することについては賛同することは考えられるので, DSB で合意が形成されないとは言い切れないが, 現実的には, 重要な決定権限を加盟国が手放す合意が形成されるのは例外的と言えよう。実際に, 付託事項を定める権限の議長への付与の合意形成に失敗し, その結果, 議長は付託事項の策定を紛争当事国に提案するのに留まった案件もある[92]。前記の EC －コンピューター機器事件も, 最終的には DSU 第 7 条 3 項に基づいて付託事項が修正されたのではない模様である[93]。DSB やその議長は, 手続

---

(90)　WTO Dispute Settlement Body, "Minutes of Meeting", WT/DSB/M/30, p. 6.

(91)　Panel Report, *European Communities – Customs Classification of Certain Computer Equipment*, WT/DS62/R, WT/DS67/R, WT/DS68/R, paras. 1.7-8 [hereinafter Panel Report, *EC – Computer Equipment*].

(92)　Bozena Mueller-Holyst, "The WTO Dispute Settlement Body: Procedural Aspects of its Operation", in Gabriell Marcueau (ed.), *A History of Law and Lawyers in the GATT/WTO: The Development of the Rule of Law in the Multilateral Trading System* (Cambridge University Press, 2015), p. 267. See also, WTO Dispute Settlement Body, "Minutes of Meeting", WT/DSB/M/29, p. 5.

的な事項については決定することを忌避する（すなわち，パネルの判断に委ねる）一般的な風潮があるとする指摘も加味すると[94]，DSB の議長が積極的に被申立国を追加する形で付託事項を修正する可能性は相当に低いと思われる。

5　手続外の加盟国が被申立国等として参加していることが必要とされる場合

(1)「不可欠当事者」理論

これまで，第三国の参加がなくとも手続が進行しえる状況下での手続外の加盟国の自発的な参加や，パネルないし DSB の主導による引込みを検討してきたが，ここでは視点を変えて，手続外の加盟国を含まざるを得ない状況における第三国の引込みの可能性を検討する。

米国の民事訴訟においては，「訴えが提起された紛争を完全・適正に解決するためにその者を訴訟当事者とすることが，いかなる場合にも要求され，その者を訴訟当事者としていない訴えは却下されることとなる者」を「不可欠当事者（indispensable party）」と捉える[95]。この理論が国際司法裁判所（ICJ）の手続においても妥当するかが議論されたのが，ニカラグア事件（管轄権・受理可能性）である[96]。しかし同事件で ICJ は，「米国が主張するような形式の『不可欠当事者』規則は，国際司法裁判所規程にも国際裁判の判例においても発見しえない。かかる規則は，第三国に対して手続の当事者となることを命ずる権限を伴う場合（もっとも本裁判所はそのような権限を保有しないが）に限って考えられる」と否定的な判断を示している[97]。

---

(93)　Panel Report, *EC –Computer Equipment, supra* note 91, para. 1.7.

(94)　Mueller-Holyst, *supra* note 92, p. 271; Bozena Mueller-Holyst, "The Role of the Dispute settlement Body in the Dispute Settlement Process", in Rufus Yerxa and Bruce Wilson (eds.), *Key Issues in WTO Dispute Settlement: The First Ten Years* (Cambridge University Press, 2005), p. 26.

(95)　田中英夫『英米法辞典』（東京大学出版会，1991 年）440 頁。「不可欠当事者」は我が国の民事訴訟法においては固有必要的共同訴訟に近いとされる。浅香吉幹『アメリカ民事手続法（第 3 版）』（弘文堂，2016 年）33 頁も参照。

(96)　ICJ Reports 1984, p. 392.

(97)　*Ibid.* p. 431, para. 88. 杉原高嶺「国際司法裁判における第三者法益原則：その形成事情と適用基準の分析」法学論叢 144 巻 4・5 号（1999 年）34 頁。この判断に対しては，安易な拒絶との批判もある。Lori Fisler Damrosch, "Multilateral Disputes," in Lori Fisler Damrosch (ed.), *The International Court of Justice at a Crossroads* (Transnational Pub. Inc., 1987), p. 390. 本件の評釈としては，小和田恒「ニカラグアに対する軍事的活動

◆ 第1部 ◆　国際貿易紛争処理における手続法的発展と課題

　この「不可欠当事者」は，WTO の紛争解決手続においても議論の俎上に載せられたことがある。トルコ─繊維製品事件においてパネルは次のように述べている。

　ICJ の判例は，事件の当事国の間の決定を，第三国…の立場を検討することなく下すことができるのであれば，ICJ は当該当事国間において管轄権を行使することを示す。本紛争においては，トルコの措置の WTO 協定整合性をパネルが評価する上で決定されることが必要な，欧州共同体に対する主張（claims）が我々には提示されていない。

　特筆すべきは，「不可欠当事者（essential parties）」なる WTO 上の概念は存在しないことである。我々の付託事項及び，トルコ・EC 関税同盟の GATT/WTO 整合性を検討しない…と我々が決定した事実に鑑みると，欧州共同体は本紛争における不可欠当事者とは認めえない…。[98]

　このように，ICJ においても WTO においても，「不可欠当事者」理論は支持されていない状態にある。そのため，現状では，被申立国が不可欠と考える第三国が共同被申立国として紛争に参加していないとしても，当該理論を根拠に手続が却下される，あるいは，当該第三国が当事国として追加される可能性は極めて低い状態にある。

(2) 第三者法益原則

　潜在的な被申立国を，「第三者法益原則」[99]を根拠に WTO の紛争解決手続に参加させることは考えられるであろうか[100]。第三者法益原則は，貨幣用金

　　事件：管轄権及び受理可能性」国際法外交雑誌 85 巻 4 号（1986 年）28 頁以下等参照。

(98)　Panel Report, *Turkey – Textiles, supra* note 79, paras. 9.10-11. Footnote omitted.

(99)　杉原・前掲注(97)21 頁以下，河野真理子「第三国の利益」小寺彰ほか編『国際法判例百選（第 2 版）』（有斐閣，2011 年）197 頁，大河内美香「貨幣用金事件規則の適用基準にかかる覚書：1995 年国際司法裁判所・東ティモール事件判決を中心に」中央学院大学法学論叢 17 巻 1・2 号（2004 年）127 頁以下，砂川和泉「国際司法裁判所の管轄権と第三国に関する一考察：同意原則を中心に」岡山商大法学論叢 9 号（2001 年）129 頁以下。同原則は，貨幣用金（事件）原則（ないし規則）とも表現される。

(100)　先で述べた不可欠当事者と第三者法益原則の重複の余地については，ICJ が前者を詳細に論ずることなく否定していることもあり，定かではない状態にあるが，すくなくとも ICJ は両者を峻別して前者のみを明確に否定している。杉原・前掲注(97)35 頁。See also, Santiago Torres Bernárdez, "The New Theory of "Indispensable Parties"

◇ 第 2 章 ◇ 「複数の被申立国」手続の可能性とその法的対応〔関根豪政〕

事件[101]で明示された原則であり，第三国の法的な利害関係が裁判所の決定に
よって影響を受けるのみならず，「決定のまさに主題を成す（form the very
subject-matter of the decision）」場合には，その第三国が参加していない状態で
裁判手続を継続することは認められないとする考えである[102]。この原則は，
それが示された貨幣用金事件以降しばらくは適用されることはなかったが，東
ティモール事件[103]において，再び適用されるに至っている。

　それでは，この考えは WTO の紛争解決手続において適用しうるのであろ
うか。貨幣用金事件では，アルバニアへの帰属が認められた金に対して，同国
による違法行為を根拠に，イタリアに賠償として引渡されるべきかが問題とさ
れた。元来，アルバニアの金は英国に引渡されることを原則とすることが事前
に定められていたため，ICJ に付託された事案の内容は，イタリアが（金の処
理を委任されていた）仏英米の三国を相手に，当該金の一部をイタリアに引渡
すこと，そして，イタリアの請求が英国の請求に優先されることを求めるもの
であった。よって，アルバニアは本件訴訟に参加していない第三者ということ
になる。しかしながら，ICJ は，イタリアの請求が認められるためには，アル
バニアの違法行為の存否や賠償の内容について決定されることが必要であり，
かつ，それらの争いはアルバニアの同意なくしては決定できないことから，そ
のような同意のない本件については管轄権を行使できないとした[104]。

　これを WTO の場合に当てはめると，次のような場合が考えられる。たと
えば，A 国が WTO 協定に反するような輸入制限を行い，それに対して輸出

---

　　under the Statute of the International Court of Justice", in Karel Wellens (ed.),
　　International Law: Theory and Practice Essays in Honour of Eric Suy (Martinus Nijhoff
　　Publishers, 1998), p. 737.

（101）　ICJ Reports 1954, p. 19.

（102）　*Ibid.* p. 32. 貨幣用金事件の評釈としては，広瀬善男「1934 年にローマから持出さ
　　れた貨幣用金に関する事件（管轄権）」高野雄一編著『判例研究 国際司法裁判所』（東京
　　大学出版会，1965 年）111 頁以下，山村恒雄「1943 年にローマから持ち出された貨幣用
　　金に関する事件」波多野里望＝松田幹夫編『国際司法裁判所 判決と意見 第 1 巻』（国際
　　書院，1999 年）180 頁以下，杉原高嶺「国際裁判と第三国」薬師寺公夫ほか編『判例国
　　際法（第 3 版）』（東信堂，2019 年）593 頁等参照。

（103）　ICJ Reports 1995, p.90.

（104）　ICJ Reports 1954, pp. 31-33. その後，ナウル燐鉱地事件において，ICJ の管轄権が
　　行使できないのは，第三国の責任の決定が前提条件となる場合と明示されるに至ってい
　　る。ICJ Reports 1992, p. 261, para. 55.

◆ 第1部 ◆ 国際貿易紛争処理における手続法的発展と課題

国である B 国が対抗的な措置（譲許等の停止）を導入しているとする。この A・B 国間の争いにより被害を受けた C 国が，B 国を相手取って，同国の対抗措置の WTO 協定非整合性を WTO の紛争解決手続に付託すると，A 国の WTO 協定違反の存否がすべての源泉となる（つまり「まさに主題を成す」）ので，第三者法益原則が問題となる事態が生じえる。

しかしながら，WTO ではこのような事態が生ずる可能性は低い。WTO においては，DSU 第 23 条の下で，加盟国による一方的な協定違反の決定が禁止されているため，A 国の違反行為の有無に関係なく，B 国が独断で対抗措置に依拠することそれ自体で DSU 違反を構成することになる——つまり，B 国と C 国との間で紛争が完結しえる——ことがその理由である[105]。

貨幣用金事件で示された「まさに主題を成す」場合の外縁は，今もなお必ずしも明確にされているわけではないため[106]，WTO においてどの程度応用が認められるかは不確かではあるが，すくなくとも貨幣用金事件に近似した状況が考えられないのであれば，WTO においてはこの原則が ICJ における理解と同様に発展する機会は限定されることになる。現時点では，第三者法益原則が WTO の紛争解決手続において正面から議論されている例は存在しないが，今後の展開が注視される[107]。

Ⅵ 協議段階と共同被申立国

ここまで，専らパネルが設置された後に焦点を当てて議論を展開してきたが，以下では，潜在的な被申立国が協議段階において自発的に，共同被申立国とし

---

(105) その意味では，オーストラリアとインドネシアの間の 1989 年条約が争点とされた（インドネシアによる条約の締結という行為の合法性が問題とされた）東ティモール事件の方が，WTO において類似した事例が発生する可能性がある。もっとも，東ディモール事件については，貨幣用金事件の第三者法益原則は適用できないとする批判も見られる。曽我英雄「ICJ における東チモール事件」専修法学論集 66 号（1996 年）176 頁参照。

(106) 杉原・前掲注(97)38 頁。

(107) ICJ により第三者法益原則が適用されうる状況下で，第三国の訴訟参加により同原則の適用を迂回できるかとの論点も，WTO 紛争を考察する上で参考になる。この点につき，大河内・前掲注(99)141 頁，砂川・前掲注(99)154 頁，皆川洸『国際訴訟序説』（鹿島研究所出版会，1963 年）188 頁以下参照。

◇第2章◇「複数の被申立国」手続の可能性とその法的対応〔関根豪政〕

て参加することを希望した場合に，それが可能かについて論じたい。

まず，現行の WTO の紛争解決手続では，協議段階においても，基本的に主導権は申立国にある。申立国は協議の相手国（被申立国）を自ら選定して協議を要請することになるため，この時点で特定の加盟国を協議要請の対象から除外すれば，当該加盟国による被申立国としての参加の途は閉ざされることになる(108)。さらに，協議の基礎となる法的根拠がGATT 第23条1項である場合には，申立国は第三国の参加を排除することができるため，潜在的な被申立国は協議に第三国として参加することさえできなくなる(109)。このことが顕在化した例がEC－一般特恵関税制度事件（タイによる協議要請）(110)である。同事件では，タイとEC との間で実施された協議にコロンビアが参加の要請を行ったところ，それが認められなかったとの経緯があった(111)。コロンビアはDSB 会合において，「とりわけ，係争事項がコロンビアにとって政治的，経済的そして商業的に最上級に重要であることから」コロンビアが参加できないことは遺憾であると述べ，さらに「DSU 交渉において共同被申立国の問題が扱われることが重要である」との興味深い見解を提示した(112)。もっとも，この提案は問題提起の域を出なかった模様である。

また，これとは別次元の議論ではあるが，被申立国の追加的な参加の問題の検討に際しては，協議前置主義との関係性も考慮しなければならない。WTO においては，パネルの設置に先んじて紛争当事国が協議を行うことが求められているが，仮に，パネル設置後に当事国の追加が認められることになれば，同

---

(108) 仮に，協議要請を受けた加盟国が，第三国も要請の対象に含まれていないことを不服に，協議を拒絶したとしても，協議の要請が適切に行われていれば，パネルの設置を妨げられることはない。

(109) DSU 第4条11項。当該条項は，協議がGATT 第22条1項を基礎に行われている場合には，第三国の協議への参加は「協議の要請を受けた加盟国が同意する場合」に認められるとする。

(110) Request for Consultations by Thailand, *European Communities - Generalized System of Preferences*, WT/DS242/1. なお，トルコ－繊維製品事件においても，インドの協議要請はGATT 第23条1項に基づいて，トルコのみを相手国としていた。Dispute Settlement Body, "Minutes of Meting - Held in the Centre William Rappard on 24 April 1996", WT/DSB/M/15, p. 3.

(111) Dispute Settlement Body, "Minutes of Meting - Held in the Centre William Rappard on 18 January 2002", WT/DSB/M/117, p. 7.

(112) *Ibid.*

73

◆ 第 1 部 ◆　国際貿易紛争処理における手続法的発展と課題

様に協議が必要となるのかが問題となりうる（特に，追加される加盟国が既存当
事国間の協議に全く関与しなかった場合）。協議の過程を経ることは手続の大幅
な遅延を伴うことになり，共同被申立国手続の実現性を低くすることから，協
議を省略すること[113]も考えられる[114]。ただし，協議を実施するか否かの決
定に際しては，既存の被申立国の意思も尊重される必要があろう。

Ⅶ　DSU 改正交渉

　DSU 改正交渉においても，共同被申立国のための手続の整備を求める提案
が議論された形跡がある。トルコ−繊維製品事件の当事国であったトルコが，
その必要性を強く主張した国の 1 つであった[115]。また，やはり当該事件と関
係の強い EU も類似の提案を示してきた[116]。しかしながら，2001 年に DSU
改正交渉がドーハ・ラウンド交渉と接続されて以降は，共同被申立国に関する
議論は，少なくとも公式な場では議論されている様子はなく，各議長ドラフト
にも改正案は見出せない。結局のところ，トルコ−繊維製品事件に耳目が集
まった時期においてはこの議論が一時的に話題に挙げられたものの，一般的に
は，加盟国からの関心は低い状態に留まっている[117]。これは，協議段階にお

---

(113)　理論的には，DSU 第 4 条 7 項が根拠となる。同項は，当事国の合意で協議を切り
　　　上げてパネル手続へと移行させることを認めるため，被申立国を追加する際に，追加さ
　　　れる被申立国と申立国の間の協議を省略することも考えうる。もちろん，協議を行うこ
　　　とも認められる。実際に，DSU 第 10 条 4 項に基づいて，第三国として手続に関与して
　　　いた加盟国が自ら手続を開始する場合にも，協議から開始されている。

(114)　追加される加盟国が既存当事国間の協議に第三国として参加していれば，参加の
　　　程度次第では，協議を省略することを是認する余地は大きくなる。また，当該協議への
　　　参加資格のある加盟国が参加要請をしておきながら，申立国により否定された場合にも，
　　　協議を省略することが考えられる。参加する加盟国が協議に全く関与していなかった場
　　　合については，可能な限り協議が実施されることが推奨されるが，紛争の状況に応じて
　　　省略することは考えられる。

(115)　Dispute Settlement Body, "Minutes of Meeting-Held in the Centre William
　　　Rappard on 19 November 1999", WT/DSB/M/71, p. 23.

(116)　岩沢雄司「トルコの繊維・繊維製品輸入制限」国際貿易投資研究所 公正貿易セン
　　　ター『ガット・WTO の紛争処理に関する調査 調査報告書 X』（2000 年）137 頁。

(117)　学術界からの DSU 修正の提案の例としては，Hyun Chong Kim, "The WTO Dis-
　　　pute Settlement Process: A Primer," *Journal of International Economic Law* Vol.2, No.3

◇第 2 章◇「複数の被申立国」手続の可能性とその法的対応〔関根豪政〕

ける第三国参加や共同被申立国の問題についても同様と言え，前述のように，かつてコロンビアが DSU 交渉においてそれらの問題が扱われることを主張した時期もあったが，公式な DSU 第 4 条 11 項の改正提案等にまでは至っていない。

Ⅷ おわりに

　以上論じてきたように，WTO における「複数の被申立国」手続の議論は，DSU がそのような手続を想定していないことから，必要な規定が十分に整備されていない状態にあると言える。そのことを受けて，本稿では最後に，複数の被申立国手続を実現するための立法的対応について検討したい。基本的に，潜在的な被申立国の参加は，同国の利益の保護の実現や，紛争の一貫した又は効率的な解決に資する可能性があるため，一般論としてそれを是認する前提で論ずるが，他方で，このテーマの議論の非成熟性を踏まえて，提案は最小限のものとし，かつ，手続の遅延による弊害が多い場合には，現行の DSU 第 12条 2 項等を根拠に参加や引込みを否定することができることを前提とする。

　かかる前提の上で，次の点が立法的対応として考えられる。第 1 に，現行のDSU 第 9 条と対照的な条項の創設が考えられる。つまり，複数の被申立国に対する紛争の実現性を明記する規定の挿入である。現状の枠組み下でも，複数の被申立国手続は一定範囲内で実現可能と考えられるが，複数の被申立国手続が認められることを記すことで法的に明確になるであろう。具体的には，第 9条の拡張か[118]，新規の規定を設けることになろう。

　第 2 に，第三国参加とは別に，当事国として自発的に参加するための規定（共同訴訟参加に類する規定）を設けることが考えられる。その場合の問題は，手続参加の条件をどこに設定するかである。第三国参加の前提となる利害関係の存在はもとより，我が国の民事訴訟法に見られる合一確定の要請をモデルにした概念を含めるべきか。しかしながら，複数の被申立国が想定される WTOの紛争の実例や議論の集積が見られない中で，合一確定が必要とされる状況を画定することは難しいことから[119]，利害関係（直接的な利害関係）を基準とす

　　(1999), p. 464.

　(118)　複数の申立国を前提としている表現を，複数の被申立国の手続をも含む条文に変更することになるであろう。その際，第 9 条の見出しも変更する必要があろう。

◆ 第 1 部 ◆　国際貿易紛争処理における手続法的発展と課題

ることが現実的な選択肢と言えよう[120]。いずれにせよ，手続参加を認める際の基準をどの程度厳格なものとするかは，次の補助参加の議論を含めた，全体的な制度設計の中で検討する必要があると思われる。

　第 3 が，補助参加に相当する制度の導入の可能性である。かかる参加形態が認められれば，より関係国のニーズに合った手続の関与が可能となる。もっとも，この補助参加については，前記の当事国参加（共同訴訟参加）と同様に参加要件が問題となるのみならず，補助参加による判決の効力の問題も検討する必要がある。やはり，補助参加により拡大的な関与が認められるのであれば，その対価として，判決の効力が一定条件の下で参加国にも及ぶことは平仄が合うものとして是認したい。しかしながら，それらの導入に際しての制度的な複雑さゆえ，補助参加については指し当たっては導入せず，共同訴訟参加に相当する制度（当事者参加）を設けるのであればその柔軟な運用か[121]，現行の拡大第三国参加を整備した中で対処する[122]ことも現実的な対応策となる。これらを踏まえると，当事者参加（共同訴訟参加）と補助参加の双方に柔軟に対応できる包括的な参加規定を設けること（詳細は事例に応じて検討手続等で対処できる規定の創設）が望ましいかもしれない。

　他方で，被申立国やパネルが第三国の引込みが必要と考えたのに対して，申立国がそれを拒絶している場合はどうか。既存の被申立国が第三国の加入を要請している場合に，パネル（あるいは DSB）がその要否を判断し，有益性が確認される場合には引込みを認める制度の導入は選択肢の一つと言える。ただし，

（119）　合一確定要件を基準とすると，WTO の当事国参加の制度は，我が国の民事訴訟法でいう固有必要的訴訟において脱落している共同訴訟人の参加に相当する機能が中心になる可能性がある。具体的には，ある FTA における条項が WTO 協定違反を構成するとして FTA の一方締約国を相手に WTO の紛争解決手続を開始した際に，FTA の別の締約国が参加を望むような場合が考えられる。

（120）　ICJ における第三者法益原則の議論に倣い，「まさに主題を成す」場合を基準とすることも考えられるが，本稿でも論じたように，ICJ における議論との相違ゆえに，WTO 独自の理論構成が必要になると思われる。

（121）　先で述べたように，合一確定や「まさに主題を成す」場合を基準とするのではなく，当事国参加の要件を直接的な利害関係の有無と設定し，当事国（被申立国）としての参加の機会を広げることが考えられる。

（122）　現行の拡大第三国参加は判例法的に運用されているため，これを DSU 上に明記し，第三国の利害関係の程度に応じて関与の柔軟性を与えることが考えられる。

◇ 第 2 章 ◇ 「複数の被申立国」手続の可能性とその法的対応〔関根豪政〕

そのような要請のない状態でのパネルの職権による第三国の引込みについては，紛争当事国の大半が同意していない場面が前提であることを踏まえると[123]，慎重さが求められよう。また，これらとは別に，パネルが，第三国の加入が手続の進行において不可欠と判断した場合において，当該第三国の加入を要請すること，そしてそれを拒絶した場合には判断の効力が及ぶ仕組みを設けることも考えられないわけではない[124]。しかし，この点に関しては，議論が熟しているとは言えず，継続的な検討が必要と思われる[125]。

　本稿では，「複数の被申立国」の問題について，現行の WTO の紛争解決手続において議論が深化していないことを受けて，当該議論の端緒となる分析を提供した。我が国の民事訴訟法の議論からも明らかなように，本来的には第三者／第三国の訴訟（紛争解決手続）への関与は多様であり，WTO の紛争解決制度においても，より詳細な議論が展開されることが必要であろう。たしかに，上級委員会の任命問題等により制度全体が停滞しつつある現状では，このような DSU の発展に関する議論は時宜に適っているとは捉え難い面もあるかもしれないが，本章の第 I 節でも述べたように，貿易関係の複雑化が進む昨今を踏まえると，複数の被申立国を想定した手続についての議論を進めておくことの意義は小さくないと言えよう。

---

(123)　参加を希望する第三国については，手続への参加に関する規定を設ければ十分であり，申立国が参加に合意するのであれば，新規の手続の開始という選択肢がある。よって，被申立国が要請していない状況でパネルが主導で引込みが求められるのは全ての関係国が否定的ないし無関心な場合であり，そのような場合でもなお引込みが必要か（紛争が解決できないような事態を除いて）は疑問である。

(124)　理屈としては，不可欠な第三国の参加が脱落していることによって，手続が完了できなくなることによる申立国の不利益を回避するため，当該第三国に対して申立国が別個，請求を定立したとみなして，手続の簡素化のために即時の参加が要請され，判断の効力が及ぶことが認められることになる。

(125)　これら職権的な性質が含まれる決定については，コンセンサス方式の壁はあるが，パネルが第三国の加入の要否を判断し，実際の決定は DSB に委ねる方法も考えられる。このような DSB とパネルのかかわりについての議論としては，本書第 12 章参照。

第3章

WTO 紛争処理における measure 概念の展開
──国際通商における「法の支配」の射程──

平 見 健 太

I 問題の所在

　米国におけるトランプ政権誕生以来，いわゆる米中貿易戦争が勃発し，さらには G20 諸国における貿易制限も歴史的水準にまで高まるなど[1]，今日の国際経済環境はますます不安定化し，問題が日々山積する状況にある。こうした多種多様な攪乱要因を前に，法はいかに対処しその実効性を確保しうるであろうか。

　「市場は本来的に法によって成り立っている」というコティエ（Thomas Cottier）の指摘どおり[2]，現代の市場秩序はその存在を国際法に大きく依存しており，市場に対していかに「法の支配」を確保し維持するかが，かねてより国際経済法の課題となってきた。この点，通商分野においてグローバルレベルでの「法の支配」の確保を担ってきたのが WTO 体制であることに異論はなく，それは GATT/WTO 法が国際通商に関する広範かつ詳密なルールの体系を構築してきた成果であるといってよい。

＊　本稿は，『日本国際経済法学会年報』26 号（2017 年）掲載の拙稿に大幅な加筆修正を施したものであり，転載を許可頂いた法律文化社にはここに記して感謝申し上げます。

(1)　World Trade Organization, *Report on G20 Trade Measures (Mid-October 2018 to Mid-May 2019)*, 24 June 2019（https://www.wto.org/english/news_e/news19_e/g20_wto_report_june19_e.pdf, last visited on 28 June 2019）.

(2)　Thomas Cottier, "International Economic Law in Transition from Trade Liberalization to Trade Regulation", *Journal of International Economic Law*, Vol. 17, No. 3 (2014), p. 673.

◆ 第1部 ◆ 国際貿易紛争処理における手続法的発展と課題

が，法形成機能が停滞して久しい現在の WTO 体制が依然として「法の支配」の確保を担う中核的存在であり続けているのは，ひとえに強力な紛争処理手続の存在とその実効性に負うところが大きく[3]，ある加盟国などは，紛争処理制度こそが WTO 体制のレーゾン・デートルである，と述べたほどである[4]。さらに，FTA 全盛時代にあっても WTO 紛争処理手続の利用がますます活発になっているという事実は[5]，国際通商分野の秩序維持にとって同手続がいわばラスト・リゾートとしての位置づけを有していることの証左でもある。

このように WTO 紛争処理手続は，国際通商における「法の支配」の確保・維持にとって不可欠な役割を果たしてゆくことが引き続き期待されるのである。

以上を前提とすれば，冒頭で示したような多種多様な事象に対して WTO 紛争処理手続がいかに対応しうるかを検討することは，そのまま同手続が国際通商における「法の支配」の実効性確保にとっていかに貢献しうるかを検討することにもなろう。

このような認識にもとづき本稿が着目するのが，WTO 紛争処理手続における measure（公定訳：措置）[6]の概念である。measure とは，同手続において申立てないし審理の対象となる加盟国の行為を指す，紛争解決了解（以下，DSU）上の固有概念であり，ここでの measure に該当する行為のみが，審理を通じてその協定整合性を問われることになる。したがって，この measure なる概念の実質と射程を明らかにすることは，紛争処理手続の俎上に載りうる

---

(3) より一般的に国際裁判と国際社会における「法の支配」の関係を論じたものとして，小寺彰「国際社会の裁判化」『国際問題』597 号（2012 年）1-5 頁；Robert O. Keohane, Andrew Moravcsik and Anne-Marie Slaughter, "Legalized Dispute Resolution: Interstate and Transnational", *International Organization*, Vol. 54, No. 3 (2000), pp. 457-488.

(4) *Minutes of Meeting held on 26 September 2014*, WT/DSB/M350, 21 November 2014, para. 1.4.

(5) *See e.g.*, Claude Chase, Alan Yanovich, Jo-Ann Crawford & Pamela Ugaz, "Mapping of Dispute Settlement Mechanisms in Regional Trade Agreements: Innovative or Variations on a Theme?", WTO Staff Working Paper ERSD-2013-07, pp. 46-49 (https://www.wto.org/english/res_e/reser_e/ersd201307_e.htm, last visited on 28 June 2019).

(6) 本文記載のとおり measure の語には「措置」という公定訳が当てられているが，この訳語が導きうる予断を排して概念の内容と射程を見極めるために，本稿では，条文の公定訳として引用する場合を除き，原語の measure をそのまま用いることとした。

◇ 第 3 章 ◇ WTO 紛争処理における measure 概念の展開〔平見健太〕

事象の範囲を明らかにすることを意味し，ひいては，同手続が国際通商における「法の支配」の実効性をいかなる範囲において確保しうるのか，その射程を見極めることにもつながるのである。

この点，後述のとおり measure とは紛争処理手続の全体を貫く鍵となる概念であり，申立国が何を measure として取りあげ申立ての対象とするかによって審理の結果が大きく左右される場合があるなど，その実務上の重要性は疑うべくもない。にもかかわらず，学術的な先行研究は乏しく[7]，同概念の運用と明確化はもっぱら，加盟国の試行錯誤[8]とパネル・上級委員会の判断を通じていわば手探りの中でなされてきたといえる。しかしそれらも個別事案の紛争処理に根ざしたものであるがゆえに，概念の把握・明確化は断片的なものにとどまっている。

そこで以下では，紛争処理の先例を主たる素材とし，それらを後述する視角にもとづき分析し総合することによって，measure 概念の実質と射程を明らかにするとともに，その実践的な含意を探ってゆくこととする。

II　measure 概念の不明瞭性

WTO 法は加盟国を名宛人とした広範かつ詳密な権利義務の体系を構築するものであり，その義務は種々の態様において遵守され，また違反されうるものである。それゆえ，紛争処理手続において審理対象となりうる行為の範囲・類

---

(7)　この点につき私見を述べれば，申立ての検討段階において measure を特定し構成する際の加盟国の苦慮は外部からは窺い知れないこと，また，意見書や審理が原則公開されず，現場での議論の比重が外部からは把握しづらいといった事情が，問題の重要性にもかかわらず関心を集めにくい一因となっているように思われる。実際，measure の問題を扱った先行研究のほとんどは，WTO 紛争処理実務経験者によるものである。

(8)　この点，従来は被申立国として紛争処理手続に関与することの多かった日本は，私人による任意履行を建前とした「行政指導」の慣行を有していたこともあり，measure 概念の射程をなるべく狭く解すべく注意を払ってきた経緯がある。たとえば，1998 年 4 月 22 日開催の紛争解決機関（DSB）会合における *Japan – Film* 事件パネル報告書の採択に関連して日本が発したステートメントには，かかる日本の姿勢が典型的に現れている。詳細は，*Minutes of Meeting held on 22 April 1998*, WT/DSB/M45, 10 June 1998, p. 9. しかし今日では，日本も申立国の立場で WTO 紛争処理を利用する機会が増加していることもあって，measure 概念に関する従来の姿勢はもはや維持されていない。

◆ 第1部 ◆ 国際貿易紛争処理における手続法的発展と課題

型もまた，WTO 法の遵守・違反態様の多様性に対応しうる程度に十分広範な
ものである必要がある。しかし同時に，およそ国際通商は私人を含む多様なア
クターによる種々の活動によって成り立っているが，それらのすべてについて
まで加盟国が WTO 法上の責任を問われるとすればそれは当然不合理であり，
このような観点から，measure 概念の射程はあまりに広範すぎても問題とな
る。WTO 紛争処理における measure とは，以上 2 つの観点からみて適切な
射程をもった概念でなければならないのである[9]。

1 DSU における measure 概念の位置

　紛争処理手続を規律する DSU を眺めてみると，measure の文言は様々な規
定中にあらわれ，手続の鍵をなす概念であることが示唆される一方で，定義は
与えられていない[10]。

　総則規定たる DSU3.3 条は，「加盟国が，対象協定にもとづき直接又は間接
に自国に与えられた利益が他の加盟国がとる措置（measures taken by another
Member）によって侵害されていると認める場合において，そのような事態を
迅速に解決すること」が WTO 体制にとって不可欠であると規定し，紛争処
理において問題となるのは，加盟国のとった measure が他の加盟国の対象協
定上の利益を侵害しているかどうかであることが示されている。これに沿って
3.7 条は，紛争処理制度の第 1 の目的が「措置の撤回を確保する（to secure
withdrawal of the measures concerned）」点にあることを強調する。

　手続の具体的過程に目を移せば，協議について規定する DSU4.2 条は，「各
加盟国は自国領域においてとられた措置であっていずれかの対象協定の実施に
影響を及ぼすもの（measures affecting the operation of any covered agreement
taken within the territory of the former）」に関して申立国と協議することを定め，
つづいて 4.4 条は，問題となる measure を協議要請書において同定すること

---

(9)　Jeff Waincymer, *WTO Litigation: Procedural Aspects of Formal Dispute Settlement*
　　（Cameron May, 2002), pp. 135, 139.

(10)　なお，たとえば GATS1.3 条(a)は，同協定の中で用いられる「加盟国の措置（mea-
　　sures by Members)」という文言について定義を置いている。しかし同規定は，いかな
　　る主体のとった measure であれば加盟国の measure を構成するのかという，後述する
　　人的射程にかかわる問題を扱った規定にすぎず，measure 概念それ自体を定義づけるも
　　のではない。

を申立国に義務づける。パネル設置手続に関する 6.2 条も同じく，具体的な measure をパネル設置要請書において同定することを申立国に義務づけている。また，勧告に関する 19.1 条は，ある measure がいずれかの対象協定に整合的でない場合，パネルまたは上級委員会が「関係加盟国に対し当該措置を当該協定に適合させるよう勧告する（shall recommend that the Member concerned bring the measure into conformity with that agreement）」と定め，measure の協定整合性の確保こそが勧告の主眼であることを示している。

measure に言及する規定はほかにもあるが，いずれにせよ概念それ自体の意味内容は判然としない。以上の関連規定から把握しうることといえば，①紛争処理手続の俎上に載る measure とは，加盟国を行為主体とするものであること，②利益の無効化・侵害は，問題となる measure に起因するものでなければならないこと[11]，したがって，③申立国が提起した measure の協定整合性の評価こそが審理の主眼をなすことぐらいであろう。

このように手続の鍵をなす概念でありながらも，その実質が必ずしも明確でない measure の概念は，以下でみるとおり紛争処理の先例を通じて徐々に明確化が図られてきているのである。

ところで，上述した協議要請やパネル設置要請段階における measure の同定の問題と，いかなる行為が紛争処理手続の審理対象となり協定整合性を問われる measure に該当するのかという問題は，それぞれ別個の問題であることには注意を要する[12][13]。measure の同定とは，申立国が申立ての対象として取りあげようとする measure を手続の開始段階で被申立国とパネルに提示し，当該紛争におけるパネルの管轄権の範囲を画定するとともに，被申立国に適切な防御の機会を提供するための手続である。したがって，協議要請書とパネル設置要請書において申立国が何らかの行為を measure として明確に同定して

---

(11)　いわゆる「状態申立」の場合には，申立ての性質上，measure の存否は問題にならない。この点につき，GATT23 条 1 (c) および DSU26.2 条を参照。

(12)　Appellate Body Report, *United States – Continued Existence and Application of Zeroing Methodology* (hereinafter, *US – Continued Zeroing*), WT/DS350/AB/R, adopted on 19 February 2009, para. 169.

(13)　両者の区別の重要性を強調する論考として，Gabrielle Marceau & Jennifer K. Hawkins, "Panel Requests: What's the Problem?", *in* Marise Cremona et al. (eds.), *Reflections on the Constitutionalisation of International Economic Law: Liber Amicorum for Ernst-Ulrich Petersmann* (Martinus Nijhoff, 2014), pp. 258-259.

◆ 第 1 部 ◆　国際貿易紛争処理における手続法的発展と課題

いるからといって（手続的要件の充足），それがただちに，当該行為が審理対象たる measure に該当し，なおかつそのような measure が現に存在することの証明にはならないのであって，この種の実体的問題は本案段階で別途パネルの検討対象となり，申立国による主張と証明を要する。

　本稿の問題意識はあくまで measure 概念の実質の明確化にあり，手続的要件としての measure の同定の問題は関心の外にある[14]。しかしながら，先例によっては後者の論点において measure 概念の実質を論じているものも存在するため，以下では measure の同定の文脈における議論も必要に応じて参照する。

2　先例における measure 概念の定式化

　measure 概念について定義らしきものが示されたのは，*US – Corrosion-Resistant Steel Sunset Review* 事件においてであった[15]。本件では，アンチ・ダンピング協定（以下，AD 協定）上の紛争において紛争処理手続の審理対象となりうる measure の類型が問題となったが，上級委員会は，この AD 協定固有の問題[16][17]を検討する前提として measure 概念一般についての議論を

---

(14)　パネル設置要請段階における measure の同定に関する問題を扱った論考として，阿部克則「WTO 紛争解決手続におけるパネル設置要請と先決的抗弁」『千葉大学法学論集』27 巻 4 号（2013 年）62-75 頁；濱田太郎「WTO 紛争処理手続における申立の明確性の要件」『法学研究論集（明治大学）』17 号（2002 年）40-46 頁。

(15)　なお上級委員会は，本件以前の *Guatemala – Cement I* 事件においても measure 概念に言及したことがあったが，そこでは，matter，measure および claim といった DSU 上の関連概念の異同が問題になった際に上級委員会が断片的に measure 概念に言及したにすぎず，同概念を定式化するようなものではなかった。詳細は，Appellate Body Report, *Guatemala – Anti-Dumping Investigation Regarding Portland Cement from Mexico* (*Guatemala – Cement I*), WT/DS60/AB/R, adopted on 25 November 1998, paras. 69-73.

(16)　measure に関して AD 協定固有の問題が生じる背景には，同協定上の紛争処理について定めた AD 協定 17.4 条（DSU との関係では特別規則に該当）の存在がある。すなわち同規定は，「輸入加盟国の行政当局が最終的な措置として確定的なダンピング防止税（definitive anti-dumping duties）を課し又は価格に関する約束（price undertakings）を認めた場合」あるいは「暫定措置（a provisional measure）が著しい影響を及ぼしている場合」にのみ，問題を紛争解決機関（DSB）に付託することができる旨を定めている。つまり AD 協定の文言上，これら 3 つの類型に合致する measure についてのみ，紛争処理手続における審理可能性が認められていると解されるため，本文で言及した *US – Corrosion-Resistant Steel Sunset Review* 事件などにおいて，AD 協定に固有の

84

◇ 第 3 章 ◇ WTO 紛争処理における measure 概念の展開〔平見健太〕

展開した。

　すなわち，DSU3.3 条の「他の加盟国がとる措置（measures taken by another Member)」という文言が，加盟国と measure とのあいだの結びつき（nexus) を示していることに着目し，「WTO 加盟国に帰属するあらゆる作為または不作為が，原則として紛争処理手続上の measure となりうる」として，同概念を定式化したのである[18]。その後の *US – Gambling* 事件においても，上級委員会はこの定式をそのまま踏襲している[19]。

　以上の定式化は，その推論過程から推察されるとおり，DSU 上，3.3 条以外には measure 概念の外延画定に資する要素を見出すことができないという認識が基礎になっており，実質的には DSU 関連規定の曖昧さのみに依拠した抽象的かつ漠然とした定式にすぎず，これをもって同概念を明確に説明するものと結論づけることはできない。しかしながら，この定式が measure 概念の広範さを含意している点には注目すべきであり，概念の射程を把握するための出発点としては重要な意味をもつ。そこで以下では，上記定式における概念の潜在的な広範さを念頭に置きつつ，measure をめぐって生じる問題を実際の紛争事例を参考に類型化し，それぞれの視角から概念の明確化を試みることとする。具体的には，①誰が（人的射程），②どの時点でおこなった（時間的射程），③いかなる行為が（事項的ないし行為類型の射程），審理対象たる measure に該当しうるのかをそれぞれ分析し総合することによって，同概念の射程を包括的に把握しようとするものである。

　むろん，問題となる行為によっては以上の分類が相対化する場合もあり（とくに時間的射程と事項的射程の相対化[20]），あくまで便宜的な分析視角にすぎな

---

　　measure の射程が問題となってきたのである。

(17)　なお，AD 協定 17.4 条が，後述する as such 申立てを行うことについて制約を課す趣旨の規定ではないことを明らかにした先例として，Appellate Body Report, *United States – Anti-Dumping Act of 1916*, WT/DS136/AB/R, WT/DS162/AB/R, adopted on 26 September 2000, paras. 63-82.

(18)　Appellate Body Report, *United States – Sunset Review of Anti-Dumping Duties on Corrosion-Resistant Carbon Steel Flat Products from Japan* (hereinafter, *US – Corrosion-Resistant Steel Sunset Review*), WT/DS244/AB/R, adopted on 9 January 2004, para. 81.

(19)　*See*, Appellate Body Report, *United States – Measures Affecting the Cross-Border Supply of Gambling and Betting Services*, WT/DS285/AB/R, adopted on 20 April 2005, paras. 121-126.

◆ 第1部 ◆　国際貿易紛争処理における手続法的発展と課題

い。しかしながら，3つの異なる視角から問題を眺めることによって不明瞭な
概念を多面的に把握することが可能になるのであり，また実務的にも，いかな
る行為であれば measure に該当しうるのか，あるいは紛争の実効的解決にか
んがみるといかなる行為を measure として構成すべきかなどを，以上の複数
の視角を組み合わせることによって適確に判断することが可能になるものと思
われる。このような認識にもとづき次章では，先例を素材としつつ概念の射程
を明らかにしてゆく。

III　概念の明確化

1　人 的 射 程[21]

　measure の行為主体は WTO 加盟国でなければならないというのが，DSU
の関連規定（たとえば 3.3 条）や上述の先例が示すところである[22]。公権力を
行使するあらゆる国家機関の行為が加盟国としての行為を構成することは先例
上確立しており[23]，権力分立の在り方が国によって一様でないことや，立
法・司法・行政の区分にまたがって権力を行使する機関が存在するという現実
からも妥当であろう[24]。中央・地方政府の別も特段の規定がないかぎり問題

---

(20)　たとえば後述する as such 申立ては，measure の事項的射程の問題であると同時に，
時間的射程の問題としても把握可能なものである。

(21)　なお，WTO 法上，行為の帰属が問題となる場面は本稿で扱う measure の問題に限
られない（たとえば，補助金協定 1.1 条(a)(1)における「公的機関（public body）」の同
定問題など）。WTO における帰属に関する問題を包括的に論じるものとして，Geraldo
Vidigal, "Attribution in the WTO: the Limits of 'Sufficient Government Involvement'",
*Uluslararası Ticaret ve Tahkim Hukuku Dergisi (Journal of International Trade and
Arbitration Law)*, Special Issue（2017）.

(22)　そのほかにも，たとえば GATS1.3 条(a)を参照。

(23)　Appellate Body Report, *United States – Measures Relating to Zeroing and Sunset
Reviews – Recourse to Article 21.5 of the DSU by Japan*（hereinafter, *US – Zeroing (21.5)
(Japan)*）, WT/DS322/AB/RW, adopted on 31 August 2009, paras.182-183. *See*, Appellate
Body Report, *United States – Import Prohibition of Certain Shrimp and Shrimp Products*,
WT/DS58/AB/R, adopted on 6 November 1998, para. 173.

(24)　国家の国際違法行為責任の文脈における行為の帰属についてではあるが，James
Crawford, *The International Law Commission's Articles on State Responsibility:*

◇ 第3章 ◇ WTO 紛争処理における measure 概念の展開〔平見健太〕

とはならない[25]。

　なお，紛争処理の過程では「私人の行為」が問題となることもあり，それは被申立国による次のような抗弁として提起されることが多い。すなわち，申立国が協定違反と主張する問題はあくまで私人の行為の結果（換言すれば，市場の作用）として生じたものにすぎず，申立国が同定したところの被申立国の measure とはそもそも無関係であり，それゆえに当該 measure に起因する協定違反は存在しない，という趣旨の抗弁である[26]。

　この種の抗弁がなされた場合，私人の行為をいかに位置づけるかが問題となるが，先例上は私人の行為が measure を構成しうるかという問題（つまり，measure の人的射程の問題）としては処理されていない。むしろ，私人の関与によって生じた結果（*Korea − Beef* 事件を例にとれば，韓国の牛肉市場において小売業者が国産牛肉の販売を選好する一方で，輸入牛肉の販売はほとんど選択しないという状況）が，実質的には加盟国の measure に起因するものかどうか，という観点から問題が処理されている。具体的には，加盟国の measure が私人に対して一定の作為ないし不作為をなすようインセンティブを与えている場合には，たとえ形式的には私人の行為によって何らかの結果が生じているようにみえても，あくまで加盟国の measure が原因となって当該結果が発生している，とする論理である[27]。

　このように先例では，私人の行為と加盟国の measure との関係性を分析することを通じて当該私人の行為の位置づけが評価されているが，これは，被申

　Introduction, Text and Commentaries (Cambridge University Press, 2002), p. 96 (Commentary for Article 4, para. 6).

(25)　地方政府の行為にもとづき加盟国の協定違反が認定された近時の事案として，たとえば，Appellate Body Reports, *Canada − Certain Measures Affecting the Renewable Energy Generation Sector / Canada − Measures Relating to the Feed-in Tariff Program*, WT/DS412/AB/R / WT/DS426/AB/R, adopted 24 May 2013 がある。

(26)　被申立国の側からこうした抗弁が提起された事案として，たとえば，Appellate Body Report, *Korea − Measures Affecting Imports of Fresh, Chilled and Frozen Beef*, WT/DS161/AB/R, WT/DS169/AB/R, adopted 10 January 2001 (hereinafter, *Korea − Beef*)；Appellate Body Report, *United States − Certain Country of Origin Labelling (COOL) Requirements*, WT/DS384/AB/R, WT/DS386/AB/R, adopted 23 July 2012 (hereinafter, *US − COOL*) などがある。

(27)　*E.g.*, Appellate Body Report, *Korea − Beef*, paras. 145-149; Appellate Body Report, *US − COOL*, paras. 286-291.

立国側からの抗弁として私人の行為の問題が提起されるという，紛争当事者間の議論構図の帰結といえる[28]。裏を返せば，申立国の側が，協議要請・パネル設置要請の時点で私人の行為を直接 measure として同定する場合にはじめて，私人の行為の measure 該当性が正面から議論されることになろう[29]。

2　時間的射程[30]

　紛争処理手続に申し立てられる measure の多くは，同手続の進行するあいだに現存する行為であり，DSU3.7 条や 19.1 条の趣旨にかんがみても，この種の行為が measure に該当し審理の対象となることに疑いはない。問題となるのは，手続のあいだには存在しない行為であり，具体的には，過去に存在しつつもすでに終了した行為，または将来実施される可能性のある行為が，measure としてその協定整合性を問われうるかがとくに問題となる。

　GATT 期を含めた先例は，過去または将来の行為は審理対象にならないとの原則論を示しつつも，あわせて例外の可能性にも言及することによって，総

---

(28)　既述のとおり，申立国は手続の開始段階で measure を同定していなければならず，それにもとづきパネルの付託事項（管轄権の範囲）も定まることになる。そのため，審理の過程で被申立国から私人の行為に関する抗弁が出されたとしても，それを受けて申立国が新たに私人の行為それ自体を measure として構成し直すことは，設定されたパネルの付託事項から逸脱した主張の展開を意味するため，通常は考えられない。

(29)　米国大統領に就任予定の私人たる人物が，就任までのあいだに私企業に対しておこなった通商上の圧力的言動が measure を構成しうるか，という問題を提起するものとして，Simon Lester, "Carrier and President-Elect Trump", *International Economic Law & Policy Blog*, 1 December 2016 (http://worldtradelaw.typepad.com/ielpblog/2016/12/carrier-trump.html, last visited on 12 December 2018).

(30)　厳密には measure 概念の射程の問題ではないが，同概念の時間的射程（とくに後述する将来の行為）と深くかかわる問題として，いわゆる moving target の問題がある。これはすなわち，パネル設置要請を通じて管轄権が設定された一定の measure について，被申立国が手続の最中に当該 measure を改廃したり，形式的には異なる別の measure に置き換えたりすることによって，パネルの管轄権の範囲から逃れ，審理を回避しようとする問題である。こうした手続過程における measure の変遷を，当初設定されたパネルの管轄権によってどこまで捕捉（追跡）することができるのかが moving target 問題の本質であるが，かかる問題に関する上級委員会の基本認識を示す先例として，Appellate Body Report, *Chile – Price Band System and Safeguard Measures Relating to Certain Agricultural Products*, WT/DS207/AB/R, adopted on 23 October 2002, paras.126-144 を参照。

じて曖昧な姿勢を保ってきたように思われる[31]。このような中, *US – Upland Cotton* 事件において上級委員会は, measure の同定の文脈においてではあるが, 時間的射程の問題について踏み込んだ検討をおこない, 重要な指針を提供することとなった。

まず協議要請段階での measure の同定に関して, DSU4.2 条が「いずれかの対象協定の実施に影響を及ぼす措置（measures affecting the operation of any covered agreement）」について協議すると定めていることをふまえ, affecting の語が有する時間的な意味合いに着目し, 協議対象となりうる measure は協定の実施に対して「現に影響を与えていること（present impact）」が必要になるとした。そのうえで, measure 自体が現時点で効力を有しているかどうかは, 当該 measure が協定の実施に対して現に影響を与えているかどうかとは必ずしも関係がないとした[32]。

パネル設置要請段階での measure の同定については, DSU6.2 条の「問題となっている特定の措置（the specific measures at issue）」という文言に着目し, この文言はパネル設置要請時点で当該 measure が紛争主題になっていなければならないことを示すものではあるが, measure が現に効力を有している必要があるかどうかについては何ら解答を示すものではないとした[33]。

このように, 協議要請段階・パネル設置要請段階のいずれにおいても measure に関して時間的制約が設けられていないことを確認したうえで, 総則規定たる DSU3.3 条の規定ぶりにも依拠し, 手続のより一般的な文脈においても measure の時間的制約には何ら言及がないことを指摘している[34]。

---

(31) *E.g.,* Panel Report, *United States – Standards for Reformulated and Conventional Gasoline,* WT/DS2/R, circulated 29 January 1996, para. 6.19; Panel Report, *Japan – Measures Affecting Consumer Photographic Film and Paper,* WT/DS44/R, adopted on 22 April 1998, paras. 10.57-10.59. パネル設置要請における measure の同定の文脈においてではあるが, 上級委員会が measure の時間的射程について同様の原則論を示したものとして, Appellate Body Report, *European Communities – Customs Classification of Frozen Boneless Chicken Cuts,* WT/DS269/AB/R, WT/DS286/AB/R, adopted on 27 September 2005, para. 156.

(32) Appellate Body Report, *United States – Subsidies on Upland Cotton*（hereinafter, *US – Upland Cotton*）, WT/DS267/AB/R, adopted on 21 March 2005, paras. 261-262.

(33) *Ibid.,* para. 269.

(34) *Ibid.,* paras. 264, 270.

◆ 第 1 部 ◆　国際貿易紛争処理における手続法的発展と課題

　なお上級委員会も指摘しているとおり，measure による対象協定の実施へ
の影響の有無ないし利益侵害の有無という要素は，事案ごとの事実関係にもと
づく評価を要する問題であり[35]，それはすなわち本案段階でおこなわれるべ
き検討にほかならない。したがって，ある行為が対象協定の実施に現に影響を
与えている（利益を侵害している）と申立国自身が判断するかぎりにおいては
（DSU3.3 条）[36]，当該行為はその時間的属性にかかわらず，協議要請およびパ
ネル設置要請における同定の対象にはなるものと考えられる[37]。

　以上はあくまで measure の同定という手続的要件の文脈で展開された議論
であるが，その内容は，紛争処理の俎上に載ることが想定される measure と
はいかなるものかについて，時間的な観点から光を当てることにもなっている。
そこで以下では，以上の議論を前提として，過去または将来の行為が mea-
sure としてその協定整合性を問われうる場合につき，それぞれ考察する。

(1) 過去の行為（expired measure）

　上述の *US – Upland Cotton* 事件は，米国による過去の補助金拠出の審理可
能性が問題となった事案であった。それゆえ，上級委員会は上述の議論を前提
としつつ，とくに過去の行為に関してその審理可能性についても検討を加えた。

　被申立国たる米国は，すでに終了し存在しない行為の場合には DSU19.1 条
にもとづく勧告が意味をなさないため，結局過去の行為は審理対象になりえな
いとの抗弁をおこなっていた。上級委員会はこれを否定し，問題となる行為が
終了しているという事実は勧告内容にこそ影響を及ぼしうるが，当該行為を
measure として審理対象としうるか否かという問題にとっては決定的な要素
ではないとした[38]。

---

(35)　*See, ibid.,* paras. 262, 264.

(36)　*Ibid.,* para. 264.

(37)　本件の解釈論を踏襲するものとして，*e.g.,* Appellate Body Report, *United States –
　　　Measures Relating to Zeroing and Sunset Reviews,* WT/DS322/AB/R, adopted on 23
　　　January 2007, para. 121; Appellate Body Report, *European Communities – Regime for the
　　　Importation, Sale and Distribution of Bananas – Second Recourse to Article 21.5 of the
　　　DSU by Ecuador,* WT/DS27/AB/RW2/ECU, adopted on 11 December 2008/ *European
　　　Communities – Regime for the Importation, Sale and Distribution of Bananas – Recourse
　　　to Article 21.5 of the DSU by the United States,* WT/DS27/AB/RW/USA, adopted on 12
　　　December 2008（hereinafter, *EC – Banana III (21.5) (Ecuador II) (US)*），paras. 267-268.

(38)　Appellate Body Report, *US – Upland Cotton,* paras. 271-272.

◇ 第 3 章 ◇ WTO 紛争処理における measure 概念の展開〔平見健太〕

　上級委員会は以上をふまえ，本件で問題となった補助金の特性と補助金協定
の関連規定を考慮している点がここでは注目される。まず，補助金の拠出とそ
の結果生じる「悪影響（adverse effects）」とのあいだにはタイムラグがありえ，
もし過去の補助金拠出が申立ての対象たりえないとすれば，当該補助金によっ
てもたらされる「悪影響」について救済（remedy）が困難になると指摘した。
また，補助金協定 7.8 条[39]が，補助金の廃止とは別に「（補助金による）悪影響
を除去するための適当な措置」を救済の一態様として明記していることにも着
目している。つまり，過去の行為についても補助金協定が救済を想定している
と考えなければ，上記の救済態様は存在意義が乏しいものになるとし，ゆえに
本件補助金が過去の行為であったとしても申立て可能でなければならないと強
調したのである[40]。行為の特性や関連協定の規定内容が，過去の行為の mea-
sure 該当性を補強した格好になっている[41]。

　後の *EC – Banana III (21.5) (Ecuador II) (US)*事件では，同じく勧告の可否の
観点から，手続の途中で失効し消滅した行為（いわゆる ACP 諸国からのバナナ
輸入を優遇する関税割当）の審理可能性が争われたが，上級委員会は *US – Up-*

---

(39)　補助金協定 7.8 条の内容は，つぎのとおりである。「補助金が第 5 条に規定する他の
　　加盟国の利益に対する悪影響をもたらしたと決定する旨の小委員会又は上級委員会の報
　　告が採択される場合には，当該補助金を交付し又は維持している加盟国は，当該悪影響
　　を除去するための適当な措置をとり又は当該補助金を廃止する」。この規定は補助金協
　　定第 3 部（相殺可能補助金）においてのみ適用されるものであり，WTO 紛争処理一般
　　における救済措置（勧告の実施方法）を定めた DSU3.7 条および 19.1 条の特別規則とし
　　て位置づけられる。

(40)　Appellate Body Report, *US – Upland Cotton*, para. 273.

(41)　ここで上級委員会が，補助金協定上の特殊な救済態様に言及している点は示唆的で
　　ある。すなわち，問題となる行為の特性や対象協定上の特別規定の存在といった事情が
　　なければ，measure として審理対象になるにもかかわらず結果として救済がない場合も
　　ありうるということであり，実際に，GATT2 条が争点となった *US – Certain EC Pro-*
　　ducts 事件や GATT1 条等が争点となった *EC – Banana III (21.5) (Ecuador II) (US)*事件
　　では，審理対象とされた measure が報告書発出時点ですでに終了していたことから，結
　　局勧告の対象にはならなかった（Appellate Body Report, *United States – Import*
　　Measures on Certain Products from the European Communities（*US – Certain EC*
　　Products），WT/DS165/AB/R, adopted on 10 January 2001, para. 81; Appellate Body
　　Report, *EC – Banana III (21.5) (Ecuador II) (US)*, paras. 271–273.）。したがって実践的観
　　点からすれば，過去の行為を measure として同定し申し立てをおこなう場合には，当該
　　行為の measure 該当性とあわせて，救済の必要性と可能性も十分検討する必要があろう。

◆ 第 1 部 ◆　国際貿易紛争処理における手続法的発展と課題

land Cotton 事件における見解を踏襲し，手続開始時点ですでに存在しない行為が measure たりうるのであれば，本件行為はなおさら measure として審理対象になりうると判断している[42]。

　このように，過去の行為についてはとくに勧告の可否の観点から measure 該当性を否定する抗弁が提出されることがあるが，時間的射程に関する DSU の柔軟な立場を前提に，問題となる行為の特性や対象協定の関連規定にも依拠することによって，過去の行為であっても広く measure として審理対象になっているのが現状である。

(2) 将来の行為 (future measure)

　将来実施される可能性のある行為の measure 該当性について重要な手がかりを示したのが，GATT 期の *US – Superfund* 事件である。本件で問題とされたのは「スーパー・ファンド法」と呼ばれる環境保護に関する米国法令であったが，本法自体は議会を通過しつつもその一部の法令が未発効であったため，当該未発効部分がパネルの審理対象となるかが争われた。結論からいうとパネルは，未発効の法令であっても審理対象になりうることを認めた。

　理由としてパネルは，まず，本件で問題となった GATT3 条の本旨が競争関係に関する締約国の期待の保護にあるとし，そこには現在の貿易の保護だけでなく将来の貿易を計画するために必要な予測可能性の創出も含まれることを指摘した。そして，法令が実際に適用されるまで当該法令について申立てできないとすれば，この目的は達成されないと述べたうえで，未発効とはいえ法令自体はすでに制定されていること，法令の文言が義務的なものであること，発効後行政当局は法令を適用する蓋然性が高いことなどを理由に，本件未発効法令の審理可能性を肯定し，結果的に GATT3 条 2 項違反としたのであった[43]。

　このように *US – Superfund* 事件では，問題となる行為の特性と関連規定の内容を勘案したうえで，将来の貿易に対する予測可能性への影響を考慮し結論が導かれているが，WTO 移行後の事案でも，同様の理由付けによって将来の行為を審理対象とし，協定整合性を評価した例が複数存在する[44]。

---

(42)　Appellate Body Report, *EC – Banana III (21.5) (Ecuador II) (US)*, paras. 267-271.

(43)　GATT Panel Report, *United States – Taxes on Petroleum and Certain Imported Substances* (*US – Superfund*), L/6175, adopted on 17 June 1987, para. 5.2.2.

(44)　*E.g.*, Panel Report, *Chile – Taxes on Alcoholic Beverages*, WT/DS87/R, WT/DS110/R, circulated on 15 June 1999, fn. 413; Panel Report, *Russia – Tariff Treatment of Certain*

◇ 第 3 章 ◇ WTO 紛争処理における measure 概念の展開〔平見健太〕

　以上の例は，紛争処理手続の期間中には存在しない将来の行為の measure
該当性についてであるが，こうした典型例に準ずるものとして，パネル設置要
請時点では存在しなかったものの，パネル審理の最中に生じた行為についても，
将来の行為と同様の問題が生じうる。この種の行為の measure 該当性を認め，
その協定違反を認定した事案が，*US – Zeroing (21.5) (Japan)*事件である。

　本件において申立国であった日本は，米国が将来的にとる可能性のある行為
（「定期レビュー 9 （periodic review 9 ）」と呼称）を，あらかじめパネル設置要請
書において同定していたが，これに対して被申立国たる米国は，パネル設置要
請時点で存在しない将来の行為はパネルの付託事項に含まれない（したがって
審理対象にもならない）との抗弁をおこなった。上級委員会は，上述した *US –
Upland Cotton* 事件をはじめとする measure の時間的射程に関する先例に依拠
しつつ，定期レビュー 9 を本件における measure として認定し審理対象に含
めたのであるが，その際，定期レビュー 9 の以下の特性を重視したことが注目
される。すなわち，定期レビュー 9 の関連手続自体はパネル設置要請時点です
でに開始されており，完了したのがパネル手続中であったという点や，ゼロイ
ングの手法が用いられた「一連の measure あるいは連続体（a chain of mea-
sures or a continuum)」の一部として，当該定期レビュー 9 が存在していると
評価した点である[45]。これはすなわち，行為の実現可能性が高かったことに
加え，当該行為と，すでに適切に審理対象となっていた他の現存する mea-
sure との連関ないし一体性といった事情が，将来の行為の measure 該当性の
判断に際して重要な考慮要素となりうることを示唆するものといえる[46]。

　いずれにしても，ここで取りあげた先例は，いずれも法令あるいはそれに準
ずる類型の行為が問題となった事案であるが，そこでの分析枠組と理由付けを
ふまえれば，一般論としてつぎの点を指摘することはできる。すなわち，たと
え将来の行為であっても，当該行為の特性やその実現可能性，そして問題とな
る実体規則の内容次第では，measure として審理対象になり，その協定整合

　Agricultural and Manufacturing Products (hereinafter, *Russia – Tariff Treatment*), WT/
　DS485/R, adopted on 26 September 2016, paras. 7.94-7.105.

（45）　Appellate Body Report, *US – Zeroing (21.5) (Japan)*, paras. 120-130.

（46）　ただし本件は，DSU21.5 条の履行確認手続における事案であり，上級委員会も，定
　　　期レビュー 9 の measure 該当性を肯定するにあたって，以上の諸要素に加えて履行確認
　　　手続自体の特殊性にも言及しているため，先例としての射程の見極めには注意を要する。

◆ 第1部 ◆　国際貿易紛争処理における手続法的発展と課題

性が問われうる，ということである。

3　事項的射程（行為類型の射程）

(1) as such/ as applied 申立ての区分の意味

「WTO 加盟国に帰属するあらゆる作為または不作為が，原則として紛争処理手続上の measure となりうる」という上級委員会の定式は，measure に該当しうる行為類型の広範さを示唆しているが，ここでは議論の出発点として，まずは as such/ as applied 申立ての区分を取りあげる。

GATT 期以来認められてきた as such/ as applied 申立てとは，measure の類型にもとづく申立ての区分であり，前者が国内法令を典型とする規則ないし規範それ自体を measure とし，その存在自体の協定整合性を問う申立てであるのに対して，後者は規則ないし規範の具体的適用事例のように，加盟国の個別具体的行為を measure として捉え，その協定整合性を問うものである。

後者の申立て対象が measure たりうるのは当然として，規則ないし規範それ自体を measure として扱うことが認められる根拠については，WTO 法特有の法益の性質が深く関わっている。すなわち，「GATT/WTO の規律や紛争処理手続は，現在の貿易の保護だけでなく将来の貿易を実施するために必要となる安定性と予見可能性をも保護することを目的としており[47]」，この目的を実現するためには，法令のように一般的・将来的適用が企図された規則ないし規範であって，加盟国の WTO 法上の義務に合致しないものについては，その適用事例の有無にかかわらず紛争処理手続に提起できなければならないことになる[48]。将来の法適用によって違反事例の発生が予測される場合には，そのような法令の存在自体が現在および将来の貿易の在り方にも当然影響を及ぼすのであり，このような事態を防ぎ違反行為の根源を取り除くことも，WTO 法の法益の観点からは不可欠となるのである。

このように as such 申立てを許容する基盤をもった WTO 法にあっては，measure の行為類型としては as such/ as applied 区分がまず念頭に置かれ，実際に申立てを検討する際にも，問題となる行為が上記いずれの類型に該当するかを見極めたうえで，申立ての対象を構成していくのが通常である。

---

(47)　Appellate Body Report, *US – Corrosion-Resistant Steel Sunset Review*, para. 82.

(48)　*Ibid.*

(2) 同区分の相対的・便宜的性格

しかしながら本稿の問題関心からみて重要なのは，この as such/ as applied の区分が measure の類型把握にとっては決して絶対的なものではないという点である。同区分の相対的・便宜的性格を指摘したのが，いわゆる ongoing conduct が問題となった，*US – Continued Zeroing* 事件の上級委員会報告であった。

本件は米国のゼロイング手法を用いたアンチ・ダンピング（以下，AD）課税をめぐる紛争であったが，申立国 EC はそのうち 18 件の AD 税賦課命令にもとづく AD 税について，賦課にかかる一連の連続した AD 手続におけるゼロイング手法の利用によって，本件 AD 税が将来にわたって継続的に適用されかねない点を問題視し，当該 AD 税の「継続的適用（continued application）」を measure として構成し申立てをおこなった。

パネルは上記申立てをゼロイング手法それ自体についての as such 申立てと同視し，当該 measure の存在と内容が十分証明されていないとして EC の主張を退けたが，上級委員会はパネルの認定を覆し，本件 measure を as such/ as applied 区分に当てはまらない固有の measure として，その存在と申立て可能性を肯定した。

その際上級委員会は，as such/ as applied の区分について，つぎのような見解を示している。「…… as such/ as applied 申立ての区分は，WTO 紛争処理上の measure の定義をつかさどるものではない。この区分は，問題となる measure の性質の理解を容易にするための分析道具（analytical tool）として先例上発展してきたものである。この発見的な手段（heuristic device）は，それがどれだけ有用であろうとも，WTO 紛争処理において申立ての対象となりうる measure の類型を余すところなく説明するものではなく，申立てが許容されるためには measure がこれら 2 つの範疇のうち一方にはっきりと当てはまる必要があるわけではない。[49]」

以上をふまえ上級委員会は，18 件の AD 税の賦課・評価・徴収に関する一連の連続した手続におけるゼロイング手法の継続的利用こそが EC の特定した measure であるとし，それは 18 件の AD 税に関するかぎりにおいて，将来にわたって継続的に適用される ongoing conduct たる性質をもち，それゆえゼロ

---

(49)　Appellate Body Report, *US – Continued Zeroing*, para. 179.

イング手法それ自体ではなく（つまり as such ではなく），同手法の具体的適用例でもない（as applied でもない）とした。そのうえで，この種の行為を WTO 紛争処理から除外する理由はないと述べた[50]。また上級委員会は，当該 measure の性質と EC が求める救済態様（関連 AD 手続におけるゼロイング手法の将来にわたる利用中止）との連関にも着目し，紛争の実効的解決のためにいかなる救済を求めようとするのかに応じて，申立国は自由に申立ての対象を同定し構成することができると言明したのである[51]。

　本件では ongoing conduct なるものの存在を証明するための要件が明確化されなかったため，この特殊な行為概念が AD 協定上の事案を越えて適用可能かどうかは別途検討を要するが[52][53]，いずれにしても上級委員会は，measure の類型把握における as such/ as applied 区分の絶対性を否定することによって，その両極のあいだにもいわばグラデーション状に measure が存在しうることを認め，申立国による measure の柔軟な構成に道を開いたのである。

4　先例を支える理論的前提

　以上 3 つの視角から measure 概念の射程を考察した結果，加盟国に帰属する行為であるかぎり，時間的にも，また行為類型としても広範な行為が，measure として紛争処理手続の俎上に載りうることが明らかになった。それでは，このような measure 概念の理解ないし運用を支えるものは一体何であろうか。

　以上の諸先例に概して共通する推論過程が示しているように，measure 概念の柔軟性・射程の広範さは，WTO 法に通底する法益の特質や事案ごとに問題となる対象協定に固有の規律内容によってまさに必要とされていたのであり（必要性），その要請を DSU の関連規定の曖昧さがいわば許容するかたちで成り立っていたといえる（許容性）。つまり，以上の必要性と許容性の両輪こそ

---

(50)　*Ibid.*, paras. 180-181.

(51)　*Ibid.*, para. 181.

(52)　Fernando Piérola, "The Challenge of Ongoing Conduct in WTO Dispute Settlement Procedures", *Global Trade and Customs Journal*, Vol. 4, No. 7/8 (2009), p. 274.

(53)　本件以降に ongoing conduct が問題となった AD 紛争案件として，Panel Report, *United States – Anti-Dumping Administrative Reviews and Other Measures Related to Imports of Certain Orange Juice from Brazil*, WT/DS382/R, adopted on 17 June 2011, paras. 7.163-7.194.

が、各事案における上級委員会の判断を一貫して支える理論的前提になってきたといえるのである。

とくに必要性の観点を掘り下げれば、そもそも DSU3.2 条は、対象協定にもとづく加盟国の権利義務の維持を紛争処理制度の役割として掲げている。この点、対象協定上の各実体規則はその規律内容に応じて種々の態様によって違反されうるが、もし measure の射程があらかじめ一定の行為に限定されるとすれば、紛争処理手続において協定整合性を適切に問えない場合が生じるおそれがあり、3.2 条の制度趣旨に合致しないことにもなりかねない[54]。それゆえに、measure 概念の射程と対象協定上の各実体規則はいわば盾の両面の関係にあるといえ、トートロジカルな表現ではあるが、対象協定上の実体規則に違反しうる行為であれば measure に該当するとでもいえるような、柔軟かつ広範な概念として運用されてきているのである。

それぞれ断片的ながらも総じて一貫した方向性で積みあげられてきた先例の背後には、多種多様な行為によって成り立つ現実の国際通商関係に対して、WTO 法上の規律を過不足なく確保するという、至極当然ではあるが重要な、上級委員会の問題意識が存在してきたように思われる。審理者のこのような姿勢をふまえるならば、measure 概念の特質を活かすも殺すも結局は紛争処理手続のユーザーたる加盟国の側次第ということになり、具体的には紛争を提起する申立国の課題となってくるのである。

Ⅳ　概念の柔軟性・広範性が有する実践的含意

1　measure の存在証明にかかる要件の流動性

measure の問題に関して近年もっとも注目を集めたのは、2015 年に上級委員会報告が発出された *Argentina – Import Measures* 事件であろう。本件では、アルゼンチン政府が国内の事業者に対して実施していた、輸出入均衡要求やローカルコンテント要求などのいわゆる貿易関連要求（Trade-Related Requirements: TRRs）の GATT 整合性が問題となったが、この TRRs は国内法令等の明文上の基礎をもたずに実施されていたため（いわゆる unwritten measure[55]）

---

〔54〕　*See*, Appellate Body Report, *United States – Laws, Regulations and Methodology for Calculating Dumping Margins ("Zeroing")*（hereinafter, *US – Zeroing (EC)*）, WT/DS294/AB/R, adopted on 9 May 2006, para. 192.

◆ 第1部 ◆ 国際貿易紛争処理における手続法的発展と課題

その存在自体が不明瞭であり，また，対象物品の広範性ゆえに無数の事例が存在しえたため，個別事例ごとに as applied 申立てで対処することは問題の実効的解決の観点から非効率的であった。

そこで申立国たる日・米・EU は，一見バラバラにみえる個々の TRRs を，一定の政策目的（アルゼンチン政府による輸入代替・貿易赤字削減政策）を実現するためにそれぞれ相互に連関し体系的に運用される single measure として構成し，なおかつそれを体系的かつ継続的な適用がなされる measure として性格付ける戦略をとった[56]。個々の事例を包含する単一の measure として紛争処理の俎上に載せ，さらにその体系的・継続的な適用の協定整合性を問うことによって，無数に存在する TRRs を包括的に捕捉し一網打尽にし，なおかつその将来的な運用をも阻止することが企図されたのである。

本件の特殊性は，①無数の TRRs が unwritten measure として存在していたこと，②申立国はそれらを一体のものとみなし single measure として構成したこと，そして，③当該 measure について，従来の as such/ as applied 区分には当てはまらない，「体系的かつ継続的な適用（systematic and continued application）」という類型でその協定整合性を争った点にある。これら3点は理論的にはそれぞれ別個の問題でありながら，実際には相互に連関する側面をもっているため，本件 measure をめぐる問題を一層複雑化させている[57]。しかしいずれにしてもこうした事情から，申立国が描写し構成したところのmeasure の存否とその証明の成否が，本件の中心的争点となった。

以上の問題処理に際して上級委員会は，measure 概念に関する自身の見解を踏襲しつつ，同概念の柔軟性・広範性に応じて measure の存在証明がいかになされるべきかといった点にまで踏み込んで詳細に論じたため，同概念の明確化とその含意を示すものとして画期的先例となった。

具体的には，as such/ as applied 区分に該当しない多種多様な行為が mea-

---

(55)　本件以前に unwritten measure が問題となった事案として，*US – Zeroing (EC)*事件がある。*Ibid.*, paras. 185-205.

(56)　Appellate Body Report, *Argentina – Measures Affecting the Importation of Goods*（hereinafter, *Argentina – Import Measures*），WT/DS438/AB/R, WT/DS444/AB/R, WT/DS445/AB/R, adopted on 26 January 2015, paras. 5.112-5.118.

(57)　実際に，筆者が参加した本件上級委員会の口頭聴聞（oral hearing）の場において，アルゼンチンは，意図的なものかは不明ながらも，本件 measure に関するこれら3つの論点を混同して反論を展開していた。

sure たりうるとした先例を前提に，「measure の存在証明のためには，（measure の被申立国への）帰属と（当該 measure の）明確な内容の証明に加えて，申し立てられた measure の特性や性質に応じて他の諸要素の証明が必要になりうる」とし，証明のための要件は決して一定ではなく，measure 概念の広範性に呼応して流動的であることを強調したのである[58]。申立国がいかに measure を描写し構成するかに応じて，証明されるべき要素も変化するという趣旨である。

　以上の一般論を前提とし，本件では，measure の「帰属」自体はとくに争われず問題にならなかったが，TRRs が unwritten measure であり，かつ申立国がそれらを single measure として構成したがゆえに，「明確な内容」の要件がとくに重視して検討された。すなわち，申立国が例示した個々の TRRs が共通の政策目的を実現するための single measure の一部として相互に連関して運用され，それらが一体となったもの（single measure）が，構成要素たる各 TRRs とは異なる固有の存在意義を有する measure といえるかどうかが検討され，肯定的評価が与えられた[59]。

　また，本件 measure の特性に応じた追加的要素として，「体系的かつ継続的な適用」がなされうる measure かどうかも検討され，アルゼンチンの管理貿易政策の下で TRRs は体系的に運用されていること，当該政策が撤回されないかぎり TRRs は将来にわたって継続的に適用される蓋然性があることが認定された[60]。

　このように，きわめて複雑な性質をもった本件 measure の存在証明に関しては，measure の特性に応じて以上の諸要素の証明が必要とされ，全体で約 900 もの証拠が提出されたことがその証明の困難さを物語っている[61]。これはひとえに申立国が紛争の実効的解決のために上述のような創造的かつ野心的な measure の構成方法をとったからにほかならず，本件にあっては measure

---

(58)　Appellate Body Report, *Argentina – Import Measures*, paras. 5.102-5.111.

(59)　*Ibid.*, paras. 5.121-5.133.

(60)　*Ibid.*, paras. 5.135-5.145.

(61)　本件にて提出された証拠の性質の観点から，本件 measure の存在証明を考察したものとして，Hugo Romero & Fernando Piérola, "Unwritten Measures: Reflections on the Panel Reports in *Argentina – Measures Affecting the Importation of Goods*", *Global Trade and Customs Journal*, Vol. 10, No. 1 (2015), pp. 54-58.

概念の柔軟性・広範性が十二分に活かされ，その存在証明についても必要な証拠と主張を提示しえたがゆえに，本件 measure の存在証明に成功し，これを基礎として企図したとおりの射程を有する違反認定と勧告を申立国は獲得することができたのである。

2 申立国による創意工夫の重要性

以上のような measure 概念の柔軟性・広範性にかんがみると，およそ申立国には measure をいかに構成するかにつき広範な裁量があるといえ，従来のカテゴリカルな思考様式に依拠しすぎることは有益でないことが分かる。*Argentina – Import Measures* 事件が示しているように，直面する問題の実効的解決のためにいかに measure を描写し構成するか，そしてその存在証明をいかにおこなうかが，紛争処理手続の利用に際しては決定的に重要となってくるのである。

その際考慮すべき要因としては，①違反の疑われる実体規則は何か，②問題解決のためにはいかなる救済を獲得することが望ましいか，③望ましい救済を獲得するためには measure をいかに構成すべきか[62]，④当該 measure の存在証明のためにはいかなる要素の証明が必要となるか，またそのための証拠と主張を実際に提示できるかなどが挙げられよう。申立国は，事案の特性に応じてこれらの要因を相互に考慮しつつ，創意工夫を凝らすことが求められるのである。

実際に，measure の構成如何（いかん）が審理の結果を左右した例は多数存在する。たとえば，上述の *Argentina – Import Measures* 事件は申立国の創意工夫が成功を収めた顕著な例であるが，反対に，*US – Shrimp II (Viet Nam)*事件において申立国ベトナムは，自身が問題視していた米国の関連 AD 手続を的確に捕捉するものとして measure を構成していなかったため，このことが災いし，

---

(62) WTO 紛争処理における勧告・裁定の履行は，measure の協定不整合性を解消しさえすればよく，それが実現するかぎりにおいて，履行態様は被申立国の裁量に任されるのが原則である（DSU3.7 条，19.1 条）。*See also*, Award of the Arbitrator, *EC – Measures Concerning Meat and Meat Products (Hormones) – Arbitration under Article 21.3(c) of the DSU*, WT/DS26/15, WT/DS48/13, 29 May 1998, para. 38. したがって，申立国の側から救済の態様をカテゴリカルに選択することはできないが，他方で measure をいかに構成するかによって獲得しうる救済態様をある程度コントロールすることは可能である。この点にこそ，申立国の創意工夫の余地が存在するのである。

◇ 第 3 章 ◇ WTO 紛争処理における measure 概念の展開〔平見健太〕

結果的にベトナムが企図していたかたちでは米国の AD 協定整合性を問い切れなかった[63]。

このような紛争処理手続における measure の構成方法の重要性を反映してか，近年の紛争案件では，米国や EU といった経験豊かなユーザーを中心に，measure の構成とその存在証明にとくに注力する例がみられるようになってきている。たとえば，*Indonesia – Import Licensing Regimes* 事件において申立国の米国は，パネル段階での第一意見書のうち約半分もの分量を，問題となるインドネシアの measure の構成・描写とその存在証明に費やしたほどである[64]。また，*Argentina – Import Measures* 事件以後には，single measure や体系的適用などといった特殊な態様で measure の構成を試みる例が散見されるようになっており[65]，その存在証明の成否はともかくとして，measure 概念の柔軟性・広範性を積極的に活用しようとする意識が一部で生じつつあるようにもみえる[66]。いずれにしても，このような潮流の中で先例が積み上がってゆくことにより，measure 概念はさらに明確化し発展を遂げてゆくことになろう。

---

(63)　Appellate Body Report, *United States – Anti-Dumping Measures on Certain Shrimp from Viet Nam* (*US – Shrimp II (Viet Nam)*), WT/DS429/AB/R, adopted on 22 April 2015, paras. 4.17-4.29.

(64)　US's First Written Submission (*Indonesia – Import Licensing Regimes*), paras. 10-132 (https://ustr.gov/sites/default/files/enforcement/DS/US.Sub1.fin.pdf).

(65)　たとえば以下の 3 件はその典型例であるが，後者の 2 件については，申立国はそれぞれ measure の存在証明に失敗している。Appellate Body Report, *Indonesia – Importation of Horticultural Products, Animals and Animal Products*, WT/ DS477/ AB/R, WT/DS478/AB/R, and Add.1, adopted 22 November 2017; Panel Report, *Indonesia – Measures Concerning the Importation of Chicken Meat and Chicken Products*, WT/ DS484/R and Add.1, adopted 22 November 2017（申立国ブラジルは，パネル報告書中で「general prohibition」と表現された measure の存在証明に失敗している。paras. 7.612-）; Panel Report, *Russia – Tariff Treatment*.

(66)　上述の *Russia – Tariff Treatment* 事件では，申立国 EU がロシアの関税措置を「Systematic Duty Variation」なるものとして構成しつつも，その存在証明に失敗しているが，この失敗例を素材に，WTO 紛争処理の場で体系的性格を有する measure の協定整合性をいかなる方法で立証すべきかを考察したものとして，Kara M. Reynolds & Boris Rigod, "*Russia – Tariff Treatment*: Identifying Systematic Violations of WTO Law", *World Trade Review*, Vol. 17, No. 2 (2018).

◆ 第 1 部 ◆　国際貿易紛争処理における手続法的発展と課題

V　結　論

　本稿では，国際通商における「法の支配」を担保する WTO 紛争処理にお
いて，日々生起する多種多様な問題のうちいかなる事象がその審理対象となり，
協定整合性を問われうるのかを明らかにするため，この問題をつかさどる
measureの概念に着目し，その射程と実践的な含意を考察した。

　先例の分析を通じて明らかになったように，measure 概念は広範な射程を
有する柔軟な概念として解釈・適用されてきており，これは，WTO 法に通底
する法益の特質や事案ごとに問題となる各協定固有の規律内容によって必要と
され，その要請を DSU の関連規定の曖昧さが許容することによって成り立っ
ているのであった。このような概念の柔軟性・広範性をふまえるならば，申立
ての対象を選択し構成するにあたっては，事案の特性に応じた申立国の創意工
夫こそが決定的に重要となってくるのであり，一定の解が存在するわけではな
いという意味で，ある種技芸（art）の世界であり，それゆえ measure の構成
は永遠の課題といえる。

　そしてこの種の創意工夫があってこそ，多様かつ複雑な通商問題を，対応す
る実体規則の存在するかぎりにおいて紛争処理手続の俎上に載せることが可能
となり，ひいては国際通商に対する「法の支配」の実効性を確保することにつ
ながるのである。

　最後に残された課題を提示しておきたい。本稿で扱った measure の存在証
明に関しては，申立ての対象となる measure が不明確または複雑であればあ
るほど，申立国の証明負担は当然重くなり，証拠収集コストも増大せざるをえ
ない[67]。このことは，外部からの把握を困難にするような巧妙な政策手段を
採用するインセンティブを国家に与えることになるかもしれず，結果として紛
争処理手続を通じた責任追及が困難になる場合が生じる可能性がある。mea-
sure の存在証明に関して申立国が著しく重い負担を負わざるをえない場合，
パネル・上級委員会は審理過程で何らかの対応をすべきか，対応すべきである
とすれば DSU の枠内でいかなる対応が可能か，検討の余地があろう。

　また近年，複雑かつ政治的に困難な紛争案件を中心に，通常の紛争処理手続

---

　(67)　*See*, Romero & Piérola, *supra* note 61, p. 56. *See also*, *US – Zeroing (EC)*, para. 198.

の延長線上にある「履行確認手続」にまで進む事案が増加している。同手続においては，「勧告及び裁定を実施するためにとられた措置（measures taken to comply with the recommendations and the rulings）」のみがパネル・上級委員会の審理対象となり，その協定整合性を評価されることになる（DSU21.5条）。何が履行のためにとられたmeasureに該当するのかという，履行確認手続に固有のmeasureの射程の問題は，本稿で扱ったmeasure概念一般の理解を前提としつつも，以上の特殊な文脈に沿った検討を別途要する問題である。

第4章

拡大第三国権利の概念の形成と展開

関 根 豪 政

I　は じ め に

　WTO の紛争解決手続は，今でこそ上級委員会の任命問題が表面化し，「危機」の状態にあると言っても過言ではないが[1]，他面では，発足から 20 年ほどのうちに付託された事例も 500 件を超え，全般としては，WTO 紛争解決手続の正統性や信頼性は大きく損なわれたという状況になかったのも事実である。そのように，WTO 紛争解決手続が正統性及び信頼性を維持することができた背景にある要素のうち，パネルと上級委員会が手続規則（つまり，紛争解決了解（DSU））における欠缺を補充してきた（あるいは，司法的組織による法創造を行ってきた）点は看過できない。パネル及び上級委員会による手続的な判断の集積は，WTO 紛争解決手続の堅実な運用を支え，司法的性質を強化することに貢献してきたと言える。事実，パネル等は，先決的判断（preliminary ruling）[2]の詳細や訴訟経済（judicial economy）の概念の導入，履行期間の算出や手続公開の決定[3]等，様々な手続的整備を実際の紛争解決の手続を通じて行ってきた[4]。

　＊　本研究は，JSPS 科研費（基盤研究（C）：「国際貿易紛争処理制度の手続法的発展」，課題番号 15K03142）の助成を受けたものである。
(1)　詳細は序章参照。
(2)　本書，第 1 章参照。
(3)　本書，第 5 章及び第 7 章参照。
(4)　他方で，上級委員会の手続的な判断に対して否定的な見解を示すものとして，James

◆ 第1部 ◆ 国際貿易紛争処理における手続法的発展と課題

　しかしながら，それらパネル及び上級委員会による手続的規則の発展が，概して有益であったとしても，個別の展開の適切性は精査される必要がある。それは，それらの仔細な規則が，必ずしもWTO加盟国の立法的な行為から派生してるわけではない，あるいは，立法的な行為に明白に裏付けられているわけではないことに起因する。かかる認識に基づき，本章では「拡大第三国権利（enhanced third party rights）」について焦点を当てる[5]。「拡大第三国権利」は，パネル手続において明示的に認められている第三国の権利に追加的に付与される権利の総称として用いられるが，DSUにはそのような追加的な権利が認められる根拠は明記されていない。それはつまり，拡大的な権利を付与するか拒絶するかの裁量はWTOのパネルが有しており，司法的機関が手続的決定や規則を制定することのできる領域ということを示唆する。よって，拡大第三国権利は，WTOの司法的機関による手続上の規則の構築の適切性を検討する上での好材料と言える。

　パネル手続に参加している第三国は，WTOの創設当初の事例から最近の事例に至るまで，コンスタントに拡大的な権利を要請してきた。これまで30件の事例で拡大的な権利が要請され，そのうちの11件で当該権利が認められ，残りは否定されている[6]。全ての決定はパネルの裁量で下されている（もっとも，幾つかの事例については，紛争当事国間にこの点に関する合意が形成されていた）。しかしながら，拡大的な権利が許与ないし拒絶されてきた際の根拠は必ずしも説得的なものであったとは言い切れず，それら権利を与える基準も未だ曖昧な点が多い。加えて，この論点に関する学術的な議論も活発とは断定できない状況にある[7]。ゆえに，拡大第三国権利に関する包括的で批判的な検討

　　Smith, "Inequity in International Trade?: Developing Countries and Institutional Change in WTO Dispute Settlement", *Review of International Political Economy*, Vol. 11, No. 3 (2004), p. 544.

（5）　本章において「第三国（third parties）」とは，WTOの紛争解決手続に参加しているが，紛争当事国ではないWTO加盟国のことを示す。

（6）　30件は次の通り：DS27，DS26/DS48，DS136/DS162，DS246，DS267，DS265/DS266/DS283，DS343/DS345，DS27/RW，DS316，DS392，DS353，DS394/DS395/DS398，DS384/DS386，DS415/DS416/DS417/DS418，DS412/DS426，DS400/DS401，DS431/DS432/DS433，DS437，DS438/DS444/DS445，DS384/DS386/RW，DS381/RW，DS456，DS464，DS477/DS478，DS492，DS491，DS480，DS495，DS435/DS441/DS458/DS467，DS512（パネル報告書の回付の日付順に記載）。

が必要と言え、それが予見性や公平性に優れる拡大権利制度の運用につながると期待される。

　本章は以下のような構成をとる。本節に続く第Ⅱ節では、通常の第三国権利と拡大第三国権利の内容及び相違について説明する。第Ⅲ節では、実際のパネル手続における拡大的な権利に関する議論や判断を、拡大的な権利が要請ないし許与／拒絶された根拠に細分化して分析する。第Ⅳ節では、パネルの判断と加盟国の意思（立法的な動向）を比較検討するための下地として、DSU 改正交渉における議論を概観する。第Ⅴ節では、同様に加盟国の意思（立法的な動向）の１つの体現として自由貿易協定（FTA）における第三国についての規定を確認する。これら２つの節における議論を基礎に、第Ⅵ節では、DSU 交渉及び FTA 規定の意義を、学説を踏まえつつ批判的に考察する。そして、第Ⅶ節にて、拡大第三国権利の運用上の提案を行い、第Ⅷ節にて議論をまとめる。なお、本章においては、パネル手続に先立つ協議の段階における第三国の権利については、それがパネルや上級委員会の判断の集積を通じて発展するとは考えづらいため（その可能性は否定しないが）議論の対象から外す。

Ⅱ　通常の第三国権利及び拡大第三国権利

1　現行 DSU 下における通常の第三国の権利

　DSU は、パネル手続における第三国の参加については基本的な規定しか設けておらず、その実質は３つと言える[8]。第１に、第三国は第１回会合において意見を述べることが認められている[9]。第２に、第三国には意見書を提

---

(7)　拡大第三国権利について詳細に議論するものとしては、Faisal A. S. A. Albashar and A. F. M. Maniruzzaman, "Reforming the WTO Dispute Settlement System: A Rethink of the Third Party Rights of Access to Panel and Appeal Processes from Developing Countries' Perspectives", *Journal of World Investment & Trade,* Vol. 11, No. 3 (2010), pp. 311-373; Antonis Antoniadis, "Enhanced Third Party Rights in the WTO Dispute Settlement Understanding", *Legal Issues of Economic Integration,* Vol. 29, No. 3 (2004), pp. 285-304.

(8)　第三国がパネル手続に参加するための唯一の条件は「付託された問題について実質的な利害関係」を有することとされる（DSU 第 10 条 2 項）。この「実質的な利害関係」は、経済的なものでもシステミックなものであっても良いとされる。

(9)　DSU 第 10 条 2 項、附属書 3 の 6。

◆ 第 1 部 ◆　国際貿易紛争処理における手続法的発展と課題

出する機会が設けられ[10]，それはパネルの報告書に反映されることになる[11]。第 3 に，第三国は紛争当事国の第 1 回会合における意見書の送付を受けることになる[12]。

　他方で，紛争当事国にのみ認められている権利の例としては，①第 2 回会合あるいはその後のパネル会合への出席，②パネルの検討の中間段階への参加[13]，③（協定上は）第 21 条 3 項及び第 22 条 6 項に基づく仲裁手続への参加が挙げられる[14]。また，より根本的な問題として，第三国はパネルに対して主張（claim）を行うことができず[15]，上級委員会に上訴することが認められない。言うまでもなく，第三国は，紛争解決機関（DSB）による勧告及び裁定が妥当な期間内に実施されない場合における譲許その他の義務の停止を要請することは認められない[16]。

　第三国の参加は上級委員会手続においても認められており[17]，その詳細は

---

(10)　DSU 第 10 条 2 項。

(11)　DSU 第 10 条 2 項。

(12)　DSU 第 10 条 3 項。

(13)　Panel Report, *European Communities – Regime for the Importation, Sale and Distribution of Bananas, Complaint by the United States*, WT/DS27/R/USA, para. 7.9 [hereinafter Panel Report, *EC – Bananas III*]. 過去には，DSU 改正交渉において，パネル手続の中間報告に対して第三国が意見を書面で提出する形で参加することを認める案が示されたことがある（TN/DS/W/12/Rev.1, *infra* note 191, p. 3）が，他の加盟国からの支持を十分には受けられなかったとの経緯もある。Communication from European Community, TN/DS/W/38, p. 4. See also, TN/DS/9, *infra* note 194, pp. 6-7.

(14)　ただし，第三国の参加を認めた仲裁手続が幾つか存在する。*E.g.* Decision by the Arbitrator, *European Communities – Measures Concerning Meat and Meat Products (Hormones), Original Complaint by United States – Recourse to Arbitration by the European Communities Under Article 22.6 of the DSU*, WT/DS26/ARB, para. 7.

(15)　Appellate Body Report, *Chile – Price Band System and Safeguard Measures Relating to Certain Agricultural Products*, WT/DS207/AB/R, para. 163.

(16)　紛争処理手続に参加していた第三国が，DSU 第 22 条 2 項に基づいて，協定違反国に対して対抗措置を発動することを認めるべきとする提案もある。Ngangjoh H. Yenkong, "Third Party Rights and the Concept of Legal Interest in World Trade Organization Dispute Settlement: Extending Participatory Rights to Enforcement Rights", *Journal of World Trade*, Vol. 38, No. 5 (2004), p. 765.

(17)　DSU 第 17 条 4 項。ただし，上級委員会手続において第三国となるためには，パネル手続の段階から第三国として参加していることが条件となる。

◇ 第4章 ◇ 拡大第三国権利の概念の形成と展開〔関根豪政〕

検討手続[18]に記載されている。第三国は，意見書を提出すること[19]，口頭審理に参加すること及び口頭による陳述を行うこと[20]，そして上級委員会に提出された関連文書を受領することが認められる[21]。また，手続の開始時に意見書を提出していなかったとしても，口頭による陳述を行う意思があることを事前に通報することを条件に，陳述を行うことが認められている[22]。さらに言うと，そのような通報を行っていない第三国でさえも，上級委員会の口頭審理に参加でき，そこで口頭による陳述を行うことが認められている[23]。加えて，検討手続においては，第三参加国[24]が文書で意見書を提出することが推奨されている（当該参加国の立場を上級委員会や他の参加国により十分に考慮されることがその目的とされている）[25]。

このように，上級委員会手続における第三国の権利はパネル手続と比較してより広く認められていることから，第三国の権利の拡大の問題は主に後者の手続で議論となる。そのことを受け，以下の議論はパネル手続における第三国の権利を中心に扱い，必要に応じて上級委員会における実務等について触れる。

2 拡大第三国権利

DSU においては明示的に認められていないが，実際の紛争に参加した第三

---

(18) Working Procedures for Appellate Review, WT/AB/WP/6. 以下，「検討手続」と記す。

(19) 検討手続第 24 規則(1)。

(20) 検討手続第 27 規則(3)。

(21) 検討手続第 18 規則(2)，第 21 規則(1)，第 22 規則(1)，第 23 規則(3)，第 23 規則の 2(2)及び(4)，第 28 規則(2)-(3).

(22) 検討手続第 24 規則(2)，第 27 規則(3)(a)。当初，第 24 規則の第(2)号から(4)号は存在していなかったが，加盟国の要請に基づいてそれらの規則が追加された。See Victoria Donaldson and Alan Yanovich, "The Appellate Body's Working Procedures for Appellate Review" in Giorgeo Sacerdoti et al (eds.), *The WTO at Ten: The Contributions of the Dispute Settlement System* (Cambridge University Press, 2006), pp. 396-397.

(23) 検討手続第 24 規則(4)，第 27 規則(3)(b)及び(c)。

(24) 上級委員会手続においては，「第三参加国（Third participant）」との表現が用いられており，それには，意見書を提出した第三国，あるいは，口頭審理に出席している（口頭による陳述を行っていない国も含む）第三国が含まれる。検討手続第 1 規則。

(25) 検討手続第 24 規則(3).

◆ 第 1 部 ◆　国際貿易紛争処理における手続法的発展と課題

国は度々，拡大的な権利を要求してきた。かかる拡大的な権利を WTO のパネルが最初に認めた例が[26]，EC −バナナ事件Ⅲであった[27]。本件においては，意見書の提出等を希望した 21 カ国の第三国のうち，16 カ国が自らの参加の機会を拡大させることを要求した[28]。それらの国々は，通常の第三国の権利に加えて，以下の 4 つの追加的な権利を要求した。すなわち，①パネルと紛争当事国の間の会合の全てに出席すること，②それら各会合において自らの見解を提出すること，③全ての文書の写しを受領すること，④パネルの第 2 回会合においても意見書を提出することの認可である[29]。注目されるのは，本件では，拡大的な参加の問題については紛争当事国の間で合意が形成されていなかったため[30]，本件パネルは，DSU 第 12 条 1 項に基づく自らの決定として，パネルと紛争当事国の間の第 2 回会合を傍聴することと，当該会合中の適切なタイミングで簡潔な陳述を行うことを認めた点である（ただし，提出できる文書は，第 1 回会合において提示された質問に対する回答に限定された）[31]。

　かかる結論に至るまでにパネルが考慮した要素は以下の通りである：

(ⅰ) 紛争の対象となっている〔EU〕のバナナ・レジームの特定第三国への経済的影響は非常に大きい（very large）と思われる，

──────────

(26)　「バナナ三部作」のうちの 2 つの GATT パネルでは，手続に参加する権利が広く付与されていた。詳細については，Chi Carmody, "Of Substantial Interest: Third Parties under GATT", *Michigan Journal of International Law*, Vol. 18 (1997), pp. 643-645; Mary E. Footer, "Some Aspects of Third party Intervention in GATT/WTO Dispute Settlement Proceedings" in Ernst-Ulrich Petersmann, (ed.), *International Trade Law & the GATT/WTO Dispute Settlement System* (Kluwer Law International, 1997), pp. 231-235.

(27)　Panel Report, *EC − Bananas III, supra* note 13, para. 7.8. なお，本件では「拡大第三国権利」の用語は用いられていない。

(28)　*Ibid.,* para. 7.4. 16 カ国のうちの 9 カ国（ベリーズ，カメルーン，コートジボワール，ドミニカ，グレナダ，ジャマイカ，セントビンセントおよびグレナディーン諸島，セントルシア，スリナム）は伝統的なバナナ輸出 ACP（African, Caribbean, and Pacific Group of States）諸国で，残りの 7 カ国のうち，ドミニカ共和国，ガーナ，セネガルは非伝統的 ACP 諸国，コロンビア，コスタリカ，ニカラグア，そしてベネズエラは非ACP 諸国であったが，バナナ枠組協定のメンバーであった。

(29)　*Ibid.*

(30)　*Ibid.,* para. 7.5.

(31)　*Ibid.,* para. 7.8.

（ii）特定第三国への〔EU〕のバナナ・レジームからの経済的利益はそれら
　　の国と〔EU〕との間の国際条約から派生していると主張されている，

（iii）〔EU〕及びその加盟国のバナナ・レジームを含む過去のパネル手続
　　で〔拡大的な権利を付与することを認めた〕実例が存在する，

（iv）紛争当事国がこの問題について合意できていない[32]。

　他方で，パネルは検討の中間段階に参加する権利の付与は拒絶した。その根
拠は，DSU 第 15 条が中間報告書の段階に関与できる者を「紛争当事国」とし
ている中で[33]，「第三国に紛争当事国の権利全てを与えることは，DSU に定
められた紛争当事国と第三国との間の峻別を不適切に曖昧なものとしてしま
う」というものであった[34]。

　2 件目（上級委員会でも検討されたものとしては 1 件目）が，米国とカナダに
追加的な第三国権利が認められるかが議論された 2 つの EC －ホルモン牛肉事
件（DS26 及び DS48）である[35]。当該事件において両国は，それぞれの事例の
当事国であると同時に第三国としても参加していたが，より具体的には，当初
カナダは米国が開始した手続に第三国として参加していたものの，後に，全く
同一の EU の措置を対象として自らの手続を開始したとの経緯があった。その

---

(32)　*Ibid.*

(33)　*Ibid.*, para. 7.9.

(34)　*Ibid.* なお，紛争当事国と第三国の峻別の必要性はその後のパネル手続においても
　　度々触れられている。たしかに，峻別の必要性は直感的には理解できるが，その根拠は
　　どこにあるのかについてパネルが詳細に論じた（DSU 規定以外に言及して論じた）例は
　　ない。峻別の合理性を検証する必要があることを指摘するものとして，川島富士雄
　　「EC の途上国に対する関税特恵の供与条件（GSP）事件」『WTO パネル・上級委員会報
　　告書に関する調査研究報告書（2004 年版）』232 頁。他方で，「第三国の権利をあまりに
　　手厚く保障することは，紛争当事国の手続的権利の保障を相対的に低下させ，紛争当事
　　国にとっての手続の正統性を損ねる恐れがある」とも指摘されている。福永有夏『国際
　　経済協定の遵守確保と紛争処理』（有斐閣，2015 年）129 頁。

(35)　Panel Report, *EC – Measure Concerning Meat and Meat Products (Hormones),*
　　Complaint by Canada, WT/DS48/R/CAN, paras. 8.16-20 [hereinafter Panel Report, *EC*
　　– Hormones (Canada)]; Panel Report, *EC – Measure Concerning Meat and Meat Products*
　　(Hormones), Complaint by the United States, WT/DS26/R/USA, paras. 8. 14-16
　　[hereinafter Panel Report, *EC – Hormones (US)*]; Appellate Body Report, *EC – Measures*
　　Concerning Meat and Meat Products (Hormones), WT/DS26/AB/R, WT/DS48/AB/R,
　　paras. 151-154 [hereinafter Appellate Body Report, *EC – Hormones*].

◆ 第1部 ◆　国際貿易紛争処理における手続法的発展と課題

ため，先行していた米国は，カナダの手続においては「特別な立場」[36]を有する第三国となる状況が生まれていた。

　米国が拡大的な権利を要求した理由は3点存在した。第1が，米国がEUの輸入禁止に対して紛争解決手続を開始したことからも明らかなように，カナダのパネル手続に対して「強い利害関係（strong interest）」があるとの点である[37]。第2が，カナダの手続で示された主張や事実が「米国自らが要請した別の手続における同国の利益に実質的な影響があると予想されること」である[38]。そして第3が，過去の事例（すなわち，EC－バナナ事件Ⅲ）において，手続に参加した第三国が拡大的な権利を享受したとの実績が存在することである[39]。その上で，米国がカナダの手続において要求した追加的な権利は，(a) 紛争当事国が提出した意見書の全てを受領すること，(b) パネルと紛争当事国との間，あるいは，パネルと科学的専門家との間の実質的な会合の経過の全てを傍聴すること，そして，(c) 第2回の実質的な会合の間の適切なタイミングで簡潔な陳述を行うことであった[40]。

　パネルはかかる要請の全てを是認した。すなわち，(i) 米国とカナダの双方を招いて科学的専門家との会合を合一開催すること[41]，(ii) 両申立国が相互の手続におけるあらゆる情報にアクセスすることの認容[42]，そして，(iii) カナダの手続におけるパネルと紛争当事国の間の第2回会合を米国が傍聴することの許可，及び，当該会合の最後に簡潔な陳述を行う機会の創出を決定した[43]。ただし，かかる拡大的な権利は他の第三国にまでは拡張されなかった[44]。

---

(36)　Panel Report, *EC – Hormones (Canada) ibid.*, para. 8.17.

(37)　*Ibid.*, para. 8.14.

(38)　*Ibid.*

(39)　*Ibid.*

(40)　*Ibid.*

(41)　*Ibid.*, para. 8.18.

(42)　*Ibid.*, para. 8.19. See also, Panel Report, *EC – Hormones (US), supra* note 35, para. 8.15.

(43)　Panel Report, *EC – Hormones (Canada), supra* note 35, para. 8.20. 他方で，米国はカナダの手続における第1回会合には招待されなかった。その理由は，米国の要請が当該会合の1日前に行われたことと，当該会合における米国の第三国としての権利は通常の手続で十分に保全されているとのことであった。*Ibid.*, para. 8.16.

(44)　豪州，ニュージーランド，ノルウェーが第三国として両手続に参加していた。

112

◇第4章◇ 拡大第三国権利の概念の形成と展開〔関根豪政〕

　これに対してEUは上級委員会手続にて，パネルの判断はDSU第9条3項によって正当化されず，かつ，第7条1項，同2項，第18条2項そして第10条3項に違反すると主張したが[45]，上級委員会は，ほぼ全面的にパネルの論理を支持した。上級委員会は，EUの主張に対してそれぞれ次のような判断を示している。

　第1に，科学的専門家との会合を合同で開催したことに関して，パネルの判断は「DSU第9条3項の文言と精神」に反しないとして，その判断を支持した[46]。そしてそのような結論に至った主たる理由として，手続の効率性の確保を取り上げた。すなわち，上級委員会によると，「パネルに対して，同じ専門家集団を2回に亘って召集させ，かつ，同一の〔EU〕の措置に関する同内容の科学上及び技術上の見解を2回も提示させることになる，2回の連続した，しかし別々の会合の開催を強要することは，時間と資源の非経済的な利用を招く」ことになる[47]。また，それに加えて上級委員会は，EUが自己の防御権が侵害されたとする正確な主張を行った場合にのみその主張に対処するとしたパネルの認定を支持する（EUによるパネル判断の破棄要請を拒む）と同時に[48]，黙示的に，パネルの手続事項に関する法的判断に基づく権利侵害が，上級委員会がかかる判断を覆さなければならないほどであることをEUは証明していないと判断した[49]。

　第2に，2つの手続間での情報共有に関しては，そのような実務はDSU第9条3項及び第3条3項の観点から支持されるとした。上級委員会は，科学的データ及び意見が重要な役割を果たす紛争において情報の調整を行うことは，先行する手続で入手できた情報による恩恵を後続のパネルが享受することを可能にし，最終的には時間の節約に寄与すると認定した。そして，それによりパネルは，カナダの申立てに対する報告書の作成を──カナダの手続が数か月後に開始されたのにも拘らず──米国の手続の報告書と同一の日に完了することに成功しており，DSU第9条3項（及びDSU第3条3項）の文言と精神に適合するように心掛けていたことが分かるとした[50]。

---

(45)　Appellate Body Report, *EC – Hormones*, *supra* note 35, para. 150.

(46)　*Ibid.*, para. 152.

(47)　*Ibid.*

(48)　*Ibid.*

(49)　*Ibid.*, footnote 138.

◆ 第1部 ◆　国際貿易紛争処理における手続法的発展と課題

　最後に，上級委員会は，米国がカナダの手続における第2回会合に参加することを，カナダの手続における第2回会合が科学的専門家との間の合同会合の後に開催されたのに対して，米国の手続における第2回会合が合同会合の前に完了してしまっているという本件の「特有の事情（particular circumstances）」を根拠に許可したパネルの判断を支持した。上級委員会は，米国がカナダの手続の第2回の実質的な会合に参加できないことは，米国には科学的専門家の見解に応じたコメントを提示する機会が与えられないことを意味するのであり，米国からそのような機会を奪うことは，「法の適正手続（due process of law）」の確保とは逆行すると結論付けた[51]。

Ⅲ　拡大第三国権利の要求ないし付与の動機

　初期の2つのリーディングケースにおける拡大的な権利の要求及び許与の根底にある理屈はそれぞれ異なる。EC－バナナ事件Ⅲにおいては，第三国は各国の強い経済的利害関係を主な根拠に権利の拡大を要請し，パネルもまたそれを受け入れた[52]。他方で，EC－ホルモン牛肉事件では，パネル及び上級委員会は，主に手続上の理由から拡大的な権利を許容した。より厳密には，科学的専門家との間の会合の合同開催や手続間の情報交換の根拠は訴訟経済に依拠し[53]，カナダが開始した手続における第2回の実質的な会合に米国が参加することは，米国の適正手続の権利に依るものであった。

---

(50)　*Ibid.*, para. 153.

(51)　*Ibid.*, para. 154.

(52)　なお，社会的な影響も経済的影響と併せて考慮要素に含まれることが示唆されている。Panel Report, *EC – Bananas III, supra* note 13, para. 8.2. See also, Panel Report, *European Communities – Regime for the Importation, Sale and Distribution of Bananas – Recourse to Article 21.5 of the DSU by the United States*, WT/DS27/RW/USA, para. 7. 722.

(53)　「訴訟経済」はここでは，紛争の解決において必要不可欠とは言えない争点について判断を下すか否かの裁定機関の評価の余地を意味するのではなく，紛争解決手続の効率的な運用を示す。See Jan Bohanes and Andreas Sennekamp, "Reflections on the Concept of 'Judicial Economy' in WTO Dispute Settlement" in Giorgio Sacerdoti et al. (eds.), *The WTO at Ten: The Contributions of the Dispute Settlement System* (Cambridge University Press, 2006), p. 447.

◇ 第 4 章 ◇ 拡大第三国権利の概念の形成と展開〔関根豪政〕

これら以外にも，今日までに第三国は様々な根拠から拡大的な権利を要請してきており，なかには，要請した動機が曖昧なものさえも見られる。以下では，拡大的な権利を要請する動機となった 4 つの要素を中心に検討を加える。その要素とはすなわち，経済的利害関係，手続的関心（具体的には，訴訟経済及び適正手続の原則），システミックな利益，そしてパネルによる評価への貢献（パネル手続の質的向上）である。これらに加え，拡大的な権利に関する議論が十分に提示されていない報告書についても取り上げたい。

1 経済的利害関係

EC －特恵関税事件は，紛争への経済的利害関係を根拠に第三国が拡大的な権利を要求したとの点で，EC －バナナ事件Ⅲに連なる事件と位置付けられる。本件において，拡大第三国権利は 18 か国の第三国のうち 11 か国から要請された[54]。パネルは，「第三国参加している途上国への特恵政策の経済的影響という観点で」本件と EC －バナナ事件Ⅲとの間には「相当な類似性」があるとして，拡大的な権利を認めた[55]。同時にパネルは，本件の結果は「特恵を付与している国としての米国にも重大な貿易政策上の影響」があるとして[56]，最初に拡大的な権利を要求した加盟国グループに属していなかった米国に対しても，拡大的な第三国権利を付与している。かかる米国に対する拡大的な権利の付与もまた，経済的利害関係を根拠にしていると整理することができるが（パネルは「重大な貿易政策上の影響」と表現するため），当該論拠はやや趣を異にする面もある。すなわち，被申立国である EU と類似した措置を導入している米国は，EU の措置が違反とされると米国の措置も同様に違反と評価される危険性に晒されていることから，「間接的な」経済的利益を有していると言え，本件はそのような性質の利害関係であっても拡大的な権利を認めた事例と位置づけられる[57]。

---

(54) Panel Report, *European Communities – Conditions for the Granting of Tariff Preferences to Developing Countries*, WT/DS246/R, para. 1 of Annex A. 11 カ国の第三国には，ボリビア，コロンニア，コスタリカ，エクアドル，エルサルバドル，グアテマラ，ホンジュラス，ニカラグア，パナマ，ペルー，ベネズエラが含まれていた。後に，パキスタンがこのグループに参加している。

(55) *Ibid.*, para. 7 of Annex A.

(56) *Ibid.*

(57) しかし，この米国の「間接的な」経済的利害関係が単独の基準として，それのみで

◆ 第1部 ◆　国際貿易紛争処理における手続法的発展と課題

　さらに言うと，本件においてパネルは，拡大的な権利を要請しなかった残り
の第三国に対しても拡大的な権利を与えており[58]（ただし，それらの国の大半
は，要請国に追加的な権利が認められた場合には，自らにも同様の権利が付与され
るべき旨を主張していた），その根拠は「適正手続の観点から（[a]s a matter of
due process)」ということであった[59]。つまるところ，当該事件における拡大
第三国権利は経済的利益と適正手続の組み合わせで認められたのである。

　EC－砂糖輸出補助金事件では再び，拡大第三国権利が要請され（要請した
14か国は全て ACP（African, Caribbean, and Pacific Group of States）諸国）[60]，
拡大的な権利は第三国の地位（ACP 諸国に属しているか否か）に拘わらず全て
の国に付与された[61]。砂糖を製造している ACP 諸国（最初の要請国）につい
ては，パネルは詳細な説明を付すことなく「多くの第三国にとっての砂糖の貿
易の重要性」を理由に拡大的な権利を認めた[62]。そして，他の第三国に対す
る拡大的な権利の付与については，「適正手続の観点から，同様の手続的権利
を全ての第三国に許与することが適切である」とした[63]。ただし，第2回会
合において口頭陳述等を行う機会の要請については，それが ACP 諸国からの

───────

　　拡大的な権利を付与する根拠になりうるかは分からない。EC－特恵関税事件では最初
　　に，EU のレジームから直接的な恩恵を受けていた第三国から拡大的な権利が要請され
　　ていたとの背景があった点は看過できない。

(58)　*Ibid.,* para. 7 of Annex A. 残りの第三国はブラジル，キューバ，モーリシャス，パラ
　　グアイ，スリランカであった。

(59)　*Ibid.*

(60)　モーリシャスが 14 の砂糖製造 ACP 国──バルバドス，ベリーズ，コートジボワー
　　ル，フィジー，ガイアナ，ジャマイカ，ケニア，マダガスカル，マラウイ，モーリシャ
　　ス，セントクリストファーネビス，スワジランド，タンザニア，トリニダード・トバゴ
　　──を代表して拡大的な権利を要請していた。

(61)　Panel Report, *European Communities – Export Subsidies on Sugar, Complaint by
　　Australia,* WT/DS265/R, paras. 2.5-7; Panel Report, *European Communities – Export
　　Subsidies on Sugar, Complaint by Brazil,* WT/DS266/R, paras. 2.5-7; and Panel Report,
　　European Communities – Export Subsidies on Sugar, Complaint by Thailand, WT/
　　DS283/R, paras. 2.5-7, [hereinafter Panel Report, *EC – Export Subsidies on Sugar*]. 追加
　　的に拡大的な権利を付与する対象国に含まれたのは，オーストラリア，ブラジル，カナ
　　ダ，中国，コロンビア，キューバ，インド，ニュージーランド，パラグアイ，タイ，米
　　国であった。

(62)　*Ibid.,* para. 2.6.

(63)　*Ibid.,* para. 2.7. 強調は削除。

◇ 第4章 ◇ 拡大第三国権利の概念の形成と展開〔関根豪政〕

要請であっても，第三国と紛争当事国の権利を区別するとの理由から拒絶している[64]。

このように，これらの事例では，経済的利害関係を根拠に拡大第三国権利が認められたものの，その後の事例においては，同様の理由から拡大的な権利が要請されたとしても，それを認める判断は示されていない。まず，EC－大型民間航空機事件，及び，米国－大型民間航空機事件ではともに，ブラジル（及びそれに同調的な加盟国）による拡大的な権利の要求が拒絶されている[65]。それらの事例でブラジルが拡大的な権利を要求した理由は，「〔同国〕は航空機分野に重大な経済的利害関係（significant economic interest）を有しており，航空機分野に影響する補助金協定の関連規定についてのあらゆる判断は，必然的にブラジルの直接的かつ実質的な経済的利益を構成する」というものであった[66]。しかし，両事件のパネルは，ブラジルが航空機分野に「実質的な利害関係」を有していることを認めたものの，要請国の航空機分野全般への利害関係は拡大的な権利を認める十分な根拠たりえないとした[67]。加えて，パネルは，ブラジルの「補助金協定の解釈についての一般的なシステミックな利益（general systemic interest in the interpretation of the SCM Agreement）」の存在を肯定しつつも，同国が他の加盟国から区別されることにはならないとした[68]。

以上のように，EC－大型民間航空機事件及び米国－大型民間航空機事件のパネルは，航空機分野における経済的利害関係が存在するとのブラジルの主張を拒絶したわけだが，その際に，次の4つの点に着目した。第1に，ブラジルは（地域用航空機を製造するが）大型民間航空機を製造してはいない。第2に，

---

(64) *Ibid.*, paras. 2.8-9.

(65) Panel Report, *European Communities and Certain Member States – Measures Affecting Trade in Large Civil Aircraft*, WT/DS316/R, para. 7.168, [hereinafter Panel Report, *EC and Certain Member States – Large Civil Aircraft*]; Panel Report, *United States – Measures Affecting Trade in Large Civil Aircraft (Second Complaint)*, WT/DS353/R, para. 7.18 [hereinafter Panel Report, *US – Large Civil Aircraft (2nd Complaint)*].

(66) Panel Report, *US – Large Civil Aircraft (2nd Complaint), ibid.*, para. 7.14. See also Panel Report, *EC and Certain Member States – Large Civil Aircraft, ibid.*, para. 7.161.

(67) Panel Report, *US – Large Civil Aircraft (2nd Complaint), ibid.*, para. 7.17; Panel Report, *EC and Certain Member States – Large Civil Aircraft, ibid.* para. 7.167.

(68) Panel Report, *US – Large Civil Aircraft (2nd Complaint), ibid.*, Panel Report, *EC and Certain Member States – Large Civil Aircraft, ibid.*

◆ 第1部 ◆　国際貿易紛争処理における手続法的発展と課題

ブラジルは自らの地域用航空機が大型民間航空機と競争していることさえも主張していない。第3に，ブラジルは本件で争点とされている措置に類似した措置を実施していない，すなわち，新規の航空機の製造に対して補助金を交付していない。第4に，ブラジルが関与しているWTO紛争における検討の対象物は，産品及び措置の双方の点で，本件のものとは異なる[69]。これらに加えて，パネルは，ブラジルが権利拡大を要請した書簡の中で提起した全ての論点に返答することもしていない。具体的にブラジルは，「「航空機分野」における貿易歪曲補助金は，他の産業における類似の政策の影響と比べて相当に大きい」ものである，あるいは，「「航空機分野に適用される」補助金協定の解釈は，ブラジルや他の加盟国による関連補助金協定規律の「民間航空機分野」への適用方法に影響を及ぼす」と主張していた[70]。パネルがこれらの主張に対して何ら返答を提示していないことは，航空機分野という包括的な分野を認め，かつ，その分野に限って特別扱いをすることをパネルは認めないものと理解されよう[71]。

　ドミニカ共和国−セーフガード措置事件は，拡大的な権利を要請した加盟国が被申立国による特恵的な待遇の恩恵を享受していたとの点で，EC−バナナ事件Ⅲと類似性を有する事例であった。本件において拡大的な権利を要請したコロンビアは，他の幾つかの国とともに，ドミニカ共和国のセーフガード措置の対象から除外される特別な待遇を受けていた。この適用除外は「セーフガードに関する協定」（以下，セーフガード協定）第9条1項を根拠としており，当該条項では，途上加盟国を原産地とする産品については，措置の導入予定国における総輸入量の3％を超えない（かつ，同様の条件の途上加盟国が複数存在する場合には，それらの国の合計で9％以下となる）場合には，セーフガード措置の適用対象から除外される旨が規定されている。上記の事件においては，途上国4カ国――コロンビア，インドネシア，メキシコ，そしてパナマ――からの輸

---

(69)　Panel Report, *EC and Certain Member States − Large Civil Aircraft, ibid.* ; Panel Report, *US − Large Civil Aircraft (2nd Complaint), ibid.*

(70)　Panel Report, *EC and Certain Member States − Large Civil Aircraft, ibid.*, footnote 2025 ; Panel Report, *US − Large Civil Aircraft (2nd Complaint), ibid.*, footnote 1023.

(71)　なお，紛争当事国はともに，拡大的な権利の許与に反対していた。Panel Report, *EC and Certain Member States − Large Civil Aircraft, ibid.*, para. 7.167; Panel Report, *US − Large Civil Aircraft (2nd Complaint), ibid.*, para. 7.17.

◇ 第 4 章 ◇ 拡大第三国権利の概念の形成と展開〔関根豪政〕

入割合が合計で 1.21％に過ぎなかったことから，ドミニカ共和国はそれらの国をセーフガード措置の対象から除外していた[72]。このような背景があったため，ドミニカ共和国のセーフガード措置の WTO 協定整合性が争われた当該事件においては，コロンビアは事件に一般的な関心しか有さない通常の第三国とは明らかに区別される立場にあると言えた。

しかしながら，当該事件で争点とされた措置とコロンビアとの間の強い関連性にも拘わらず，パネルは拡大的な権利の要請を拒絶した[73]。その際，パネルは次の 7 つの点について疑問を呈した。すなわち，(i)「コロンビアは，他の途上加盟国とともに，ドミニカ共和国による争点の措置の適用から明示的に除外されていた」，(ii) コロンビアは，他の第三国と比べて特別な地位にあることを立証しなかった，(iii) コロンビアは，なぜ通常の第三国の権利が自己の利益を保護する上で十分と言えないかについて論証していない，(iv) コロンビアに拡大的な権利を与えることは手続の遅延を招く，あるいは紛争当事国に追加的な負担を課すことになりうる，(v) 紛争当事国のいずれもコロンビアが追加的な権利を得ることについて支持しなかった，(vi) 他の第三国もまたコロンビアが追加的な権利を得ることについて賛同しなかった，(vii) DSUの下で想定されている紛争当事国と第三国のそれぞれの権利の間の区別を曖昧なものとしすぎるリスクを避ける必要がある，とのことであった[74]。これらの要素のうち，第 1 の点が，各先例を通じて発展してきた経済的利害関係の論理と符合するものと思われる。一見すると，本件におけるパネルは，コロンビアはセーフガード措置の適用から除外されていることから，争点の措置はコロンビアに対して何ら経済的な影響を及ぼさないと言え，拡大的な権利を付与する必要はないと認定したように理解される。しかし，この点については，以下のように更なる検討を要する。

まず，コロンビアが争点の措置の適用対象から除外されているとの事実は，コロンビアには当該紛争の結果による経済的影響が及ばないということを意味

---

(72)　Panel Report, *Dominican Republic – Safeguard Measures on Imports of Polypropylene Bags and Tubular Fabric*, WT/DS415/R, WT/DS416/R, WT/DS417/R, WT/DS418/R, para. 2.16 [hereinafter Panel Report, *Dominican Republic – Safeguard Measures*].

(73)　*Ibid.*, para. 1.7.

(74)　*Ibid.*, para. 1.8.

◆ 第1部 ◆　国際貿易紛争処理における手続法的発展と課題

するわけではない。仮に，パネルがセーフガード協定違反を認定すると，本件でコロンビアがセーフガード措置の適用対象から除外されたことによる恩恵は消失することになるため，コロンビアの貿易政策に直接的に影響が及ぶ可能性が生まれる。このことを踏まえると，拡大的な権利の要請を，コロンビアがセーフガード措置の適用から除外されているとの事実それ自体で否定すべきではなかったと言える。

　むしろ，本件においては，コロンビアが自らの特別な地位を守るために第三国権利を行使したわけではない点が注目されるべきである。つまり，コロンビアはセーフガード協定第9条1項に基づいて，自らが適用対象から除外されていることを正当化する，あるいは，セーフガード措置自体のWTO協定整合性を支持するために，拡大的な権利を求めたわけではなかったとの点である。本件では実際には，それらとは反対の目的，すなわち，ドミニカ共和国のセーフガード措置のWTO協定違反性を主張するために，第三国の地位が利用されてしていたのである[75]。要するに，コロンビアによる拡大的な地位の要請は，措置から生ずる特別な地位とは何ら関連性がないものであった。そのような条件下では，コロンビアの主張は通常の第三国とは変わらないことになる。もし，コロンビアが，ドミニカ共和国のセーフガード措置を（そして，その結果としての同措置による自己への特恵的な待遇を）擁護することを目的として拡大的な権利を要請していれば，パネルがかかる権利を許与していた可能性は高まっていたかもしれない。

　他方で，コロンビアが，セーフガード措置の調査期間の最終年にドミニカ共和国に争点の産品を全く輸出していなかったとの背景も看過することはできない[76]。つまり，紛争の結果によって生ずるコロンビアの経済的利益関係，あるいは経済的な影響は，多く見積もっても僅少と評価できるのも事実である。しかし，この点が，パネルの否定的な決定をもたらした先述の第1の理由（すなわち，コロンビアが「争点の措置の適用から明示的に除外されていた」との指摘）の根拠となった主たる要素であったかは定かではない。もしそうであるならば，そのような理解は，争点とされる措置に第三国が大きな経済的連結性を有する場合にのみ拡大的な権利が認められるとしてきた過去の判断と整合的であると

---

(75)　*Ibid.*, Annex B-1, Executive Summary of the Submission of Colombia.

(76)　*Ibid.*, para. 7.400.

◇ 第4章 ◇ 拡大第三国権利の概念の形成と展開〔関根豪政〕

言えるが，残念ながら，上記の第1の理由についてのパネルの簡素な説明からは，同事件のパネルが，経済的利害関係の基準との関連でどの程度，措置のコロンビアに対する経済的な影響の規模を目算していたかを推測することは難しい。

　さらに言うと，当該事件においては，タイに拡大的な権利が付与される可能性があったかが注目される（ただし，タイは当該事件に通常の第三国としてさえも参加していないため，以下は仮想的な議論となる）。ドミニカ共和国－セーフガード措置事件においては，ドミニカ共和国がタイをセーフガード措置の対象から明示的に除外することを怠ったことが，セーフガード協定第9条1項に違反すると申立国によって主張されていた。一方では，この主張はタイに直接的に関連しているため，タイが当該事件に第三国として参加していていれば拡大第三国権利が付与されていたかもしれない。しかし，他方では，タイはコロンビアと類似した状況にあった。すなわち，セーフガード措置の調査期間の最終年においてドミニカ共和国に何ら産品を輸出していなかったのである[77]。よって，経済的利害関係の希薄性ゆえに拡大的な権利を得られなかったかもしれない。いずれにせよ，ドミニカ共和国－セーフガード措置事件において，タイは申立国が提起した論点によりその立場が侵害されるというよりも，恩恵を受けられる立場にあった——申立国が提起した論点に対してパネルは，セーフガード協定第9条1項に基づくと，タイは，セーフガード措置の適用から除外された他の加盟国と同様の待遇を受けるべき（適用除外が明示されるべき）であったと判断した[78]——ため，この事件の事実背景に基づいて経済的利害関係基準を詳細に考察することには限界があると言える。

　EC－アザラシ製品事件では，第三国参加していたナミビアが，EUが第1回の実質的な会合で触れたナミビアのアザラシ猟についてのコメントに対して，第2回会合において反駁する機会を求めるという形で拡大的な権利を求めたが，失敗に終わっている[79]。否定的な結論に至るに際してパネルは，ナミビアが

---

　(77)　*Ibid.,* para. 7.399. しかし，タイは調査期間中に産品を実際に輸出しており，その割合は，ドミニカ共和国の総輸入の 0.32％であった。*Ibid.,* para. 7.398.

　(78)　*Ibid.,* para. 7.401.

　(79)　Panel Report, *European Communities – Measure Protecting the Importation and Marketing of Seal Products,* WT/DS400/R, WT/DS401/R, para. 1.16 [hereinafter Panel Reports, *EC – Seal Products*].

◆ 第 1 部 ◆　国際貿易紛争処理における手続法的発展と課題

途上国であるという状況を十分に考慮したものの，第三国として与えられる通常の機会に加えて EU の見解にさらなる反駁の場を与えることは不要であると説示した[80]。たしかに，ナミビアはパネル報告書の中でも散発的に言及されており，また，当該事件における申立国（カナダ及びノルウェー）と同様にアザラシ猟を行っていたことから，事例の結果に対して一定程度——重大とまではいえなくとも——の経済的利害関係を有していたと言え，特別な地位を与える余地があったかもしれない。しかし，同時に，ナミビアに拡大的な権利を与えることが，パネルの判断の実質に何らかの影響を与えるとは考え難い状況でもあった。おそらく，パネルとしては，仮に EU によるナミビアのアザラシ猟についての不適切な描写がナミビアにとって好ましくないものであったとしても，EU の当該コメントは EU の措置の WTO 協定整合性を判断する上で何ら影響するものではないと捉えたものと理解される。ドミニカ共和国－セーフガード措置事件，及び，EC －アザラシ製品事件の両事件は必ずしも経済的利害関係基準を明確化させるものではないが，両事件から 1 つ言えることは，すくなくとも経済的な利害関係が希薄で，かつ，拡大的な権利を付与することが事案の実質に軽微な影響しか与えないという 2 つの事情が存在する場合には，パネルは第三国に追加的な権利を与えることはしないという点である。

　経済的利害関係の論理は，当該利害関係の十分な裏付けが欠如していることにより拒絶されることもある。アルゼンチン－輸入措置事件でパネルは，カナダが「なぜ，争点とされている事項が，他の〔WTO〕加盟国に与えるものとは異なる重大な経済上又は貿易上の効果をカナダに与えるのか」について説明を付していないとして要求を否定している[81]。

　これらの否定的なパネルの判断が示された後，近年になると，全ての第三国に拡大的な権利を認める事例が出現するようになる。EU －鶏肉（中国）事件では[82]，ブラジル，カナダ，そしてタイが拡大的な権利を要請したが，パネ

---

(80)　*Ibid.*

(81)　Appellate Body Reports, *Argentina – Measure Affecting the Importation of Goods*, WT/DS438/AB/R, WT/DS444/AB/R, WT/DS445/AB/R, para. 1.24, [hereinafter Appellate Body Reports, *Argentina – Import Measures*].

(82)　Panel Report, *European Union – Measures Affecting Tariff Concessions on Certain Poultry Meat Products*, WT/DS492/R, para. 1.9 [hereinafter Panel Report, *EU – Poultry Meat (China)*].

◇ 第 4 章 ◇ 拡大第三国権利の概念の形成と展開〔関根豪政〕

ルは，当該事件が EC－バナナ事件Ⅲ，及び，EC－特恵関税事件に相当に類
似することを認定し[83]，「ブラジルとタイは争点の措置に直接的に関連する経
済的利益を享受している」と判断した[84]。中国の申立ての対象が，ブラジル
及びタイに配分されていた EU の関税割当制度であったことから，パネルは，
これらの国は当該紛争の直接的な利害関係者と判断したのである。なお，パネ
ルは前例に倣って，他の全ての第三国に対して同様の権利を付与している[85]。

　豪州－タバコ・プレーン・パッケージ事件においても，第三国に対して追加
的な権利が認められた[86]。パネルは，タバコ製品の生産や貿易における第三
国の経済的利害関係や，本紛争がプレーン・パッケージ要件を含むタバコ管理
に関する各国の政策討議の現況に与える影響を踏まえると，追加的な権利を認
めることが是認されるとした[87]。もっとも，パネルは，これらの経済的な利
害の詳細については論じていない。また，本件においては，実際に追加される
権利が基本的には各文書へのアクセスにとどまったことも[88]，比較的容易に
権利の拡大が認められた背景に存在していると考えられる。

　これら一連の事例から推測するに，第三国が拡大的な権利を享受する資格を
得るためには，その要請国は紛争の対象物に重大な経済的利害関係を有する
——EC－バナナ事件Ⅲのパネルの表現を用いるのであれば「非常に大きい」
経済的影響を受ける[89]——ことを証明しなければならない。しかし，この「非

---

(83)　*Ibid.*, paras. 7.41–42.

(84)　*Ibid.*, para. 7.43.

(85)　*Ibid.* para. 7.47. 最近の別の事例では，要請国が農産品の主要輸出者であるとの理由
　　から拡大的な権利を要請したのをパネルが受け容れなかった例がある。Panel Report,
　　Indonesia – Importation of Horticultural Products, Animals and Animal Products,
　　WT/DS477/R, WT/DS478/R, para. 7.1 [hereinafter Panel Report, *Indonesia – Import
　　Licensing Regimes*]. See also, Panel Report, *United States – Anti-Dumping and
　　Countervailing Measures on Certain Coated Paper from Indonesia*, WT/DS491/R, p. D-2
　　[hereinafter Panel Report, *US – Coated Paper (Indonesia)*].

(86)　Panel Reports, *Australia – Certain Measures Concerning Trademarks, Geographical
　　Indications and Other Plain Packaging Requirements Applicable to Tobacco Products and
　　Packaging*, WT/DS435/R, WT/DS441/R, WT/DS458/R, WT/DS467/R, para. 1.43
　　[hereinafter Panel Report, *Australia – Tobacco Plain Packaging*].

(87)　*Ibid.*, para. 1.44.

(88)　*Ibid.*, para. 1.43.

(89)　Panel Report, *EC – Bananas III*, *supra* note 13, para. 7.8.

123

◆ 第 1 部 ◆　国際貿易紛争処理における手続法的発展と課題

常に大きい」影響基準は曖昧で，どのような段階に達するとこの条件が充足されるかは定かではない。一例を挙げるならば，EC 砂糖輸出補助金事件では，「多くの第三国にとっての砂糖の貿易の重要性」を根拠に[90]——それが「非常に大きな」経済的利害関係に相当するのか否かについて触れることなく——拡大第三国権利が認められている。たしかに，ACP 諸国にとって砂糖の貿易が極めて重要であることは明らかであったとも捉えられるが，とりわけ拡大的な権利が「特別な理由」がある場合においてのみ付与されることから[91]，法的な観点からは，パネルは当該手続における第三国がいかにして経済的利害関係基準の閾値を満たしたかについて説明することが望まれたと言えよう[92]。

　あるいは，別の角度から見ると，EC −砂糖輸出補助金事件におけるパネルの判断は，経済的影響の規模は重視されず，むしろ，影響の近接性がより重要であったことを示すものだったとも理解できる。すなわち，その第三国が紛争の結果に「直接的に」影響を受けることが予期されるかである。かかる推定は，最近の幾つかのパネル報告書で示されている先行判断の要旨とも符合する。例えば，中国−レアアース事件においてパネルは，拡大第三国権利は「第三国が争点とされる措置に直接的に関連する経済的利益を享受している」場合に付与されると説明している[93]。拡大的な権利の有資格性を判断する際に，経済的

---

(90)　Panel Report, *EC – Export Subsidies on Sugar, supra* note 61, para. 2.5.

(91)　E.g., Panel Report, *United States-Anti-Dumping Act of 1916*, WT/DS136/R, para. 6.33 [hereinafter Panel Report, US-1916 Act（EC）].

(92)　後の事例のパネルの報告書は，過去に拡大的な権利が付与されてきた根拠として，経済的影響と「特定の第三国にとって争点とされる産品の貿易の重要性」とを並列的に記載するが，同時に，両者を説明する際に EC −砂糖輸出補助金事件がそれぞれで引用されており，この 2 つの要素の関係は分かりづらい。See, *e.g.*, Panel Report, *US – Coated Paper (Indonesia), supra* note 85, p. D-3. もっとも，さらにその後の事例では，経済的影響の説明に際しては EC −砂糖輸出補助金事件への参照が外されており，同事件は産品の貿易の重要性についての言及でのみ参照されるようになっている。See, Panel Report, *Russia – Measures Concerning Traffic in Transit*, WT/DS512/R, Annex B-1, para. 1.8 [hereinafter Panel Report, *Russia – Traffic in Transit*]. となると，産品の貿易の重要性は独立の考慮要素となるのか，という別の論点が発生することになる。

(93)　Panel Reports, *China – Measures Related to the Exportation of Rare Earths, Tungsten, and Molybdenum*, WT/DS431/R, WT/DS432/R, WT/DS433/R, para. 7. 8 [hereinafter Panel Reports, *China – Rare Earths*]. 後の EU −鶏肉（中国）事件の報告書では，中国−レアアース事件のこの箇所が引用されている。Panel Report, *EU – Poultry*

124

◇ 第 4 章 ◇ 拡大第三国権利の概念の形成と展開〔関根豪政〕

影響の「規模」や「程度」をより重視しなければならない説得的な理論的根拠
はないと思われることから，経済上又は貿易上の影響の直接性を問題とするこ
とにより強い合理性を見出すことができる。

EU－鶏肉（中国）事件における実際の判断もこのような捉え方を補強する。
当該事件では，パネルが，自己の判断が拡大権利の要請国 2 カ国（つまり，ブ
ラジル及びタイ）に与える経済的影響は大きいと推定していたと思われる節も
あるが，同時に，拡大的な権利を付与するとの決断を導いたより中心的な要素
は，措置の要請国に対する直接的な影響であったとも推考される[94]。当該事
件では，中国の主張がパネルに支持されれば，それらの要請国は，EU による
関税割当枠を明らかに失うという事情があったのである。

影響の規模が重要ではないことは，米国－洗濯機事件においても示唆されて
いる。当該事件では，拡大的な権利が並列的な事件が存在する状況下で要求さ
れたため，次節以降で詳細に議論するが，ここでは，中国が「とりわけ重大な
利害関係（especially significant interest）」を有すると主張した際のパネルの判
断を引用する。

　　「とりわけ重大な利害関係」を有するとの主張を行う際，中国は EC －
　バナナ事件Ⅲ，及び，EC －特恵関税事件における拡大第三国権利の付与
　に依拠しようとする。それらの事例では，第三国は争点とされた〔EU〕
　の政策の受益者であったとの背景があった。よって，これらの第三国は，
　自ら別の紛争を開始することでは対処できない高度に重大な経済的利益関
　係をパネル手続において有していた。これは〔本件における〕中国の要請
　を取り巻く状況と顕著に対照的な関係にある。なぜなら，中国には，米国
　に対する紛争手続を自ら開始することで自己の経済的利益を防御する機会
　が存在するためである[95]。

「第三国の経済的利益が争点とされる措置に直接的に関連しているか」を考
慮する旨は最近になってパネルの報告で示されるようになっており，また，前

　　Meat (China), supra note 82, para. 7.40.

（94）　Panel Report, *EU – Poultry Meat (China), ibid.*, paras. 7.43 and 46.

（95）　Panel Report, *United States – Anti-Dumping and Countervailing Measures on Large
　　Residual Washers from Korea*, WT/DS464/R, para. 1.12 [hereinafter Panel Report, *US –
　　Washing Machines*]. 注釈は削除。

◆ 第 1 部 ◆　国際貿易紛争処理における手続法的発展と課題

記の中国－レアアース事件におけるパネル報告書とは異なる表現を用いる例が存在することから[96]，そのような判断基準が標準となるかは定かではない。しかしながら，経済的利害関係基準は，争点とされる措置と第三国の経済的利益との間に近接性があることを求めるものであり，第三国の経済的影響の規模や程度に焦点を当てた基準ではないと理解して良かろう。さらに言うと，拡大権利が，紛争の結果によって直接的に負の影響を受ける第三国の利益を保護するために用いられる（しかも，それら第三国が新しい申立てを行うことで救済されることがない）のであれば，拡大第三国権利は共同被申立国制度に近似，ないしそれを補完する制度と位置づけられるであろう[97]。

2　訴訟経済と適正手続の原則

上述したように，EC－ホルモン牛肉事件においては，訴訟経済上の理由から拡大第三国権利が付与された。しかし，その後の事例の多くでは，パネルはかかる理由で拡大的な権利を与えることを拒絶している。

特筆すべき事例が，米国－1916 年法事件である。本件においては，2 つのパネル（EU が付託した DS136 パネル及び日本が開始した DS162 パネル），あるいは上級委員会のいずれも，拡大的な第三国権利を，各パネル手続の同時進行性にも拘わらず認めなかった。本件では，EC－ホルモン牛肉事件と同様に，先行する手続（DS136）と後行の手続（DS162）の間に一定程度の進捗の差が生じており，後行の手続の当事国である日本は，EU が開始した手続で用いた文書で必要なもの全てへのアクセス，及び，当該手続における第 2 会合の全てのセッションに出席することを要求していた[98]。EU もまた，日本が開始した手続において完全に参加する権利を要求していた[99]。しかし，いずれも否定

---

(96)　例えば，米国－コート紙（インドネシア）事件のパネルは，過去のパネルでは「争点とされる措置の特定の第三国に対する重大な経済的影響」を基礎に拡大的な権利が付与されてきたと整理する。Panel Report, *US – Coated Paper (Indonesia), supra* note 85, p. D-3. See also, Panel Report, *Korea – Import Bans, and Testing and Certification Requirements for Radionuclides*, WT/DS495/R, p. D-2 ［hereinafter Panel Report, *Korea – Radionuclides (Japan)*］.

(97)　共同被申立国制度（複数の被申立国の手続）や，同制度と拡大第三国権利の関係については，本書の第 2 章参照。

(98)　Panel Report, *US – 1916 Act (EC), supra* note 91, para. 6.29.

(99)　Panel Report, *United States – Anti-Dumping Act of 1916*, WT/DS162/R, para. 6.29

されることとなった[100]。

米国 - 1916 年法事件でパネルが拡大的な権利の付与を拒絶した主な理由は，同事件が「高度に技術的で事実が集約的な性質（highly technical and factually intensive nature）」を有さないことであった[101]。たしかに，EC - ホルモン牛肉事件における中心的な争点は「衛生植物検疫措置の適用に関する協定」（SPS 協定）に関するものであり，当該手続中の科学的専門家との合同会合で提出された証拠は，問題とされた措置についての結論を導く上で強く影響を与えるものであった。それと比べると，米国 - 1916 年法事件は，「複雑な事実や科学的証拠の検討」を含まない事例と言える[102]。

また，米国 - 1916 年法事件の 2 つのパネルは，自らの判断を補強するために次のような追加説明も行っている。第 1 が，2 つの手続を調和させることを当事国が希望していない点である。2 つのパネルは，先行する EU が自らの手続が遅延することを忌避していたこと，そして被申立国である米国が同時の審議に反対したことを指摘する[103]。第 2 に，米国 - 1916 年法（EC）事件，つまり DS136 事件のパネルは，拡大的な権利の拒絶は日本の適正手続の権利を害するものではないとも説明する[104]。しかしながら，最後の点については，パネルはそれ以上の説明を付していない。思うに，パネルは，その直後で説明している DSU 第 18 条 2 項に基づく枠組みの利用（つまり，紛争当事国による意見書の秘密でない要約（non-confidential summaries）の要請があった場合の提供）により十分に日本の適正手続の権利が確保される——紛争当事国が自らの主張に関する有意な情報を日本に提供できるような要約が誠実に作成される限りにおいて——と判断したのであろうが[105]，そのように判断される根拠や理屈は定かではない。

[hereinafter Panel Report, *US – 1916 Act (Japan)*].

(100)　Panel Report, *US – 1916 Act (EC), supra* note 91, paras. 6.31 and 6.36; Panel Report, *US – 1916 Act (Japan), ibid.*, paras. 6.31 and 6.35.

(101)　Panel Report, *US – 1916 Act (EC), ibid.*, para. 6.33; Panel Report, *US – 1916 Act (Japan), ibid.*, para. 6.33.

(102)　Panel Report, *US – 1916 Act (EC), ibid.*, para. 6.34; Panel Report, *US – 1916 Act (Japan), ibid.*, para. 6.34.

(103)　Panel Report, *US – 1916 Act (EC), ibid.*; Panel Report, *US – 1916 Act (Japan), ibid.*

(104)　Panel Report, *US – 1916 Act (EC), ibid.*, para. 6.35.

(105)　*Ibid.*

◆ 第1部 ◆　国際貿易紛争処理における手続法的発展と課題

　かかるパネルの判断に対して，EUと日本は上訴手続において，パネルは
DSU第9条3項の解釈を誤り，拡大権利の要否の評価に際して誤った基準を
適用したと主張した[106]。しかし，この点に関する上級委員会の返答は極めて
簡略なものであった。第1に，パネルが拡大的な第三国権利を拒絶したことは
DSU第9条3項に違反するとのEU及び日本の批判については，「同一の問題
に関する複数の申立ての手続を扱うDSU第9条は，それらの手続における第
三国の権利の問題に対処するものではない」とにべもなく拒絶している[107]。
第2に，EUと日本が，係争中の手続とEC－ホルモン牛肉事件との間に類似
性があると主張したことについては，パネル報告書のうち，パネルが係争中の
手続においては複雑な事実や科学的証拠の検討が含まれていないと指摘してい
る箇所と，手続の調和を要請する当事国がいないことを述べる箇所を引用する
のみで否定している[108]。そして最後に，EU及び日本はパネルが自己に与え
られた裁量的権限の枠を超えたことを証明していないと結論付けている[109]。

　米国－1916年法事件におけるパネル及び上級委員会の判断は次のような疑
問を惹起させる。すなわち，2つの紛争が同時並行的に進行している状況下で，
別の手続では当事国として参加している第三国が拡大的な権利を享受できるの
は「複雑な事実や科学的証拠の検討を含む」場合に限定されるのか，という疑
問である。米国－1916年法事件のパネル及び上級委員会の判断は，これを是
認するような誤ったメッセージを発信していると思われる。EC－ホルモン牛
肉事件の上級委員会報告書を丁寧に読むと，当該事件で米国がカナダの手続に
おける第2回の実質的な会合に参加することを認めたのは，手続の技術的な特
徴が根拠ではなく，適正手続の観点であることが分かる。当該事件では，科学
的専門家との間の合同会合（米国の手続の第2回の実質的な会合の後に開催され
た）において，パネルが最終判断に至る上で重要な要素が議論される潜在性を
有していたことから，合同会合において明らかになった事項について米国が合
同会合後に見解を示す機会を設けないと，米国の手続の適正性が侵害されるこ
とが懸念されたのである[110]。要するに，技術的な複雑性ではなく，新しい重

───────────────

(106)　Appellate Body Report, *United States – Anti-Dumping Act of 1916*, WT/DS136/
　　　AB/R, WT/DS162/AB/R, para. 38.

(107)　*Ibid.*, para. 144.

(108)　*Ibid.*, para. 148.

(109)　*Ibid.*, para. 150.

◇ 第 4 章 ◇ 拡大第三国権利の概念の形成と展開〔関根豪政〕

要な事項が出現する可能性が（特に手続の終盤に）あったことが，パネルが通常の手続から逸脱する根拠となったのである。翻って，米国 – 1916 年法事件において，日本が開始した手続の第 2 回の実質的な会合に EU が参加することについては，EC – ホルモン牛肉事件における科学的専門家との合同会合に相当するような決定的な出来事が存在していなかったことから，手続の変更を必要とする説得的な理由は存在しなかったと把握できる。

　さらに言うと，仮に米国 – 1916 年法事件で提示された拡大的な権利を拒絶した理由が，手続の途中で新しい要素が出現していないということに求められるとしても，この論理は日本に拡大的な権利を与えるか否かの決定においては関連性を有さない。当該論理が有効なのは，先行する手続の当事国が後続手続に第三国参加する場合であり，米国 – 1916 年法事件で言うならば，EU が日本のパネル手続の第 2 回の実質的な会合へ参加する場合が該当する。よって，日本が EU の手続における文書にアクセスすることや会合に出席することを拒絶した決定においては，EU が 2 つの手続が調和することを忌避したとの理由が，結論に至るより決定的な要素であったと言える。とはいえ，EU が 2 つの手続が調和することを避けたとする点を，日本が EU の手続における文書にアクセスすることや，会合に出席することを認めない理由としたことは，必ずしも説得的とは言えない。単に文書にアクセスすることや会合に出席することは，手続の進行に深刻な遅延を起こすとは考え難く，EU にとって，報告書がスケジュール通りに完成することによる利益を奪われることにはならない。単に日本の手続の迅速な解決を促すだけである。

　複数の申立国の手続と比較してみると，上記の事件において日本に拡大的な権利を付与することは不合理とは言えないであろう(111)。同じ紛争が複数の申立国の事例として付託された場合，DSU 第 9 条 2 項に基づくと，両申立国は他の申立国の意見書を入手することが認められ，また，他の申立国がパネルにおいて意見を表明する場に居合わせることが認められる。もし，DSU 第 9 条 2 項が情報の共有を認める根拠の一つが，申立国の重複した主張を回避することで手続の効率性を上げるということであるならば，同じことが，別々だが同

───────────────

(110)　Panel Report, *EC – Hormones (Canada), supra* note 35, para. 8.20; Appellate Body Report, *EC – Hormones, supra* note 35, para.154.

(111)　Antoniadis, *supra* note 7, p. 300. ちなみに，米国 – 1916 年法事件の 2 つのパネル手続のパネリストは同一であった。

129

◆ 第 1 部 ◆　国際貿易紛争処理における手続法的発展と課題

時並行で進められている手続についても妥当するであろう。かかる情報交換は，後続の手続を加速化させることになり，完全な一致を実現せずとも，可能な限り手続のタイムテーブルを調和させることになる。なお，この複数の申立国の手続の論理自体は，手続が先行している EU が後続の日本の手続において拡大的な権利を要求する場面にも適用することは可能と考えられるが，懸念されるのは，EU が日本の手続の第 2 回会合において意見を表明することまでも認めてしまうと，自己の手続では認められない追加的な機会を得ることによる過剰な利益が付与されてしまうことである。それを回避するためには，仮に EU に会合に参加する機会が与えられたとしても，基本的には傍聴者としての地位までに限定されるべきであろう。

　上述の米国 − 1916 年法事件における否定的で厳格な判断は，その後に提起された類似の並行事例──つまり，米国−エビ AD 措置（タイ）事件(112)及び米国−関税担保命令事件(113)──において部分的に緩和されたと捉えることもできる。これらの事件におけるパネルは，他方の事件において申立国でもあった第三国に対して──拡大的な権利の要請に対しては賛同しなかったものの──特別な待遇を許与している。パネルは，第三国に「最大限に参加するための適切な機会と能力」を与えるために，実質的な会合を統合開催し，申立国にはその統合会合の全体を通じて会合の会場に留まることを認め，共通性のある主張に限っては，両申立国が互いの主張に対してコメントをすることを認めた(114)。パネルの報告書からは，第三国がどのような内容の拡大権利を要請したかは正確には把握できないが，実際に第三国に付与された特権の内容は，拡大第三国権利との標題の下でしばしば要請される権利と重複しうる。もしそれら第三国が享受できた追加的な権利が DSU 第 9 条 3 項から派生するもので（パネル報告書の中ではそのようには説明はされていないが），その結果，それらの第三国が通常の第三国，あるいは通常の共同申立国とは区別される特別な地位にあるも

---

(112)　Panel Report, *United States – Measures Relating to Shrimp from Thailand*, WT/DS343/R［hereinafter Panel Report, *US – Shrimp (Thailand)*］.

(113)　Panel Report, *United States – Customs Bond Directive for Merchandise Subject to Anti-Dumpling/Countervailing Duties*, WT/DS345/R.

(114)　Panel Report, *US – Shrimp (Thailand)*, *supra* note 112, para. 7.4; *ibid.*, para. 7.4. 加えてパネルは，全ての当事国がパネルからの書面による質問全てに対して回答を行うことを認めた。また，パネルは一方の手続での意見書の提出が，他の手続での提出とみなすことにはならないことも確認している。

◇ 第 4 章 ◇ 拡大第三国権利の概念の形成と展開〔関根豪政〕

のとして扱われることになるのであれば，同様の条件下の事件では，DSU 第
10 条からアプローチする形で「拡大第三国権利」を要請する必要性は薄まる
ことになる。

　並行的に手続が進行していることを理由に拡大的な権利が要請された最近の
いくつかの事例——米国－洗濯機事件，インドネシア－輸入許可制度事件，EU
－バイオディーゼル（インドネシア）事件——では，いずれも拡大的な権利の要
請が拒絶されている。1 つ目の事件においては中国が，並行的あるいは大きく
重複する事例（つまり，米国－AD 手続調査方法（中国）事件[115]）が進行中で
あり，自国は単なる「実質的な利害関係」を超えた地位にあるとの理由から，
拡大権利を要請した[116]。実際，米国－AD 手続調査方法（中国）事件におい
て中国は，米国の商務省がアンチダンピング調査において採用していた価格比
較方法が「1994 年の関税及び貿易に関する一般協定第 6 条の実施に関する協
定」（以下，アンチダンピング協定）の第 2.4.2 条に非整合的であるとする，米国
－洗濯機事件において争われたものと類似する論点を——米国－洗濯機事件に
おいて扱われていない幾つかの追加的な論点と共に——提起していた。しかし，
パネルは，「複数の事例の間で法的論点が類似しているとの事由は，他方の事
例において申立国として参加している第三国に対して拡大第三国権利を付与す
る基準とはされていない」との理由から中国の要請を拒絶した[117]。加えてパ
ネルは，米国－洗濯機事件と米国 AD－手続調査方法（中国）事件のパネリス
トが同一ではないことから[118]，DSU 第 9 条 3 項も中国の地位を検討するう
えで関連性が薄いことも示唆している。さらに，パネルは，中国の経済的利益
は自らが開始した紛争（米国－AD 手続調査方法（中国）事件）において保護さ
れうるのであり，第三国として参加している事例において拡大的な権利を付与
することが必要とは言えないとの立場をとった[119]。中国の他の主張——同国
は EC －バナナ事件Ⅲや EC －特恵関税事件における第三国に類似した「とり
わけ重大な利害関係」を有するとの主張——については，パネルは，それらの

---

(115)　Panel Report, *United States – Certain Methodologies and their Application to Anti-Dumping Proceedings Involving China*, WT/DS471/R

(116)　Panel Report, *US – Washing Machines, supra* note 95, paras.1.11-12.

(117)　*Ibid.*, para. 1.12.

(118)　*Ibid.*

(119)　*Ibid.*

◆ 第1部 ◆　国際貿易紛争処理における手続法的発展と課題

事例における第三国は争われた措置の受益者であり，本件中国とは異なり，別個の申立てを WTO に付託することで自らの利益の保全を図ることができなかったとの背景があったことから，本件とは同一視しえないとした[120]。同時にパネルは，本件で拡大的な権利を得られないと米国 − AD 手続調査方法（中国）事件で米国よりも不利になるとする中国の主張に対しても，当該事件における中国の主張は米国−洗濯機事件に参加していないパネリストが自らの意思と裁量で評価するのであり，前者の事件における理論展開は後者の事件には殆ど作用しないとして否定した[121]。最後にパネルは，中国への拡大的な権利の付与に関して，両紛争当事国（米国及び韓国）が反対の意を示していることについても強調した[122]。

　インドネシア−輸入許可制度事件においても，事件の類似性を根拠に拡大的な権利が要請されたが，やはり拒絶されている。パネルは，拡大第三国権利を要請したブラジルに対して，本件とブラジルが付託したインドネシア−鶏肉事件[123]との間には，前者の事件における第三国に拡大的な権利を与えることを正当化できるほどに十分な類似性は確認されないと返答している[124]。

　並行的な手続が存在する状況において第三国権利の拡大が要請された最新の事件である EU −バイオディーゼル（インドネシア）事件では，ロシアが，「類似の」EU の措置を争っていることから（EU −価格調整方法（ロシア）事件 II[125]），「実体的な法律上の利害関係，及び，重大な経済上の利害関係」を有すると主張した[126]。パネルは，米国−洗濯機事件における判断と同様に，複

---

(120)　*Ibid.* 前記，本節の 1 の議論も参照。

(121)　*Ibid.*

(122)　*Ibid.*

(123)　Panel Report, *Indonesia − Measures Concerning the Importation of Chicken Meat and Chicken Products*, WT/DS484/R.

(124)　Panel Report, *Indonesia − Import Licensing Regimes, supra* note 85, para. 7.1. ただし，本件では，インドネシア−鶏肉事件の「潜在的第三国に拡大的な権利を与えられない」と，微妙な言い回しが用いられている。

(125)　*European Union − Cost Adjustment Methodologies and Certain Anti-Dumping Measures on Imports from Russia (Second complaint)*, DS494. EU −バイオディーゼル（インドネシア）事件において拡大第三国権利が争点とされていた時点では，当該事件はパネルの設置が決まっているのみの状態であった。

(126)　Panel Report, *European Union −Anti-Dumping Measures on Biodiesel from Indonesia*, WT/DS480/R, p. D-4 [hereinafter Panel Report, *EU − Biodiesel (Indonesia)*].

◇ 第4章 ◇ 拡大第三国権利の概念の形成と展開〔関根豪政〕

数の事例の間で争われている WTO の規定や措置，主張に重複があったとしても，それ自体では拡大第三国権利を与える十分な根拠にはならないとして拒絶している[127]。

　ここで，これまでのパネルの判断を整理したい。最初に，並行的に進行している異なる手続にも申立国として関与している第三国が特別な権利を享受するためには，その前提として，並行的な事件が，同じパネリストから構成され，「同一の問題」を扱うことが必要と言える。換言すると，関連する手続は，DSU 第9条が適用される潜在性を有さなければならないということになる。そして，この条件が満たされると，特別な権利の付与を望む第三国は，DSU 第9条か，慣行として許与されてきた拡大第三国権利のいずれかを根拠にそのような待遇を要請することが可能となる。現時点では，判断例が数多くないため，パネルが追加的な権利を許与する際に，この2つのどちらか（あるいは双方）に依拠することになるかについての指針を導出することは難しいが，いずれの場合であっても，通常の手続では（並行的に進行している事件の申立国でもある）第三国の適正手続の権利が侵害される恐れがある場合には（EC－ホルモン牛肉事件における米国がこの状況に該当），拡大第三国権利の法理に基づいて当事国間の不公平性を是正することが図られると考えられる。これは，DSU 第9条では，このような状況に広く対応することに限界があることを根拠とする。なお，この場合における拡大的な権利の是非を決定する上で重要となるのは，通常の手続から逸脱することを許容しうる追加的な要素の存在やその性質であり，事件の事実背景や科学的証拠の複雑性ではない点――考慮要素としては排除されないであろうが――は注意しなければならない（前記米国－1916年法事件を巡る議論参照）。

3　システミックな利益

　しばしば第三国は，争点とされる協定規定の解釈についてのシステミックな利益（systemic interest）を根拠に拡大的な権利を要請してきた。通常の第三国参加の文脈では，システミックな利益は第三国として手続に参加する正当な理由として捉えられている[128]。つまり，DSU 第10条2項における「実質的な

---

(127)　*Ibid.*

(128)　松下満雄・米谷三以『国際経済法』（東京大学出版会，2015年）100頁。

◆ 第 1 部 ◆　国際貿易紛争処理における手続法的発展と課題

利害関係」にはシステミックな利益が含まれることは広く認容されているのである。それでは，同様の論拠で第三国権利の拡大も認められるのであろうか。

中国－レアアース事件では，カナダが，紛争で争点となっている物質の「重要な製造者であり消費者」であることから，経済的な利益と併せて「重大で直接的な法的及びシステミックな利益関係」を有するとして，拡大的な第三国権利を要請した[129]。しかし，パネルは，カナダが提示した論拠がいずれも，同国を他の WTO 加盟国と区別して扱うことを正当化するものではないとして要求を拒絶した[130]。加えてパネルは，本件においては第三国が 19 か国も参加していたことから，拡大的な権利の許与は紛争の迅速な解決の実現を相当に損なわせるであろうとも指摘している[131]。

多くの場合，このシステミックな利益は，拡大的な権利を要請する他の理由に付随して提起されるが，当該関心が唯一の理由として提示されたのが米国－相殺措置（中国）事件であった。同事件においてカナダは，補助金協定の関連規定をめぐる解釈上の争点は，「補助金の調査において当局により用いられる手法，及び，その調査の結果へ広範な示唆を与える潜在性を有する」のであり，ゆえにカナダは「本紛争の結果に重大な法的及びシステミックな利益関係を有している」と主張した[132]。しかし，パネルはカナダに同調せず，カナダが主張する利害関係は同国を他の WTO 加盟国から区別する理由になるとは理解できないとして否定している[133]。

インド－太陽光セル事件は，カナダによる拡大第三国権利の要請が拒絶された別の例である。当該権利が要請されたのは，グリーンエネルギー措置に関する問題は「WTO 加盟国にとってのシステミックな重要性を有する」との理由からであった[134]。それに対してパネルは，カナダは拡大的な権利を与えることを正当化する特殊な状況にあることを特定していないとして主張を退けてい

---

(129)　Panel Reports, *China – Rare Earths, supra* note 93, para. 7.2.

(130)　*Ibid.*, para. 7.9.

(131)　*Ibid.*

(132)　Panel Report, *United States – Countervailing Duty Measures on Certain Products from China*, WT/DS437/R, para. 1.12 [hereinafter Panel Report, *US – Countervailing Measures (China)*].

(133)　*Ibid.*, para. 1.13.

(134)　Panel Report, *India – Certain Measures Relating to Solar Cells and Solar Modules*, WT/DS456/R, para. 7.32.

る[135]。ここで注目されるのは，カナダは類似の事例（カナダ－FIT制度事件[136]）で被申立国であったのにも拘わらず，本件で拡大権利を要請する際に，本件とインド－太陽光セル事件の近接性を強調していない点である。カナダの要請が，カナダ－FIT制度事件におけるDSBによる勧告及び裁定の実施後だったことが，そのことの背景にあると思われる[137]。

　係争中の事件において争点とされている協定規定が，これまでに解釈された実績のない規定であることから，システミックな利害関係があるとして拡大的な権利が要請されたのが，韓国－放射性核種事件である。具体的には，同事件がSPS協定における透明性の義務の「新しい法的論点に踏み込む（breaking new legal ground）」と見込まれることが理由として提示された[138]。パネルは，多くのパネル手続は協定規定の新規の解釈を伴うのであり，それは織り込み済みで現行の第三国の権利が設定されていることから，論点の新規性は通常の権利を超えた拡大的な権利を正当化する根拠にはならないと拒絶した[139]。また，第三国が上訴時に意見書を提出する上で，パネル手続における主張と証拠を十分に把握できるようにすることも目的として提示されたが，パネルは先の議論と同様に，上級委員会で効果的に参加するとの点についても現行制度で十分と想定して制度設計されているとした[140]。

　ここまで見てきたように，このシステミックな利益の論理のみで拡大的な権利が許与されてきた例は存在しなかった[141]。そのような論理は，パネルにとって説得力を感じさせないだけでなく，紛争当事国からも支持を得られないためである[142]。しかしながら，最新のロシア－通過運送事件では初めて，こ

---

(135)　*Ibid.*, para. 7.35.

(136)　See, Panel Reports, *Canada – Certain Measure Affecting the Renewable Energy Generation Sector/Canada – Measures Relating to the Feed-in Tariff Program*, WT/DS412, WT/DS426 [hereinafter Panel Reports, *Canada – Feed-in-Tariff Program*].

(137)　Communication from Canada, WT/DS412/19, WT/DS426/19. 拡大的な権利の要請が提出されたのは，2014年10月29日であった。

(138)　Panel Report, *Korea – Radionuclides (Japan)*, *supra* note 96, para. 1.15 and p. D-2.

(139)　*Ibid.*, para. 1.17 and p. D-3.

(140)　*Ibid.*, para. 1.17 and p. D-3.

(141)　システミックな利益の主張は，インドネシア－輸入許可制度事件においても，他の要素とともに提起されたが，パネルはかかる主張を受け容れなかった。Panel Report, *Indonesia – Import Licensing Regimes*, *supra* note 85, para. 7.1.

◆第1部◆　国際貿易紛争処理における手続法的発展と課題

のシステミックな理由のみで拡大的な権利が認められた。本件で興味深いのは，拡大的な権利を要求した EU の経済的利害関係に関する主張は否定された（争点とされた措置の直接の受益者ではないと認定）にも拘わらず[143]，システミックな観点からその要求が認められた点である。パネルは，過去の事例において，システミックな利益を根拠に拡大的な権利を認めてこなかった経緯を認識しつつも[144]，本件は「幾分か例外的な状況（something of an exceptional situation）」にある——具体的には，①GATT 第 21 条(b)号(iii)についてパネルが解釈を行う初めての機会である，②当該条項の解釈が，加盟国の安全保障上の重大な利益の保護に必要な行動に関する決定を伴い，かつ，その利益の決定については加盟国が唯一の裁量権者である，③当該条項の解釈上の判断が，WTO 協定の境界の決定や WTO 全体に広範な影響（far-reaching effects）を有する——ことから，WTO 協定の他の実体規定の解釈に伴う影響とは根本的に区別される（radically different）とした[145]。もっとも，かかる論拠との平仄を合わせるためにパネルは，第 1 回会合のうち GATT 第 21 条(b)号(iii)の解釈に関連する当事者間の法的な意見交換の場に参加させることのみ（つまり，第 2 回会合への参加要請は拒絶）を認めた[146]。

　以上を踏まえると，システミックな利益を根拠とした拡大的な権利の要請に対しては，相当に制限的な運用が行われており，これからもそのように運用されることが予想される。ロシア－通過運送事件のパネルの判断は，システミックな利益を根拠に拡大的な権利を付与する可能性を広げるものと位置付けられるが，他方で，パネルがいう「幾分か例外的な状況」がどの程度認められるかについては，不透明性が残されている。すなわち，GATT 第 21 条（安全保障関連の規定）の解釈に限定されるのか，仮に限定されるとして，その最初の解釈に限定されるのか等は，当該事件のパネルの判断からは確定的に導出するこ

---

(142)　本節(3)でここまでで取り上げてきた 4 つの事例ではいずれも，紛争当事国は拡大的な権利の付与に反対していた。

(143)　Panel Report, *Russia – Traffic in Transit, supra* note 92, Annex B-1, para. 1.9.

(144)　*Ibid.*, para. 1.12.

(145)　*Ibid.*, para. 1.13.

(146)　*Ibid.*, para. 1.14. なお，本件では申立国（ウクライナ）は，拡大的な権利の付与それ自体には賛意を示したものの，第 1 回及び第 2 回会合の全てに参加することは必要ではないという意思を示していた。他方で，被申立国（ロシア）は，拡大的な権利の付与自体に反対の意を示していたという背景が存在していた。*Ibid.*, para. 1.6.

とはできない。

4　パネルによる評価への貢献

　第三国が手続により深く関与することは，それらの国が進行中の手続を正確に理解することで精緻な見解を提供することを可能とし，最終的には，パネルが「世論」を把捉することに貢献するとの点で有意義と言える。このことを意図して権利拡大が要請されたと捉えられる事例が，米国－綿花事件である。本件に第三国参加していた EU は，(a)第 1 回の実質的な会合における紛争当事国の口頭陳述へのアクセス，(b)パネルからの質問に対する当事国の回答，あるいは当事国間で相互に行われた質問への回答に対してコメントを行う機会を得ることを試みた[147]。EU は，自らの要請は「パネルからの質問に対してより完全な回答を第三国が提供することを可能とするため，パネルの利益に資する」，そして，「紛争当事国の回答に対してコメントを行うこともできれば，第三国の相互の質問に対する回答についてのそれら第三国のコメントがより完全で有意義なものとなり，結果的にパネルにとってより大きな便益となる」と理由づけた[148]。しかしパネルは，「農業協定第 13 条の解釈のシステミックな重要性とその貿易政策への影響」への理解を示しつつも[149]，EU の要望を受容する必要はないと判断した[150]。パネルの認識では，パネルが EU の見解を適切に考慮すること，あるいは，第三国から有意義な見識を得ることは，通常の第三国権利の範囲内で十分に実現できるということであった[151]。

　同様の理論的根拠から拡大的な権利が要請されたのが米国－鶏肉（中国）事件であるが，本件ではより DSU 第 10 条 1 項の文言に沿った形で行われた点に特徴がある。同事件において EU は，①紛争当事国の 2 回目の意見書へのアクセス，及び，②追加的な第三国意見書の提出，あるいは，第 2 回の実質的な会合への参加を通じて自らの見解をパネルに表明する追加的な機会を要求し

---

(147)　Panel Report, *United States – Subsidies on Upland Cotton*, WT/DS267/R, Annex L-1.7, para. 4.

(148)　*Ibid.*, Annex L-1.7, para. 10.

(149)　*Ibid.*, Annex L-1.7, para. 11.

(150)　*Ibid.*, para. 7.13 and Annex L-1.7, para. 17.

(151)　*Ibid.*, Annex L-1.7, paras. 12-14. 米国－綿花事件は，後開発途上国（つまり，ベナン及びチャド）への特別の考慮が議論された点でも重要な事例であったが，拡大第三国権利の文脈ではこのことが注目されることはされなかった。*Ibid.*, para. 7.54.

◆ 第 1 部 ◆　国際貿易紛争処理における手続法的発展と課題

た(152)。EU は，争点とされている措置の SPS 協定規定との整合性に関する詳細な議論は第 1 回会合の段階では行われなかったことから，その問題についての本格的な議論は第 2 回の実質的な会合で実施されると予想される状況下では，DSU 第 10 条 1 項でいう第三国の利害関係がパネル手続中に十分に考慮されることを確保するためには，拡大的な権利を許可することは是認されると主張した(153)。しかしながら，パネルは EU の要請に同意せず，第三国の見解と関心は通常の手続内で十分に把捉されたので，「パネルは本手続が，DSU 第 10 条 2 項で具体化されている権利から逸脱することを必要としているとは思えない」と判断した(154)。

　これらの事例に現れているように，第三国の意見の質を改善する（それにより第三国の意見がパネルによって十分に考慮される）ことを目的として第三国権利を拡大することは，パネルによって認容されているとは言い難い。しかしながら，それはパネル（あるいは上級委員会）が，そのような論拠を絶対的に無効であると捉えていることを意味するわけではない。米国 − FSC 事件の DSU 第 21 条 5 項パネル（EC）は，第三国の意見の把握を向上させることを根拠に，拡大的な権利が認められる可能性を示唆する。当該事件では，申立国である EU が DSU 第 21 条 5 項パネルに対して，パネルの（第 1 回）会合の前に提出される，紛争当事国の書面による反論（rebuttal submissions）——すなわち，2 つ目の意見書——への第三国のアクセスを許与することを求めていた(155)。EU がそのように要請した理由の 1 つは，第三国に反論が記された書面へアクセスすることを拒絶することは，「DSU 第 11 条の下で求められる客観的な評価を

---

(152)　Panel Report, *United States – Certain Measures Affecting Imports of Poultry from China*, WT/DS392/R, para. 5.26.

(153)　*Ibid.* この事件では，韓国を除く第三国と紛争当事国が EU に同意していた。*Ibid.*, footnote 229 and para. 5.32.

(154)　*Ibid.*, para. 7.58.

(155)　Panel Report, *United States – Tax Treatment for 'Foreign Sales Corporations' – Recourse to Article 21.5 of the DSU by the European Communities*, WT/DS108/RW, para. 6.1 [hereinafter Panel Report, *US – FSC (Article 21.5 – EC)*]. この EU の主張は，以前の DSU 第 21 条 5 項手続でこの点についてパネルを説得することに失敗していたことを受けたものである。*E.g.,* Panel Report, *Australia – Subsidies Provided to Procedures and Exporters of Automotive Leather – Recourse to Article 21.5 of the DSU by the United States*, WT/DS126/RW, paras. 3.7-9.

◇ 第 4 章 ◇ 拡大第三国権利の概念の形成と展開〔関根豪政〕

補助するであろう第三国による有益な貢献を，パネルが享受することを阻むことにつながりやすい」とのことであった[156]。

EU のかかる主張に対するパネル及び上級委員会の判断の細部を分析する前に，DSU 第 21 条 5 項手続には通常のパネル手続にはない特殊な面が存在することに触れたい。DSU 第 21 条 5 項手続の下では，その手続の時間的制約により[157]，パネルは当事国と 1 度しか会合を行わないことが慣行となっている[158]。よって，紛争当事国は第 1 回会合の前に最初の意見書と反論の意見書の両方を提出することが要求されることになる（通常の手続下では反論の意見書は第 2 回の会合において提出される[159]）。この結果，反論の意見書は明白にDSU 第 10 条 3 項でいう「〔パネル〕の第 1 回会合に対する紛争当事国の意見書」を構成することになり，ゆえに，DSU 第 21 条 5 項手続に参加している第三国は反論の意見書も自動的に入手することが可能となる。したがって，反論の意見書へのアクセスは，通常の手続においては拡大的な権利の問題となるのに対して，DSU 第 21 条 5 項手続においては第三国に認められる一般的な権利の一部を構成することになる。

米国 – FSC 事件の DSU 第 21 条 5 項手続（EC）では，パネルは紛争当事国の反論の意見書の入手を要請する EU の主張を拒絶したが[160]，上級委員会はそれを支持する姿勢を示した[161]。上級委員会がそのような結論を導き出した主たる理由は DSU 第 10 条 3 項の文言であった[162]。上級委員会によると，「第 10 条 3 項は，第三国が当事国の「最初の意見書」を受領することではなく，当事国の「意見書」を受領することについて述べている」ことから，当該条項の通常の意味からは，反論の意見書を含む全ての紛争当事国の意見書について，

---

(156)　Panel Report, *US – FSC (Article 21.5 – EC), ibid.*, Annex A-1, para. 253.

(157)　パネルは，紛争が付託された日の後 90 日（通常の手続では 6 ヶ月）以内に報告書を加盟国に送付しなければならない。DSU 第 21 条 5 項参照。

(158)　WTO, *A Handbook on the WTO Dispute Settlement System, 2nd Ed.*（Cambridge University Press, 2017), p. 137.

(159)　DSU 附属書 3(7)。

(160)　Panel Report, *US – FSC (Article 21.5 – EC), supra* note 155, para. 6.3.

(161)　Appellate Body Report, *United States – Tax Treatment for "Foreign Sales Corporations" – Recourse to Article 21.5 of the DSU by the European Communities*, WT/DS108/AB/RW, para. 252.

(162)　*Ibid.*, paras. 245-51.

139

◆ 第 1 部 ◆　 国際貿易紛争処理における手続法的発展と課題

第三国のアクセスが認められることになる[163]。よって，DSU 第 21 条 5 項手続下で認められる第三国が反論の意見書を入手する権利は，パネルの裁量で追加的に与えられる権利とはみなされないことになる。しかしながら，そのような結論に至る過程で上級委員会は，DSU 第 10 条の目的を実現する上での，紛争に関連する文書への第三国による実効的なアクセスや，それによる第三国の貢献の重要性を強調する[164]。特に，第三国の有意義な参加を通じて「パネル自身が第三国による貢献からより多くの便益を得ることになり，ひいては，…加盟国の利害関係を「十分に」考慮することをより可能にする」と判断している[165]。この結論は，パネルが第三国の利害関係を「十分に考慮する」ことができないことが明らかな場合には，通常の手続においても，パネルの評価の信頼性を向上させることを目的として，第三国が手続に拡大的に参加することを許す可能性を含むと捉えることができる[166]。

　もしかすると米国 – COOL 事件は，パネルがかかる論理（第三国による有意義な貢献）に基づいて拡大的な権利を認めた——報告書にはその背景事情が正確には記されていないものの——事例と位置付けられるかもしれない。当該事件では，豪州が拡大的な第三国権利を要求したのに対して，パネルはそれ（第 1 回及び第 2 回の実質的な会合への参加や，それらにおいて紛争当事国と他の第三国の双方に質問を行う権利等）を認め，かつ，全ての第三国に同等の権利を付与した[167]。パネルの報告書においては，拡大的な権利が要請された理由も，権利が認められた理由も詳細には記述されていないが，パネルは，第 1 回の実質的な会合後のパネルの質問に対する紛争当事国の回答の写しを第三国が受領することを認める際に，そのような対応は「当事国との間で行われる第 2 回の実質的な会合での第三国の参加を促進すると認識する」と簡潔に述べている[168]。

---

(163)　*Ibid.*, para. 245.

(164)　*Ibid.*, paras. 249-50.

(165)　*Ibid.*, para. 249.

(166)　See also, Panel Report, *Canada – Measures Affecting the Importation of Milk and the Exportation of Dairy Products – Recourse to Article 21.5 of the DSU by New Zealand and the United States*, WT/DS103/RW, WT/DS113/RW, paras. 2.32-35 [hereinafter *Canada – Dairy (Article 21.5 – New Zealand and US)*].

(167)　Panel Reports, *United States – Certain Country of Origin Labelling (COOL) Requirements*, WT/DS384/R, WT/DS386/R, paras. 2.6-7.

(168)　*Ibid.*, para. 2.8. しかし，パネルは，第 2 回会合の前に第三国が意見書を提出するこ

◇ 第 4 章 ◇ 拡大第三国権利の概念の形成と展開〔関根豪政〕

当該言及は，第三国の権利の拡大が第三国による情報提供や議論（本件においては，第 2 回会合での参加国への質問等を通じた情報提供や議論）の精密さの向上を実現し，最終的にはパネルが実効的な判断を下すことに貢献するとパネルが認識していたことを示唆する。ただし，パネルによる質問に対する紛争当事国の回答を第三国が受領することの許可は，第 2 回会合への参加の許可に付随するものであったことは注意を要する。本件では，事前に紛争当事国の回答の写しを受領せずに，第 2 回会合における議論に正確に参加することは困難を伴うという事情があったものと推測される。そして，そうであるならば，第三国がパネルの質問に対する回答を事前に受領することをパネルが認めたのは，情報の不十分性に由来する不要な質問の提示や質問の重複を避けたかったこと（つまり効率性の観点）が主目的であったとも理解しうる。いずれにせよ，残念ながら，本件パネル報告書に記載されている説明は簡潔であることから，拡大的な権利が許与された根拠に関する確定的な結論を導くことは難しい[169]。なお，最後に，上記の論点とは別に本件は，拡大的な権利を要請したのが豪州（先進国）で，その権利が先進国（EU 及び日本），新興国（ブラジル及び中国），途上国（コロンビア及びグアテマラ）から混成されていた他の第三国にも認められたとの点でも注目される[170]。

第三国からの豊富なインプットから派生する便益，あるいは，パネルが「世論」を適切に把握することによる便益は，手続の遅延という不利益と背反する関係にある。もし，拡大第三国権利の付与が，第三国の拡大的な参加によって得られるであろう正の貢献と，手続の遅延による負の貢献とをもたらす場合，パネルはそれらの要素を考量しなければならない。もっとも，2 つの要素は必ずしも背反するものではない[171]。この点につき，カナダ－乳製品事件の

―――――――

とまでは許可しなかった。

(169) 同じように，第三国の参加が拡大することが，それらの国がパネル手続により効果的に参加し，それらの関心が十分に考慮されることにつながると述べた例として，Panel Report, *Australia – Tobacco Plain Packaging, supra* note 86, para. 1.45.

(170) 同事件の DSU 第 21 条 5 項パネルにおいても，第三国のすべてに拡大第三国権利が付与された。See Panel Reports, *United States – Certain Country of Origin Labelling (COOL) Requirements – Recourse to Article 21.5 of the DSU by Canada and Mexico*, WT/DS384/RW, WT/DS386/RW, paras. 1.15-16.

(171) パネルにとって報告書作成の遅延は大きな懸案事項である。例えば，最終報告書の完成を遅延させることになるとして，複数の申立国それぞれ向けに別個のパネル報告

141

◆ 第1部 ◆ 国際貿易紛争処理における手続法的発展と課題

DSU第21条5項手続（ニュージーランド及び米国）は，パネルが「情報が提供されていない第三国の意見書はパネル手続を不当に遅延させる」[172]と認知し，第三国がDSU第21条5項手続の（第1回）会合において提出された紛争当事国の書面による反論を受領することを認めた点で注目される。

多くの事例では，手続の遅延は拡大的な権利の要請を却下する根拠のうちの1つにしか過ぎなかったが[173]，中国－原材料事件のパネル報告書では，当該事由が拡大権利を拒絶する主たる根拠として提示されている[174]。本件においては，相当数の加盟国が手続に参加──3か国が申立国として，13か国が第三国として参加──していたため，手続の遅延への懸念が大きく，拡大的な第三国参加によって得られたであろう利益に勝ると認識されたのであろう。

これまでのところ，第三国からの十分なインプットがパネルの判断を向上させると期待して拡大第三国権利を是認したと言い切れる判断例は存在しない。幾つかのパネルの判断は，より多くの情報を得た上で作成されている第三国意見の有意性を示唆するが，第三国の意見の実効性を（つまり，それらの意見が十分な内容のものか，あるいは，パネルによって完全に把握されうるかについて）どのように評価するかに関して指標を示すようなことはしていない[175]。

書の作成を求めた米国の要請をパネルが退けた例もある。Panel Report, *United States – Continued Dumping and Subsidy Offset Act of 2000*, WT/DS217/R, WT/DS234/R, para. 6.3.

(172) Panel Report, *Canada – Dairy (Article 21.5 – New Zealand and US), supra* note 166, para. 2.34.

(173) *E.g.*, Panel Report, *Dominican Republic – Safeguard Measures, supra* note 72, para. 1.8.

(174) Panel Reports, *China – Measures Related to the Exportation of Various Raw Materials*, WT/DS394/R, WT/DS395/R, WT/DS396/R, para. 1.7. 報告書には，手続の遅延のみが明示されている。

(175) 近年は，第三国の権利の保護の観点から拡大的な権利が主張される事例が見受けられる。米国－洗濯機事件では，パネルの検討手続が，事実に関する主張や証拠を第1回の実質的な会合の後に提出することを認めていたことについて，EUが，当該規定は第1回会合で示されるべき事実の主張や証拠，関連した主張を第2回会合で提示することを許し，第三国の権利を制限することになると主張した。最終的にパネルは，DSUの附属書3は証拠の提出の正確な期限を定めていないことから，第1回の会合の後に事実に関する証拠を提出することを例外的に認めたとしても，第三国の権利が制限されることにはならないと判断している。Panel Report, *US – Washing Machines, supra* note 95, para.1.14. 同事件では，当該論点が拡大第三国権利と関連付けて議論されることはな

◇ 第 4 章 ◇ 拡大第三国権利の概念の形成と展開〔関根豪政〕

5 報告書に十分な情報が示されていない場合，及び，紛争当事国の同意が存在しない場合

　第三国に拡大的な権利を与えることを要請した理由について，パネル報告に記述が明示されない場合もある。例えば，米国−マグロ事件Ⅱの DSU 第 21条 5 項パネル（メキシコ）では，EU が自らと他の第三国への拡大権利の付与を要請したが，かかる要請を行った理由については報告書上の正式な記録がない[176]。そして，それを拒絶したパネルの返答もまた，非常に簡素なものであった。パネルが報告書に示した唯一の理由は，紛争当事国の双方が EU の要請に対して反対の意を示していたとの事実であった[177]。

　カナダ− FIT 制度事件は，拡大的な権利が要請された理由が報告書に記載されていない別の事件である[178]。しかし，先の事件とは異なり，パネルは要請を承認している。当該決定の根拠の詳細については報告書からは把捉しえないが，簡素な説明からは，紛争当事国間の合意をパネルは最重視したと読み取れる[179]。

　これらの記録に示されているように，拡大的な権利を要請した，あるいは，それについて一定の決定を下した理由が報告書に十分には記載されていない事例では，紛争当事国間の合意の存否が決定に至る上で重要な要素であったと把握される。たしかに，これらの紛争のみが合意の存在を考慮した例ではないが，

かったが（通常の第三国権利の範疇とされた），後の EU −バイオディーゼル（インドネシア）事件では，パネルは拡大第三国権利の議論として位置づけている。なお，同事件においてもパネルは，米国−洗濯機事件と同様の論理で主張を退けている。Panel Report, *EU – Biodiesel (Indonesia), supra* note 126, pp. D-4-D-6.

(176) もっとも，パネル報告書の附属書として添付されている EU の主張の要約では，「パネルと当事国の作業を促進させるため」と簡潔に記されているため，先の「パネルによる評価への貢献」に分類することも考えられる。Panel Report, *United State – Measure Concerning the Importation, Marketing and Sale of Tuna and Tuna Products – Recourse to Article 21.5 of the DSU by Mexico*, WT/DS381/RW, Annex C-5, para. 1.

(177) *Ibid.*, para.1.8.

(178) Panel Reports, *Canada – Feed-in-Tariff Program, supra* note 136, para. 1.11.

(179) しかも，本件では被申立国のカナダから拡大的な権利が要請された事件であった。なお，EC −アザラシ製品事件も，拡大的な権利を申立国であるカナダが要請した理由が報告書に記載されていない事件である。もっとも，この事件ではかかる要求が却下された理由について，第三国が拡大的な権利を要請していないことと，手続が公開されることが挙げられている。Panel Report, *EC – Seal Products, supra* note 79, para. 1.15.

143

◆ 第 1 部 ◆　国際貿易紛争処理における手続法的発展と課題

他の事例においては考慮要素の 1 つに過ぎなかった[180]。この点につき，DSU においては，紛争当事国の間の合意が拡大第三国権利を付与する前提条件とはされていないことは注目される[181]。パネルによる拡大的な権利の許可は DSU 第 12 条 1 項に基づくパネルの裁量から認められてきたが，そこでは紛争当事国と協議することのみが求められているのである。

6　パネルによってどのような基準が構築されてきたか：過去の実例からの示唆

第三国（事件によっては紛争当事国），そしてパネルは，様々な理由から拡大第三国権利を要請，付与，あるいは拒絶してきた。本節では，それらを 4 つの側面から整理してきた。すなわち，経済的利害関係，訴訟経済及び適正手続の観点，システミックな利益，そしてパネルによる紛争の検討への貢献である（もっとも，これらの要素は排他的なものではなく，重複的に，あるいは相互に連動して議論されることが多い）。

今日までのところ，パネルは拡大権利を 11 件の事例で是認し，19 件で拒絶してきた[182]。11 件の是認事例のうち[183]，6 件においてパネルは，経済的な利害関係を主たる理由として拡大的な権利を付与してきた[184]。それ以外のうち 1 件（EC －ホルモン牛肉事件）では訴訟経済の理由から，1 件（ロシア －通過運送事件）ではシステミックな利益が，そして別の 1 件（米国－ COOL 事件）

---

(180)　E.g., Panel Report, *Argentina – Import Measures, supra* note 81, para. 1.24. See also, Panel Report, *US – Coated Paper (Indonesia), supra* note 85, p. D-3.

(181)　Friedl Weiss, Third Parties I GATT/WTO Dispute Settlement Proceedings, in Erik M.G. Denters and Nico Schrijver (eds.), *Reflection on International Law from the Low Countries in Honour of Paul de Waart* (Brill, 1998), p. 471.

(182)　前掲注(6)に記載された 30 件の事件のうち，拡大第三国権利が承認されたのは，EC －バナナ事件 III，EC －ホルモン牛肉事件，EC －特恵関税事件，EC －砂糖輸出補助金事件，EC －バナナ事件（DSU 第 21 条 5 項 II・エクアドル）／ EC －バナナ事件（DSU 第 21 条 5 項・米国），米国－ COOL 事件，カナダ－ FIT 制度事件，米国－ COOL 事件（DSU 第 21 条 5 項・カナダ及びメキシコ），EU －鶏肉（中国）事件，豪州－タバコ・プレーン・パッケージ事件，ロシア－通過運送事件の 11 件である。

(183)　仮に米国－エビ AD 措置（タイ）事件及び米国－関税担保命令事件を含めると，12 件となる。

(184)　EC －バナナ事件（DSU 第 21 条 5 項 II・エクアドル）及び EC －バナナ事件（DSU 第 21 条 5 項・米国）は 1 件としてカウントした。

144

◇第4章◇ 拡大第三国権利の概念の形成と展開〔関根豪政〕

では第三国による積極的な貢献が期待されて付与されている。残りの2件については，詳細な説明が付されることなく拡大第三国権利が是認されている[185]。

パネルのこれまでの実務については，幾つか注目される点がある。第1に，総じて，パネルの拡大権利に対する態度は厳格であると言える。前記の集計結果に見られるように，拡大的な権利が要請された事例のうち，およそ3分の2で却下されている。パネルの実務からは，拡大的な権利は望めばいつでも入手できるものではなく，少なくとも明確な理由と十分な説明が示され，パネルを説得しなければならないことが分かる。とりわけ，拡大的な権利の要請が第三国のシステミックな利益を基礎としている場合には，拡大的な権利を獲得することは困難を伴う。このパネルの厳格さは，次節で詳細に議論するDSUにおける改正交渉の状況と照らし合わせると論議を呼ぶものと思われる。

第2に，パネルによる個別の決定は事例に特化しているため，それらの決定から拡大的な権利がどのような場合に認められるかについての明確な指針を発見することが難しい[186]。例えば，経済的利害関係基準については，先述したとおり，どの程度の経済的利害関係を争点とされる措置に対して有していることが，拡大第三国権利を得るために必要とされるかが明らかにされているとは言い難い。また，幾つかの事例における当該基準についての表現──「非常に大きな」経済的影響，または，「重大な経済的利害関係」──にも拘わらず，当該基準においては経済的影響の規模や程度は関連性が薄いとも捉えられる。事例によっては，争点とされる措置と第三国との近接性（つまり，第三国はパネル手続の結果によって，その規模の大小に拘わらず，直接的な影響を受けているか否か）が，拡大的な権利を付与する際の決定的な要素となっていると捉えられる。いずれにせよ，ある程度の事例の集積はあるものの，拡大第三国権利の付与の基準を巡っては不透明性が残されている状態にある。

第3に，拡大的な権利の要請を却下（あるいは承認）する理由は，非説得的，非一貫的，あるいはそもそも明らかではない場合が少なくない。したがって，パネルに拡大第三国権利を付与するか否かを決定する裁量を与えることは「失

---

(185)　カナダ‐FIT制度事件，及び，米国‐COOL事件（DSU第21条5項・カナダ及びメキシコ）が該当する

(186)　See, Pierre Monnier, "Working Procedures: Recent Changes and Prospective Developments", in Dencho Georgiev and Kim Van der Borght (eds.), *Reform and Development of the WTO Dispute Settlement System* (Cameron May, 2006), p. 280.

◆第1部◆　国際貿易紛争処理における手続法的発展と課題

敗」であると評する見解さえもある[187]。拡大的な権利の拒絶は，第三国とし
て紛争解決手続に参加する基本的な権利までをも剥奪することになるわけでは
ないため，要請国に与える影響は限定的かもしれないが，拡大的な権利が付与
される条件が可能な限り明確にされていることは，明らかに第三国や紛争当事
国にとって有益であると言えよう[188]。

　以上が，実際の判断例を通じて示されてきたパネルの（一部については上級
委員会の）拡大第三国権利の運用の方向性であるが，これらパネルの実務とは
別に，WTO 加盟国は DSU 改正交渉を通じて，拡大権利に関するルールを明
確化することを試みてきた。パネルの判断例の有効性を検証するため，次節で
は，交渉の場における議論の状況を概観する。

Ⅳ　DSU 交渉における議論

　DSU 改正交渉ではこれまでに，第三国権利に関する提案が数多く提出され
てきた。初期の提案における焦点は主に3つ——各文書へのアクセス，会合へ
の出席，そしてパネルによる第三国の主張の考慮——であった。第1点目の文
書へのアクセスに関しては，ほとんどの提案が，秘密の情報を除いた全ての文
書にアクセスできることに賛同する姿勢を見せていた[189]。また，会合への出
席についても，大半の提案は手続の全ての段階で認めることに好意的であっ
た[190]。ただし，パネルによる第三国の主張の考慮については，コスタリカが，
現行の DSU 第 10 条 2 項を改正し，パネルに「第三国が提出した主張につい
て，単に報告書の説明部分に見解を反映させるのではなく，妥当な考慮を払
う」ことを求める旨を提案したが[191]，十分な支持を得られなかったため[192]，

---

(187) Nick Covelli, "Member Intervention in World Trade Organization Dispute Settlement Proceedings After EC - Sardines: The Rules, Jurisprudence, and Controversy", *Journal of World Trade*, Vol. 37, No. 3 (2003), p. 680. See also, Albashar & Maniruzzaman, *supra* note 7, pp. 337 and 346. 後者の論文は，実際に与えられる第三国の権利の内容や範囲が非一貫的で，ゆえに予見性に欠けると指摘する。

(188) Covelli, *ibid.*, p. 673.

(189) *E.g.*, Communication from the European Communities, TN/DS/W/1 (2002), p. 10; Communication from Côte d'Ivoire, TN/DS/W/92 (2008), p. 1.

(190) *E.g.*, Communication from Jordan, TN/DS/W/43 (2003), pp. 4-5 [hereinafter, TN/DS/W/43].

◇ 第 4 章 ◇ 拡大第三国権利の概念の形成と展開〔関根豪政〕

3 つの論点のうちのそれだけは，以下で詳説する DSB 特別会合の議長が作成したドラフトには反映されていない[193]。

一連の提案を経て作成された 2003 年 5 月 28 日付けの議長テキストでは，第 10 条の改正案として，次のような内容が提示されている。

第 2 項

小委員会に付託された問題について実質的な利害関係を有し，~~かつ，~~**する加盟国は，小委員会の設置の後 10 日以内にその旨を紛争解決機関に通報**~~した加盟国~~**通報する（当該加盟国はこの了解において「第三国」という。）**~~は，~~小委員会において意見を述べ及び小委員会に対し意見書を提出する機会を有する。**小委員会は，中間報告の当事国への送付の前に紛争当事国との間で行う実質的な会合に出席する機会を，当事国が〔秘密〕と指定して提出した情報が議論される会合の一部を除くほか，第三国に与える。第三**国は小委員会において意見を述べる**機会**も有する。~~意見書は，紛争当事国にも送付され，及び小委員会の報告に反映される。~~

第 3 項

~~第三国は，小委員会の第一回会合に対する紛争当事国の意見書の送付を受ける。~~

各第三国は，小委員会に対する紛争当事国及び他の第三国の意見書が提出された時に，当事国が〔秘密〕と指定して提出した情報を除くほか，当該意見書の写しの送付を受ける。第三国は，中間報告が当事国に送付された後に提出されたいずれの意見書も送付を受けてはならない。

---

(191)　Communication from Costa Rica, TN/DS/W/12/Rev. 1 (2003), p. 1. See also, Communication from Jamaica, WT/DS/W/21 (2002), p. 3 [hereinafter, WT/DS/W/21].

(192)　Communication from the Separate Customs Territory of Taiwan, Penghu, Kinmen and Matsu, WT/DS/W/25 (2002), pp. 3-4.

(193)　関連する提案として，DSU 附属書 3(6)を改正して，「〔パネル〕は検討手続を作成する際に，紛争の対象とされる問題に密接に関係している第三国のあらゆる特別な状況を考慮に入れることができる」ことを追記することを主張するものも出されている。TN/DS/W/43, *supra* note 190, p. 5. See also, Proposed Amendment of the Dispute Settlement Understanding, WT/MIN(99)/8 (1999), p. 9. ただし，この提案は後の議長テキストでは採用されていない。

147

◆第1部◆　国際貿易紛争処理における手続法的発展と課題

第三国の意見書は，紛争当事国にも送付され，及び小委員会の報告に反映される[194]。

　この文言から分かるように本議長テキストでは，加盟国による提案を踏まえて，第三国に，中間報告が送付されるまでの紛争当事国との間の会合全てに出席すること，及び，パネルに提出される全ての意見書を受領することが認められている。
　その後，議長テキストは 2008 年[195]と 2017 年[196]にそれぞれ改めて開示され，双方で，DSU 第 10 条をより精緻なものに改正することが提案されている。それらの文言は類似するため，2008 年ドラフトのみを以下に引用する（原文と同様に，太文字で表されているものは現行の DSU の文言に追加されることになるもの，角括弧は更なる作業を要するもの，そして，網掛けのされた文言は議長が提案する文言変更を表す）[197]。

　2．…
　(b) **各**第三国は次の(i)から(iv)までに定める権利を有する。
　　(i) 中間報告の当事国への送付の前に紛争当事国との間で行う実質的な会合に，〔第 18 条 3 に規定する手続に基づいて加盟国が厳格に秘密と指定した〕情報が議論される会合の一部を除くほか，出席する。
　　(ii) 第 1 回の実質的な会合の前に意見書を提出する。
　　(iii) 第 1 回の実質的な会合中に特別に開催される会議において，小委員会に対して口頭による陳述を行い及び質問に回答する。
　　(iv) 当該特別に開催される会議において生ずる質問に書面によって回

---

(194)　Report by the Chairman, Ambassador Péter Balás, to the Trade Negotiation Committee, TN/DS/9 (2003), p. 5.

(195)　Special Session of the Dispute Settlement Body, Report by the Chairman, JOB(08) /81 (2008), Appendix A of TN/DS/25.

(196)　Special Session of the Dispute Settlement Body, Report by the Chairman, Ambassador Dr Stephen Ndungu Karau to the Trade Negotiations Committee, TN/DS/29 (2017) [hereinafter TN/DS/29]. 2019 年 6 月にも議長テキストが公開されているが，2017 年公開のものと同じ内容となっている。Special Session of the Dispute Settlement Body, Report by the Chairman, Ambassador Coly Seck, TN/DS/31 (2019) [hereinafter TN/DS/31].

(197)　TN/DS/25, *supra* note 195, p. A-4.

148

◇ 第 4 章 ◇ 拡大第三国権利の概念の形成と展開〔関根豪政〕

　答する。

(c)　小委員会は，(b)に掲げる権利に追加的な第三国の権利を，紛争当事国の〔合意によってのみ〕〔協議の後〕与えることができる。

3.(a)　各紛争当事国は，自己の小委員会に対する〔書面による〕意見書（中間報告が当事国に送付された後に提出された意見書以外）を，意見書を提出する時に，〔第18条3に規定する手続に基づいて加盟国が厳格に秘密と指定した〕情報を除くほか，各第三国が入手することができるようにする[b]。

[b　この(a)の規定は，第18条3に規定する手続に基づいてパネルが当該紛争のために採択した特別の手続において明確に定められている場合には，加盟国が厳格に秘密と指定した情報の送付を第三国が受けることを妨げるものではない。]

(b)　各第三国は意見書を提出する時に，各紛争当事国及び全ての他の第三国が入手することができるようにする。

(c)　小委員会は報告に第三国の意見書を反映させる[198]。

　当該ドラフト及び2017年ドラフトは，先述の2003年ドラフトと多くの面を共有しており，第三国は第2回以降の会合に出席すること，そして，全ての意見書を受け取ることが認められている。

　近年の記録では，パネル手続における第三国の権利の拡大に関する大半の論点で，加盟国間の合意が形成されつつあることが報告されているが[199]，以下の2つについて議論が継続している模様である。第1が，第三国の能動的な参加（つまり，口頭による陳述や会合で提示された質問に対する回答）について，

(198)　*Ibid.*, p. A-7. DSU 附属書3の改正についての提案も参照。*Ibid.*, p. A-20. なお，2017年ドラフト（及び2019年ドラフト）では第2項の(c)は存在しない。

(199)　Special Session of the Dispute Settlement Body, Report by the Chairman, Ambassador Ronald Saborío Soto, 7, TN/DS/26 (2015). See also, Habib Kazzi, "Reshaping the WTO Dispute Settlement System: Challenges and Opportunities for Developing Countries in the Doha Round Negotiations", *European Scientific Journal*, Vol. 11, No. 31 (2015), p. 208, http://eujournal.org/index.php/esj/article/view/6607 (as of November 6, 2017).

◆ 第1部 ◆　国際貿易紛争処理における手続法的発展と課題

2008 年ドラフトが定めるように第 1 回の会合に限定することを原則とするのか，第 2 回の実質的な会合にも自動的に拡張されるようにするかとの問題である[200]。仮に後者が採用されるのであれば，現行のパネルの実務に対する大幅な修正を意味することになる。第 2 は，より最近の DSB 特別会合議長報告書に掲載されている，パネルの第 2 回の実質的な会合の前（かつ紛争当事国の 2 回目の意見書の提出後）に意見書を提出する機会を与えるか否かという問題である[201]。肯定されるのであれば，これもまた，パネルの現行の実務から乖離することになる。これまで第 2 回会合の前に意見書を提出することの許可は，第 2 回の会合で簡潔な陳述を行う機会を除いて与えられた実例は存在しないためである。

　いずれにせよ，これら 2 つの論点がどのように解決されるかに拘わらず，これまでに開示されてきたドラフトの内容から推測すると，交渉が成功裡に終われば（短期的には実現されるとは考えづらいが[202]），すくなくとも第三国が全ての意見書を受領すること，そして全ての会合に出席することが認められる形で第三国権利が拡大されることになると言えよう[203]。

　以上，本節で論じてきたように，DSU の改正交渉における議論は，パネルの慎重な姿勢とは異なる形で展開されている。パネルは，受動的な参加（関連する文書の受領や議論に参加しない条件での会合への出席）に関してでさえ，強い（または直接的な）経済的利害関係を有する場合や，適正手続の観点から正当化される場合など，限られた場面でしか認めていない。交渉を通して見える加盟国の意向はそれとは対照的で，第三国の特定の利害関係等は前提にはしない[204]。かかる司法的機関の姿勢と，交渉者の政治的機関における立場との懸

---

(200)　*Ibid.*, TN/DS/26, Annex 2, paras. 449 and 790-92. 第三国の参加の拡大を推奨する提案は，2012 年 11 月に開催された会合において「第三国の友（Friends of third parties）」によって，提出されている。See also, TN/DS/31, *supra* note 196, p. 76.

(201)　TN/DS/29, *supra* note 196, para. 3.24; TN/DS/31, *ibid.*, para. 2.29 and pp. 79-80.

(202)　もっとも，近年は，DSU の包括的な改正ではなく，部分的な（漸次的な）改正も視野に入れられつつあり，第三国の権利の拡大は部分改正が実現できそうな領域として挙げられている。TN/DS/31, *ibid.*, pp. 8-9.

(203)　Valerie Hughes, "The WTO Dispute Settlement System - From Initiating Proceeding to Ensuring Implementation: What Needs Improvement?" in Giorgio Sacerdoti et al. (eds.), *The WTO at Ten: The Contribution of the Dispute Settlement System* (Cambridge University Press, 2006), p. 204.

隔は，特に，第三国の参加を自動的に拡大する（すなわち，第2回会合への能動的な参加を認める）提案が支持された場合に顕著になると言える。そして，このような改正交渉での動向は，今後，パネルが追加的な権利を第三国に付与するのに過度に慎重になる必要がないことを示唆するが，果たしてそのような理解が妥当か否かについては第Ⅵ節で論ずる。

V　FTA における限定的だが有益な取り組み

　WTO 加盟国の第三国権利に対する姿勢をより適切に理解するために，本節では WTO 加盟国の FTA に見られる傾向を分析する。締結されている FTA の相当数は二国間協定である——よって，紛争解決手続において第三国の問題は発生しない——ため，本節では，増加傾向を示している複数国間協定（plurilateral agreements）に主に焦点を当てる[205]。ただし，本節では，例えば EU やアンデス共同体，ユーラシア経済連合（EAEU），カリブ共同体（CARICOM）といった，司法モデルに属していると言える協定は考察対象から除外する。それらの協定下での裁判制度は，WTO における準司法的制度とは並列的に捉えることはできないためである。

1　ASEAN 及びその FTA

　まずは ASEAN 及び ASEAN が一方当事国の FTA の検討から始める。その理由は，ASEAN それ自体が，ASEAN 内部の経済紛争の処理において，上訴手続を伴う準司法的制度に依拠している—— ASEAN Protocol on Enhanced Dispute Settlement Mechanism（以下，2004 年議定書）の下で——という点で WTO 紛争解決手続と類するためである[206]。パネル手続における第三国の権

---

(204)　この点に関してジャマイカは，事前に設定された指標（経済的な利害関係に関連するものも含め）を発展させるべきとする興味深い提案を行っている。WT/DS/W/21, *supra* note 191, p. 3.

(205)　本章では，「複数国間協定」は3か国以上の締約国から構成される FTA と捉える。See, WTO, *Regional Trade Agreements Information System (RTA-IS): User Guide*, p. 7, http://rtais.wto.org/UserGuide/User%20Guide_Eng.pdf（as of December 25, 2018）.

(206)　Gonzalo V. Puig and Lee T. Tat, "Problems with the ASEAN Free Trade Area Dispute Settlement Mechanism and Solution for the ASEAN Economic Community", *Journal of World Trade*, Vol. 49, No. 2 (2015), p. 283.

◆ 第1部 ◆ 国際貿易紛争処理における手続法的発展と課題

利については，2004年議定書の第11条に規定されており，興味深いことに，この規定の内容はDSU第10条とほぼ完全に一致している。すなわち，パネルに紛争当事国以外の加盟国の利害関係を十分に考慮することを求める規定や[207]，紛争解決制度下で認められる第三国の権利の詳細——具体的には，パネル手続において意見を述べる[208]，あるいは，意見書を提出する機会の容認[209]，そして，第1回の実質的な会合でパネルに提出される紛争当事国の意見書の受領の認可[210]——がWTOの制度と相当に近似している。このようにASEANでは，WTO協定下における第三国の権利の範囲内に留まる慎重なアプローチが採用されており，これはASEANの根底にある「ASEAN方式（ASEAN Way）」の理念とも整合的と思われる。「ASEAN方式」は，紛争に直接的には巻き込まれていない加盟国による内政不干渉を含意するのであり[211]，第三国の権利がWTOにおける実行を超えないことは，国際的な動向を超えた第三国の関与を認めないことを意味するためである[212]。

　ASEAN・豪州・ニュージーランドFTA（AANZFTA）を除いて，ASEANが参加するFTAでは，2004年議定書やWTOにおける制度と類似した方式が採用されている[213]。しかしながら，WTOにおける実務と同様，これらの協定は第三国がケースバイケースで拡大的な権利を享受する可能性を否定しているとは思われない[214]。

　AANZFTAは，拡大的な権利の付与に関する明確な規定が設けられている点で他のASEANによる協定とは区別される。第17章の第10条4項によると，「紛争当事国は，仲裁裁判所手続の参加に際して，第三国に追加的な又は補完的な権利を提供することを合意することができる」とされる。この規定は，

---

(207)　2004年議定書第11条1項。

(208)　2004年議定書第11条2項。

(209)　2004年議定書第11条2項。

(210)　2004年議定書第11条3項。同附属書II，第IIセクションの6も参照。

(211)　Robert Beckman, et al., *Promoting Compliance: The Role of Dispute Settlement and Monitoring Mechanisms in ASEAN Instruments* (Cambridge University Press, 2016), p. 22.

(212)　なお，2004年議定書は第三国が協議に参加することを認める規定を設けていない（協議に関する規定は，2004年議定書第3条）。

(213)　例えば，日本・ASEAN EPA第66条及び第68条9項。

(214)　例えば，日本・ASEAN EPA第68条2項。

◇ 第 4 章 ◇ 拡大第三国権利の概念の形成と展開〔関根豪政〕

拡大的な権利の前提としての紛争当事国の合意を明示する珍しい例である。

2 EFTA が参加する FTA

初期のものを除いて，欧州自由貿易連合（EFTA）が締結した FTA では，WTO の実務と比べて拡大的な権利が第三国に与えられることが基本とされている。第三国の審理（hearing）については，その参加の程度を明示しない協定もあるが[215]，「全ての審理に出席する」ことを認める協定も散見される[216]。また，EFTA の協定の多くは，第三国が紛争当事国の意見書全てを受領することを認めていると理解される。これは，手続の後半において提出された紛争当事国の意見書であっても，第三国が受領することを関連規定が何ら制約していないことに基づく[217]。加えて，第三国による意見書の提出と口頭による陳述を行う機会についても，それらが特定の場面に限定されるように記述されていないため，協定規定上は柔軟性が認められていると捉えられる[218]。

EFTA が参加している協定では，相手国が単独の国である限りにおいて，第三国の参加に関する規則は EFTA 加盟国にのみに便益をもたらすことになる。したがって，これらの協定における第三国に関する規則は，純粋に中立的な第三国を想定した規則とは区別されることになろう。そうであるならば，EFTA による地域間協定（region-to-region agreement）によりフォーカスを当てることが適切と思われる。これまでのところ，そのような協定は 3 件——EFTA・中米 FTA，EFTA・湾岸協力理事会（GCC）FTA，EFTA・南部アフリカ関税同盟（SACU）FTA ——存在する。しかしながら，これらの協定の内容を見ても，第三国参加との観点では地域・国間協定（region-to-country agreement）と何ら異ならない[219]。ゆえに，EFTA は第三国に対して拡大的

---

(215) 例えば，EFTA・香港 FTA 第 10.4 条 5 項。

(216) カナダ・EFTA FTA 附属書 K(5)。なお，EFTA の協定は一般的に公衆に公開させることを認めるため（例えば，EFTA・香港 FTA 第 10.6 条 3 項），明確に出席が認めていなかったとしても，公開されることが決定された手続においては，手続を傍聴することができる。

(217) 例えば，EFTA・フィリピン FTA 第 13.5 条 8 項。

(218) 例えば，EFTA・フィリピン FTA 第 13.5 条 8 項。カナダ・EFTA FTA のように全ての審理に出席できることが前提であれば，口頭による陳述が第 1 回に限定されるように記述されていないことは，全ての審理において口頭による意見の表明の機会（少なくとも，機会それ自体）を認めるものと理解できうる。

153

◆第1部◆　国際貿易紛争処理における手続法的発展と課題

な権利を付与することを，それが EFTA 加盟国によって享受されるか否かに拘らず認める姿勢であると理解され，この傾向が今後締結される協定においても継続されると予想される。

3　「純粋な」複数国間 FTA 及び地域協定

　既述したように，紛争解決制度における第三国参加の権利内容を議論するに際しては，地域・国間協定では「第三国」は一方当事者（地域側）に偏重してしまうことから，「純粋な」複数国間協定に焦点を当てることが望ましい。しかし，目下のところ，多くの「純粋な」複数国間協定は，地理的に近接した国から構成されており，ゆえに紛争解決制度が強固な司法制度に進展していることが多く，その結果，WTO の紛争解決制度における第三国権利を検討する上で直接的に有益ではない場合が少なくない。

　それら数少ない「純粋な」複数国間協定のうち，北米自由貿易協定（NAFTA）及び，その後継の協定である米国・メキシコ・カナダ協定（USMCA）は，地域協定ではあるものの司法モデルを採用していないため，第三国権利を検討する上で重要な題材と言える。あるいは，ドミニカ共和国・中米・米国 FTA（CAFTA-DR）も米国が参加している複数国間協定であり，NAFTA ／ USMCA と近似性が確認される。いずれの協定も，実質的な利害関係を有する第三国に，全ての審理に出席すること，パネルに対して書面及び口頭により意見を表明すること，紛争当事国の意見書を受領すること（DSU とは異なり第 1 回会合に限定される旨の表記はない）を認める[220]。これら米国の一連の規定を見る限りにおいては，米国は拡大的な権利を，将来の複数国間協定においても標準的な規則として設定する可能性が高いと言える[221]。

---

(219)　例えば，EFTA・中米 FTA 第 12.4 条 6 項。ただし，EFTA・SACU FTA では，第三国は口頭による陳述を行うことが認められていない（第 37 条 7 項）。

(220)　NAFTA 第 2013 条，USMCA 第 31.14 条，CAFTA-DR 第 20.11 条。CAFTA-DR のモデル手続規則では，各参加国が提出する文書の写しが常に他の参加国（第三国を含む）に送付されること（モデル手続規則第 6 規則），審理中のどの段階においてもパネルが第三国に質問を行うことが認められること（同第 45 規則），あるいは，審理で明らかになった事項について第三国も書面による追加的な意見書を提出することが認められること（同第 51 規則）が明記されている。なお，米国が参加しているこれらの協定については，上記のカナダ・EFTA FTA と同様の指摘ができる。前掲注(218)参照。

(221)　米国の関与が強かった TPP 協定／ CPTPP（第 28.14 条）でも，NAFTA 等にお

154

◇ 第 4 章 ◇ 拡大第三国権利の概念の形成と展開〔関根豪政〕

EU が締結した複数国間貿易協定については，EU・コロンビア・ペルー・エクアドル FTA が第三国に対して，各紛争当事国の意見書の写しを受領すること，仲裁パネルに対して意見書を提出すること，仲裁パネルの審理に参加すること，そして，そのような審理の過程において意見を表明することを認める[222]。他方で，EU・中米 FTA 及び EU・CARIFORUM EPA においては，第三国の権利について触れる特別な規定は設けられていない[223]。このような非一貫性，及び，協定例の数の不十分性は，EU が参加する将来の協定において，いかなる第三国参加の形態が標準として採用されるかについて推測することを困難にさせる。

中米及び南米諸国が締結した協定においても，拡大的な第三国を包摂するものが散見される。例えば，メキシコ・中米 FTA では，第三国は全ての審理に出席することや，仲裁パネルに対して書面及び口頭で意見を表明すること，紛争当事国の意見書を受領すること（協定の規定上にそれらについての範囲の制約はない）が認められ，さらには，仲裁パネルの最終報告において全ての意見が反映される旨が明記されている[224]。

その他の複数国間協定においては，環太平洋戦略的経済連携協定（P4 協定）が第三国に対して拡大的な権利を与えている。また，P4 協定を基礎とした環太平洋パートナーシップ（TPP）協定や，環太平洋パートナーシップに関する包括的及び先進的な協定（CPTPP）も類似の規定となっている。いずれも，第三国が全ての審理に出席すること[225]，紛争当事国の意見書を受領すること[226]，そして仲裁裁判所又はパネルに対して書面又は口頭で意見を表明する

けする規定がほぼ複製されている。

(222)　手続規則第 4 規則，第 9 規則，第 10 規則，第 44 規則，第 45 規則。

(223)　ただし，両協定は，仲裁パネルが第三国参加に関する手続上の規則を追加的に採択することを排除してはいない（例えば，EU・中米 FTA の手続規則の第 18 規則）。

(224)　メキシコ・中米 FTA 第 17.11 条 2 項，及び，Committee on Regional Trade Agreements, 'Factual Presentation: Free Trade Agreement between Mexico and Central America – Costa Rica, El Salvador, Guatemala, Honduras, and Nicaragua,' WT/REG349/1 (2015), para. 5.21. 太平洋同盟枠組協定追加附属書（Additional Protocol to the Framework Agreement of the Pacific Alliance）第 17.8 条 2 項，中米共同市場（CACM）貿易紛争解決制度（Central American Trade Dispute Resolution Mechanism）第 17 条 2 項，MERCOSUR・SACU PTA 附属書 V，第 18 条 2 項も参照。

(225)　P4 協定附属書 15.B の 9，及び，TPP 協定／CPTPP 第 28.14 条。

◆ 第 1 部 ◆　国際貿易紛争処理における手続法的発展と課題

ことを認める[227]。

　独立国家共同体自由貿易圏（CISFTA）も，拡大的な権利を第三国が獲得しうることを示唆する例である。条約（The Treaty on a Free Trade Area between members of the Commonwealth of Independent States）は第三国にも「少なくとも 1 回の専門家委員会における審理及び意見書」の提示の権利があると規定し，追加的な機会の許与の余地を持たせている[228]。

　興味深いことに，二国間 FTA においても第三国の参加に関する規定を設ける例が見られる。例えば，米国・コロンビア TPA や米国・ペルー TPA では，NAFTA や CAFTA-DR 等の複数国間協定と同様に，利害関係を有する第三国が全ての審理に出席すること，パネルに対して書面及び口頭により意見を表明すること，そして紛争当事国の意見書を受領することが認められている[229]。これらの二国間協定は，複数国間協定へと発展させるより大きな計画の一部と見込まれていたか，元々は複数国間協定を想定して締結されたものであることが，第三国に関する規定を設ける理由となっている[230]。加えて，これらの協定は，米国が将来の協定においても拡大第三国権利を認めるであろうとする上記の予測を裏付けることにもなる。

　上記の協定とは対照的に，GCC・シンガポール FTA やエルサルバドル・ホンジュラス・台湾 FTA 等の複数国間協定では，それぞれの紛争解決手続が詳細に規定されているにも拘らず，第三国の参加が直接的には記述されていない。また，EAEU・ベトナム FTA は，仲裁パネルに対してアミカス・キュリエとして意見を述べる，あるいは意見書を提出する機会を第三国（EAEU を含む）に認めるが，第三国としての権利の詳細は定かにはしていない[231]。そして，南アジア自由貿易協定（SAFTA）や CEZ（Common Economic Zone）[232] と

---

(226)　P4 協定附属書 15.B の 3，及び，TPP 協定／ CPTPP 第 28.14 条。

(227)　P4 協定附属 15.B の 9，23，25，及び，TPP 協定／ CPTPP 第 28.14 条。

(228)　附属書 4，第 12 段落。

(229)　米国・コロンビア TPA 第 21.11 条，及び，米国・ペルー TPA 第 21.11 条。コロンビア・メキシコ FTA 第 19-13 条も参照。

(230)　Claude Chase et al., "Mapping of Dispute Settlement Mechanism in Regional Trade Agreements: Innovative or Variations on a Theme?" in Rohini Acharya (ed.), *Regional Trade Agreements and the Multilateral Trading System* (Cambridge University Press, 2016), p. 672.

(231)　EAEU・ベトナム FTA 第 14.4 条 2 項。

◇ 第4章 ◇ 拡大第三国権利の概念の形成と展開〔関根豪政〕

いった複数国間協定における紛争解決制度は，準司法的制度に分類できるほど
にまで発展したとは言えない状態にある[233]。

4　FTA 規定からの示唆

　現時点で，幾つかの複数国間協定及び二国間協定は，各協定内に創設された
紛争解決制度において，第三参加国に拡大的な権利を付与することを認めてい
る。それらの例は，拡大第三国権利に対する前向きな姿勢が浸透しつつあるこ
との証左とも言えるが，他方で，一般論として多くの国がFTAにおいて拡大
的な権利を付与する傾向にあると結論付けるのは尚早であると思われる。拡大
的な権利を明示している協定の絶対数は決して多いとは言えない。また，同一
の国が締結している協定であっても，拡大的な権利が与えられるかについての
ばらつきが確認される。将来的に，多くの複数国間協定において，拡大的な第
三国権利が与えられる状況が生まれる可能性は高いと予想されるものの，現在
のFTAにおける実例が，この問題についてのWTO加盟国の一般的な認識と
してWTOにおいて反映されるべきとされる程にまで確立していると言い切
るのは早計と思われる。

　なお，現在のFTAにおける第三国の参加とWTOにおけるそれとの間には，
手続の進行への影響の面で大きな相違が存在することは注意を要する。現状，
最大規模のFTAであっても，加盟国数は10カ国前後であるため，第三国が
広い範囲で手続に参加することが認められたとしても，紛争解決手続の遅延等
の運用上の問題が深刻化する恐れは少ない。このことを踏まえると，WTOに
おける拡大第三国権利を検討する上でFTAにおける実務からより適切な示唆
を得るためには，「純粋な」複数国間協定が，その協定下の紛争解決制度にお
ける第三国の参加がより重要な関心となるまでに規模が拡大することを待つ必
要があると言えよう。

VI　拡大第三国権利に内在する問題

　本章第IV節で議論したように，WTOのDSU改正交渉では，第三国の権利

---

(232)　ベラルーシ，カザフスタン，ロシア，ウクライナから構成され，2004 年に発足し
　　ている。

(233)　Chase et al., *supra* note 230, pp. 692-700.

157

◆ 第1部 ◆ 国際貿易紛争処理における手続法的発展と課題

の拡大に前向きな姿勢が多く見られる。参加国の意見書全てへのアクセス，及び，パネルと当事国との間の実質的な会合の全てに出席することについては，交渉者間で収斂が見られつつある。残された論点は，第2回会合での能動的な参加──第三国が第2回会合において，意見書の提出や口頭による陳述を行うことが認められるか──の標準化の是非である。

　また，FTAにおいては，第三国が全ての審理に出席し，紛争当事国の意見書を受領することが認められる例が見られるようになっている。協定によっては，複数の場面で自己の見解を（書面及び口頭の双方で）表明することを認める余地が含まれていると読めるものさえもある[234]。現段階では，詳細が定かではない点も多いものの（実際の手続の利用例の集積がないため），米国が参加している協定や，目下のところ参加国数が多い部類に入る複数国間協定であるCPTPPにおいて，第三国に拡大的な権利を認める例が存在することから，今後もこのような権利の拡大傾向がFTAにて続く可能性は大いにある。

　そして，このような第三国の権利拡大に対する各加盟国の肯定的な姿勢の漸次的な浸透を踏まえると，パネルは現在の慎重な姿勢から転換し，拡大的な権利の付与に寛容になるべきなのではないかとの疑問が沸く。たしかに，DSU改正交渉やFTAにおける議論の傾向は，拡大的な権利の付与の問題を検討する上で重要な判断材料を提供するが，上記の疑問に対して肯定的に回答することには不安もつきまとう。この点については，第三国参加の意義に関する学説上の争いをまずは以下で参照した上で，再度検討を試みたい。

　学説においては一般的に，第三国に手続上の権利（拡大的な権利を含め）を認めることの便益は次のように整理されている。第1に，申立国として手続を開始するのに十分な資源とノウハウのない加盟国は，手続に第三国として参加することによって紛争解決制度を理解し，その利益を享受することができる[235]。第2に，第三国が参加することは，パネルが紛争当事国の関心に過度に焦点を与えることを緩和し，加盟国全般の広い利益を考慮することを促す[236]。第3に，パネル及び上級委員会が，多角的交渉が停滞している状況下

---

(234)　前掲注(218)及び注(220)参照。

(235)　Hughes, *supra* note 203, p. 201; Albashar and Maniruzzaman, *supra* note 7, p. 321.

(236)　Covelli, *supra* note 187, p. 673; Allan Rosas, "Joinder of Parties and Third Party Intervention in WTO Dispute Settlement" in Friedl Wiess (ed.), *Improving WTO Dispute Settlement Procedures: Issues and Lessons from the Practice of Other*

で「間隙的な立法（interstitially legislating）」——つまり，法（WTO協定）の欠缺の補充——を行う場合に，有益な情報や考慮要素を提供することになる[237]。しかしながら，これらの利益の大半は，紛争当事国や紛争解決のために機能している機関（例えばパネル）が享受できるものというものよりもむしろ[238]，手続に第三国として参加している当事国か，加盟国全般により強く及ぶものである。それゆえに，DSU交渉ではWTO加盟国が第三国の権利を拡大する方向に傾斜する（拡大的な権利に肯定的な多数派が構成されやすく，強く反対する国が生まれづらい）のも必然[239]とも思われる[240]。

　また，第三国の参加による利益については反論も示されている。例えば，Busch and Reinhardtは，第三国の参加は紛争の早期解決の機会を減じること[241]，そしてそれが究極的には，加盟国がWTO紛争解決制度に付託するこ

International Courts and Tribunals (Cameron May, 2000), p. 85; Thomas A. Zimmermann, *Negotiating the Review of the WTO Dispute Settlement Understanding* (Cameron May, 2006), p. 176.

(237)　Krzysztof J. Pelc, "Twenty Years of Third-Party Participation at the WTO: What Have We Learned?", in Manfred Elsig et al. (eds.), *Assessing the World Trade Organization: Fit for Purpose?* (Cambridge University Press, 2017), p. 214; Albashar and Maniruzzaman, *supra* note 7, p. 316; Adam Gross, "Can Sub-Saharan African Countries Defend their Trade and Development Interests Effectively in the WTO? The Case of Cotton", *The European Journal of Development Research*, Vol. 18, No. 3 (2006), p. 383.

(238)　第三国が拡大的に参加することで提供される情報量の拡大は，パネル及び上級委員会が紛争を取り巻く政治的な環境を把握することに貢献するのは事実であろう。しかし，かかる推定は，入手できる情報が国際際社会の意見を真に代表している場合にのみ有効と言える。

(239)　事実，WTO加盟国の大多数は，紛争解決手続に紛争当事国としてではなく第三国として参加する機会の方が多い。主な例外が米国とEUである（両国とも申立国ないし被申立国のいずれかとして参加する機会が，第三国として参加する機会よりも多い）が，アンティグア・バーブーダのように，第三国参加の実績はないものの，紛争当事国としては参加したという例も僅かながらある。WTO, "Disputes by Member" at https://www.wto.org/english/tratop_e/dispu_e/dispu_by_country_e.htm (as of December 7, 2018).

(240)　拡大第三国権利について肯定的な見解を示すものとして，例えば，Albashar and Maniruzzaman, *supra* note 7, p. 329; Asif H. Qureshi, "Participation of Developing Countries in the WTO Dispute Settlement System", *Journal of African Law*, Vol. 47, No. 2 (2003), p. 194.

(241)　Marc L. Busch & Eric Reinhardt, "Three's A Crowd: Third Parties and WTO

◆ 第 1 部 ◆ 国際貿易紛争処理における手続法的発展と課題

とを躊躇することにつながると指摘する[242]。Busch and Reinhardt はまた，第三国の参加によりパネルが過度に紛争当事国の関心に焦点を当てることが防止できるとの主張についても，懐疑的な見解側に同調する。彼らはそのような利益を否定することはしないものの，第三国の参加は，紛争当事国の関心とは必ずしも調和しない主張を混入させることで紛争を複雑化させてしまうと心配する[243]。Carmody はさらに進んで，第三国の権利が濫用されることを懸念する[244]。

　さらに，第三国の参加は第三国自身に恩恵をもたらすとは限らないとする懸念も示されている。Smith は，上級委員会手続において途上国に広範な第三国権利を付与することに疑問を投げかける。彼は，途上国には手続の中で提出された相当量の主張を追跡し，適切に対応するのに必要な能力が備わっていないと指摘する[245]。かかる能力欠如の議論は，パネル手続における第三国参加にも同様に妥当する。拡大的な権利を積極的に許与することは，それら拡大的な権利の恩恵を受けられる第三国と，通常の第三国参加でさえ参加に困難を伴うような第三国との間の格差を助長する危険性はある。もっとも，そのような主張の正否については実証的に評価することは難しい。それは次のような 2 つの相反する事象の存在に起因する。まず，拡大的な権利は大半が，先進国又は新興国（ブラジルや中国）によって要請されており[246]，この事実は，よりリソースに優れる加盟国が拡大的な権利の恩恵を受けやすいとの主張を裏付けることになる。しかし，その一方で，それら先進国ないし新興国による拡大的な

　　Dispute Settlement" *World Politics,* Vol. 58（2006），p. 475.

（242）　*Ibid.,* p. 476.

（243）　*Ibid.,* pp. 455-57. 他方で，第三国の参加による手続の遅延の対価として，より「公平な」（非差別的な）紛争の解決が実現される可能性が高まるのも事実であろう。Pelc, *supra* note 237, p. 214.

（244）　Carmody, *supra* note 26, pp. 635 and 653.

（245）　Smith, *supra* note 4, p. 553.

（246）　拡大第三国権利が要請された 30 の事件のうち，カナダとブラジルが 22 件で関与（自らが拡大的な権利を要請した場合のみならず，他の参加国の要請により恩恵を受けた場合，あるいは，その要請が承認されていれば恩恵を受けていただろう場合を含む）しており，日本（20 件），中国及びインド（19 件），EU（18 件），韓国（16 件）そして豪州（15 件）と続く。同様の状況下における途上国であれば，例えばコロンビアの関与が多い（11 件）。

権利の要請のほとんどはパネルによって却下されてきた点も見過ごせない。実際に，拡大的な権利の獲得に成功した例は途上国（とりわけ ACP 諸国）が多いのである。この事象を捉えれば，制度が先進国に有利な形で運用されているとの主張は必ずしも正鵠を射ていないことになる，しかし，さらに言うと，この最後の結論も必ずしも説得性があるわけではない。手続に実際に参加していない加盟国や，拡大的な権利の要請を見送った加盟国への潜在的な影響のような，実際に検証しづらい要素までは把握できないためである。とはいえ，いずれの場合であっても一つ指摘できることは，今日までの拡大的な権利の要請の大部分は先進国か新興国から示されたものであり，しばらくはその傾向が維持される──WTO の紛争解決手続がそもそも存続するかという根本的な問題が発生しているが──ことは想像に難くないという点である。かかる状況下で DSU が改正され，拡大的な権利が自動的に付与されることになれば，新制度の利益の多くはそれらの国が享受することを意味しうる。

　これらを加味すると，盲目的に第三国の権利の拡大を進めるべきではないと言え，むしろ，注意深くケースバイケースで判断を行ってきたパネルの姿勢も支持されよう。交渉に参加する加盟国の多くが第三国の立場として紛争に参加することが一般的で，ゆえにかかる立場を体現する見解が多数派を構成し，第三国の権利を拡大する方向に傾倒しがちな DSU 改正交渉における議論とは異なり，パネルの実行は，紛争当事国，第三国，そして紛争解決手続の運営を担っている各組織の利害関係のバランスを図ることを意識したものとして相応に評価される──個別の判断においてバランスが適切に図られているか否かとの問題は付きまとうものの──のではないだろうか。

Ⅶ　司法的機関の慎重性と政治的な意思の調和

　ここまでの議論から分かるように，拡大第三国権利を巡っては主に２つの視点が考えられる。第１が，DSU 改正交渉において支配的な主張や，FTA 規定での実際の傾向に沿って，拡大的な権利の付与を標準とする見解である。この見解に基づくと，パネルはこれまでの実務から脱却することが求められる。しかし，かかる見解が多数派を構成しているのが現実であるとしても，それを無批判に受け入れることは望ましいとは言えない。とりわけ，自動的かつ広範な第三国権利の拡大が認められると，情報処理能力や専門知識等に長ける先進国

◆ 第1部 ◆ 国際貿易紛争処理における手続法的発展と課題

等にその恩恵が非均質的にもたらされることが懸念される。

　そして，第2の視点が，現行のパネルの慎重な実行の維持である。ただし，この立場は，拡大的な権利の当否に関する基準が確立されない限り，パネルの判断が予見性に欠けるとの問題を随伴することになる。

　これらを踏まえると，解決策は2つの極の間に存在すると考えられる。すなわち，①権利付与の決定に関するパネルの裁量を維持しつつも，予見性を高めるためにより明確な基準を構築すると同時に，②自動的に権利が付与される範囲を明示する試みである。このような考えに基づき，本章では具体的に以下を提言したい。

　まず，全ての会合への出席と，第2回目の会合における意見書やその他の関連文書の受領に関するパネルのこれまでの実務は，DSU 交渉に参加している加盟国の意向や，FTA に含まれている規定に鑑みると，厳格すぎると評価される。第三国がこれらの権利のみを拡大的な権利として求めた場合には，パネルは慎重になりすぎる必要はないと言えよう。これらの権利の付与はリソースに優れる国を益するものであるが，いわゆる受動的な参加となるため，その影響は限定的であると思われる。よって，システミックな利益が根拠であったとしても，手続の進行との関係で許容される限り（遅延をもたらさない限り），参加機会の拡大は許容されよう。これらについては，実際の DSU 改正交渉で示されているように，DSU で権利拡大を明記することも選択肢である。

　対照的に，第2回会合において第三国が意見を表明する追加的な機会を与えることに対して慎重な姿勢を示すパネルの実務は肯定されよう。第三国が繰り返しパネルの前で自らの意見を表明する機会が与えられることは，パネルの判断により強く影響を及ぼしやすいと同時に，複数回に亘る意見表明の負担に耐えられる加盟国が有利な状況を生むことになる。特に，システミックな利益やパネルによる紛争の検討への貢献の理由から，意見表明の追加的な機会を認めることは慎重になるべきであろう。よって，DSU 改正交渉で提示されている，第2回会合で口頭ないし書面による意見の提供の機会を自動的に付与する提案は支持し難い。

　同時に，パネル（あるいは関連する組織）は，拡大的な権利を付与する基準の明確化に努めるべきである。この点につき，経済利害関係基準は，経済的影響の規模を示唆する基準から離れ，経済的な近接性を問題にする基準として再整理される必要があろう。すなわち，第三国が争点とされている措置に明確に

関与している場合に代表されるような，第三国の経済上あるいは貿易上の利益が直接的にパネルの判断により損害を受ける場合に，権利が拡大されるという基準の提示である。これは現在の「重大な経済的利害関係（significant economic effect）」指標[247]よりも明確な基準を提供すると思われる。そして，その経済的な影響の直接性に応じて（他の要素も勘案しつつ）権利の内容が確定されるべきである。

　以上とは別に，同一の措置を検討対象とする，並行に進行しているが進捗に差のある2つの事例が存在する状況において，先行する手続の当事国で，かつ，後発の手続に第三国として参加している加盟国に拡大的な第三国権利を付与することは，当該国の適正手続の権利を侵害するような決定的な要素が，後続の手続において出現しうる場合には認められるべきである。さもなければ，当該国が，その新規の要素に対して自らの地位を防御する機会を失うことになるためである。他方で，そのような特殊な事情が存在しない場合には，先行する手続における紛争当事国に，後発の手続で自らの見解を表明する追加的な機会を与えなければならない理由は発生しない。むしろ，最初の手続で提示できなかった主張を行う第2のチャンスを与えることになってしまう。それとは反対に，後発の手続の紛争当事国に，先行する手続において拡大第三国権利を許与することは認められるべきであろう（ただし，先行するパネル手続の進行の過度な遅延を招かない等の条件を満たす限りにおいて）。これはDSU第9条2項及び3項に裏付けられると言える。これらの規定の精神は，並行的な手続が効率的かつ実効的に進められるために，両手続に参加している申立国／第三国についても，手続を調和しようとする各種の試み（手続間の情報交換等）による恩恵を受けることを許容すると思われる。

　最後に，DSUに規定される第三国の権利のみでは，パネルが第三国の見解を十分に考慮できない場合に，例外的に拡大的な意見表明の機会を与えるか否かについて判断できるパネルの裁量の維持は許容されよう。かかる理由で拡大的な権利が求められる場面というのはおそらく，第三国の経済的利害関係が相当に直接的に影響を受ける場合であったり，パネルの判断に決定的な影響を与えうる要素が手続の後半で生ずる場合であったりすることが多い（つまり，上

---

(247)　Panel Report, *US-Coated Paper (Indonesia), supra* note 85, p. D-3; Panel Report, *Korea-Radionuclides (Japan), supra* note 96, p. D-2.

◆ 第1部 ◆　国際貿易紛争処理における手続法的発展と課題

述した拡大権利を与える別の根拠と重複的な関係になる）と推測されるが，パネルには，通常の第三国の権利や，会合の傍聴の機会の拡大だけでは DSU 第 10 条 1 項でいう「加盟国の利害関係〔を〕…十分に考慮」できない状況に該当するとして，拡大権利を付与する柔軟性が与えられるべきと言える。

Ⅷ　お わ り に

　拡大第三国権利は，WTO の紛争解決手続の在り方や現状を考察する上での有益な題材と言える。第 1 に，拡大第三国権利は DSU に規定されておらず，その概念や基準はパネル（場合によっては上級委員会）の実際の判断例を通じて形成されてきた。つまり，WTO の司法的組織が法の欠缺を補充してきた（あるいは，司法的組織が法創造を行ってきた）領域と位置付けられる。これは，予め設けられた権利が第三国の利益を保護するのに十分ではない場合に，当該第三国を救済することになるとして肯定的に評価することができる。かかるパネルの実行に対しては，すくなくとも加盟国の間からは，強く批判する見解は見受けられない。むしろ，DSU 改正交渉を見ても分かるように，加盟国は総じて拡大的な権利を与えることに前向きである。よって，このようなパネルないし上級委員会による手続面での立法的な行為は許容される，あるいは必要とされると言え，それが紛争解決手続の信頼向上につながるポジティブな面がある。他方で，第 2 に，パネルのこれまでの実行においては，拡大的な権利の適否の結論に至る基準が曖昧で，決定の予見性が低いという問題も見られた。これは，かかる権利の付与の判断基準が個別事例におけるパネル等の裁量に委ねられたことで生じている問題であり，パネル等による個別の判断を通じた手続の整備（対処療法）の限界を示すものと捉えられる。この問題を解消するためには，拡大第三国権利について統合的かつ一貫的に整備することや，かかる権利を許与することの背景等に関する議論の集積が必要と考えられる。

　これまでのところ，立法的機関（すなわち DSU 改正交渉，及び，部分的に，FTA における実例）はこの問題について，ある程度の回答を示している。第三国による紛争当事国の意見書全ての受領，及び，当事国とパネルとの間の実質的な会合全てに出席する権利については，交渉している加盟国の間で収斂が見られつつある。これらについては，DSU において明文化することや，実際の紛争解決手続で導入すること自体に理論的に大きな障害はないと言える。とは

いえ，現実的には，DSU 改正交渉や WTO を取り巻く現状に鑑みると，立法を通じて確定的に解決することは困難なため，パネルの実務を通じた運用に委ねざるを得ない状況にある。

そうであるならば，次に生ずる論点が，パネルが現行の実務から自発的に離反して，DSU 交渉でほぼ合意が形成できつつある行動基準に従うべきかという点である。通常の法制度下では，司法的機関が，立法行為が実現されるまで自らの行動を改変しないことは不思議ではない。それは，立法者が司法機関の実務の改正を試みようとする意図が表示されてから，実際にそれが新法として実現されるまでに，相当のタイムラグが発生することは稀なためである。しかし，時宜に適った立法行為が期待できない──現在の WTO の立法活動（ルール交渉）のような──特殊な状況では，立法的機関での議論の方向性が明白である場合には，司法的な機関が立法的機関の意向を斟酌して，自らの法理論を修正することも是認されるかもしれない。たしかに，DSU 交渉における結果を先占することは，交渉当事者間のバランスを崩す恐れがあるが，立法的機関の意向と司法的機関の実務が乖離した状態が継続する状態もまた異様である。このような状況では，WTO の司法的機関（パネル及び上級委員会）と立法的機関との関係で，柔軟に対応することが求められるであろう。

いずれにせよ，第三国権利の拡大は WTO 加盟国にとって利益をもたらしうるものであり，その適切な運用が望まれることから，今後も，パネルによる実行に対するより仔細な議論を通じて，基準や運用内容を精緻化していく試みが継続されるべきであることは論を俟たないであろう。

第5章

WTO紛争処理制度と「妥当な期間」
――履行過程における時間の制度的統制*――

小 寺 智 史

I 序

　国際紛争処理制度の多様化[1]に関する議論が示すように，現在の国際社会には多くの紛争処理制度が存在する。国際貿易の分野についても，1995年に設立された世界貿易機関（World Trade Organization，以下 WTO）の紛争処理制度に加えて，複数国間で締結される自由貿易協定（Free Trade Agreement，以下 FTA）の紛争処理制度が併存し，両者の関係が論じられている[2]。

　国際紛争処理制度及びその機能が多様化する現在，国際貿易紛争処理制度の特質を問うことは可能であろうか[3]。この試みの成否は，各制度を横断的に

　＊　本論文は，科学研究費補助金・基盤研究(C)「国際貿易紛争処理制度の手続法的発展」（課題番号 15K03142）の研究成果の一部である。

(1)　国際紛争処理制度の多様化については，宮野洋一「国際法学と紛争処理の体系」国際法学会編『日本と国際法の 100 年（第 9 巻）紛争の解決』（三省堂，2001 年）28-53 頁，参照。

(2)　この点，第 7 章の関根論文に加えて，次を参照。川瀬剛志「WTO と地域経済統合体の紛争解決手続の統合と調整――フォーラム選択条項の比較・検討を中心として (1) (2・完)」上智法学論集 52 巻 1・2 号（2008 年）149-183 頁，52 巻 3 号（2009 年）1-109 頁；Malebakeng Agnes Forere, *The Relationship of WTO Law and Regional Trade Agreements in Dispute Settlement: From Fragmentation to Coherence*（Wolters Kluwer, 2015）。

(3)　WTO 紛争処理制度を他の国際紛争処理と比較して論じる試みは，日本でも既にいくつかなされている。例えば，以下を参照。岩沢雄司「WTO 紛争処理の国際法上の意義と特質」国際法学会編・前掲注(1)215-242 頁；小寺彰『パラダイム国際法――国際法の

◆ 第1部 ◆ 国際貿易紛争処理における手続法的発展と課題

比較するための基準をいかに設定するかにかかっている[4]。この点，本稿が注目するのは，国際紛争処理制度における「時間」という要素である。特に，第三者裁定の履行過程における時間の統制に焦点を当てることで，国際貿易紛争処理制度の特質を明らかにしたい。

WTO 紛争処理制度においては，パネル又は上級委員会の報告書が紛争解決機関（Dispute Settlement Body, 以下 DSB）によって採択された後，被申立国が直ちに DSB による勧告及び裁定を実施できない場合，「妥当な期間（Reasonable Period of Time, 以下 RPT）」が与えられる。RPT の決定方法については，WTO 紛争処理制度を規律する紛争解決了解（Dispute Settlement Understanding, 以下 DSU）が規定している。また，多くの FTA 内の紛争処理制度においても類似の手続きがみられる。

本稿は，第三者による裁定の履行過程における時間の統制の様態こそが，国際貿易紛争処理制度の特質のひとつであるという作業仮説に立脚し，同制度におけるRPT の決定過程を検討するものである。上述のように，国際貿易紛争処理制度としては，WTO 紛争処理制度と FTA 内の紛争処理制度の両者を基本的に想定しているが，本稿は，前者の WTO 紛争処理制度における RPT の決定過程を分析する。というのも，FTA 内の紛争処理制度は WTO 紛争処理制度を範とすることが多いからである。FTA 内の RPT 決定過程については，WTO 紛争処理制度との比較に限定して扱うことにする。

以下ではまず，本稿における分析の基礎をなす概念枠組みについて理論的考察を行う（Ⅱ）。続いて，WTO 紛争処理制度における RPT の決定過程について，DSU の関連諸規定を概観した後，紛争当事者間の合意に基づいて RPT が決定される現在の実行を確認する（Ⅲ）。その後，DSU21 条 3 項(c)が規定するRPT 仲裁決定の判例を分析することで，WTO 紛争処理制度の履行過程における時間の統制の特徴について明らかにする（Ⅳ）。

基本構成』（有斐閣，2004 年）206-220 頁；阿部克則「WTO における紛争解決機関勧告履行手続の法的性格——国際法上の諸制度との比較の視点から」川瀬剛志＝荒木一郎編『WTO 紛争解決手続における履行制度』（三省堂，2005 年）37-64 頁。
(4) この比較のための基準設定は様々あり得る。その成否は別として，「正統性（legitimacy）」を基準に，国際貿易紛争処理制度を比較する近年の試みとして次を参照。Robert House, Hélène Ruiz-Fabri, Geir Ulfstein and Michelle Q. Zang (eds.), *The Legitimacy of International Trade Courts and Tribunals* (Cambridge University Press, 2018).

II 国際紛争処理における時間

　本節では，WTO 紛争処理制度における履行過程の時間的統制の分析のための概念枠組みの提示を試みる。まず，国際紛争処理における時間の位置づけについて検討した後（1），特に第三者裁定の履行過程における時間の統制の様態に関して，「制度的統制（institutional control）」という概念を中心に若干の理論的考察を行う（2 及び 3）。

1 国際紛争処理における「時間」

　国際法と時間の間には密接な関連があるにもかかわらず，「国際法と時間」という主題について，これまで体系的な議論はほとんどなされてこなかった。もちろん，例外も存在する。例えば，2000 年 5 月にパリで開催されたフランス国際法学会年次大会は，「国際法と時間」を共通論題とするものであった[5]。しかし，同大会についても，国際法と時間という主題について論じ尽くしたとはいえない。また，日本においても限られた例外はあるものの[6]，国際法と時間の関係に関して十分な関心が払われてきたとは言い難い。

　もっとも，法と時間の関係をめぐる一般的・理論的考察が欠如してきたという事情は，国際法に限らず，国内法においても同様である。千葉正士が指摘するように，実定法上の時間制度への言及を除けば，「時間の法的範疇は，法学も社会科学のどの分野も理論を再検討するほどの問題を実践上も理論上も提起したことがなかった」[7]のである。

　国際法と時間が取り持つ多種多様な関係は，今後の一層の理論的分析を要する問題であるが，このことは，国際紛争処理における時間という観点についても同様であるように思われる。国際紛争処理という過程においては，係争の対象となる事柄や出来事の多様な側面が，紛争処理という目的に従って抽象化さ

---

(5)　Société française pour le droit international, *Le droit international et le temps* (Pedone, 2001).

(6)　国際法と時間の関係に関する，日本における先駆的な業績として以下を参照。奥脇直也「過程としての国際法──実証主義国際法論における法の変化と時間の制御」世界法年報 22 号（2003 年）62-94 頁。

(7)　千葉正士『法と時間』（信山社，2003 年）3 頁。

◆ 第 1 部 ◆　国際貿易紛争処理における手続法的発展と課題

れる。紛争が国際法に基づいて法的に処理される場合（「紛争の法的処理」）[8]，この抽象化は国際法という言説空間の配置に従ってなされる[9]。

　このことは，時間という要素についても当てはまる。紛争当事者は，それぞれ異なる言説空間に属し，相異なる時間の流れを生きている。時間という観点からは，国際紛争処理とは，紛争当事者が生きる異なる時間を，紛争処理という目的の下に有権的に統合する過程である[10]。紛争処理が法的基準に照らしてなされる場合，この統合の過程は，法的な言説空間の時間的配置に従うことになる。この点，時効や決定的期日といった法的技術とは，ある事柄・出来事を他の言説空間から国際法という言説空間へと「節合」し，国際法に固有の時間的配置へと「編集」[11]する技術とみなすことができる[12]。

2　第三者裁定の履行過程に対する制度的介入

　国連憲章 33 条 1 項が列挙するように，国際社会に発生する紛争を平和的に

---

(8)　「紛争の処理」「紛争の解決」又は「紛争の法的処理」といった概念の相違については，宮野・前掲注(1)32 頁，参照。

(9)　国際紛争処理は必ずしも法的処理に限定されない。よって，国際紛争処理における時間という問題は本稿の射程を超えるものであり，様々なアプローチがあり得る。国際紛争処理における時間という要素の関連性については，例えば，次を参照。Marco Pinfari, *Peace Negotiations and Time: Deadline diplomacy in territorial disputes* (Routledge, 2013), pp. 16-19.

(10)　時間の有権的な統合には当然，政治的な契機が介在する。政治と時間の関係については政治理論の分野で様々な議論がなされているが，例えば，次を参照。鵜飼健史「民主主義の過去と現在」西南学院大学法学論集 50 巻 2・3 号（2018 年）181-211 頁。

(11)　法が社会と取り結ぶ関係については，従来，様々なメタファーを用いて表現されてきた。例えば，国際法を「地図」「翻訳」というメタファーで語る試みについては次を参照。齋藤民徒「国際法の認識をめぐって——世界を『翻訳』する国際法」中川淳司＝寺谷広司編『国際法学の地平——歴史，理論，実証』（東信堂，2008 年）22-48 頁。他方で，時間という要素を加味して法と社会の関係を考察する場合，「編集（edit/editing）」というメタファーが有用かもしれない。ここで「編集」とはさしあたり，任意の時間軸における情報を整序し，特定の文脈における意味を創出する過程及び営為を意味する。法と編集の関係については，例えば，松岡正剛『知の編集術——発想・思考を生み出す技法』（講談社，2000 年）68-76 頁，参照。

(12)　国際法の言説分析，及び同分析におけるエルネスト・ラクラウの言説理論の意義については，小寺智史「国際法と国際経済法の関係——断片化と統合をめぐるポリティクス」国際法外交雑誌 115 巻 3 号（2016 年）27-45 頁，参照。

◇ 第5章 ◇ WTO紛争処理制度と「妥当な期間」〔小寺智史〕

解決する手段は様々である。同項は，紛争処理方法として，「交渉，審査，仲介，調停，仲裁裁判，司法的解決，地域的機関又は地域的取極」を挙げている[13]。これら多様な紛争処理の態様は，紛争処理過程に第三者がいかに介在するかという観点から整理することができる。例えば，仲裁裁判及び司法的解決は，紛争の第三者たる裁判官が法的拘束力を有する裁定，すなわち判決を下すという形で介在する点に特徴がある。ただし，国際紛争処理制度が多様化する現在，履行対象となる第三者の裁定は，厳密な意味での法的拘束力を伴う判決に限定されない。国際紛争処理又は第三者裁定という概念を広義に解釈すれば，人権条約機関による勧告など，一般的に法的拘束力を伴わないとされるものも履行の対象となる。

　紛争の法的処理では，第三者による裁定が紛争当事者に対して与えられた後，当該裁定の履行という段階に移行する。国内社会とは異なり，分権的な構造を有する国際社会では，第三者裁定の履行は基本的に当事者間に委ねられる。すなわち，被申立国による裁定の履行の実効性は，終局的には，申立国による対抗措置その他，国際法上許容される自救行為 (self-help)[14]によって担保される。

　ただし，第三者裁定の履行が直ちに紛争当事者間に委ねられるわけではない。各国際紛争処理制度は，裁定の履行過程に様々な態様で介入することで制度的統制を及ぼし，紛争の客観的かつ公平な平和的解決を図ることを企図している。この介入の典型例は，国際司法裁判所 (International Court of Justice, 以下ICJ) である。国連憲章94条2項は「事件の一方の当事者が裁判所の与える判決に基いて自国が負う義務を履行しないときは，他方の当事者は，安全保障理事会に訴えることができる。理事会は，必要と認めるときは，判決を執行するために勧告をし，又はとるべき措置を決定することができる」と規定し，ICJの判決の履行に対して，国連安全保障理事会による制度的介入を認めている[15]。

---

(13)　各々の国際紛争処理の概要については次を参照。J. G. Merrills, *International Dispute Settlement*, 5th ed. (Cambridge University Press, 2011).

(14)　国際法上の「自救 (self-help)」概念については，例えば，次を参照。Math Noortmann, *Enforcing International Law: From Self-help to Self-contained regimes* (Ashgate, 2005).

(15)　ただし，国連憲章94条2項の「必要と認めるときは」との文言が示すように，この安保理による制度的介入は「義務的」なものではない。Karin Oellers-Frahm, "Article 94 UN Charter," in Andreas Zimmermann, Christian Tomuschat, Karin Oellers-Fra-

また，本稿の検討対象である WTO 紛争処理制度は，履行に対する制度的介入の程度が極めて高いことで知られる。すなわち，同制度においては，DSB の勧告・裁定の履行過程は詳細に DSU に規定されている。例えば，対抗措置の実施についても，申立国は，DSU22 条に従って DSB による承認を得なければならない。また，DSB が承認する対抗措置の程度についても「無効化又は侵害の程度と同等」（DSU22 条 4 項）であることが求められている。対抗措置の程度に関して紛争当事者間で争いがある場合には，パネル及び上級委員会による第三者裁定の対象となる（同 22 条 6 項）。

　このように，国際紛争処理制度は，第三者裁定の履行過程に何らかの制度的介入を試みているが，それでは，裁定の履行期間についてはどうであろうか。この履行期間をめぐる問題の諸相は，次のような一連の問いによって明らかになる。例えば，第三者によって裁定が下された後，裁定の名宛人は当該裁定をいつまでに履行すべきであろうか。また，この履行期間は誰が決定するのであろうか。さらに，この履行期間の決定においては，いかなる要素が考慮されるのであろうか。これら問いは，国際紛争処理制度の実効性の確保と密接に結びついている。というのも，第三者による裁定が下されたとしても，履行期間が著しく長期に及ぶとすれば，裁定の意義は完全に失われるからである[16]。そのため，第三者裁定の履行期間に対しても，何らかの制度的介入がなされる必要がある。

3　履行過程における「時間」の制度的統制

　第三者裁定の履行期間という問題は，誰が期間を決定するのかという主観的レベルと，いかなる基準に従って期間を決定するのかという客観的レベルに大別することができる。

(1) 主観的レベル

　主観的レベルで問題となるのは，紛争当事者に履行期間の決定を委ねるのか，それとも紛争当事者から区別される第三者によって決定されるのかという点で

---

　　hm and Christian J. Tams (eds.), *The Statute of the International Court of Justice: A Commentary*, 2nd ed. (Oxford University Press, 2012), p. 197.

(16)　なお，裁定の履行期間という問題と，裁定の効力発生の時期という問題は区別されなければならない。裁定の効力は，それが発出された瞬間に発生するのが通常であるが，裁定の効力発生の時期と，当該裁定の履行を完遂すべき時期は一致しないからである。

◇ 第 5 章 ◇ WTO紛争処理制度と「妥当な期間」〔小寺智史〕

ある。履行期間の決定主体は，紛争処理制度によって異なる。例えば，日本の民事訴訟では，第三者裁定の履行期間の決定は紛争当事者に基本的に委ねられている。すなわち，判決後の民事執行手続は，債権者が申し立てなければ開始されない（民事執行法第2条）。債務者が自発的に履行せず，債権者が民事執行手続を申し立てなければ，判決は履行されないことになる。もちろん，民事執行手続開始後は公権力による制度的介入がなされるが，少なくとも判決という第三者裁定の履行期間については，債務者と債権者という紛争当事者の意思に従って自由に決定されることになる[17]。

　このことは，ICJ等の国際裁判所においても同様である。ICJの判決が被告によって履行されず，当該不履行に対して原告がいかなる行動も起こさない場合，判決は履行されない。ICJにおいても，判決の履行期間の決定は，原告と被告という紛争当事者の意思に委ねられており，裁判所が当該決定に制度的に介入することはない[18]。

　他方で，WTO及びFTAという国際貿易紛争処理制度では事情が異なる。WTO紛争処理制度では，DSUの勧告・裁定の履行期間（RPT）について紛争当事者の間で合意が得られない場合，拘束力ある仲裁（以下，RPT仲裁）がRPTを決定することになっている（DSU21条3項(c)）。その実施状況については後に検討するとして，WTO紛争処理制度では，少なくともDSUの規定上，第三者裁定の履行期間の決定に紛争当事者の意思以外の制度的な介入を認めている。また，RPTについては，FTA内の紛争処理制度においてもWTO類似の規定が置かれることが多い[19]。よって，一見したところ，第三者裁定の履

---

(17)　この点，国内民事訴訟法に関して，濱崎録氏（西南学院大学）より貴重なご示唆を頂いた。ここに記して感謝申し上げる。

(18)　他方で，紛争当事者の要請に基づき，本案判決中に履行期間について，ICJが何らかの期限を設定することはあり得る。その一例が，ディアロ事件である。同事件において，ICJはコンゴ民主共和国（DRC）からギニア共和国に対して金銭賠償を支払う義務を認めた後，「判決後，DRCが支払うべき金銭賠償額について，6か月以内に紛争当事者間で合意がなされなかった場合，後の手続において裁判所が決定する」と判示した。*Affaire Ahmadou Sadio Diallo (République de Guinée c. République démocratique du Congo), Arrêt du 30 novembre 2010, CIJ Recueil 2010*, para. 164. しかし，ICJによるこの期間設定は，紛争当事者であるギニアの要請，すなわち意思に基づくものである点に留意する必要がある（*Ibid.*, para. 162）。本件を含むICJの実行については，高栄優貴子氏（西南学院大学）からご教示頂いた。ここに記して感謝申し上げる。

173

◆ 第1部 ◆ 国際貿易紛争処理における手続法的発展と課題

行期間の主観的レベルにおける制度的統制は，国際貿易紛争処理制度の特徴の
ひとつとして指摘できるように思われる。

(2) 客観的レベル

客観的レベルで問題となるのは，履行期間の決定がいかなる基準に従ってな
されるかという点である。仮に履行期間の決定が紛争当事者の意思に委ねられ
ているとしても，制度的統制が全く及ばないというわけではない。紛争当事者
が紛争処理制度の設定する基準に従って当該期間を決定する場合，そこには一
定の制度的統制を見て取ることができる。反対に，仲裁人その他の第三者が履
行期間を決定するとしても，当該決定が仲裁人の完全な恣意に従ってなされる
とすれば，そこには制度的統制が及んでいないことになる。

ICJ では，少なくとも明文上，履行期間の決定において参照されるべき基準
は，ICJ 規則その他手続規則に見て取ることはできない[20]。他方で，WTO 紛
争処理制度における RPT では，DSU 中に明示の規定が存在し，拘束力ある仲
裁の仲裁人に対しては，RPT は DSU 勧告・裁定の日から「15 箇月を超える
べきではないとの指針」（DSU21 条 3 項(c)）が与えられている。後述のように，
この指針の解釈，さらに同指針に続く「この 15 箇月の期間は，特別の事情が
あるときは，短縮し又は延長することができる」という文言の解釈は問題とな
り得る。

しかし，RPT 決定の基準が DSU 中に明示に規定されているということは，
少なくとも，WTO 紛争処理制度における履行期間の決定について，客観的レ
ベルにおいても一定の制度的統制が及んでいることを推定させる。また，仲裁
人に対して同様の指針を与える規定は，FTA 内の紛争処理制度においても見
て取ることができる[21]。よって，一見した限りでは，第三者裁定の履行期間

---

(19) その典型は，環太平洋パートナーシップ（TPP）協定である。同協定 28.19 条は，
WTO の DSU21 条 3 項と極めて類似している。FTA 内の RPT に関する分析について
は，例えば，次を参照。Victoria Donaldson and Simon Lester, "Dispute Settlement," in
Simon Lester, Bryan Mercurio and Lorand Bartels (eds.), *Bilateral and Regional Trade
Agreements: Commentary and Analysis*, 2nd ed. (Cambridge University Press, 2015), pp.
417-418.

(20) なお，履行期間を決定するための基準は，必ずしも明文化されているとは限らない。
紛争処理制度内において，履行期間の決定に関する一定の慣習が存在しており，紛争当
事者又は仲裁人その他の第三者が当該慣習に従っている限りにおいて，客観的レベルに
おける制度的統制は及んでいることになる。

174

◇第5章◇　WTO紛争処理制度と「妥当な期間」〔小寺智史〕

の客観的レベルにおける制度的統制についても，国際貿易紛争処理制度の特徴として指摘できるように思われる。

4　小　括

　本節では，国際紛争処理における第三者裁定の履行について，主に履行期間に対する制度的統制という視点から検討を行った。この制度的統制の態様及び程度は，履行期間の決定主体をめぐる主観的レベルと，履行期間決定のための基準をめぐる客観的レベルという2つのレベルから測定することができる。ICJその他の国際裁判において，履行期間に対する制度的統制の程度は，いずれのレベルに関しても高いものではない。それに対して，WTO及びFTAの国際貿易紛争処理制度については，少なくとも規定上，第三者裁定の履行期間に対して，主観的・客観的レベルにおいて，制度的統制が及んでいることが推定される。

　しかし，この制度的統制の実際の様態及び程度を把握するためには，WTO及びFTAの紛争処理制度において，現実にRPTがいかに決定されているかに関する分析が必要となる。この分析については，次章以降で扱うことにする。

Ⅲ　WTO紛争処理制度におけるRPTの決定過程
──紛争当事者間の合意によるRPT決定

　本節では，WTO紛争処理制度において，DSUの勧告・裁定を履行するためのRPTが決定される過程について検討する。特に，DSU21条3項(b)の下での，紛争当事者間の合意によるRPT決定過程に注目する。

　以下ではまず，DSU中のRPTに関する諸規定を確認し（1），続いて，RPTを決定する3つの方法の実際の活用状況を分析する（2）。そのうえで，DSU21条3項(b)の下での紛争当事者間の合意によるRPT決定を検討する（3）。最後に，紛争当事者間の合意によるRPT決定過程について，前節で示した分析枠組みの観点から評価を加える（4）。

---

(21)　例えば，TPP協定28.19条5項には，WTOのDSUと同様，RPTが「15箇月を超えるべきではない」という指針が規定されている。ただし，指針として用いられる期間が常に15箇月というわけではない。例えば，日豪EPAでは「12箇月」が指針として用いられている（日豪EPA19.13条4項）。

◆ 第1部 ◆ 　国際貿易紛争処理における手続法的発展と課題

1　DSU21 条 3 項の構造

　WTO 紛争処理制度を規律する DSU において，RPT に関しては 21 条「勧告及び裁定の実施の監視」に規定が存在する。同条は第 1 項において，「紛争解決機関の勧告又は裁定の速やかな実施は，すべての加盟国の利益となるような効果的な紛争解決を確保するために必要不可欠である」と定める。RPT に直接に関連するのは第 3 項である。DSU21 条 3 項は以下のように規定している（脚注は除く）。

　　3．関係加盟国は，小委員会又は上級委員会の報告の採択の日の後 30 日以内に開催される紛争解決機関の会合において，同機関の勧告及び裁定の実施に関する自国の意思を通報する。勧告及び裁定を速やかに実施することができない場合には，関係加盟国は，その実施のための妥当な期間を与えられる。妥当な期間は，次の(a)から(c)までに定めるいずれかの期間とする。
　(a)　関係加盟国が提案する期間。ただし，紛争解決機関による承認を必要とする。
　(b)　(a)の承認がない場合には，勧告及び裁定の採択の日の後 45 日以内に紛争当事国が合意した期間
　(c)　(b)の合意がない場合には，勧告及び裁定の採択の日の後 90 日以内に拘束力ある仲裁によって決定される期間。仲裁が行われる場合には，仲裁人に対し，小委員会又は上級委員会の勧告を実施するための妥当な期間がその報告の採択の日から 15 箇月を超えるべきではないとの指針（guideline）が与えられるべきである。この 15 箇月の期間は，特別の事情（particular circumstances）があるときは，短縮し又は延長することができる。

　同項によれば，関係加盟国は小委員会又は上級委員会の報告の採択の日の後 30 日以内に開催される DSB の会合において，DSB の勧告及び裁定の実施に関する自国の意思を通報する。さらに，勧告及び裁定を「速やかに実施することができない」場合には，関係加盟国は実施のための妥当な期間（RPT）が与えられることになる。
　問題となるのは，この RPT の決定方法であるが，DSU は 3 つの方法を規定している。第 1 に，DSB による承認に基づく，関係加盟国が提案する期間で

176

◇ 第 5 章 ◇ WTO紛争処理制度と「妥当な期間」〔小寺智史〕

ある（DSU21条3項(a)）。第2に，DSBによる承認がない場合，勧告及び裁定の採択の日の後45日以内に紛争当事国が合意した期間である（同項(b)）。第3に，紛争当事国間で合意がない場合，勧告及び裁定の採択の日の後90日以内に拘束力ある仲裁（RPT仲裁）によって決定される期間である（同項(c)）。なお，RPT仲裁において，仲裁人には，RPTが小委員会又は上級委員会の勧告が採択された日から「15箇月を超えるべきではないとの指針」が与えられる。ただし，この15箇月の期間は「特別の事情」があるときには，短縮し又は延長することができる，と定められている。

DSU21条3項の下でのRPTが決定される過程をまとめれば，以下のようになる。まず，DSU21条3項の下では，DSBの勧告及び裁定の名宛人である関係当事国，すなわち被申立国は，同勧告及び裁定の速やかに実施することが前提である。しかし，速やかに実施することができない場合，被申立国にはRPTが付与される。このRPTの決定については，(a)関係加盟国が提案しDSBが承認した期間，(b)紛争当事国が合意した期間，(c)RPT仲裁によって決定される期間という3つの方法が規定されている。(a)(b)によるRPT決定が失敗した場合，(c)の仲裁によってRPTが決定されることになる。

2　RPT決定方法──実際の運用状況

前項で概観したように，RPT決定についてDSU21条3項は3つの方法を予定しているが，実際，これら3つの方法は各々どの程度の割合で用いられているのであろうか。この割合を表したのが，【表1】である[22]。

2018年3月1日現在，DSU21条3項(a)に基づいてRPTが決定された事例は存在しない[23]。他方で，併合された事案をいかに考慮するかという問題は

---

(22)　WTOのホームページでは，2018年3月31日までにDSU21.3条(c)に基づく仲裁の数は52とされている。World Trade Organization, "Dispute settlement activity—some figures,"〈https://www.wto.org/english/tratop_e/dispu_e/dispustats_e.htm〉（閲覧日：2018年12月19日）。【表2】では仲裁決定の48と数えているが，この差は，RPT仲裁決定がなされたものの，その後，最終的に紛争当事国間の合意によってRPTが決定された事例（DS202, DS264, DS302, DS322）を，DSU21.3条(b)又はその他の事例としていることによる。

(23)　この点，米国－音楽著作権法事件（DS160）や米国－1916年法事件（DS136, DS162）など，一度仲裁人によって決定されたRPTの延長をDSBが承認することがあるが，このような実行をDSU21条3項(a)の黙示（implicit）の適用事例と見なす見解

◆ 第1部 ◆　国際貿易紛争処理における手続法的発展と課題

表1：DSU21条3項に基づくRPT決定の内訳（2018年12月19日現在）

(a)	(b)	(c)	その他
	DS34, DS69, DS76, DS90, DS98, DS103, DS122, DS132, DS141, DS146, DS161, DS166, DS169, DS174, DS175, DS176, DS179, DS189, DS202, DS204, DS206, DS212, DS219, DS231, DS238, DS245, DS257, DS264, DS276, DS277, DS282, DS290, DS291, DS292, DS293, DS294, DS295, DS296, DS299, DS308, DS310, DS322, DS331, DS334, DS335, DS337, DS339, DS340, DS342, DS343, DS345, DS350, DS362, DS363, DS367, DS371, DS375, DS376, DS377, DS379, DS381, DS382, DS383, DS394, DS395, DS396, DS397, DS398, DS400, DS401, DS402, DS403, DS404, DS405, DS406, DS412, DS413, DS422, DS425, DS426, DS427, DS430, DS431, DS432, DS433, DS436, DS438, DS444, DS445 DS449, DS454, DS456, DS460, DS473, DS475, DS482, DS483, DS485, DS488, DS490, DS492, DS496	DS8, DS10, DS11, DS18, DS26, DS27, DS48, DS54, DS55, DS59, DS64, DS75, DS84, DS87, DS110, DS114, DS136, DS139, DS142, DS155, DS160, DS162, DS170, DS184, DS207, DS217, DS234, DS246, DS265, DS266, DS268, DS269, DS283, DS285, DS286, DS332, DS336, DS344, DS366, DS384, DS386, DS414, DS429, DS437, DS457, DS461, DS464, DS471	DS2, DS4, DS31, DS50, DS79, DS177, DS178, DS302
0	102	48	8

・「その他」の内訳は以下の通り。
① 紛争当事者間で妥当な期間について合意があったとの記録があるが，DSU21条3項(b)に基づく旨の明示がないもの（DS2, DS4, DS31, DS50, DS79, DS177, DS178）。
② DSU21条3項(c)手続が開始された後，紛争当事者間で妥当な期間について合意があったとの記録があるが，DSU21条3項(b)に基づく旨の明示がないもの（DS302）。

も存在する。Pierre Monnier, "The Time to Comply with an Adverse WTO Ruling: Promptness within Reason," *Journal of World Trade*, Vol. 35, No. 5 (2001), p. 826.

あるが，単純に DS 番号で比較した場合，多くの事例が同項(b)に従い，紛争当事国による合意によって RPT が決定されていることがわかる。

DSU21 条 3 項(a)に基づく RPT 決定が存在しない理由は，WTO 紛争処理制度の意思決定の方法を考慮すれば明らかとなる。同制度において，意思決定はコンセンサス方式によって行われ（DSU 2 条 4 項），一国でも反対の意思を表明すれば DSB による承認は得られない。また，この意思決定には申立国も含まれる。よって，被申立国が DSU21 条 3 項(a)に基づき，RPT を一方的に DSB に提案したとしても，申立国による同意がなければ，DSB による承認は得られない。そのため，結局のところ，被申立国は申立国の合意を得なければならず，DSU21.3 条(b)の下での RPT 決定へと至ることになる。

3 紛争当事者間の合意による RPT 決定

DSU21 条 3 項(b)は紛争当事者間で RPT を合意決定することを認めているが，DSU は特に期間について制度的に統制することを予定している。すなわち，同項(b)は，DSB による勧告・裁定から「45 日以内」に，RPT に関する紛争当事者による合意を得ることを求めている。また，「45 日以内」に同意が得られない場合，同項(c)の下での RPT 仲裁に移行し，最終的に，勧告・裁定から「90 日以内」に RPT は仲裁によって決定されることになる。よって，DSU21 条 3 項(b)の下，紛争当事者は RPT それ自体を交渉し決定する裁量を与えられているものの，少なくとも規定上は，RPT の決定過程の時間については制度的統制が及んでいると推定することができる。

しかし，この推定に関しては，DSU21 条 3 項に明らかではない，いくつかの実行が存在することに留意しなければならない[24]。

第 1 に，DSU21 条 3 項(b)は，RPT について勧告及び裁定の採択の日の後「45 日以内」に紛争当事国が合意する旨規定している。しかし，実際の適用では，この「45 日以内」という期間はしばしば，紛争当事国の合意によって延長されている。例えば，ペルー－農産品事件では，2015 年 7 月 31 日に DSB によって勧告・裁定の採択がなされた後，同年 9 月 14 日，「45 日以内」とい

---

(24) この点，以下も参照。MA Qian,"'Reasonable Period of Time' in the WTO Dispute Settlement System," *Journal of International Economic Law*, Vol. 15, No. 1 (2012), pp. 265-267; 福永有夏『国際経済協定の遵守確保と紛争処理―― WTO 紛争処理制度及び投資仲裁制度の意義と限界』（有斐閣，2013 年）378 頁。

◆ 第1部 ◆　国際貿易紛争処理における手続法的発展と課題

う期限を延長することについて，ペルーとグアテマラの間で合意がなされた旨，両国からの通報があった。さらに，その際，「仮に45日を超えた場合であっても，両国間のいかなる合意も，DSU21条3項(b)の下での合意とみなされる (shall be considered)」という点についても合意が示された[25]。

　第2に，DSU21条3項(c)の「90日以内」という期限も実行上緩和されている。上で述べたように，紛争当事国はしばしば，合意を得るための「45日以内」という期限を延長するが，その場合，「90日以内」に仲裁を行うことが困難となる。そのため，紛争当事国は同項(b)による合意形成に先立ち，仲裁に関する90日以内という期限も合わせて延長する。具体的には，①仲裁人が任命された日の後，原則として60日以内に仲裁が行われること，及び②DSUによる勧告・裁定から90日以内に仲裁がなされないとしても，当該仲裁決定をDSU21条3項(c)の目的の下での仲裁決定とみなす (deemed)，という2点を紛争当事国間で合意し，加盟国に回覧することが慣行となっている（いわゆる "deeming letter"）[26]。例えば，日本が当事国となったアルゼンチン－輸入制限措置事件においても，日本とアルゼンチンの間で同様の合意がなされている[27]。

　第3に，DSU21条3項(b)の下，紛争当事国間で一度合意されたRPTが，後日修正されることもあり得る。例えば，EU－バイオディーゼル事件では，2016年10月26日にDSBが勧告・裁定を採択した後，RPTが「9箇月15日」と決定され，2017年8月10日にRPTの期限が満了することが合意された[28]。しかし，その後，EUとアルゼンチンはRPTを修正することに合意し，その満了期限は2017年9月28日に再設定された[29]。

---

(25)　Communication from Guatemala and Peru concerning article 21.3(b) and 21.3(c) of the DSU, *Peru - Additional Duty on Imports of Certain Agricultural Products*, WT/DS457/12. なお，同事件ではその後，延長された期限内にもRPTに関して合意が得られず，RPT仲裁へと移行している。

(26)　実務上，同文書を "deeming letter" と呼ぶことについては，平見健太氏（東京大学社会科学研究所）よりご教示を受けた。ここに記して感謝申し上げる。

(27)　Communication from Argentina and Japan concerning article 21.3(c) of the DSU, *Argentina - Measures Affecting the Importation of Goods*, WT/DS445/22.

(28)　Agreement under article 21.3(b) of the DSU, *European Union - Anti-Dumping Measures on Biodiesel from Argentina*, WT/DS473/16.

(29)　Communication concerning article 21.3(b) – Understanding between Argentina and

第4に，DSU21条3項(c)の下でRPT仲裁が開始された後，同項(b)に基づいて紛争当事国間でRPTに関する合意がなされるという事例も存在する。例えば，ドミニカ共和国－タバコ輸入販売事件では，2005年5月19日にDSBによって勧告・裁定が採択された後，ドミニカ共和国とホンジュラスの間でRPTに関する交渉が行われた。しかし，合意に達することができず，ホンジュラスはDSU21条3項(c)の下，RPT仲裁を要請した[30]。しかし，その後も両国の間でDSU21条3項(b)の下で合意交渉が行われ[31]，最終的に両国の間でRPTを「24箇月」とする合意がなされた[32]。また，合意交渉のために，RPT仲裁手続が中断又は停止される事例も存在する。例えば，米国－ラインパイプ事件においては，RPT仲裁が開始されたにもかかわらず，紛争当事者間での合意交渉を行うため，RPT仲裁手続の中断が要請され[33]，最終的にDSU21条3項(b)の下で合意がなされた[34]。

4　評　価

本節では，DSU21条3項(b)の下，紛争当事者間の合意によってRPTが決定される過程について，DSUの関連規定及び現実の実行に基づき分析した。

---

the European Union regarding procedures under articles 21 and 22 of the DSU, *European Union - Anti-dumping Measures on Biodiesel from Argentina*, WT/DS473/18.

(30)　Request by Honduras for Arbitration under Article 21.3(c) of the DSU, *Dominican Republic - Measures Affecting the Importation and Internal Sale of Cigarettes*, WT/DS302/13.

(31)　なお，同事件においても紛争当事者間で交渉期間が延長され，"deeming letter"が作成・回覧されている。Extension of Time Period under Article 21.3 of the DSU, *Dominican Republic - Measures Affecting the Importation and Internal Sale of Cigarettes*, WT/DS302/14.

(32)　Report of the Arbitrator, *Dominican Republic - Measures Affecting the Importation and Internal Sale of Cigarettes - Arbitration under Article 21.3(c) of the DSU*, WT/DS302/17.

(33)　Report of the Arbitrator, *United States - Definitive Safeguard Measures on Imports of Circular Welded Carbon Quality Line Pipe from Korea - Arbitration under Article 21.3(c) of the DSU*, WT/DS202/17.

(34)　Agreement under Article 21.3(b) of the DSU, *United States - Definitive Safeguard Measures on Imports of Circular Welded Carbon Quality Line Pipe from Korea*, WT/DS202/18.

◆ 第 1 部 ◆　国際貿易紛争処理における手続法的発展と課題

その結果明らかとなったのは，以下の 2 点である。

　第 1 に，DSU21 条 3 項は RPT の決定するために 3 つの方法を定めているが，実際に用いられているのは，同項(b)の紛争当事者間の合意による決定と，同項(c)の RPT 仲裁である。さらに，前者の方がより活用されている。

　第 2 に，DSU21 条 3 項(b)は，DSB による裁定・勧告から「45 日以内」という期間を設定するものの，この期間は当事国によってしばしば延長されており，それに伴い，同項(c)の「90 日以内」という期間も当事者間の合意によって変更されている。また，同項(b)の下で一度決定された期間も当事国によって度々修正される。さらに，同項(c)の RPT 仲裁に移行した後も，同項(b)に基づいて紛争当事国間で RPT に関する合意がなされるという事例も存在する。

　このように，DSU21 条 3 項(b)の下での RPT 決定については，主観的レベルでは制度的統制は及んでおらず，また客観的レベルにおいても，当事国の合意によって RPT が変更・延長され得ることから，その統制の程度は極めて低いと言わざるを得ない[35]。その理由については様々に想定しうるが，DSU21 条 3 項(b)における RPT 決定がそもそも紛争当事国に委ねられている点，換言すれば，主観的レベルにおいて制度的統制が全く及んでいない点に求められるように思われる。その結果，DSU21 条 3 条(b)における RPT 決定過程は「政治指向的（politically oriented）」[36]な性質を帯びる。その意味において，主観的レベルにおける制度的統制の程度は，客観的レベルにおける統制に影響を与えざるを得ないことを示唆している。

　それでは，RPT 決定が第三者である仲裁人に委ねられている，DSU21 条 3 項(c)の下での RPT 仲裁決定での実行はいかなるものであろうか。次節では，これまでの RPT 仲裁決定を詳細に分析することで，RPT 決定における制度的統制の態様及び程度をさらに検討することにしたい。

Ⅳ　WTO 紛争処理制度における RPT 仲裁決定の法理

　本節では，DSU21 条 3 項(c)の下での RPT 仲裁を取り上げ，仲裁人という第三者を介した RPT 決定過程を検討する。特に，客観的レベルにおける制度

---

(35)　当事者の合意に基づく延長という実行を，RPT の「誤用（misuse）」と強く非難するものとして次を参照。Qian, *supra* note 24, pp. 265-267.

(36)　*Ibid.*, p. 281.

◇ 第 5 章 ◇ WTO紛争処理制度と「妥当な期間」〔小寺智史〕

的統制の様態及び程度について，仲裁人がRPT決定に関してこれまで示してきた法理を分析する。

以下ではまず，DSU21条3項(c)の下におけるRPT決定を枠付ける，いくつかの解釈上の論点を検討する(1)。続いて，RPT決定に影響を及ぼす「特別の事情」について，過去の仲裁決定を分析し，RPT決定に対する制度的統制の様態及び程度を明らかにする。

1　RPT仲裁決定の解釈枠組み

DSU21条3項(c)については，これまでいくつかの解釈上の論点が提起され，仲裁人によって判断が示されてきた。その結果，RPT仲裁においては解釈・判断の蓄積に基づく「法理」が形成され[37]，仲裁人による解釈を枠づけている。本項では，「15箇月を超えるべきではないとの指針」及び「妥当な期間」に関して形成された法理を取り上げて検討する[38]。

⑴ 15箇月を超えるべきではないとの指針

DSU21条3項(c)は，仲裁人に対して，RPTがDSBによる勧告・裁定の採択の日から「15箇月」を超えるべきではないという「指針」を与えている。

---

(37)　RPT決定が実務において有する重要性に比して，RPT仲裁決定を扱う先行研究はそれほど多くはない。例えば，以下を参照。Monnier, *supra* note 23; Werner Zdouc, "The reasonable period of time for compliance with rulings and recommendations adopted by the WTO Dispute Settlement Body," in Rufus Yerxa and Bruce Wilson (eds.), *Key Issues in WTO Dispute Settlement: The first ten years* (Cambridge University Press, 2005), pp. 88-95; Shin-yi Peng, "How Much Time is Reasonable? : The Arbitral Decisions under Article 21.3 (c) of the DSU," *Berkeley Journal of International Law*, Vol. 26, No. 1 (2008), pp. 323-351; Qian, *supra* note 24. なお，日本ではRPTに関する研究は皆無に近いが，近年，貿易救済措置に関連していくつかの判例評釈が存在する。以下を参照。川島富士雄「勧告実施権限を付与する規則の制定等を要する場合の『実施のための妥当な期間』── China-Countervailing and Anti-Dumping Duties on Grain Oriented Flat-Rolled Electrical Steel from the United States（WT/DS414/12）」国際商事法務44巻11号（2016年）1675-1683頁；藤井康次郎「多数の案件の再調査を行う場合の『実施のための妥当な期間』── United States- Countervailing Duty Measures on Certain Products from China（WT/DS437/16）」国際商事法務44巻12号（2016年）1828-1834頁。

(38)　本項での検討は，著者が以下で示した分析に主に基づいている。小寺智史「WTO紛争処理と途上国── RPT仲裁決定における『特別かつ異なる待遇』規定の意義と限界」西南学院大学法学論集44巻3・4号（2012年）116-146頁。

183

◆ 第 1 部 ◆　国際貿易紛争処理における手続法的発展と課題

そこで問題となるのが，仲裁人にとって，同指針がいかなる意義を有するかということである。特に，「15 箇月」という期間の意義が問題となる。

　この点，EC －ホルモン牛肉事件 RPT 仲裁において，仲裁人は「21 条 3 項(c) の用語の通常の意味が示すのは，15 箇月が『仲裁人にとっての指針』であり，ルールではないということである。言い換えれば，15 箇月は通常の事例における外縁又は上限である……しかしながら，21 条 3 項(c) が示すように，RPT は，特別の事情があるときは，短縮し又は延長することができる」[39]と判示した。

　以上の決定において重要なのは，次の 2 つの点である。第 1 に，「15 箇月」が仲裁人にとっての指針でありルールではないと指摘していることである。被申立国は，自動的に「15 箇月」の RPT を付与される権利を有するわけではない。第 2 に，「15 箇月」は通常の事例における外縁又は上限とされたことである。DSU21 条 3 項(c) の「この 15 箇月の期間は，特別の事情があるときは，短縮し又は延長することができる」という文言を読む限り，「15 箇月」は RPT の基準点であり，「特別の事情」の有無によって 15 箇月が短縮又は延長されるように思われる（「15 箇月 ± α」方式）。しかし，EC －ホルモン牛肉事件 RPT 仲裁決定では，15 箇月という期間は基準ではなく，外縁又は上限として位置付けられた。その結果，「15 箇月」にとって代わる新たな基準が求められることになった[40]。

(2) 妥当な期間

　そこで，RPT 決定の際に参照すべき「15 箇月」に代わる基準として位置づけられたのが，「最短期間」としての RPT の定義である。EC －ホルモン牛肉事件 RPT 仲裁決定において，仲裁人は，DSU21 条 3 項(c) の下で決定される RPT を「DSB の勧告・裁定を実施するために当該国の法制度の下で可能な最短期間（the shortest period possible within the legal system of Member to

---

(39)　Award of the Arbitrator, *EC Measures concerning Meat and Meat Products (Hormomes)- Arbitration under Article 21.3(c) of the DSU*, WT/DS26/15, WT/DS48/13, para. 25.

(40)　他方で，チリ－酒税事件 RPT 仲裁のように，仲裁人が「指針」という文言を強調し，RPT が 15 箇月以上となることもあり得ると指摘する事例も存在するが，極めて例外的である。Award of the Arbitrator, *Chile-Taxes on Alcoholic Beverages- Arbitration under Article 21.3(c) of the DSU*, WT/DS87/15, WT/DS110.14, para. 39. 次も参照。Monnier, *supra* note 23, p. 830.

implement the recommendations and rulings of the DSB)」[41]として定義し，この最短期間は通常の事例において15箇月を超えるべきではないが，短縮されることはあり得る，と判示した。

この「DSBの勧告・裁定を実施するために当該国の法制度の下で可能な最短期間」というRPTの定義は，各仲裁人によって現在まで引用され続けているが[42]，その重要性は，先ほどの「15箇月」という指針と合わせて読むと一層明らかとなる。DSU21条3項(c)は「この15箇月の期間は，特別の事情があるときは，短縮し又は延長することができる」と規定し，その文言上，「15箇月 ± α」を「特別の事情」の存在の有無によって決定しているかのように思われる。しかし，同決定が明らかとしたのは，RPTは「15箇月 ± α」ではなく，「…最短期間 ≦ 15箇月」という形式のもとで決定されるということである（「…最短期間 ≦ 15箇月」方式）。実際，上級委員会事務局のツドゥクは2005年の段階で，「より近年の仲裁の慣行では，15箇月という指針はむしろ許容限度期間とみなされているように思われる」[43]と述べているが，ECホルモン牛肉事件RPT仲裁はこのような慣行の契機となったものとみなすことができる。

2 RPT仲裁決定における「特別の事情」

前項では，RPT仲裁決定において，「15箇月を超えるべきではないとの指針」及び「妥当な期間」の解釈を通じて，RPT決定に関する基本的な解釈枠組みが形成されたことを明らかにした。以下では，同解釈枠組みにおける「特別の事情」の意義，及び紛争当事者によって援用される諸類型を検討する。

(1) RPT仲裁決定の解釈枠組みにおける「特別の事情」の位置づけ

前節で確認したように，EC－ホルモン牛肉事件RPT仲裁決定では，RPT

---

(41) Award of the Arbitrator, *EC Measures concerning Meat and Meat Products (Hormomes) - Arbitration under Article 21.3(c) of the DSU*, WT/DS26/15, WT/DS48/13, para. 26.

(42) 例えば，2018年12月19日時点で最新の，米国－中国に対するAD手続きでの調査手法及び適用事件RPT仲裁決定においても，EC－ホルモン牛肉事件RPT仲裁決定が示した定義が仲裁人によって援用されている。Award of the Arbitrator, *United State - Certain Methodologies and Their Application to Anti-Dumping Proceedings Involving China- Arbitration under Article 21.3(c) of the DSU*, WT/DS471/RPT, para. 3.9.

(43) W. Zdouc, *supra* note 38, p. 91. この点，モニエールも2001年の段階で「15箇月が外縁として機能しつつある」と指摘している。Monnier, *supra* note 23, p. 830.

が「15箇月±α」ではなく,「…最短期間≦15箇月」という解釈枠組みの下でRPTが決定されることが示された。それでは,このような枠組みにおいて,「特別の事情」はどのように位置づけられるのであろうか。

　この点,その後のカナダ−医薬品特許事件RPT仲裁決定が重要である。同仲裁では,「特別の事情」が「DSBの勧告・裁定を実施するために当該国の法制度の下で可能な最短期間に影響を及ぼしうるもの」[44]と明確に位置づけられた。さらに,仲裁人は「21条3項に言及される『特別の事情』は,加盟国の法制度の下で可能な最短期間の評価と無関係の要素を含まない……RPTの決定は,関連する法的要件の検討に依拠した法的な判断でなければならない」[45]と指摘した。その結果,「特別の事情」は「15箇月±α」のαを算出する根拠ではなく,「…最短期間≦15箇月」の最短期間を算出する根拠として位置づけられることになった。

　なお,「特別の事情」を「…最短期間≦15箇月」の最短期間を算出する根拠として位置づける解釈は,初期のRPT仲裁決定において自明ではなかったことに留意する必要がある。例えば,インドネシア−自動車事件RPT仲裁では,まず「…最短期間」として6箇月が算出され,その後,「特別の事情」が検討された結果,6箇月の追加期間が認められた[46]。すなわち,同仲裁決定では,RPTは「…最短期間≦15箇月」ではなく,「…最短期間±α≦15箇月」という定式のもとに決定され,「特別の事情」は同定式のなかの「±α」を認定する要素として位置づけられていたとみなすことができる。

　このような初期の実行を考慮すれば,「特別の事情」は,「…最短期間≦15箇月」という解釈枠組みがRPT仲裁決定の蓄積のなかで次第に確定するに従い,同枠組みに適合する形で再定位されたとみなすことできる。

(2) RPT決定過程における「特別の事情」の意義

　以上のように,RPT決定における「特別の事情」の位置づけについては変遷がみられる。それでは,具体的にいかなる事情がRPT決定に影響を及ぼす

---

(44)　Award of the Arbitrator, *Canada-Patent Protection of Pharmaceutical Products-Arbitration under Article 21.3(c) of the DSU*, WT/DS114/13, para. 48.

(45)　*Ibid.*, para. 52.

(46)　Award of the Arbitrator, *Indonesia-Certain Measures affecting the Automobile Industry- Arbitration under Article 21.3(c) of the DSU*, WT/DS54/15, WT/DS55/14, WT/DS59/13, WT/DS64/12, paras. 22-24.

「特別の事情」として仲裁人によって考慮されるのであろうか。

過去のRPT仲裁決定において，申立国，被申立国双方が様々な事実を「特別の事情」として援用してきた[47]。しかし，紛争当事者が援用するすべての事実が「特別の事情」として仲裁人によって考慮されるわけではない。前節で検討したように，現在の解釈枠組みにおいては，「特別の事情」は「DSBの勧告・裁定を実施するために当該国の法制度の下で可能な最短期間」と関連付けられなければならない。そのため，国内の政治状況や経済上の問題などは，外的な要因として仲裁人の考慮の対象外となる[48]。

しかし，仮に仲裁人が考慮したとしても，「特別の事情」がRPT決定に大きな影響を及ぼしているとは言い難いのが現状である。論文末尾の【表2】は，これまでのRPT仲裁決定において仲裁人によって決定されたRPTを示すものである。EC－バナナ事件Ⅲを除き，RPT仲裁において決定されたRPTは15箇月を超過していない。もちろん，「特別の事情」が考慮されなければ，RPTはより短縮されたかもしれない。しかし，これまでの仲裁決定が示すのは，「特別の事情」の有無にかかわらず，RPTは原則として15箇月を超えて決定されることはない，ということである[49]。

繰り返しになるが，この背景には，RPT仲裁が「…最短期間≦15箇月」という基本的な解釈枠組みを採用している事実が存在しているように思われる。すなわち，「特別の事情」が15箇月という期間を短縮又は延長する根拠としてではなく，最短期間を算出する根拠として位置づけられることにより，最終的に決定されるRPTが15箇月を超えることは極めて困難となったのである。

3　評　価

本節では，DSU21条3項(c)の下，RPT仲裁決定が形成してきた法理を分析することで，仲裁人によってRPTが決定される過程を検討した。その結果

---

(47)　彭心儀は，紛争当事者が援用する「特別の事情」を，①立法手続，②政治的配慮，③一般的な経済問題，④議会日程，⑤途上国への特別な配慮，⑥特別な政治的出来事，⑦他の国際義務，⑧財政上の困難，⑨科学的研究，⑩懲罰的な期限に類型化して分析している。Peng, *supra* note 37, pp. 334-346.

(48)　Monnier, *supra* note 23, p. 837；福永・前掲注(24)377頁。

(49)　この点，「特別かつ異なる待遇」規定に関しては，現在までのところRPT決定にほとんど影響を及ぼしていないように思われる。次を参照。小寺・前掲注(38)；Qian, *supra* note 24, pp. 272-274.

明らかとなったのは以下の2点である。

　第1に，現在のRPT仲裁は，「15箇月±α」ではなく「DSBの勧告・裁定を実施するために当該国の法制度の下で可能な最短期間≦15箇月」という解釈枠組みを採用しているということである。それに伴い，「特別の事情」は「15箇月±α」のαではなく，「…最短期間≦15箇月」の最短期間を算出する根拠として位置づけられることになった。

　第2に，このような解釈枠組みの下，仲裁人が決定するRPTは，「特別の事情」の有無にかかわらず，15箇月を超えることは実質上困難となった。実際，これまでの仲裁決定では，唯一の例外を除き，すべて15箇月以内にRPTは設定されている。

　このことは，仲裁人という第三者がRPTを決定する仲裁決定では，主観的レベルのみならず，客観的レベルにおいても一定の制度的統制が及んでいることを示しているように思われる。というのも，DSU21条3項(c)のRPT仲裁では，文言上「指針」として位置づけられている15箇月という基準が，現在ではRPTの上限として位置づけられているからである。この背景には，実質上15箇月を上限とする解釈枠組みを形成することで，紛争当事者たちに客観的レベルにおける制度的統制を及ぼし，DSBの勧告・裁定の「速やかな実施」（DSU21条1項），さらにWTO諸協定の違反状態の「迅速な解決」（同3条3項）というWTO紛争処理手続の目的を達成しようとする，仲裁人たちの努力を見て取ることができる。

　もちろん，客観的レベルにおける制度的統制が，RPT決定過程に完全に及んでいるとは言えない。DSU21条3項(c)の「90日以内」というRPT仲裁手続それ自体の期間が紛争当事者間の合意によって延長されることや，RPT仲裁手続が開始された後もDSU21条3項(b)に基づき当事者間で合意がなされることは前節で確認した通りである。

　しかし，本節の分析が示すように，DSU21条3項(c)の下での仲裁決定は，第三者による決定という点で主観的レベルにおいても，また「15箇月」という指針が実質的にRPTの上限として機能しているという点で客観的レベルにおいても，DSBの勧告・裁定の履行過程に少なからず制度的統制を及ぼしていると評価し得るだろう。

V 結

　序で述べたように，本論文は，第三者による裁定の履行過程における時間の統制の様態こそが，国際貿易紛争処理制度の特質のひとつであるとの作業仮説に立脚し，WTO 紛争処理制度において，DSB の勧告・裁定が履行される期間，すなわち RPT が決定される過程を分析した。その際，制度的統制という概念を導入し，主観的レベルと客観的レベルという 2 つのレベルにおける統制の態様及び程度を検討した。

　その結果明らかとなったことは，DSU21 条 3 項(b)の下での紛争当事者間の合意による RPT 決定過程では，主観的レベルでの統制は全く及ばず，また客観的レベルでの統制の程度も著しく低いということである。他方で，DSU21 条 3 項(c)の下での仲裁人による RPT 決定過程では，主観的レベルはもとより，客観的レベルにおいても一定の制度的統制が及んでいることが明らかとなった。

　この結論は，紛争当事者が RPT 決定において，DSU21 条 3 項(c)よりも，DSU21 条 3 項(b)を利用しているという事実と合致するものである。紛争当事者は，制度的統制が主観的・客観的レベル双方で及ぶ RPT 仲裁よりも，より「政治的」な DSU21 条 3 項(b)の手続を選択することで，WTO 紛争処理制度の制度的統制を回避しようと努めている。

　以上の検討から，少なくとも DSU21 条 3 項(c)の RPT 仲裁決定に関しては，第三者による裁定の履行過程における時間の統制の様態が，国際貿易紛争処理制度の特質のひとつであるとの仮説は立証されたと言えるのではないだろうか。現在の WTO 紛争処理制度では，救済手段が将来に向かって生じるため，履行が求められる時点を可能な限り遅らせようとする動機付けが被申立国に発生する[50]。RPT 仲裁決定は，この動機付けに対して，主観的・客観的レベルで制度的統制を及ぼし，有権的に時間を統合することで，WTO 紛争処理制度の目的である紛争の迅速な解決を企図している。

　他方で，WTO 紛争処理制度も，分権的・水平的な秩序構造を有する国際社

---

(50)　ウィリアム・J・デイヴィー（荒木一郎訳）「WTO 紛争解決手続における履行問題──問題の所在と解決方法」川瀬＝荒木編・前掲注(3)19 頁。

◆第1部◆ 国際貿易紛争処理における手続法的発展と課題

会の一制度であるとの限界を免れ得ない。その限界を示すのが，DSB21条3項(b)の下でのRPT決定過程である。同過程において，紛争当事者は合意に基づき，第三者による履行期間を修正する。言い換えれば，紛争当事者は，WTO紛争処理制度による時間の有権的かつ公的な統合を回避することで，時間の私的な占有を試みている。

　以上のように，国際社会の一制度であることから派生する限界はあるものの，少なくともWTO紛争処理制度については，第三者による裁定の履行過程における時間の制度的統制をその特質のひとつと捉えても良いように思われる。FTA内の紛争処理制度など，その他の国際貿易紛争処理制度に関しても同様の特質を見出すことが可能であるのか。可能であるとして，その態様や程度はいかなるものであるか。これらの諸点については今後の検討課題としたい。

◇第5章◇　WTO紛争処理制度と「妥当な期間」〔小寺智史〕

表2：RPT仲裁決定（2018年12月19日現在）

事例	DS番号	日時	仲裁人	申立国	被申立国	RPT
日本－酒税事件II	8, 10, 11	1997/2/14	J. Lacarte-Muro	米国（5箇月）、EC（15箇月）、カナダ（15箇月）	日本（23箇月）	15箇月
EC－バナナ事件III	27	1998/1/7	S. El-Naggar	エクアドル、メキシコ、ホンジュラス、米国、グアテマラ（9箇月）	EC（15箇月1週間）	15箇月1週間
EC－ホルモン牛肉事件	26, 48	1998/5/29	J. Lacarte-Muro	米国、カナダ（10箇月）	EC（39箇月）	15箇月
インドネシア－自動車事件	54, 55, 59, 64	1998/12/7	C. Beeby	EC（6箇月）、米国（1箇月）、日本（表明せず）	インドネシア（15箇月）	12箇月
オーストラリア－鮭事件	18	1999/2/23	S. El-Naggar	カナダ（15箇月未満）	オーストラリア（15箇月）	8箇月
韓国－酒税事件	75, 84	1999/6/4	C.-D. Ehlermann	EC（6箇月）、米国（6箇月）	韓国（15箇月）	11箇月2週間
チリ－酒税事件	87, 110	2000/5/23	F. Feliciano	EC（8箇月9日）	チリ（18箇月）	14箇月9日
カナダ－医薬品特許事件	114	2000/8/18	J. Bacchus	EC（12箇月）	カナダ（11箇月）	6箇月
カナダ－自動車事件	139, 142	2000/10/4	J. Lacarte-Muro	EC（3箇月）、日本（90日）	カナダ（11箇月12日）	8箇月
米国－音楽著作権法事件	160	2001/1/15	J. Lacarte-Muro	EC（10箇月）	米国（15箇月）	12箇月
カナダ－特許保護期間事件	170	2001/2/28	C.-D. Ehlermann	米国（6箇月）	カナダ（14箇月2日）	10箇月
米国－1916年法事件	136, 162	2001/2/28	A.V. Ganesan	EC（6箇月10日）、日本（6箇月）	米国（15箇月）	10箇月
アルゼンチン－牛革事件	155	2001/8/31	F. Feliciano	EC（8箇月）	アルゼンチン（46箇月15日）	12箇月12日

事件	番号	日付				
米国－日本熱延鋼事件	184	2002/2/19	F. Feliciano	日本（10箇月）	米国（18箇月）	15箇月
チリ－農産物価格帯事件	207	2003/3/17	J. Lockhart	アルゼンチン（9箇月6日）	チリ（18箇月）	14箇月
米国－バード修正条項事件	217, 234	2003/6/13	Y. Taniguchi	オーストラリア，ブラジル，カナダ，チリ，EC，インド，インドネシア，日本，韓国，メキシコ，タイ（6箇月）	米国（15箇月）	11箇月
EC－特恵事件	246	2004/9/20	J. Lockhart	インド（6箇月2週間）	EC（20箇月10日）	14箇月11日
米国－OCTG サンセットレビュー事件	268	2005/6/7	A.V. Ganesan	アルゼンチン（7箇月）	米国（15箇月）	12箇月
米国－賭博サービス事件	285	2005/8/19	C.-D. Ehlermann	アンティグア（1箇月＝スポーツ非関連賭博，スポーツ関連賭博＝6箇月）	米国（15箇月）	11箇月2週間
EC－砂糖輸出補助金事件	265, 266, 283	2005/10/28	A.V. Ganesan	豪州（6箇月6日又は11箇月2日），ブラジル（6箇月6日又は7箇月8日），タイ（6箇月6日又は7箇月8日）	EC（19箇月12日）	12箇月3日
EC－鶏肉分類事件	269, 286	2006/2/20	J. Bacchus	ブラジル（5箇月10日），タイ（6箇月）	EC（26箇月）	9箇月
日本－韓国製DRAM事件	336	2008/5/5	D. Unterhalter	韓国（5箇月2週間）	日本（15箇月）	8箇月2週間
ブラジル－再生タイヤ事件	332	2008/8/29	Y. Taniguchi	EC（10箇月）	ブラジル（21箇月）	12箇月
米国－ステンレス鋼 AD 措置（メキシコ）事件	344	2008/10/31	F. Feliciano	メキシコ（7箇月）	米国（15箇月）	11箇月10日

◇ 第5章 ◇　WTO紛争処理制度と「妥当な期間」〔小寺智史〕

事件					
コロンビアー入港規制措置事件 366	2009/10/2	G. Sacerdoti	パナマ（4箇月19日）	コロンビア（15箇月）	8箇月15日
米国ーCOOL措置事件 384, 386	2012/12/4	G. Sacerdoti	カナダ（6箇月），メキシコ（8箇月）	米国（18箇月）	10箇月
中国ーGOES事件 414	2013/5/3	C.-D. Ehlermann	米国（1箇月又は4箇月1週間）	中国（19箇月）	8箇月15日
米国ーCVD措置（中国）事件 437	2015/10/9	G. M. Abi-Saab	中国（10箇月）	米国（19箇月）	14箇月16日
米国ーエビII（ベトナム）事件 429	2015/12/15	S. Farbenbloom	ベトナム（6箇月）	米国（21箇月）	15箇月
ペルーー農産品事件 457	2015/12/16	R. Ramírez-Hernández	グアテマラ（5箇月）	ペルー（19箇月）	7箇月29日
コロンビアー繊維事件 461	2016/11/15	G. Sacerdoti	パナマ（66日）	コロンビア（12箇月）	7箇月
米国ー洗濯機事件 464	2017/4/13	C. Orozco	韓国（6箇月又は8箇月）	米国（21箇月）	15箇月
米国ーAD調査手法（中国）事件 471	2018/1/19	S. Farbenbloom	中国（6箇月）	米国（24箇月）	15箇月

第6章

WTO 履行パネルの管轄事項

阿 部 克 則

I はじめに

WTO 紛争処理手続の1つの特徴は、そのパネル・上級委員会が下した法的判断の履行確保手続である。すなわち、パネル・上級委員会報告が紛争解決機関（DSB）により採択された後、敗訴した紛争当事国は、妥当な期間（Reasonable Period of Time: RPT）内に DSB 勧告・裁定を実施することが求められるが、この妥当な期間内に DSB 勧告・裁定が実施されたか否かについて紛争当事国間に意見の相違があるときは、履行パネルまたは履行上級委員会手続と呼ばれる手続によって処理される（紛争解決了解（DSU）第21条5項）。履行パネル・上級委員会は、被申立国が履行措置をとったかどうか、及び、とったとされる履行措置が DSB 勧告・裁定と WTO 協定に合致しているかを判断するが、この履行確認手続は、国際法における履行概念について、条約上の実体的義務自体の履行を「第一次履行（first order compliance）」、裁判所等の第三者機関の判断の履行を「第二次履行（second order compliance）」と区別する考え方からすると[1]、後者の「第二次履行」を確保する手続である。「第二次履行」確保の

---

* 本稿は、科研費（基盤研究(C)：「国際貿易紛争処理制度の手続法的発展」2015年〜2017年、研究代表者：阿部克則　課題番号 15K03142）の成果の一部であり、学習院大学法学会雑誌53巻2号（2018年）に掲載された拙稿をアップデートしたものである。

(1) Roger Fisher, *Improving Compliance with International Law* (University Virginia Press, 1981) pp. 28-29; Beth A. Simmons, "Compliance with International Agreements", *Annual Review of Political Science*, Vol. 1 (1988) pp. 78.

◆ 第1部 ◆ 国際貿易紛争処理における手続法的発展と課題

ための手続は国際法上いくつか存在するが，WTO ほど「第二次履行」手続が整備されている国際法上の手続は他にはない[2]。また，DSB 勧告・裁定の履行のためには，被申立国の国内法令の修正等が必要になることが多いため，協定整合的な履行措置がとられたかどうかについて紛争当事国間の意見の相違がしばしば発生し，実際に数多くの履行確認手続が行われる。WTO 発足以来，DSU 第21条5項に基づく申立は，2019年6月時点で64件（申立ベースで53件）に達した[3]。

このように WTO 履行確認手続の重要性が増す中で，履行パネルの「管轄事項（scope）」の範囲が争われるケースが多発している。履行パネルについても，原審パネルと同様に，被申立国による先決的抗弁の提起が常態化しているのである。履行パネルにおける被申立国の先決的抗弁には大別して，原審パネルと同様にパネル設置要請が DSU 第6条2項の要件を満たさないとする抗弁と[4]，DSU 第21条5項が定める履行パネルの管轄事項，すなわち「勧告及び裁定を実施するためにとられた措置の有無又は当該措置と対照協定との適合性」の問題ではないとする抗弁がある。本稿で扱うのは，履行パネルに特有の，後者の問題である[5]。

履行パネルの管轄事項に関する先決的抗弁は，いくつかのパターンに分類することができる。第1のパターンは，被申立国が DSB 勧告・裁定を「実施す

---

(2) この点については，阿部克則「WTO における紛争解決機関勧告履行手続の法的性格——国際法上の諸制度との比較の観点から」川瀬剛志・荒木一郎編著『WTO 紛争解決手続における履行制度』（三省堂，2005年）37-64 頁；Yoshinori Abe, "Implementation System of the WTO Dispute Settlement Body: A Comparative Approach", *Journal of East Asia and International Law*, Vol. 6 (2013) pp. 7-28 を参照。

(3) 以上の数字は，World Trade Law.net のサイト（http://www.worldtradelaw.net/）内の "Tables & Statistics" 及び "Ongoing WTO Disputes" に依拠している。

(4) パネル設置要請に関する先決的抗弁に関しては，本書の第1章を参照。

(5) 履行パネルの管轄事項に関する研究は数少ない。密接関連性テストが上級委員会により提示された米国 – 針葉樹IV事件より前の論考として，Jason E. Kearns and Steve Charnovitz, "Adjudicating Compliance in the WTO: A Review of DSU Article 21.5", *Journal of International Economic Law*, Vol. 5 (2002), pp. 331-352, 米国 – 針葉樹IV事件後の論考として，Kendall Turner, "The Scope of Compliance Proceedings Under the WTO Dispute Settlement Understanding: What Are "Measures Taken to Comply"?", *Asper Review of International Business and Trade Law*, Vol. XII (2012), pp. 167-201 がある。

るためにとった措置（measures taken to comply: 以下「履行措置」）」と宣言していない措置を，履行パネルが審査できるかである。被申立国は，履行措置と宣言しない措置を関連して実施することがあり，これがWTO協定整合性の抜け道になる可能性があるため，申立国としては，被申立国が履行措置と宣言していない措置であっても，履行パネルでの判断を請求することがある。この場合，被申立国は，自らが履行措置と宣言した措置ではない措置に関しては，履行パネルの管轄外だとして先決的抗弁を提起するケースがあるのである。第2のパターンは，原審パネル手続時から変わっていない措置に関する請求を，履行パネルが審査できるかである。このパターンは，さらにいくつかに小分類することができ，原審パネルにおいて申立国が行った請求について上級委員会がパネル判断を取り消しかつ自判しなかったケースで，申立国が履行パネルにおいて再度同じ請求を提起できるかや，原審パネルにおいて申立国が行った請求について原審パネルが訴訟経済を行使したケースで，申立国が同じ請求を再提起できるか等の問題が存在する。

　そこで本稿では，履行パネルの管轄事項に関する先決的抗弁が提起されたケースを上記のようにいくつかに分類して分析する。その際には，履行パネル手続の目的を考慮して評価を行う。米国－針葉材Ⅳ事件で上級委員会が述べたように，履行パネルの目的はWTO協定上の義務の履行の促進にあり，その観点からすれば，申立国が履行に関連があると主張する措置を幅広く履行パネルの管轄事項とすることに，一定の理由があろう[6]。履行の促進には，申立国が新しいケースを始める必要性をなくし，迅速に手続を完了させることも含むので，例えば，履行措置と宣言されていない措置に関しても履行パネルの管轄事項内とすれば，申立国が当該措置について，別個に原審パネルから争う必要はなくなり，WTO紛争解決の効率的な利用が実現できる[7]。他方で，履行

---

(6)　Appellate Body Report, *United States - Final Countervailing Duty Determination with respect to Certain Softwood Lumber from Canada, Recourse to Article 21.5 of the DSU by Canada*, WT/DS257/AB/RW, paras. 70-72 [hereinafter Appellate Body Report, *US - Softwood Lumber IV (21.5)*].

(7)　Appellate Body Report, *United States - Sunset Reviews of Anti-dumping Measures on Oil Country Tubular Goods from Argentina, Recourse to Article 21.5 by Argentina*, WT/DS268/AB/RW, para. 151 [hereinafter Appellate Body Report, *US - OCTG Sunset Reviews (21.5)*]; Appellate Body Report, *United States, Subsidies on Upland Cotton, Recourse to Article 21.5 of the DSU by Brazil*, WT/DS267/AB/RW, para. 212

◆ 第1部 ◆　国際貿易紛争処理における手続法的発展と課題

パネル段階で初めて争われる措置に関しWTO協定違反との判断が下されると，被申立国にとっては，履行のための妥当な期間を経ることなく申立国の対抗措置の対象となる可能性がある。原審パネルから争われていれば，通常は原審段階と履行段階とで二段階の審査が行われるところ，被申立国の防御の機会は制限されることになる。また，原審段階から変わっていない措置に関する請求は，原審パネルに提起した請求の単なる「蒸し返しの機会（second chance）」を申立国に与える可能性もあり，デュープロセスの観点から望ましくないケースもあり得る。したがって，履行パネルの管轄事項に関しては，履行の促進という観点とデュープロセスの観点の双方を考量して評価する必要がある[8]。

　以下では，まず，履行措置と宣言されていない措置に関する請求が履行パネルの管轄事項に入るか否かという論点を扱い，次に，原審手続時と変わっていない措置に関する請求が履行パネルの管轄事項内かどうかという論点を扱う。さらに特殊な例として，補助金協定第7.8条に基づく義務を履行したか否かに関する先決的抗弁の問題を検討する。

II　履行措置と宣言されていない新たな措置に関する請求

1　密接関連性テストの形成[9]

　被申立国の協定違反を認定したパネル・上級委員会報告書がDSBで採択されると，パネル・上級委員会報告書に含まれる「協定整合性を確保すべき」との勧告が，そのまま被申立国に対するDSB勧告・裁定となる。このDSB勧告・裁定を，被申立国は，妥当な期間内に履行することが求められ，通常は妥当な期間の終了前に，履行完了通知をDSBに送付する。この通知の中では，被申立国がDSB勧告・裁定を実施するためにとった措置，すなわち履行措置が明記される。したがって，履行パネルにとっては，まずは被申立国が履行措置だと通知した措置のWTO協定整合性を判断することが任務となる。しかし，被申立国による履行措置の宣言は，何が履行措置なのかを履行パネルが決定する際に考慮はされるものの，それは決定的なものではなく，逆に，申立国が単独で，何が履行措置かを決められるわけでもない。あくまで，管轄事項を

　　[hereinafter Appellate Body Report, *US – Upland Cotton (21.5)*].

(8)　Turner, *supra* note 5, pp. 189-191.

(9)　密接関連性テストの形成については，*Ibid.*, pp. 183-189 も参照。

◇ 第 6 章 ◇ WTO 履行パネルの管轄事項〔阿部克則〕

決定できるのは，履行パネル自身だとされる[10]。そのため，被申立国が履行措置だと宣言していない措置が，どこまで履行パネルの管轄に入るのかが先決的問題となる。

　この問題が最初に提起されたのが，豪州 – 自動車用皮革事件で，豪州は，原審パネルで補助金協定第 3 条に違反する禁止補助金であると判断された補助金を撤回したが，同時に，非商業的な条件での融資を関係企業に供与した。履行パネルにおいて豪州は，当該融資は履行措置の一部ではないと主張したが，履行パネルは，当該融資が，その時期と性質からして，豪州が履行措置だと宣言している措置と「切り離せないほど関連している（inextricably linked）」ため，履行パネルの管轄事項に入るとした[11]。また，豪州 – 鮭事件で，豪州は，原審パネルで違反を認定された連邦政府による輸入制限措置を撤廃する一方で，タスマニア州が鮭の輸入禁止措置を新たに導入した。履行パネルは，タスマニア州の輸入禁止措置が導入された時期と，当該措置の性質を勘案して，履行パネルの管轄事項内だと判断した[12]。

　これら 2 つの履行パネルの判断も踏まえて，米国 – 針葉樹Ⅳ事件[13]で，上級委員会は，履行措置と宣言されていない措置であっても，宣言された履行措置及び DSB 勧告・裁定と「特に密接な関係（particularly close relationship）」を有する措置は，履行パネルの管轄に入ることがあり，履行パネルは，個別具体的な事実に照らして，措置の「時期（timing）」，「性質（nature）」，及び，「効果（effect）」を検討することが求められるとした[14]。この事件では，米国

----

(10)　Appellate Body Report, *European Communities – Anti-Dumping Duties on Imports of Cotton-Type Bed Linen from India*, WT/DS141/AB/RW, para. 78〔hereinafter Appellate Body Report, *EC – Bed Linen (21.5)*〕；Appellate Body Report, *US – Softwood Lumber IV (21.5), supra* note 6, para. 73

(11)　Panel Report, *Australia – Subsidies Provided to Producers and Exporters of Automotive Leather, Recourse to Article 21.5 of the DSU by the United States*, WT/DS/126/RW, paras. 6.1–6.5.

(12)　Panel Report, *Australia – Measures Affecting Importation of Salmon, Recourse to Article 21.5 of the DSU by Canada*, WT/DS18/RW, para. 7.10.

(13)　本件の履行パネル・上級委員会報告については，伊藤一頼「米国のカナダからの軟材に対する相殺関税の最終決定に係る 21.5 条手続」経済産業省 WTO パネル・上級委員会報告書に関する調査研究報告書（2006 年），http://www.meti.go.jp/policy/trade_policy/wto/wto_bunseki/data/ito.pdf を参照。

(14)　Appellate Body Report, *US – Softwood Lumber IV (21.5), supra* note 6, paras. 77

◆ 第1部 ◆　国際貿易紛争処理における手続法的発展と課題

商務省が，DSB 勧告・裁定を履行するためのウルグアイ・ラウンド協定法第129 条（Section129）手続（以下「第129 条手続」）と並行して，遡及的に相殺関税率を決定するための「第1次レビュー（First Assessment Review）」を行ったところ[15]，後者の手続中のパス・スルー分析が補助金協定第10 条違反であるとのカナダの請求が，履行パネルの管轄事項に入るか否かが問題となった。上級委員会は，第1に，主題（subject matter）について，第1次レビューが，履行措置である第129 条手続と同じ針葉樹材に対する相殺関税手続であることなどから同じであること[16]，第2に，時期について，第1次レビューの公告日と結果の実施日が，第129 条手続のそれとほとんど一致し，かつ，いずれも妥当な期間の満了日とほぼ同じであること，第3に，効果について，第129 条手続により決定された相殺関税率が，第1次レビューにより更新されたことから，第1次レビューは，履行措置と密接な関連があるとした[17]。上級委員会によれば，第1次レビューは，DSB 勧告・裁定を履行する目的で行われたものではなく，第129 条手続とは独立したスケジュールで行われたものではあるが，それは上記のようなつながりを覆すものではない[18]。また，米国は，第1次レビューが履行パネルの管轄事項に入ることで，短期間の履行パネル手続の中で防御しなくてはならないので，防御権を侵害（prejudice）されたと主張したが，上級委員会はそのような侵害は立証されていないとした[19]。

　このように，米国−針葉樹Ⅳ事件で上級委員会は，豪州−自動車用皮革事件と豪州−鮭事件の履行パネル判断を踏まえて，「密接関連性テスト（close nexus test）」[20]を確立したといえるが，両事件の履行パネルの判断と異なるのは，

---

(15)　米国では，相殺関税に関しても，遡及的システム（retrospective system）を採用しているため，相殺関税賦課の最終決定が行われた後，最初の約1年間に賦課される相殺関税率を最終的に決定する手続が，「第1次レビュー（First Assessment Review）」である。

(16)　上級委員会は，一般論として示した考慮要素の「性質（nature）」ではなく，「主題（subject matter）」を実際には検討しているが，両者は同じ内容を示していると考えられる。

(17)　*Ibid.*, paras. 83-90.

(18)　*Ibid.*, para. 88.

(19)　*Ibid.*, para. 89

(20)　米国−針葉樹Ⅳ事件で上級委員会は，"particularly close relationship" という言い回しを用いているが，後の米国−ゼロイング事件（EC 申立）で上級委員会は，"close

◇第6章◇ WTO履行パネルの管轄事項〔阿部克則〕

密接関連性を判断する際に考慮する要素として，新たに「効果」を加えたことである[21]。この要素が含められた理由は，密接関連性が問題となっている措置が，DSB勧告・裁定の履行を阻害するような効果を持つ場合，当該措置を履行パネルの管轄事項外としてしまうと，DSB勧告・裁定の迅速かつ効果的な履行が実現できなくなってしまうからと考えられる。よって，履行確認手続の主たる目的がDSB勧告・裁定の履行確保にあるところ，それを迂回するような措置を被申立国がとることを防ぐために，密接関連性テストによって履行パネルの管轄事項を判断することは妥当であろう[22]。

2 密接関連性テストの適用

以上のように密接関連性テストは形成されてきたのだが，その適用には，様々な問題がある。

(1) 時　期

米国－ゼロイング事件（EC申立）の履行段階[23]においては，原審段階で争われた米国の「原調査（original investigation）」及び「行政レビュー（administrative review）」に加えて，それらの調査の後に行われた行政レビューと「サンセット・レビュー（sunset review）」についても，履行パネルの管轄事項に入るとECは主張した。それに対して履行パネルは，それらの調査・レビューは一連の関連する出来事を構成しており，性質と効果の点では，密接に関連していると言えるが，DSB勧告・裁定が発出される前に行われた行政レビューとサンセット・レビューについては，DSB勧告・裁定を履行するための措置

---

nexus" という表現を用いるようになった。Appellate Body Report, *United States - Laws, Regulations and Methodology for Calculating Dumping Margins ("Zeroing"), Recourse to Article 21.5 of the DSU by the European Communities*, WT/DS294/AB/RW, paras. 196-235 [hereinafter Appellate Body Report, *US - Zeroing (EC) (21.5)*]. 現在では，"close nexus" という表現が，パネルや加盟国の間で一般的に使われている。

(21)　Turner, *supra* note 5, at 188.

(22)　伊藤・前掲注(13)232-233頁。

(23)　本件の履行パネル・上級委員会報告については，Bernard Hoekman and Jasper Wauters, "US Compliance with WTO Rulings on Zeroing in Anti-Dumping: United States - Zeroing(EC); United States - Zeroing(Japan) Article 21.5 DSU Implementation Reports", in Henrik Horn and Petros C. Mavroidis (eds.), *The WTO Case Law of 2009: Legal and Economic Analysis* (Cambridge University Press, 2011), pp. 5-43 を参照。

◆ 第1部 ◆　国際貿易紛争処理における手続法的発展と課題

とは言えないので，時期の点で，密接に関連していないとし，DSB 勧告・裁定が発出された後の行政レビューとサンセット・レビューだけが，原措置及び DSB 勧告・裁定と密接に関連していると結論した[24]。ところが上級委員会は，EC の上訴を受けて，履行パネルの判断を覆し，DSB 勧告・裁定が発出される前の措置も，履行パネルの管轄事項に入り得るとした。上級委員会によれば，通常は，履行パネルで問題となるのは DSB 勧告・裁定の発出後の措置ではあるが，DSB 勧告・裁定発出前の措置に関する請求が履行パネルの管轄事項に入る可能性はある。上級委員会は，こうした措置は，厳密に言えば DSB 勧告・裁定を実施するための措置ではないが，措置がとられた時期は，決定的な要因ではなく，DSB 勧告・裁定発出前の措置であっても，履行パネルの管轄事項内となり得るとした[25]。

　このような，DSB 勧告・裁定の発出時期との関係は決定的要素ではないとする上級委員会の立場に対しては，時期という要素が密接関連基準の中でどのような役割があるのかが明確でなく，結局のところ，密接関連性テストは，性質と効果の2つの要素だけで決まることになるとの批判がある[26]。たしかに，DSB 勧告・裁定発出前の措置にも遡って履行パネルが検討できるとすれば，上級委員会が自ら確立した密接関連性テストを変容させてしまうようにも思われる。ただし，上級委員会は，時期という要素が全く考慮されないとしたわけではなく，DSB 勧告・裁定を履行するためにとった行動の直後，直前，又は同時にとった措置は，密接関連性を支持することになるであろうし，逆に，DSB 勧告・裁定発出のかなり前にとられた措置は，密接関連性を否定する根拠になり得るであろうとしており[27]，時期という要素は，1つの考慮要素であることには変わりはない。むしろ上級委員会は，DSB 勧告・裁定の発出時の前後で画一的に判断した履行パネルを，過度に形式的であると批判しており[28]，時期・性質・効果と言う3つの要素を，総合的に判断するのが密接関

---

(24)　Panel Report, *United States – Laws, Regulations and Methodology for Calculating Dumping Margins ("Zeroing"), Recourse to Article 21.5 of the DSU by the European Communities*, WT/DS294/RW, paras. 8.111-8.126 [hereinafter Panel Report, *US – Zeroing (EC) (21.5)*].

(25)　Appellate Body Report, *US – Zeroing (EC) (21.5)*, *supra* note 20, paras. 222-224.

(26)　Hoekman and Wauters, *supra* note 23, pp. 32-33.

(27)　Appellate Body Report, *US – Zeroing (EC) (21.5)*, *supra* note 20, para. 225.

(28)　*Ibid.*, para. 226. DSB 勧告・裁定の発出日等のある特定の日を基準として画一的に

連性テストであることを示したと言えよう[29]。

(2) 性質・効果

米国－ゼロイング事件（EC申立）においては，性質と効果の観点でも，密接関連性テストの適用が問題となった。DSB勧告・裁定発出後の行政レビューについて，性質と効果の面で密接関連性があり，その管轄事項内であるとした履行パネルの判断に関して，米国は上訴した。米国は，DSB勧告・裁定の対象は，価格比較において加重平均価格同士を比較する場合（いわゆるW-W）におけるゼロイングの使用（model zeroing）であるのに対し，ECが履行段階で新たに請求してきたのは，価格比較において加重平均価格と個別取引価格を比較する場合（いわゆるW-T）におけるゼロイングの使用（simple zeroing）であるので[30]，性質の観点で密接な関連があるとは言えないし，効果の観点でも，問題となっている行政レビューは過去の限定的な期間におけるダンピング・マージンに関するものであり，将来に向かっては，第129条手続によってDSB勧告・裁定が完全に履行されているので，DSB勧告・裁定に履行は阻害されていないと主張した[31]。上級委員会は，model zeroingとsimple zeroingの違いは，「重要でないとは言えない（not insignificant）」としつつも，いずれにおいてもゼロイングが行われていることは共通しており，米国の履行措置である第129条手続もゼロイングの是正であったことから，行政レビューは性質の観点で密接関連性があるとした[32]。また上級委員会は，履行

「時期」を考慮するとしてしまうと，被申立国が当該日より1日だけ早く何らかの措置を導入して，履行パネルの審査を「迂回」するような事態を許してしまうリスクも指摘される。Turner, *supra* note 5, p. 192.

(29) なお，米国－相殺措置（中国申立）事件の履行上級委員会報告書は，妥当な期間（RPT）終了前にとられた措置や履行パネル設置要請時にまだ存在していなかった措置についても，履行パネルの管轄内に入るとする。Appellate Body Report, *United States - Countervailing Duty Measures on Certain Products from China, Recourse to Article 21.5 of the DSU by China*, WT/DS437/AB/RW, paras. 5.39-5.40〔hereinafter Appellate Body Report, *US - Countervailing Measures (China) (21.5)*〕.

(30) ゼロイングの方法に関しては，廣瀬孝「米国のアンチ・ダンピング手続における『ゼロイング』——WTO紛争解決手続による是正をめざして[1]」国際商事法務34巻（2006年）1271-1275頁等を参照。

(31) Appellate Body Report, *US - Zeroing (EC) (21.5)*, *supra* note 20, paras. 236-237, 247-248.

(32) *Ibid.*, paras. 240-246. なお上級委員会は，原調査と行政レビューとで，対象産品と

◆ 第1部 ◆ 国際貿易紛争処理における手続法的発展と課題

パネルの管轄事項に入るか否かという先決的判断の段階では，密接に関連するとされる措置によって「実際に（actually）」履行が阻害されていることが示される必要はなく，DSB 勧告・裁定の履行を「阻害し得る（could have undermined）」効果が示されればよいとした[33]。

このような性質と効果に関する上級委員会の判断は，アンチ・ダンピング調査におけるゼロイングの撤廃という意味での WTO 協定整合性を確保しようとするためだと考えられるが，1 人の上級委員による少数意見がついている。当該少数意見は，ほぼ米国の主張を認めるもので，model zeroing と simple zeroing には大きな違いがあり，また，行政レビューは過去の限定的な期間におけるダンピング・マージンに関するものであり，将来に向かっては，第 129条手続によって DSB 勧告・裁定が完全に履行されているので，履行は阻害されていないというものであった[34]。このような少数意見がつくことは，密接関連性テストを実際に適用する場合，難しい判断が求められることを示している[35]。多数意見も認めるように，model zeroing と simple zeroing との違いは，「重要でないとは言えない（not insignificant）」のであり，問題となる 2 つの措置の間に，どの程度の性質の共通性があればよいのかは，一律には決めがたい。また，多数意見がいうように，先決的判断の段階では，密接に関連するとされる措置によって「実際に（actually）」履行が阻害されていることが示される必要はないとしても，効果を検討するにあたっては，問題となる措置についてある程度は実質的な分析をせざるを得ない[36]。

　　対象国が同一であったとしても，それだけでは，性質の観点で，両者が密接に関連しているとはいえないとした。*Ibid.*, para. 239.

（33）　*Ibid.*, paras. 256-257.

（34）　*Ibid.*, paras. 259-270.

（35）　Turner は，特に「効果」の要素については，どのような効果があれば密接関連性の証左となるのか不明確であり，さらなる明確化が必要であることを指摘し，むしろ，「時期」と「性質」の 2 要素だけで十分であると主張する。Turner, *supra* note 5, pp. 194-195. しかし後述のように，3 要素を総合的に考慮して判断するのが密接関連性テストの本質であり，いずれの要素についても一律な明確化は困難であろう。

（36）　先決の段階で，どの程度「効果」について実質的な判断をすべきかは，EC‐大型民間航空機事件の履行パネルにおいても問題となり，同パネルは，米国‐ゼロイング事件（EC 申立）の上級委員会報告が示したように，実際に履行が阻害されているかではなく，履行が阻害され得るかを検討するとしたが，本案の問題である「悪影響」の存在の分析との区別は，難しい。Panel Report, *European Communities and Certain Member*

◇ 第 6 章 ◇ WTO 履行パネルの管轄事項〔阿部克則〕

　したがって，密接関連性テストの適用にあたっては，時期・性質・効果の 3 つの要素の 1 つ 1 つについて，個別的に明確に関連性があると判断できるようなものではないと考えられる。少数意見が指摘するように，時期・性質・効果の 3 つの要素をすべて検討し，問題となっている措置が DSB 勧告・裁定または宣言された履行措置と密接な関連があるといえるか，「総合的に（in a holistic manner）」検討すべきであろう(37)。この点からすると，多数意見が，時期・性質・効果のそれぞれの要因について，個別に，密接関連性があるか否か言及していることには疑問が生ずる(38)。密接関連性テストは，あくまで，問題となっている措置が DSB 勧告・裁定または宣言された履行措置と密接な関連があるかどうかを判断するものであって，問題となっている措置の 1 つの側面（例えば時期）について，密接な関連があるかどうか判断するものではない。措置の時期・性質・効果は，措置の密接関連性の判断における 1 つの要素に過ぎないのであるから，時期・性質・効果を個々に検討した後に，総合的に密接関連性を判断するのが妥当な判断枠組みであろう。

　以上の考察からすると，最近の米国 − 大型民間航空機事件履行パネルにおける密接関連性テストの適用については，疑問なしとしない。例えば履行パネルは，「航空宇宙技術開発共同センター（Joint Center for Aerospace Technology Innovation: JCATI）」の設立が，ワシントン州の減税措置または NASA/国防省の補助金と，密接関連性がなく，JCATI に関する請求は管轄外だと判断したが，その中では，性質と効果に関する検討は行われているものの，時期に関する明示的な検討がない(39)。また同事件の履行パネルは，「材料及び生物学的技

States −Measures Affecting Trade in Large Civil Aircraft, WT/DS316/RW, paras. 6.131-6. 137 [hereinafter Panel Report, *EC − Large Civil Aircraft (21.5)*]. なお，米国 − 相殺措置（中国申立）事件の履行上級委員会報告書は，密接関連性テストの適用にあたり，個別の事実を詳細に検討することを履行パネルが要求されるものではないとしている。Appellate Body Report, *US − Countervailing Measures (China) (21.5)*, *supra* note 29, para. 5.32.

(37)　Appellate Body Report, *US − Zeroing (EC) (21.5)*, *supra* note 20, para. 262.

(38)　*Ibid.*, para. 233. 上級委員会は，"these sunset had a sufficiently close link, in terms of *effects*, with the recommendations and rulings of the DSB." と述べている。また 246 段落においても，性質について，個別に密接関連性を肯定する記述がある。

(39)　Panel Report, *United States − Measures Affecting Trade in Large Civil Aircraft (Second Complaint)*, WT/DS353/RW, paras. 7.76-7.79 [hereinafter Panel Report, *US −*

◆ 第1部 ◆　国際貿易紛争処理における手続法的発展と課題

術プログラム（Materials and Biological Technology）」という研究開発プログラムについて，当該プログラムが開発しようとする技術の性質が，原審パネルで問題となったNASAと国防省の航空技術開発プログラムが焦点を当てていた重要技術と密接に関連しているとして，管轄事項内であると判断したが，時期と効果については何も言及がない[40]。その一方で，同事件の履行パネルは，連邦航空局の研究開発プログラムに関しては，時期・性質・効果について，全て明示的に検討し，結論として，同プログラムがDSB勧告・裁定の対象であったNASAの調達契約等と密接な関連性があり，同プログラムに関する請求は管轄内だと判断している[41]。このような一貫性のない密接関連性テストの適用は，履行パネルの管轄事項が恣意的に決定されてしまうことにつながるので，是正すべきであろう[42]。なお，同時期に発出されたEC－大型民間航空機事件の履行パネルは，米国－大型民間航空機事件の履行パネルと異なり，A350MAXに関する補助金（Launch Aid/Member State Financing: LA/MSF）が管轄事項に入るか否かを検討する際に，密接関連性テストを適用し，時期・性質・効果を全て明示的に分析した上で，当該措置がDSB勧告・裁定と密接な関連があると総合的に判断しており，これは密接関連性テストの望ましい適用であるといえよう[43]。

　なお，密接関連性テストは，上述のように，時期・性質・効果の3要素を勘案するものとされてきたが，同テストを定式化した米国－針葉樹材IV事件の上級委員会報告書では，当該3要素に加え，履行措置だと宣言された措置が採用された「事実的及び法的背景（factual and legal background）」も，履行パネルは検討することが求められるとした[44]。上級委員会は，一般論としてはこのように述べたものの，同事件では，3要素に加えて，「事実的及び法的背景」を具体的に検討しなかったが[45]，コロンビア－繊維事件の履行パネルは，米

　　Large Civil Aircraft (II)(21.5)].

（40）　*Ibid.*, paras. 7.162-7.168.

（41）　*Ibid.*, paras. 7.269-7.290.

（42）　なお，本件パネルの密接関連性テストの適用については，当事国が上訴しなかった。Appellate Body Report, *United States – Measures Affecting Trade in Large Civil Aircraft (Second Complaint)*, WT/DS353/AB/RW, para. 4.1 [hereinafter Appellate Body Report, *US – Large Civil Aircraft (II) (21.5)*].

（43）　Panel Report, *EC – Large Civil Aircraft (21.5)*, *supra* note 36, paras. 6.109-6.150.

（44）　Appellate Body Report, *US – Softwood Lumber IV (21.5)*, *supra* note 6, para. 77.

国-針葉樹材Ⅳ事件の上級委員会報告書を引用して，3要素の検討の後に，「事実的及び法的背景」も検討した[46]。同事件の履行パネルは，コロンビアが履行措置だと宣言した措置（Decree No. 1744/2016）と，履行措置だと宣言されていない他の措置（Decree No. 1745/2016）とが，密接に関連しているとの結論を導く際に，2つの措置が同じ組織（Triple A Committee）によって勧告されたことと，当該組織の議事録を見ると，履行措置だと宣言されていない措置も，DSB勧告・裁定に関連していることが明確であることを指摘している[47]。このように，密接関連性テストでは，時期・性質・効果の3要素に加え，その他の「事実的及び法的背景」が補完的に考慮され得る。

Ⅲ　原審手続時と変わっていない措置で，DSB勧告・裁定の対象ではないものに関する請求

　前節で検討した密接関連性テストは，履行段階での新しい措置に関する請求が履行パネルの管轄事項に入るか否かに関する判断枠組みであったが，この節で検討するのは，新しい措置ではない，原審手続時と変わっていない措置で，かつ，DSB勧告・裁定の対象になっていないものに関する請求が，履行パネルの管轄事項に含まれるかという問題である。この問題は，そのような措置に対して，原審パネルにおいて申立国が既に請求を提起していた場合と，逆に，原審パネルにおいて申立国が請求を提起していなかった場合とに分けて考察する必要がある。

1　原審パネルにおいて申立国が提起した請求

　まず原則として，原審パネルにおいて申立国が提起した請求で，原審において協定違反ではないとの確定判断が出た請求に関しては，DSB勧告・裁定の

（45）　なお米国-ゼロイング事件（EC申立）の上級委員会報告書は，「事実的及び法的背景」を，考慮要素とはしていない。Appellate Body Report, *US - Zeroing (EC) (21.5)*, *supra* note 20, para. 207.

（46）　Panel Report, *Colombia - Measures Relating to the Importation of Textiles, Apparel and Footwear, Recourse to Article 21.5 of the DSU by Columbia and Panama*, WT/DS461/RW, para. 7.74.

（47）　*Ibid.*, paras. 7.75-7.80.

◆ 第 1 部 ◆　国際貿易紛争処理における手続法的発展と課題

対象ではなく，履行パネルの管轄外となる[48]。また，原審において申立国が
「一応の立証（prima facie case）」ができなかった請求に関しても，同じ請求を
履行段階で再び提起することはできない[49]。これは，一事不再理の原則であ
り，DSB で採択されたパネル・上級委員会の判断の終局性を確保する上で，
当然のことである。原審パネル・上級委員会手続において，申立国が勝ち取る
ことができなかった請求について，履行パネル・上級委員会手続において再度
争うことを許容してしまえば，「不当な蒸し返しの機会（unfair second chance）」
を与えることになってしまうからである[50]。原審において確定判断がなされ
た請求の中には，パネルで判断されたものが上訴されず，そのまま DSB で採
択された請求も含まれるとされる[51]。そして，履行段階での請求が，原審段
階での請求と同じ請求か否かは，請求の目的によって判断するとされる[52]。
このように，通常であれば，原審段階で提起された請求に関しては，何らかの
確定判断が出るはずであり，原審段階から変わっていない措置について申立国
が履行段階で再び請求を行うことは，本来認められない。しかし，以下の場合
には，例外的に，申立国が再請求を行う余地が認められている。

(1) 原審パネルが判断したが，上級委員会がパネル判断を取り消し，かつ，自判（分析を完了）しなかった請求

　DSU 第 17 条 13 項は，「上級委員会は，小委員会の法的な認定及び結論を支
持し，修正し又は取り消すことができる」と規定する。そのため，パネル判断
に法的な誤りがあると上級委員会が判断した場合，上級委員会はパネル判断を
取り消すことができるのである。このとき上級委員会は，取り消したパネル判
断が対象とした請求について，パネルが認定した事実及び争いのない事実に基
づき，自判する（「分析を完了する（complete the analysis）」と言われる）ことが
できる[53]。しかし，上級委員会は法律審であり，自ら事実認定を行うことが

---

(48)　Appellate Body Report, *United States - Import Prohibition of Certain Shrimp and Shrimp Products, Recourse to Article 21.5 of the DSU by Malaysia*, WT/DS58/AB/RW, para. 96. *See also*, Turner, *supra* note 5, pp. 190-191.

(49)　Appellate Body Report, *US - Upland Cotton (21.5)*, *supra* note 7, para. 210.

(50)　*Ibid.*, para. 210.

(51)　Appellate Body Report, *EC - Bed Linen (21.5)*, *supra* note 10, para. 93.

(52)　Appellate Body Report, *European Communities - Definitive Anti-Dumping Measures on Certain Iron or Steel Fasteners from China*, WT/DS397/AB/RW, paras 5.17 [hereinafter Appellate Body Report, *EC - Fastener (21.5)*].

◇ 第6章 ◇ WTO 履行パネルの管轄事項〔阿部克則〕

できないため（DSU 第17条6項），パネルが認定した事実や争いのない事実が不足している場合には，「分析を完了」することができず[54]，当該請求については，協定整合性が不明なまま残される事態となる。国内裁判制度においては，法律審である上訴審が下級審の判断を破棄し，自判しない場合には，下級審に差し戻されるが，上級委員会には差し戻し権限がないため（DSU 第17条13項），極めて中途半端な状態が生じてしまう。そこで申立国は，履行段階において，上級委員会が自判できなかった請求を，再度提起するようになったのである。

　このような請求に関しては，どのように扱われてきたのだろうか。米国－綿花事件[55]で履行上級委員会は，原審において上級委員会がパネル判断を取り消したものの，自判しなかった請求に関しては，履行パネルの管轄事項に入ると判断した[56]。本件で上級委員会は，原審パネルにおいて申立国が提起した請求で，原審において確定判断が出た請求に関しては，履行パネルの管轄外となるとの原則を確認したうえで，本件の原審においてパネルが認定した十分な事実や争いのない事実がないために上級委員会が分析を完了できなかった豚肉等に関する輸出信用保証措置について，ブラジルが再び請求を提起することは，DSB 勧告・裁定の終局性を害するものではないので，申立国であるブラジルに不当な蒸し返しの機会を与えるものではなく，デュープロセス上の問題はないとした[57]。

---

(53) Appellate Body Report, *Canada － Certain Measures Concerning Periodicals,* WT/DS31/AB/R, p. 24.

(54) Appellate Body Report, *European Communities － Measures Affecting Asbestos and Asbestos-Containing Products,* WT/DS135/AB/R, para. 78.

(55) 本件の履行パネル・上級委員会報告については，濱田太郎「米国──高地産綿花に対する補助金（WT/DS267）履行確認」経済産業省 WTO パネル・上級委員会報告書に関する調査研究報告書（2008 年），http://www.meti.go.jp/policy/trade_policy/wto/ds/panel/pdf/0801.pdf を参照。

(56) Appellate Body Report, *US － Upland Cotton (21.5), supra* note 7, para. 210.

(57) *Ibid.* この判断は，EC －留め具事件においても，上級委員会により確認されている。Appellate Body Report, *EC － Fastener (21.5), supra* note 52, para. 5.15 and footnote 90. なお，申立国が原審の上級委員会に対して分析の完了を要請したかどうか（あるいは分析を完了しないよう要請したかどうか）は，問題となる請求が管轄事項に含まれるか否かの判断に影響しないとされている。Appellate Body Report, *US － Large Civil Aircraft (II) (21.5), supra* note 42, paras. 5.25-5.28.

◆ 第1部 ◆ 国際貿易紛争処理における手続法的発展と課題

　米国−綿花事件で上級委員会が示した考え方は，最近の事件の履行パネルに踏襲されている。例えば，EC−大型民間航空機事件では，A380 LA/MSF に関する補助金協定第3条違反の請求について，原審の上級委員会がパネルの判断を取り消したものの，分析を完了できなかったため，米国は履行パネルにおいて当該措置に関する請求を再び提起したところ，履行パネルは，本件は米国−綿花事件に類似しているとして，当該措置に関する請求は履行パネルの管轄事項に入ると判断した(58)。また，米国−大型民間航空機事件では，原審パネルがワシントン州の補助金（減税措置）は悪影響を及ぼしていないと判断したものの，上級委員会がこの判断を取り消し，かつ，分析を完了できなかったために，当該請求については解決されないままとなっていたところ，EC が履行パネルにおいて再提起した。これについて履行パネルは，当該請求については悪影響を及ぼしていないとの確定判断はなく，再請求することは，DSB 勧告・裁定の終局性を害さず，申立国に不当な蒸し返しの機会を与えるものでもないので，履行パネルの管轄事項に含まれると判断した(59)。

　以上ように，上級委員会によって取り消され，かつ，分析が完了されずに確定判断が出ていない請求に関しては，DSB 勧告・裁定の終局性を害さないために，履行パネルにおいて再提起することが認められるが，これは，WTO 紛争処理手続の効率的な利用につながり，迅速な履行確保という目的にも資するであろう(60)。なお，このような取り扱いは，被申立国が履行措置であると宣言する措置や DSB 勧告・裁定の対象となる措置以外の措置も，履行パネルの管轄事項とする可能性がある。この点について EC−大型民間航空機事件の履行パネルは，A380LA/MSF が履行措置あるいは履行措置の一部ではないが，そのことだけをもって，履行パネルの管轄外だとすれば，あまりに形式的すぎるとした(61)。つまり，この場合，DSB 勧告・裁定や履行措置との関係性は問われず，履行措置でもなく，他の履行措置の一部でもない（勧告及び裁定の対象となっていない）措置を，履行パネルは管轄内とすることになる(62)。これに

---

(58)　Panel Report, *EC − Large Civil Aircraft (21.5)*, *supra* note 36, paras. 6.173-6.187.

(59)　Panel Report, *US − Large Civil Aircraft (II) (21.5)*, *supra* note 39, paras. 7.29-7.53.

(60)　Panel Report, *EC − Large Civil Aircraft (21.5)*, *supra* note 36, para. 6.181.

(61)　*Ibid.*, paras. 6.183-6.185.

(62)　なお，米国−綿花事件では，履行パネルで再提起された豚肉等に関する輸出信用保証は，GSM102 プログラムという DSB 勧告・裁定の対象となった措置の一部分であっ

◇ 第 6 章 ◇ WTO 履行パネルの管轄事項〔阿部克則〕

関しては，履行パネルが DSB 勧告・裁定の履行確保という「第二次履行」を主たる目的としていることからすると，履行パネルの管轄として広すぎるようにも考えられるが，他方で，WTO 協定上の義務の履行という「第一次履行」を含めた広い意味での履行確保には資するものであり，上級委員会が法律審であるにもかかわらず差戻権限がない現行制度においては，やむを得ない取り扱いであろう[63]。

(2) 原審パネルが訴訟経済により判断しなかった請求

次に，原審パネルが訴訟経済を行使し，判断しなかった請求に関して，申立国が履行パネルに再提起した場合，当該請求が履行パネルの管轄事項に入るか否かも問題となる。これに関しては，米国 − OCTG サンセット・レビュー事件[64]において，米国商務省が行ったサンセット・レビューにおける輸入量分析に関する請求について，原審パネルが訴訟経済を行使して確定判断がなされなかったところ，履行上級委員会は，履行段階において申立国であるアルゼンチンが当該請求を再提起することは妨げられないとした[65]。上級委員会は，当該請求を履行パネルの管轄事項に含めたとしても，原審において協定整合性が確定している場合や，申立国が一応の立証を行えなかった場合ではないので，申立国に不当な蒸し返しの機会を与えるものではないとした[66]。さらに上級委員会は，DSU 第 21 条 5 項の目的は，DSB 勧告・裁定の迅速な履行を促進することで，申立国が新しい手続を開始する必要性をなくすことにあるので，もしアルゼンチンに，問題となっている輸入量分析についてのみ原審手続から

たので，EC − 大型民間航空機事件とは異なる。

(63) 履行パネルが差戻し審のような機能を果たさざるを得ない状況は，本来は望ましくないともいえるので，原審の上級委員会が分析を完了できないという事態がそもそも生じないよう，原審のパネルが，上級委員会が取り消す可能性を考慮して，十分な事実認定を行うべきであろう。

(64) 本件の履行パネル・上級委員会報告については，伊藤一頼「米国のアルゼンチン製油井管（OCTG）への AD サンセットレビューに係る 21.5 条手続」経済産業省 WTO パネル・上級委員会報告書に関する調査研究報告書（2007 年），http://www.meti.go.jp/policy/trade_policy/wto/wto_bunseki/data/07ito.pdf を参照。

(65) Appellate Body Report, *US − OCTG Sunset Review (21.5)*, *supra* note 7, paras. 148-150. EC − 留め具事件の履行上級委員会も，このことを確認している。Appellate Body Report, *EC − Fastener (21.5)*, *supra* note 52, para. 5.15, footnote 90.

(66) Appellate Body Report, *US − OCTG Sunset Review (21.5)*, *supra* note 7, para. 150.

◆ 第1部 ◆ 国際貿易紛争処理における手続法的発展と課題

開始することを要求するのであれば，履行の相当な遅延をもたらすことにつながるとも指摘した[67]。

このように，原審パネルが訴訟経済を行使して確定判断がなされなかった請求については，履行パネルにおいて申立国が再提起することができると上級委員会は判断したが，このような取り扱いがなされたとしても，被申立国にとっては，原審手続と履行手続とで，2回の主張の機会があり，防御機会は十分あるため，デュープロセス上問題はないと考えられる[68]。なお，上述の上級委員会が分析完了できなかった場合と同様に，訴訟経済が行使された請求の対象である措置と，DSB勧告・裁定や履行措置と宣言された措置との関係性は問われないと考えられるので，履行パネルの管轄事項としては広すぎるのではないかとも思われるが[69]，紛争解決のために判断することが必要な請求であるにもかかわらず，パネルがそれを怠り，誤った訴訟経済を行使したことについて，申立国には非はないため，履行パネルにおいて申立国が請求を再提起することは妨げられるべきではないだろう[70]。

2 原審パネルにおいて申立国が提起しなかった請求

前節では，原審手続時から変わっていない措置に関する請求で，かつ，原審パネルにおいて申立国が提起した請求を再び履行段階で請求した場合の問題を検討したが，ここでは，同じく原審手続時から変わっていない措置に関する請求ではあるが，原審パネルにおいて申立国が提起しなかった請求を履行段階で新たに請求した場合の問題を検討する。この問題に関して上級委員会は，米国－綿花事件において，原審において申立国が「提起できたであろう（could have raised）」請求であるにもかかわらず，実際には提起しなかった請求を，申立国が履行段階で初めて提起した場合には，このような請求は，「通常は（ordinarily）」履行パネルの管轄事項外となるとした[71]。EC－大型民間航空機

---

(67) *Ibid.* 上級委員会は，もし新しく開始されるパネルと，履行パネルとで，同じサンセットレビューに関し，並行してどのような事実認定が行われるのか，想定しがたいとも指摘する。

(68) *Ibid.*

(69) 伊藤は，「誤った訴訟経済が適用された場合には，当該論点に関して履行すべき勧告が存在しない以上，履行確認手続の対象とはならないと考えるべきであろう」とする。伊藤・前掲注(64)41頁。

(70) Appellate Body Report, *EC‑Bed Linen (21.5), supra* note 10, para. 96, footnote 115.

212

◇ 第 6 章 ◇ WTO 履行パネルの管轄事項〔阿部克則〕

事件では，A380 LA/MSF の補助金協定第 3.1 条（b）に基づく請求は，原審において提起できたであろう請求であるから管轄外だとされた[72]。また，米国－大型民間航空機事件では，ワシントン州の補助金と FSC 措置を除く措置が補助金協定第 3 条に違反するとの請求が，EC のパネル設置要請に含まれていなかった。また，EC はパネル設置要請には含まれていた GATT 第 3 条 4 項違反の請求をパネル手続で主張しなかった。これらの請求は，もし履行パネルの管轄事項に含めると，原審で確定した紛争の範囲を不当に拡大するため，履行パネルの管轄外だとされた[73]。

他方で，米国－ゼロイング事件（EC 申立）においては，原審において申立国が提起できたであろう請求であったとしても，その請求の対象となっている原審手続時から変わっていない措置の一部が，履行措置に組み込まれており，かつ，履行措置の他の側面から「切り離せない（not separable）」ものである場合には，履行パネルの管轄内にあると，上級委員会は判示した[74]。同事件においては，米国商務省がアンチ・ダンピングの「原決定（original investigation）」においてダンピング・マージンの計算ミスをしていたにもかかわらず，履行段階（第 129 条手続）においても是正しなかったことに関して，EC が履行パネルにおいてアンチ・ダンピング協定第 2 条違反等を請求したが，履行パネルは，当該請求は，原措置の変わっていない側面に関する新たな請求であり，原審手続において提起できたにもかかわらず提起しなかった請求であるため，履行パネルの管轄外であると判断した[75]。それに対して上級委員会は，原審手続において決定された争点を蒸し返すために履行手続を利用することはできないが，DSB 勧告・裁定を紛争当事国は無条件に受け入れているため，原措置の変わっていない側面を組み込んだ履行措置に対する新たな請求を提起することは排除されないとし，パネルの判断は誤りだとした[76]。上級委員会は，そのような取り扱いをしたとしても，申立国に蒸し返しの機会を与えるものではなく，デュープロセス上の問題もないとした[77]。したがって，原審手続時

---

(71)　Appellate Body Report, *US－Upland Cotton (21.5)*, *supra* note 7, para. 211.

(72)　Panel Report, *EC－Large Civil Aircraft (21.5)*, *supra* note 36, paras. 6.196-6.203.

(73)　Panel Report, *US－Large Civil Aircraft (II)(21.5)*, *supra* note 39, para. 7.431-7.432.

(74)　Appellate Body Report, *US－Zeroing (EC) (21.5)*, *supra* note 20, para. 432.

(75)　Panel Report, *US－Zeroing (EC) (21.5)*, *supra* note 24, para. 8.239.

(76)　Appellate Body Report, *US－Zeroing (EC) (21.5)*, *supra* note 20, paras. 427, 433.

◆ 第1部 ◆ 国際貿易紛争処理における手続法的発展と課題

から変わっていない措置に関する請求で，原審パネルにおいて申立国が提起で
きたであろうにもかかわらず提起しなかった請求を履行段階で新たに提起でき
るか否かは，当該請求の対象となっている措置の側面が，履行措置と切り離せ
ないものであるかどうかで判断されることになる[78]。

　このような米国－ゼロイング事件（EC 申立）における上級委員会の判断に
対しては，被申立国は原審手続において認定された協定違反を是正するために
履行措置をとるのであるから，原審手続において違反認定されておらず，是正
を要求されていない側面について審査することは履行パネルの任務ではなく，
また，申立国には，提起できるすべての請求を原審手続において提起すること
が求められるのであって，履行手続において遅れた請求をすることは非効率で
あるとの批判がある[79]。しかし，上級委員会の立場は，請求の対象となる原
措置の部分が履行措置の他の側面から切り離せない場合には，原審手続におい
て提起していない請求であっても履行パネルの管轄事項内とするというもので
あって，あくまで履行措置の協定整合性を確保することを重視している。もし
履行措置の一部分であっても，原措置を組み込んでいる部分について協定整合
性を判断できないとすれば，履行確保が不十分になってしまう。したがって，
履行措置の協定整合性確保という観点からは，上級委員会の立場は妥当であろ
う。

　なお，上述のような判断基準からすれば，そもそも，原審パネルにおいて申
立国が「提起できなかったであろう（could not have raised）」請求を履行段階
において新たに請求することは，妨げられず，当該請求は履行パネルの管轄事
項内とされる。EC －留め具事件の履行手続[80]では，EC 当局が中国の調査対

---

(77)　*Ibid.*, para.427. また，Appellate Body Report, *EC-Fastener (21.5), supra* note 52,
　　　paras.5.73-5.88 と Panel Report, *United States-Measures Concerning the Importation,*
　　　Marketing and Sale of Tuna and Tuna Products, Recourse to Article 21.5 of the DSU by
　　　Mexico, WT/DS381/RW, paras. 7.32-7.42 も同旨である。

(78)　上級委員会は，原措置の一部（component）が，履行措置の他の側面から切り離せ
　　　ない（inseparable）ものであることを，履行措置の「不可分の一部（an integral part）」
　　　であるとも言い換えている。Appellate Body Report, *US-Zeroing (EC) (21.5), supra* note
　　　20, para.435; Appellate Body Report, *United States-Measures Concerning the Importation,*
　　　Marketing and Sale of Tuna and Tuna Products, Recourse to Article 21.5 of the DSU by
　　　Mexico, WT/DS381/AB/RW, para. 5.8.

(79)　Turner, *supra* note 5, pp. 198-200.

象生産者に対して情報開示を怠り，AD協定第6.2条及び第6.4条に違反したか否かが争われた。EC当局による情報開示の問題は，原審手続時から提起されていたが，履行段階で中国が争った不十分にしか開示されなかった情報の存在は，中国の生産者が見直し調査手続において初めて気がついたものであった。そのため履行パネル及び上級委員会は，問題となっている請求は，原審手続において中国が提起できなかったであろう請求であるため，履行パネルの管轄事項内であると判断した[81]。ただし上級委員会は，申立国が原審手続において提起できなかったであろうことだけでなく，EC当局による情報開示の懈怠が履行措置の不可分の一部であり，履行措置から切り離せないことにも言及している[82]。もし，申立国が原審手続においてある請求を提起できなかったであろうことだけでなく，当該請求が履行措置の不可分の一部に対するものであることが，履行パネルの管轄事項内に入ることの要件であるとすれば，原審手続においてある請求を提起できなかったであろう場合であれ，提起できたであろう場合であれ，履行パネルの管轄事項内に入るためには，履行措置と切り離せない部分に対する請求であることが決定的な基準になるであろう[83]。

Ⅳ　補助金協定第7.8条との関係

これまで検討してきた履行パネルの管轄事項一般の問題に加え，補助金協定上の特別の履行手続に関しては，固有の問題が起こり得る。すなわち，補助金

---

(80)　EC－留め具事件の履行パネル・上級委員会報告については，近藤直生「EC－中国産鉄鋼ファスナーに対するアンチダンピング措置（中国によるDSU21.5条の利用）」経済産業省WTOパネル・上級委員会報告書に関する調査研究報告書（2016年），http://www.meti.go.jp/policy/trade_policy/wto/ds/panel/pdf/16-3.pdfを参照。

(81)　Appellate Body Report, *EC-Fastener (21.5)*, *supra* note 52, paras. 5.73-5.88

(82)　*Ibid.*, para. 5.86. 同事件で上級委員会は，AD協定第2.4条に関する請求についても，中国が原審手続で提起できなかったであろうことに加え，当該請求が履行措置の一部となっている側面に対するものであることを述べている。*Ibid.*, para. 5.251.

(83)　米国－相殺措置（対中国）事件の履行パネルは，同パネルの管轄事項内に入るかが問題となった米国のPublic Bodies Memorandumが，宣言された履行措置の不可分の一部を構成すると米国が自認したことを以て，履行パネルの管轄事項に含まれるとした。Panel Report, *United States-Countervailing Duty Measures on Certain Products from China, Recourse to Article 21.5 of the DSU by China*, WT/DS437/RW, paras. 7.115-7.116.

◆ 第 1 部 ◆　国際貿易紛争処理における手続法的発展と課題

協定第 7.8 条は，補助金協定第 5 条に規定する悪影響をもたらしたと決定された補助金を廃止するか又は当該悪影響を除去するための適当な措置をとることを被申立国に要求するが，履行期間後に交付された補助金についても補助金協定第 7.8 条の義務に合致しているかどうかとの請求が，履行パネルの管轄事項に入るか否かという問題である。米国－綿花事件で，ブラジルは，「マーケティング・ローン支払（marketing loan payment）」と「価格変動対応支払（counter-cyclical payment）」について，履行期限である 2005 年 9 月 21 日以後に交付されたものも，補助金協定第 7.8 条の対象となり，同条の義務に合致していないとの請求を提起したが，米国は，補助金協定第 7.8 条の義務がかかるのは，原審パネルが現に悪影響を及ぼしていると認定した過去に交付された補助金であり，履行期限後に交付された補助金は，履行措置ではなく，履行パネルの管轄外であるとの抗弁を提出した。この点について履行パネルは，補助金協定第 7.8 条の下での救済は同協定第 5 条が規定する悪影響を及ぼしてはならないとの義務と関連しており，もし被申立国が，元の補助金と同じ条件・基準によって補助金を交付し続けて悪影響を及ぼしている場合には，「悪影響を除去するための適当な措置」をとっていないことになるとし，マーケティング・ローン支払と価格変動対応支払は，いずれも原審において悪影響を及ぼしていると認定された元の補助金と同じ条件・基準で交付され続けているため，履行パネルの管轄事項に入ると判断した[84]。そして上級委員会も，基本的にはパネルの理由付けを支持し，マーケティング・ローン支払と価格変動対応支払は履行パネルの管轄内だとした[85]。上級委員会は，補助金協定第 7.8 条が，悪影響を及ぼしている補助金を交付しまたは「維持している（maintaining）」加盟国に，補助金の撤廃または補助金の悪影響を除去するための適当な措置をとることを義務付けているところ，同じ補助金を毎年交付している加盟国は補助金を「維持している」と言えるので，原審パネルが審査対象とした期間を超えて交付されている補助金についても，補助金協定第 7.8 条の義務は及ぶとした[86]。

---

(84)　Panel Report, *United States – Subsidies on Upland Cotton, Recourse to Article 21.5 of the DSU by Brazil*, WT/DS267/RW, paras. 9.75-9.81〔hereinafter Panel Report, *US – Upland Cotton (21.5)*〕.

(85)　Appellate Body Report, *US – Upland Cotton (21.5)*, *supra* note 7, paras. 233-249.

(86)　*Ibid.*, para. 237.

履行上級委員会手続において米国は，補助金「プログラム (programmes)」
と補助金「支払 (payments)」は区別され，本件では，原審手続においてブラ
ジルは，特定の期間における「支払」に関する請求しか提起しておらず，「プ
ログラム」それ自体についても請求を提起できたのに，それを怠ったので，同
じ「プログラム」に基づく新たな「支払」は，履行パネルの管轄外だと主張し
た。しかし上級委員会は，そもそも，ある補助金「プログラム」の下で行われ
た補助金「支払」を，当該補助金「プログラム」から区別して補助金協定との
整合性を審査することはできないし[87]，原審手続後に繰り返し交付されてい
る同様の補助金について，単に原審手続後に交付されたという事実だけをもっ
て，新たなパネル手続を開始するよう求めることは，DSU 第 3 条 3 項が規定
する紛争の迅速な解決という目的と，DSU 第 21 条 1 項が規定する DSB 勧
告・裁定の迅速な実施の要請とに，合致しないとして，米国の主張を退け
た[88]。

　このように，米国－綿花事件の履行パネルと上級委員会は，補助金協定第 7.
8 条の義務は過去の補助金だけでなく，同じ条件・基準によって交付された新
たな補助金にも及ぶとし，よってそのような新しい補助金も DSB 勧告・裁定
の対象であり，DSB 勧告・裁定との整合性は，履行パネルの管轄事項に入る
としたが，この判断は妥当であろう。補助金協定第 7.8 条は，悪影響を及ぼし
ていると判断されたイエロー補助金について，特別の履行義務を課しているた
め，原審手続と同じ条件・手続に従って交付されたと主張される補助金に関す
る請求は，履行パネルの管轄内とすべきである[89]。もし，そのような補助金

---

(87)　*Ibid.*, para. 243. 上級委員会は，補助金「支払」は，補助金「プログラム」に規定さ
　　れた条件・基準に従って交付されるので，両者を分離して検討することはできないとし
　　た。

(88)　*Ibid.*, paras. 242, 246.

(89)　なお履行パネルは，密接関連性テストに言及し，同じ条件・基準で交付され続けて
　　いる補助金と，DSB 勧告・裁定の間には，特に密接な関連があるとして，そのような補
　　助金を履行パネルの管轄事項に含めることの一つの理由としている。Panel Report, *US -
　　Upland Cotton (21.5)*, *supra* note 84, paras. 9.80. しかし，上級委員会は，パネルのこの説
　　示には何ら言及しておらず，密接関連性テストを適用したとは考えられない。これは，
　　上級委員会が，補助金協定第 7.8 条の義務に関する DSB 勧告・裁定は，同じ条件・基準
　　で交付される新たな補助金をも，そもそも対象としているという立場をとっているから
　　だと考えられる。

に関する請求を履行パネルの管轄外とし，申立国が新たにパネル設置要請をして原審手続から争わなければならないとすると，上級委員会が言うように，紛争の迅速な解決やDSB勧告・裁定の迅速な実施の要請に反するものとなるであろう。

Ⅴ　おわりに

　本稿で検討してきたように，履行パネルの管轄事項は拡大する傾向にある。上級委員会によって確立された密接関連性テストは，被申立国が履行措置だと宣言していない措置であっても，時期・性質・効果の3つの要素を勘案し，履行措置だと宣言された措置またはDSB勧告・裁定と「密接な関連性」があると認められた場合には，履行パネルの管轄事項内だとする。また，原審手続時と変わっていない措置で，DSB勧告・裁定の対象となっていないものに関しても，原審パネルが判断したが上級委員会が取り消しかつ自判しなかった請求や，原審パネルが訴訟経済を行使して判断しなかった請求も，履行パネルの管轄事項に入り得る。さらに，原審手続時から変わっていない措置に関する請求で，原審パネルに提起しなかった請求であっても，履行措置と切り離せない部分に関する請求であれば，これも履行パネルの管轄事項に入るとされる。このように，履行パネルの管轄事項は，厳密にはDSB勧告・裁定の履行のための措置に関する請求に限定されないため，「第二次履行」の確保にとどまらず，限定的ではあるが「第一次履行」の確保にも広がっていると言えるが，これは履行促進の観点を重視して，パネル・上級委員会が判断を積み重ねてきた結果である。そのため被申立国は，一度DSB勧告・裁定の対象となると，履行手続において，申立国から幅広い請求を提起される可能性に直面するが，このような履行パネルの管轄事項の範囲は妥当であろうか。

　第1に考えられる論点は，履行パネル段階で初めて判断が確定する請求については，もし協定違反が認定されれば，妥当な履行期間もなく，すぐに対抗措置の対象となり得るので，被申立国にとっては防御の機会が少なくなるが，このことは適当か否かである。たしかに，ある請求が履行パネルの管轄外だとされ，申立国が改めて原審パネルから手続を開始することになれば，被申立国にとっては，防御の機会が増え，かつ，妥当な履行期間も得られるので，大きな差が出てくる。しかし，本来DSUの条文上は，妥当な履行期間終了後，すぐ

に対抗措置申請ができるのであって，履行パネル手続を経なければ対抗措置を申請できないと，DSU の条文上規定されているわけではない。現在は，履行パネル・上級委員会手続を経た後に対抗措置の承認手続が開始されるという「シークエンス合意（sequence agreement）」が紛争当事国間で形成されることが通例となっているが，これはあくまで紛争当事国が合意した場合の手続で，元々被申立国に与えられた権利・利益ではない[90]。また，ICJ 等の他の国際紛争処理手続には，そもそも上訴手続も履行パネル手続もなく，それと比較すれば，WTO における被申立国の防御機会は十分に確保されているので，むしろ DSU 第 3 条 3 項が規定する紛争の迅速な解決が優先されるべきであろう。

第 2 に考えられる論点は，履行パネルに初めて提起された請求は，二国間協議の対象となる機会がないことが考慮されるべきかどうかである。原審手続時には，パネル設置要請の前に協議要請を行うことが義務付けられているところ，履行パネル設置要請時には，協議要請義務はない。しかしながら，履行パネル手続中に，紛争当事国が自発的に協議することは妨げられていない。また，被申立国には履行措置をとるにあたり実施のための妥当な期間（RPT）が与えられるので[91]，必要であればこの期間内に申立国と意見交換を行うこともできるであろう。このように考えれば，協議要請義務がないことをもって，履行パネルの管轄事項を制限する理由にはならないであろう。

第 3 に考えられる論点は，履行パネルは迅速に審査することが原則であり，DSU 第 21 条 5 項では原則 90 日以内に審査を終えなければならないと規定されているため，管轄事項が拡大すれば，審査期間は長くなる傾向にあるが，このような手続の長期化は妥当かである。たしかに，手続の迅速化は DSU の特徴であり，履行パネルの審査はできるだけ短期間で終えることが望ましい。しかし，履行パネルによる短期間での審査の要請は迅速な履行を確保するためであるとすれば，履行を求める申立国自身が幅広い請求事項を提起することにより審査期間が長くなったとしても，それは申立国自身が選択した結果であり，申立国の利益を害するものとは言えないであろう。だとすれば，申立国の利益を守るために，履行パネルの管轄事項を狭くすることは必要ではないと考えられる[92]。逆に，被申立国が履行パネルの設置を要請する場合，履行パネルの

---

(90) Peter Van den Bossche and Werner Zdouc, *The Law and Policy of the World Trade Organization* (Cambridge University Press, 4th ed., 2017) pp. 290-291.

(91) 「妥当な期間（RPT）」については，本書の第 5 章を参照。

◆ 第1部 ◆ 国際貿易紛争処理における手続法的発展と課題

管轄事項は，被申立国が主張する履行措置が中心になると考えられ，被申立国が履行措置以外の措置を管轄事項に含めるよう要求し，審査が長引く可能性は低いと考えられる。

　このように考えれば，履行パネルの管轄事項がある程度拡大することは，履行促進という履行パネル手続の目的に照らして容認されることと言えよう。被申立国が，履行パネル段階でも様々な請求に対応せざるを得ないという事態は，そもそも協定違反を行ったという立場上，被申立国が甘受すべきものと考えられる。被申立国の手続的権利が害されないようデュープロセスの観点から留意しつつ，履行パネル手続の持つ履行促進機能を十分に確保すべきだろう。

（92）　ただし，履行パネルの審査期間を90日以内という短期間にしつつ，履行パネルの管轄事項を広げるとすると，被申立国が防御のための準備をする時間が制約され，不利になってしまうという問題が生じてしまう。この点を指摘するものとして，Turner, *supra* note 5, p. 173. しかし，DSU 第21条5項は，履行パネルが90日以内に報告を作成することができないと認める場合には，審査期間を延長することができると定めているので，履行パネルが審査期間を延長すれば，被申立国の準備期間も十分取れるので，デュープロセス上，問題にはならないであろう。

220

第7章

国家間貿易紛争処理手続の公開

関 根 豪 政

I　はじめに

　本章においては，世界貿易機関（WTO）の紛争解決手続の一般公開の問題を取り上げ，紛争の手続的問題が司法的機関（パネル及び上級委員会）による判断を通じてどのように処理され，それが立法的な機関の活動（「紛争解決に係る規則及び手続に関する了解」（DSU）の改正交渉）にどのように作用してきたかを考察する。2005年の米国／カナダ−継続的譲許停止事件のパネル手続で初めて会合（meeting）を公開することが認められ[1]，さらに同事件の上級委員会においても，口頭審理（oral hearing）の公開が認められて以降[2]，パネル及び上級委員会の会合が一般市民に公開される例が散見されるようになってい

---

*　本研究は，JSPS科研費（基盤研究（C）：「国際貿易紛争処理制度の手続法的発展」，課題番号15K03142）の助成を受けたものである。

(1)　Panel Report, *United States — Continued Suspension of Obligations in the EC — Hormones Dispute*, WT/DS320/R, para. 7.53 [hereinafter, Panel Report, *US – Continued Suspension*], Panel Report, *Canada — Continued Suspension of Obligations in the EC — Hormones Dispute*, WT/DS321/R, para. 7. 51 [hereinafter, Panel Report, *Canada – Continued Suspension*].

(2)　Appellate Body Report, *United States — Continued Suspension of Obligations in the EC — Hormones Dispute*, WT/DS320/AB/R, Annex IV, para. 11; Appellate Body Report, *Canada — Continued Suspension of Obligations in the EC — Hormones Dispute*, WT/DS321/AB/R, Annex IV, para. 11 [hereinafter, Appellate Body Report, *US/Canada – Continued Suspension*].

◆ 第1部 ◆　国際貿易紛争処理における手続法的発展と課題

る[3]。目下のところ，その会合の公開は DSU の明文規定に基づいて認められ，実施されてきたのではなく，パネル及び上級委員会による関連条文の解釈を通じて，事例ごとに公開を是認する方法で行われてきた。

それに対する立法的対応として WTO では，DSU 改正交渉において，関連条文の改正が種々の改正案と併せて提案されてきたが，長い交渉にも拘わらず改正は実現されていない。ドーハ・ラウンド交渉の先行きが見通せず，また，上級委員会の委員の任命手続の停滞により同委員会の機能不全が懸念される昨今の情勢下では，改正の試みが近日中に結実するとは考え難い。

かかる状況を反映して，近年は自由貿易協定（FTA）における紛争解決手続で，手続公開に対する各国の姿勢を明記する傾向が見られる。FTA と WTO は目的や背景が異なることから，FTA における紛争解決制度を WTO における同制度とは同視すべきではないと言える[4]面もあるものの，FTA における動向は，各国の WTO における制度に対する認識を（不完全ではあろうが）反映していると言えよう。そこで本章では，FTA の全体的な傾向を把握することにより，手続の公開がどのように加盟国に受け止められており，そして，それが WTO の（あるいは将来の類似した）紛争解決手続にどのような効果を及

---

(3) WTO, "Analytical Index, DSU – Article 18 (Jurisprudence)", https://www.wto. org/english/res_e/publications_e/ai7_e/dsu_art18_jur.pdf, pp. 19-20, (as of 23 May, 2019); WTO, "Analytical Index, Working Procedures for Appellate Review – Rule 27 (Jurisprudence)", https://www. wto. org/english/res_e/publications_e/ai17_e/wpar_rul27_jur.pdf, pp. 2-3 (as of 23 May, 2019). *See also*, Peter van den Bossche and Werner Zdouc, *The Law & Policy of the World Trade Organization 4th Ed.* (Cambridge University Press, 2017), p. 255. さらに最近は，紛争当事国の一方が自らの陳述のみを公開すること（部分公開）を要求し，それがパネルや仲裁に認められる例も見られるようになっている。Panels Reports, *United States – Measures Concerning the Importation, Marketing and Sale of Tuna and Tuna Products, Recourse to Article 21.5 of the DSU by the United States, United States – Measures Concerning the Importation, Marketing and Sale of Tuna and Tuna Products, Second Recourse to Article 21.5 of the DSU by Mexico,* WT/DS381/RW/USA, WT/DS381/RW/2, para. 7.23; Decision by the Arbitrator, *United States – Measures Concerning the Importation, Marketing and Sale of Tuna and Tuna Products,* WT/DS381/ABR, para. 2.24. この部分公開のその後の展開については別の機会で論ずる予定である。

(4) 小林献一「WTO 紛争解決手続の正統性と透明性：私的利益／公的利益モデルによる DSU 交渉の現状分析」RIETI Discussion Paper Series 08-J-002（2008 年）33 頁。

◇ 第 7 章 ◇ 国家間貿易紛争処理手続の公開〔関根豪政〕

ぼしうるか検討する。

　以下ではまず，第Ⅱ節において，パネルの会合及び上級委員会の口頭審理が
いかなる経緯で公開されることになったか，その論拠となったパネル及び上級
委員会の DSU の解釈について整理する。第Ⅲ節では，会合等が公開されるこ
とが必要とされる理論的背景について考察する。第Ⅳ節では，第Ⅱ節で論じた
パネル及び上級委員会による DSU の解釈を基に，立法的な対応の必要性と現
状について検証する。それを受けて第Ⅴ節では，FTA の紛争解決制度におけ
る動向を概観し，それが WTO（あるいは将来の類似した）紛争解決手続に与え
る影響について検討する。最後に，第Ⅵ節で以上の議論をまとめる。

Ⅱ　手続公開の法的根拠

　まず，パネル手続における会合の公開から論ずる。パネルの会合は原則，非
公開とされる。これは，「〔パネル〕の会合は，非公開とする」と定める DSU
附属書 3 第 2 項を根拠とする。しかし，DSU は同時に，「〔パネル〕は，紛争
当事国と協議の上別段の決定を行う場合を除くほか，附属書 3 に定める検討手
続に従う」（第 12 条 1 項）と規定するため，紛争当事国との協議を条件に DSU
附属書 3 の内容から逸脱して，パネルの会合は公開しえると解される[5]。

　他方で，DSU 第 12 条 1 項は附属書 3 の手続のみ適用の排除を認めるもので
あるため，DSU の他の規定が手続公開を禁じている場合には，第 12 条 1 項に
定める裁量は限定されることになる。そこで問題となるのが，DSU 第 14 条 1
項との関係である。同条項によると，「〔パネル〕の審議は，秘密とされる」。
もし，同条文でいう「審議（deliberations）」の範囲がパネリストの内部的な審
議（internal deliberations）にとどまらず，当事国との会合をも包含するのであ
れば，公開は認められないことになる。この点につき，米国／カナダ−継続的
譲許停止事件でパネルは，「審議」の辞書的な意味が立法機関や委員会等によ
る検討を含意するところ，パネルの審理（panel hearing）はそれとは性質が異
なると理解されることから「審議」には含まれず，ゆえに，第 14 条 1 項はパ
ネルの会合の公開を妨げるものではないと結論付けている[6]。同時にパネル

（5）　Panel Report, *US − Continued Suspension, supra* note 1, para. 7.46; Panel Report,
　　Canada − Continued Suspension, supra note 1, para. 7.44.

（6）　Panel Report, *US − Continued Suspension, ibid.* para. 7.49; Panel Report, Canada −

223

◆ 第1部 ◆ 国際貿易紛争処理における手続法的発展と課題

は，手続の公開を反対している第三国については，当該第三国とのセッション
を非公開にすべきとも判断している[7]。

続いて，上級委員会手続の公開について論ずる。まず，DSU 第17条10項
は，「上級委員会による検討は，秘密とされる」とする[8]。よって，パネルと
同様に，上級委員会の手続も原則的には非公開となる。ただし，上級委員会の
手続については，DSU 第12条に相当するような，紛争当事国の意思や上級委
員会の裁量が手続細則に優越する旨を記した規定が存在しない。そこで，米国
／カナダ─継続的譲許停止事件の上級委員会は，DSU 第18条2項が「この了
解のいかなる規定も，紛争当事国が自国の立場についての陳述を公開すること
を妨げるものではない」と規定すること等に基づいて[9]，口頭審理の公開を
認めた[10]。すなわち，当該条項が，紛争当事国が「自国の立場についての陳
述」[11]の秘密性を解除することを許容しているのであれば，第17条10項が
示す秘密性規則は絶対的なものとは捉えられない，と[12]。

このように，パネル及び上級委員会は，DSU が明示していない中で関連規

Continued Suspension, *ibid.* para. 7.47. なお，パネルは行動規則（Rules of Conduct for the Understanding on the Rules and Procedures Governing the Settlement of Disputes, WT/DSB/RC/1）第7条も，審理の公開を妨げないと判断している。*See*, Panel Report, *US – Continued Suspension, ibid.* para. 7. 51; Panel Report, *Canada – Continued Suspension, ibid.* para. 7.49.

(7) Panel Report, *US – Continued Suspension, ibid.* para. 7.40; Panel Report, *Canada – Continued Suspension, ibid.* para. 7.38.

(8) 上級委員会は，この「検討」の意味について，上訴の開始から上級委員会報告書の送付までの，上訴が遂行されるすべての過程を意味すると判断している。Appellate Body Report, *US/Canada – Continued Suspension, supra* note 2, Annex IV, para. 3. *See also*, Appellate Body Report, *Canada – Measures Affecting the Export of Civilian Aircraft,* WT/DS70/AB/R, para. 143.

(9) DSU 附属書3，第3段落も同旨。

(10) Appellate Body Report, *US/Canada – Continued Suspension, supra* note 2, Annex IV, para. 4.

(11) 上級委員会は，これは DSU 第18条2項の第1文に定める「意見書」を超えて口頭陳述等も含むと解した。*See, ibid.*

(12) *ibid.* 本件上級委員会の判断はその後の事例においても，基本的に支持されている。*See e.g.,* Appellate Body Report, *Australia – Measures Affecting the Importation of Apples from New Zealand*, Annex III, WT/DS367/AB/R, para. 4 [hereinafter Appellate Body Report, *Australia – Apples*].

◇ 第 7 章 ◇ 国家間貿易紛争処理手続の公開〔関根豪政〕

定の解釈を通じて手続の公開を実現してきたのであり、いわば判例法的に実現してきたことが分かる。そして、パネル及び上級委員会の会合は、紛争当事国の意思に基づいて公開される方式が採用されている[13]。

Ⅲ　手続公開の理論的背景

ところで、なぜ、手続の公開が要請され、実現されてきたのであろうか[14]。WTO 紛争解決手続を一般公開し、NGO[15]の参加（アミカス・ブリーフの提出も含め）を促すべきとする主張の背景には、主に 2 つの利点が存在すると捉えられている[16]。第 1 が、NGO の参加を通じた情報の増加である。つまり、パネル及び上級委員会の専門性を向上させる（あるいは非専門性を補完する）機能への期待である。NGO が参加することにより、紛争に関する情報を多面的に入手することができれば、パネルや上級委員会による事案への理解が進み、より精緻な判断を下すことが可能になりえる。第 2 が、一般社会からの支持を損なうことの防止と説明される。これは（民主的）正統性の充足を意味する[17]。すなわち、NGO が参加することにより、パネル及び上級委員会が、より市民

---

(13)　Gabrielle Marceau and Mikella Hurley, "Transparency and Public Participation: A Report Card on WTO Transparency Mechanisms", *Trade Law and Development*, Vol. 4, No. 1 (2012) p. 38. NGO からの会合の公開（ウェブ配信）要請に対して、紛争当事国の意思を踏まえてパネルが非公開と決定した事例として、Panel Report, *Brazil – Measures Affecting Imports of Retreaded Tyres*, WT/DS332/R, para. 1.9.

(14)　WTO の紛争手続が非公開を前提として創設された背景には、元来、同手続が、秘密性が重視される外交の一環として捉えられてきたことがある。Joseph H. H. Weiler, "The Rule of Lawyers and the Ethos of Diplomats: Reflections on the Internal and External Legitimacy of WTO Dispute Settlement", *Harvard Jean Monnet Working Paper*, No. 9/00 (2000), p. 6. *See also*, Bryan Mercurio and Rebecca Laforgia, "Expanding Democracy: Why Australia Should Negotiate for Open and Transparent Dispute Settlement in its Free Trade Agreements", *Melbourne Journal of International Law*, Vol. 6, No. 2 (2005), p. 493.

(15)　本稿では、NGO には企業等の営利団体も含まれるものとして議論を行う。

(16)　小林・前掲注（ 4 ）15 頁, Steve Charnovitz, "Participation of Nongovernmental Organizations in the World Trade Organization", *Pennsylvania Journal of International Economic Law*, Vol. 17, No. 1 (1996), p. 351.

(17)　Lothar Ehring, "Public Access to Dispute Settlement Hearing in the World Trade Organization", *Journal of International Economic Law*, Vol. 11, No. 4, (2008), p. 1024.

◆ 第 1 部 ◆　国際貿易紛争処理における手続法的発展と課題

感覚に優れた判断を下せるのと同時に，市民社会からの当該判断に対する受容性も高まることになる。第 1 の点については，NGO のコミットがパネルや上級委員会の専門性の向上に資するのであれば，それを認めることは許される余地があると思われる[18]（ただし，パネル等の専門的知識の適切な充足に貢献するための制度的工夫が必要といえる[19]）。他方で，第 2 の点については，そもそも正統性が必要とされるのか，そしてそれが NGO の手続参加（手続公開を通じた監視）で実現されるかについては争いがある。第 1 の点のパネルの専門性の向上については，本稿の主眼点である手続の公開のみでは直ちに実現されるとは考えられない（アミカス・ブリーフの提出の議論と組み合わせる必要がある）ので，以下では主に第 2 の点を検討する。

1　WTO 紛争解決手続の正統性

　そもそも，正統性の充足の必要性が議論される背景には，WTO 紛争解決手続には正統性が欠如している，ないし不十分であるとの前提があるものと考えられる[20]。では，正統性はどのような点で欠如しているといえるのか。

　WTO の紛争解決手続の正統性の欠落が顕在化する典型例の一つは，人の健康や環境の保護といった非貿易的関心事項が関連する事件が付託された場合であろう[21]。元来，WTO 紛争解決手続は貿易問題について検討する機関であ

---

(18)　小林・前掲注（4）36 頁。反対に，このような NGO による専門的知識の提供という利点についても，それを提供すべき場としては，加盟国政府における意思決定の場の方が相応しいと主張するものとして，米谷三以「WTO への私人参加：問題は正統性か専門性か」日本国際経済法学会編『国際経済法講座 I 』（法律文化社，2013 年）209 頁。

(19)　上級委員会はアミカス・ブリーフの受理について，受理することが適切で有益であると上訴において判断されるものが，受理及び考慮の対象となることを示している。Appellate Body Report, *United States – Imposition of Countervailing Duties on Certain Hot-Rolled Lead and Bismuth Carbon Steel Products Originating in the United Kingdom*, WT/DS138/AB/R, para. 42〔hereinafter Appellate Body Report, *US – Lead and Bismuth II*〕. この点に関する議論については，佐藤弥恵「WTO 紛争解決手続における私人と amicus curiae」一橋法学 12 巻 1 号（2013 年）351 頁以下参照。

(20)　WTO 紛争解決制度の正統性の欠如を指摘する研究として，Daniel Esty, "Non-Governmental Organizations at the World Trade Organization: Cooperation, Competition, or Exclusion", *Journal of International Economic Law* Vol. 1, No. 1 (1998), p. 127.

(21)　Yves Bonzon, *Public Participation and Legitimacy in the WTO*, (Cambridge

◇ 第7章 ◇ 国家間貿易紛争処理手続の公開〔関根豪政〕

り，ゆえに，環境問題や労働問題等の非貿易的関心事項については，判断を行うための十分な法的根拠と裁判能力が存在しないといえる[22]。なるほど，WTO協定においては環境問題等に関する規定は極めて限られており，また，パネルも上級委員会も貿易の専門家である。よって，非貿易的関心事項が関連する事例においてパネル等が判断を行うことは正統性に欠けるということになるのかもしれない。

　もっとも，正統性については[23]，結果の正統性（output legitimacy，またはresults-based legitimacy）と過程の正統性（input legitimacy）の両側面があるため，それらに分解して考察することが，より正確に正統性について議論することを可能にすると考えられる[24]。Cottierはそれぞれについて，「過程の正統性は，規則や決定が制定され採択される手続を評価」するのに対して，「結果の正統性は，規則の社会全体に対する効果を評価する」のであり，「正義，公平性，福祉，そして人権の尊重」等が尺度として用いられると説示する[25]。正統性に関しては，様々な指標や原則を用いて議論されるが[26]，ここでは，

University Press, 2014) p. 91 and 139. TRIPS協定が対象とする知的財産権の問題も該当する。*See*, Thomas Cottier, "The Legitimacy of WTO Law", in Linda Yueh (ed.), *The Law & Economics of Globalisation: New Challenges for a World in Flux* (Edward Elgar, 2009) pp. 28 and 31.

(22)　Daniel Esty, "The World Trade Organization's Legitimacy Crisis", *World Trade Review*, Vol. 1, No. 1 (2002), p. 13; Jeffrey L. Dunoff, ""Trade and": Recent Development in Trade Policy and Scholarship: And Their Surprising Political Implications", *Northwestern Journal of International Law & Business*, Vol. 17 (1997), p. 763.

(23)　WTO紛争解決手続における正統性の議論については，Kati Kulovesi, *The WTO Dispute Settlements: Challenges of the Environment, Legitimacy & Fragmentation* (Wolters Kluwer Law & Business, 2011), Ch. 1 等参照。

(24)　もちろん，結果の正統性と過程の正統性の区別は排他的なものではなく，相互に連動するものである。

(25)　Cottier, *supra* note 21, pp. 17-18. *See also*, Robert O. Keohane and Joseph S. Nye Jr., "The Club Model of Multilateral Cooperation and Problems of Democratic Legitimacy" in Roger B. Porter et al (eds.), *Efficiency, Equity and Legitimacy: The Multilateral Trading System at the Millennium* (Brookings Institution Press, 2001) pp. 281-287; Daniel Bodansky, "The Legitimacy of International Governance: A Coming Challenge for International Environmental Law?" *American Journal of International Law* Vol. 93, No. 3 (1999) p. 612.

(26)　*See, e.g.*, Thomas Franck, *Fairness in International Law and Institutions* (Clarendon

◆ 第1部 ◆ 国際貿易紛争処理における手続法的発展と課題

手続公開の議論と調和しやすい，この「結果の正統性」と「過程の正統性」の議論を通じて考察を行う。

　まず，パネル及び上級委員会の判断は結果の正統性を欠くのであろうか。この点については，かつてはそうであったといえる。とりわけ，米国－マグロ事件Ⅰ[27]から始まり，米国－エビ輸入禁止事件[28]までに至る一連の環境問題が関連した貿易紛争に対するパネルの判断は，自己の機能を超越したとの批判を生み出し，WTOの正統性に関する懐疑的な見解を惹起する要因となった[29]。これは，WTOの紛争解決手続が，結果としても正統視されなかったことの表れといえよう。このことは，究極的には，非貿易的関心事項を含む問題については，WTOは判断を控えるべきとの結論をも招いた[30]。

　しかしながら，WTOのパネル及び上級委員会の判断が，加盟国の規制権限を抑圧しているとの批判は，一般論としては，従前よりは減少しているものと思われる。上記の一連の事例が，環境問題等が関連する紛争に対するパネルの判断への批判を招いたことを受け，パネル及び上級委員会は同様の案件において慎重に判断を行うようになり，とりわけ近年は，加盟国の政策それ自体を否定的に評価するような判断は——その判断過程については依然として批判があるものの[31]——行わなくなっている[32]。その意味では，加盟国の規制権限に

　　Press, 1998), pp. 30-46; Mattias Kumm, "The Legitimacy of International Law: A Constitutionalist Framework of Analysis", *European Journal of International Law* Vol. 15, No. 5 (2004), p. 917.

(27)　Panel Report, *United States – Restrictions on Imports of Tuna*, GATT B.I.S.D. (39th Supp.) 155 (unadopted).

(28)　Panel Report, *United States – Import Prohibition of Certain Shrimp and Shrimp Products*, WT/DS58/R.

(29)　Esty, *supra* note 22, p. 13; Dunoff, *supra* note 22, p. 767. それらに加えて，タイータバコ事件（Panel Report, *Thailand – Restrictions on Importation of and Internal Taxes on Cigarettes*, DS10/R, B.I.S.D. 37S/200 [hereinafter, Panel Report, *Thailand – Cigarettes*]）や，韓国－牛肉事件（Appellate Body Report, *Korea – Measures Affecting Imports of Fresh, Chilled and Frozen Beef*, WT/DS161/AB/R, WT/DS169/AB/R [hereinafter, Appellate Body Report, *Korea – Beef*]）も批判を強く受けた事件である。

(30)　Esty, *ibid*, p. 17.

(31)　GATT 第20条に見られる必要性要件の解釈アプローチ（Appellate Body Report, *Korea – Beef, supra* note 29, paras. 161-166）に対する批判は依然として強い。*E.g.*, Kulovesi, *supra* note 23, pp. 190-192. ただし，最近の TBT 協定第2.2条に関する判断を踏

◇ 第7章 ◇ 国家間貿易紛争処理手続の公開〔関根豪政〕

対して敬譲を示す傾向が見られる(33)。むしろ，加盟国の政策に対する敬譲の度合いが大きくなりすぎていることを危惧する見解さえ見られるようになっている(34)。これらを踏まえると，パネル及び上級委員会は学習期間を経て，結果の正

まえると，このような批判も軽減されうる。*See,* Appellate Body Report, *United States – Certain Country of Origin Labelling (COOL) Requirements, Recourse to Article 21.5 of the DSU by Canada and Mexico,* WT/DS384/AB/RW, WT/DS386/AB/RW, paras. 5.277-280 [hereinafter Appellate Body Report, *US – COOL (Article 21.5 – Canada & Mexico)*].

(32)　例えば，GATT 第20条が争われた事例においては，問題とされる措置（政策）の目的や基本構造は違反と認定されずに，構成要素の一部——措置の適用方法や例外の設定方法等——が違反と認定されるにとどまる例が多くなっている。*See, e.g.,* Panel Report, *United States – Measures Concerning the Importation, Marketing and Sale of Tuna and Tuna Products, Recourse to Article 21.5 of the DSU by Mexico,* WT/DS381/RW, paras. 7. 534-535. また，代替措置の検討に際しても，かつてのように，実効性を吟味しない仮想的な代替措置に依拠するのではなく（*See,* Panel Report, *Thailand – Cigarettes, supra* note 29, paras. 77-81），慎重で丁寧な分析が行われるようになっている。*See, e.g.,* Appellate Body Report, *European Communities – Measures Prohibiting the Importation and Marketing of Seal Products,* WT/DS400/AB/R, WT/DS401/AB/R, para. 5.279. *See also,* Boris Rigod, *Optimal Regulation & the Law of International Trade: The Interface between the Right to Regulate & WTO Law* (Cambridge University Press, 2015), p. 141. TBT 協定第2条が争点とされた案件についても，概ね同様の指摘ができる。*See, e.g.,* Panel Report, *European Communities – Measures Prohibiting the Importation and Marketing of Seal Products,* WT/DS400/R, WT/DS401//R, paras. 7.354-505; Appellate Body Report, *US – COOL (Article 21.5 – Canada & Mexico), ibid.,* paras. 5.264-266.

(33)　Andrew D. Mitchell and Caroline Henckels, "Variation on a Theme: Comparing the Concept of "Necessity" in International Investment Law and WTO Law", *ChicagoJournal of International Law,* Vol. 14, No. 1 (2013), pp. 130-131; Petros C. Mavroidis, "Driftin' too Far from Shore: Why the Test for Compliance with the TBT Agreement Developed by the WTO Appellate Body is Wrong, and What Should the AB have done Instead?" *World Trade Review,* Vol. 12, No. 3 (2013), p. 522. Downes は，加盟国の規制権限の譲歩を迫られるような WTO 協定の解釈の懸念は弱まっていることを否定しないものの，なお規制権限の自律性が制約される可能性を危惧する。Chris Downes, "Worth Shopping Around? Defending Regulatory Autonomy under the SPS and TBT Agreements", *World Trade Review,* Vol. 14, No. 4 (2015), pp. 566-572.

(34)　Chad P. Bown and Joel P. Trachtman, "Brazil – Measures Affecting Imports of Retreaded Tyres: A Balancing Act" in Henrik Horn & Petros C. Mavroidis (eds.) *The WTO Case Law of 2006-2007* (Cambridge University Press, 2009) p. 131. 関根豪政「EU の通商政策を通じた動物福祉の普及：動物福祉の「すすめ」か「押しつけ」か？」

◆ 第 1 部 ◆ 国際貿易紛争処理における手続法的発展と課題

統性の向上に成功しつつあるとも評価でき，また，今後も改善される余地はある。

とはいえ，WTO 紛争解決手続において過程の正統性が確保されていない点は明らかである。前述のとおり，WTO のパネリストも上級委員会の委員も非貿易的関心事項の専門家ではなく，また，貿易の問題以外の専門家や利害関係を有する組織が紛争解決手続で決定的な役割を果たすわけでもない。よって，今後も非貿易的関心事項に関して適切な判断が行われる保証はない。過程の正統性における脆弱性が，結果の正統性の阻害要因となる危険性がある。このようにみると，正統性が欠如していると捉える点には納得がゆく。

2 正統性の充足

WTO の正統性を充足するための対応としては，2 つの方策が考えられる。第 1 が，結果の正統性を充足するための取組である。具体的には，WTO 協定における社会問題関連の規律や当該問題を扱う組織を充実させる[35]，パネリストや上級委員会の委員が非貿易的関心事項の関連する事件においてより適切な判断を行うよう配慮する[36]，非貿易的関心事項の専門家をパネリストに含めるなど紛争内容に沿ったパネリストを確保する[37]，非貿易的関心事項が関連する判断については事後的な再検討の機会を設ける[38]，あるいは，そもそ

臼井陽一郎『EU の規範政治』（ナカニシヤ出版，2015 年）209 頁，内記香子「WTO パネル・上級委員会報告書解説⑨米国 − 原産国名表示要求（COOL）事件（DS384，386）：生鮮食品の原産国名表示と国際貿易」RIETI Policy Discussion Paper Series 14-P-022（2014 年）37 頁。もっとも，Bown and Trachtman は，かかる傾向は，パネルや上級委員会が「貿易と環境」関連の事件に対して適切に判断できない（または，権限がない）がゆえに生まれている現象と捉えているものと理解できる。

(35) Andrew Guzman, "Global Governance and the WTO", *Harvard International Law Journal*, Vol. 45 (2004), pp. 309-13.

(36) Oren Perez, *Ecological Sensitivity & Global Legal Pluralism: Rethinking the Trade & Environment Conflict* (Hart Publishing, 2004), p. 153. Perez は，幅広い知的機関からパネルが意見を得ることを推奨する。

(37) Guzman, *supra* note 35, pp. 335-36. *See also*, Weiler, *supra* note 14, p. 12.

(38) 例えば，米国とチリは，パネルや上級委員会の報告書に関して，当事国による部分削除の依頼や DSB による部分的な採択を許容する仕組み等を提案しており，加盟国による報告書の管理の必要性を訴えている。*See, e.g.*, Dispute Settlement Body, *Communication from Chile and the United State: Revised Teextual Proposal by Chile and the United States*, 2-3, TN/DS/W/89. この点については，本書第 12 章第 IV 節も参照。

◇ 第7章 ◇ 国家間貿易紛争処理手続の公開〔関根豪政〕

も非貿易的関心事項を含む問題についてはパネルや上級委員会が判断を控える等[39]，結果の妥当性の向上を目指すための改善である[40]。これらを通じて，導かれる判断（結果）が，より非貿易的関心事項を適切に反映させたものとすることができれば，WTO の紛争解決制度の正統性が向上することになる。

第2が，過程の正統性の充足である。それを実現するための手段としては，結論に至る過程の一般公開や，その過程における市民や NGO の参加の推奨が考えられる。決定の過程により多くの利害関係者が参加することによって（あるいは，より多くの関係者の監視の目にさらされることによって），決定の説得性の向上や，決定を下すまでの熟議が実現しえることになる[41]。

この過程の正統性の充足の議論は，かならずしも結果の正統性を保証する必要はない。つまり，結果が完全には妥当とは言い切れないものであったとしても，それに至るまでの過程が適切であれば，結果それ自体は許容される可能性がある。もっとも，原則的には，過程の正統性は結果の正統性の向上に資すると考えられるため，そのような場面は例外的といえる。しかしながら，結果の正統性とは区別されて過程それ自体の正統性が問われる余地があり，そうであるならば，過程それ自体が正統であるかが注意深く吟味されなければならない。これについては，次の2点が指摘できる。

第1に，手続の参加や公開を通じた WTO 紛争解決手続への関与が，適切に民主的代表を実現しているかとの点が問題となる。別の言い方をすれば，より多くの市民が，等しく WTO に接続できているかという問題である。直感的には，資金面や情報面等で発展途上国の NGO に優越する先進国の組織が，より活発に活動することによって優先的にその主張が受け入れられることになることが危惧される[42]。先進国の組織が与える影響の程度を厳密に実証する

---

(39)　Esty, *supra* note 22, p. 17.

(40)　これらはパネルや上級委員会の組織的な改善を含むため，「過程の正統性」の要素をも含むが，より結果を重視するための取り組みであることから，ここでは結果の正統性の向上に資する改善策と分類する。繰り返しになるが，過程の正統性と結果の正統性は相互に連動するため，厳密に分類するのは難しいが，ここでは議論の明確化のために振り分けを行っている。

(41)　Steve Charnovitz, "Nongovernmental Organizations and International Law", *American Journal of International Law*, Vol. 100 (2006), p. 367.

(42)　Brigitte Stern, "The Emergence of Non-State actors in International Commercial Disputes through WTO Appellate Body Case-Law", in Giorgio Sacredoti, et al. (eds.),

◆ 第 1 部 ◆　国際貿易紛争処理における手続法的発展と課題

ことは難しいが，本稿では 2 つの例を基に考察したい。

　最初に，アミカス・ブリーフ（amicus curiae briefs）の提出主体の実態を取り上げる。表 1 は，これまで上級委員会に提出されたアミカス・ブリーフの件数，提出した組織とその本拠地について記載したものである。表を見てもわかるように，これまで上級委員会にアミカス・ブリーフを提出したのは，大半が先進国を中心に活動を行っている組織である。単純に件数を集計したのみで，先進国の意見が反映されやすいとは決めつけられないが，先進国組織が上級委員会に強く働きかけようとしていることが確認される[43]。

　次に，パネル手続への一般市民の関与とは異なるが，2013 年の第 9 回WTO 閣僚会議（インドネシア・バリ）に参加の登録を行った NGO を例に考えてみたい。同会議においては，66 か国から 346 の NGO が参加の認可を受けた[44]。その主な内訳は表 2 のとおりである。

　まず，登録を行った NGO の数としては，先進国と発展途上国とで大差ないことが分かる。その点では，途上国からの NGO も積極的であると言えよう。しかし，単純に試算しても，途上国の人口が先進国の人口の 5 倍近く多いことを加味すると[45]，NGO の数が同数であることは適切に代表されているとは言い難いだろう。さらに，途上国からの NGO 参加についても，インド，フィリピン，インドネシア，バングラディッシュの 4 カ国でほぼ半数を占めており，代表という観点からは偏りがあることがわかる[46]。

　The WTO at Ten: The Contribution of the Dispute Settlement System（Cambridge University Press, 2006）, pp. 381-383.

(43)　なお，最近は，上級委員会にアミカス・ブリーフは提出されていない状況にある（米国−マグロ事件 II 履行確認手続以降の提出はない）。ただし，パネル手続においては，豪州−タバコプレーンパッケージ事件で相当数（80 件）のアミカス・ブリーフが提出されている。Panel Report, *Australia – Certain Measures Concerning Trademarks, Geographical Indications and Other Plain Packaging Requirements Applicable to Tobacco Products and Packaging*, WT/DS435/R, WT/DS441/R, WT/DS458/R, WT/DS441/R, paras. 1.46-50.

(44)　World Trade Organization, "Non-Governmental Organizations Accredited to Attend the Ninth WTO Ministerial Conference, Bali, 3-6 December 2013", WT/MIN(13)/INF/11（2013）.

(45)　United Nations, Department of Economics and Social Affairs, Population Division, "World Population Prospects: The 2012 Revision, Highlights and Advance Tables", *Working Paper No. ESA/P/WP.228*（2013）, p. 2.

◇ 第7章 ◇ 国家間貿易紛争処理手続の公開〔関根豪政〕

表1 上級委員会に提出されたアミカス・ブリーフ一覧

事件名	DS番号	当事国	受理数	提出組織	本拠地等
米国−マグロ事件II履行確認手続	381	メキシコ, 米国	1	大学教授	−
EC−アザラシ製品事件	400, 401	カナダ, ノルウェー, EU	3	(1)動物福祉組織連合（19団体）	欧州, 米国
				(2)国際毛皮連盟	英国
				(3)大学教授	−
カナダ−再生可能エネルギー／FIT制度事件	412, 426	日本, EU, カナダ	2	(1)Mesa Power（企業）	米国
				(2)大学教授	−
米国−マグロ事件II	381	メキシコ, 米国	3	(1)動物保護団体／アメリカン大学ロースクール	米国
				(2)米国試験材料協会	米国
				(3)大学教授	−
米国−クローブ入りタバコ事件	406	インドネシア, 米国	2	(1)米国医療関連組織（7団体）	米国
				(2)O'neill Institute（大学機関）	米国
米国−対中AD税及びCVD事件	379	中国・米国	1	大学教授	
中国−自動車部品事件	339, 340, 342	EU, 米国, カナダ, 中国	1	大学教授	−
ブラジル−再生タイヤ事件	332	EU, ブラジル	2	(1)Humane Society International（動物保護団体）	米国, 国際
				(2)環境保護団体等の連合（9団体）	ブラジル, 欧米
メキシコ−飲料税事件	308	米国, メキシコ	1	全国砂糖・酒類産業商工会議所	メキシコ
EC−鶏肉事件	269, 286	ブラジル, タイ, EU	1	欧州家禽加工・家禽取引業協会	欧州

---

(46) 2015年の閣僚会議（ケニア・ナイロビ）への参加の認可を受けたNGOの内訳も大きな相違が存在するわけではない。ただし, 49か国, 232団体と数が減少しており, また, 開催国ケニアからのNGOの参加数が多く全体の5分の1を構成し最大数となっている。その結果, 途上国の比率は高まっているが, それ以上に先進国のNGOの参加数の減少が目につく。World Trade Organization, "Non-Governmental Organizations Accredited to Attend the Tenth WTO Ministerial Conference, Nairobi, 15-18 December 2015", WT/MIN(15)/INF/15 (2015). 2017年の閣僚会議（アルゼンチン・ブエノスアイレス）についても似たような傾向が確認される。

◆ 第1部 ◆　国際貿易紛争処理における手続法的発展と課題

事件名	DS番号	当事国	受理数	提出組織	本拠地等
米国－鉄鋼SG事件	248, 249, 251, 252, 253, 254, 258, 259	ブラジル，中国，EU，日本，韓国，米国，その他	1	米国国際鉄鋼協会	米国
米国－針葉樹材事件（IV）	257	カナダ，米国	2	(1)経済と貿易に関する先住民ネットワーク	カナダ
				(2)環境保護団体連合（3団体）	米国
米国－EC製品に対する相殺措置事件	212	EU，米国	1	米国鉄鋼協会	米国
EC－イワシ事件	231	ペルー，EU	2	(1)大学教授	－
				(2)モロッコ	
EC－アスベスト事件	135	カナダ，EU（第三国＝米国，ブラジル，ジンバブエ）	17	(1)大学教授	－
				(2)職業性及び環境性疾病協会	英国
				(3)米国公衆衛生協会	米国
				(4)大学機関	アルゼンチン
				(5)Only Nature Endures(NGO)	インド
				(6)韓国アスベスト協会	韓国
				(7)国際金属・環境評議会及び米国化学工業協会	米国
				(8)欧州化学工業連盟	ベルギー
				(9)大学機関	オーストラリア
				(10)大学教授	－
				(11)環境保護団体等の連合（7団体）	欧州
				(12)法曹関係者協会	英国
				(13)全インドAC圧力配管製造業者協会	インド
				(14)国際自由労働組合連合／欧州労働組合連合	ベルギー
				(15)マハラシュトラ・アスベスト・セメント管製造業者協会	インド
				(16)Roofit Industries Ltd.（企業）	インド
				(17)労働・環境保健学会	米国
タイ－H型鋼AD税事件	122	ポーランド，タイ	1	米国消費産業活動連合	米国

◇ 第 7 章 ◇ 国家間貿易紛争処理手続の公開〔関根豪政〕

事件名	DS 番号	当事国	受理数	提出組織	本拠地等
米国－英国製鉄鋼製品 CVD 事件	138	EU，米国	2	(1) 米国鉄鋼協会	米国
				(2) 北米特殊鋼業協会	米国
米国－エビ輸入禁止事件履行確認手続	58	マレーシア，米国	2	(1) 環境等保護団体	米国
				(2) 大学教授	－
米国－エビ輸入禁止事件	58	インド，マレーシア，パキスタン，タイ，米国	3	(1) 環境保護団体等の連合（3 団体）	米国
				(2) 環境保護団体連合（7 団体）	米国，その他
				(3) 環境保護団体連合（2 団体）	米国，欧州

（出典）筆者作成

表 2　第 9 回 WTO 閣僚会議に参加登録した NGO の数

先進国		途上国	
米国	38	インド	28
カナダ	29	フィリピン	21
スイス	26	インドネシア	19
フランス	14	バングラディッシュ	10
オーストラリア	14	ブラジル	7
ベルギー	13	ケニア	7
日本	12	シンガポール	6
英国	8	ガーナ	5
ノルウェー	8	中国	4
オランダ	4	台湾	4
イタリア	4	タイ	4
ドイツ	4	ナイジェリア	3
スウェーデン	2	スリランカ	2
その他	7	その他	43
合計	183	合計	163

（出典）WT/MIN(13)/INF/11 を基礎に筆者作成

◆ 第1部 ◆　国際貿易紛争処理における手続法的発展と課題

　もちろん，これらのデータのみで結論を下すことは難しいが，現状では——途上国の NGO や市民の関与が強まってきているというアネクドータルな例[47]もあるものの[48]——全体的には，先進国の NGO がより活発に WTO に関与している傾向が確認され，ゆえに，NGO の参加の是認は先進国を益するだけとする批判も排除できないといえる[49]。WTO の紛争解決手続に当てはめるのであれば，先進国の NGO がより強くパネルや上級委員会の言動を監視する姿勢を示すことにより，それらの組織の見解がパネリストや上級委員会の委員の心証に相対的に強く作用することが懸念される。

　もっとも，先進国の NGO が主に活動を行っているとしても，それらが適切な国際レベルの市民代表ではないとも言い切ることはできない。NGO が，自らの関心に固執するのでなく，世界規模での利益の向上を追求するのであれば，世界の市民を代表していなくとも全体利益にかなう可能性はある[50]。あるいは NGO が，一般市民と WTO との「結合組織（connective tissue）」[51]として機能することも考えられる。つまり，市民の意思を吸い上げる，もしくは，WTO での成果を適切に広範に頒布する媒体としての役割である。NGO が適切に市民社会を代弁することができれば，NGO の参加は国際的な市民全般の参加と同義になりえる。

　そして，過程の正統性の向上の議論に際して，代表の適切性の問題以外に想起される第2の懸念が，手続の公開が（過程の）正統性を向上させるかは定かではない点である。ともすれば，手続の公開は正統性を損なう要因ともなりえ

---

(47)　*See e.g.*, Robert Howse, "Membership and its Privileges: the WTO, Civil Society, and the Amicus Brief Controversy", *European Law Journal*, Vol. 9, No. 4 (2003), p. 509.

(48)　また，パネル手続の公開に伴い，途上国の関係者もパネルの審理を聴講していることが報告されている。Ehring, *supra* note 17, p. 1025.

(49)　公衆参加に肯定的な論者も，幅広い公衆の参加を促す必要性を説く。*See, e.g.*, Daniel Esty, "Good Governance at the Supranational Scale: Globalizing Administrative Law", *Yale Law Journal*, Vol. 115 (2006), p. 1532.

(50)　他方で，NGO については，自らが関心を持つ分野は限定的で，国家とは異なり社会の広い利害関係を忖度していないとの指摘もある。*See*, Peter van den Bossche, "Non-Governmental Organizations and the WTO: Limits to Involvement?" in Debra P. Sterger (eds.) *Redesigning the World Trade Organization for the Twenty-First Century* (Wilfrid Laurier University Press, 2009), p. 312.

(51)　Esty, *supra* note 20, p. 125.

◇ 第7章 ◇ 国家間貿易紛争処理手続の公開〔関根豪政〕

る。例えば，手続の公開が紛争解決制度の独立性を損なわせうることが危惧されている[52]。手続が公開されれば（さらには，アミカス・ブリーフの提出が認められれば），必然的にパネリスト等に圧力がかかるのであり，それが彼らの独立性を侵害するおそれがある[53]。元来，GATT や WTO は，各国政府が抗うことのできなかった民主的な保護主義を抑止するものであり，ゆえに独立性はパネルや上級委員会の中核的価値ともいえ，それを再び圧力にさらさせることには疑問が生ずる。さらには，司法機関として確固たる地位を得ている国内裁判所とは異なり，独立性の侵害は，パネルや上級委員会の信頼を大きく損なう恐れもある。もちろん，手続の公開のみでは，そこまでの懸念はないとも考えられるが，提出された文書に対して報告書の中で何らかの返答を行うことが可能なアミカス・ブリーフの提出とは異なり，手続の傍聴についてはパネルや上級委員会側の意思表示の機会はない。パネルや上級委員会も，自身への評判や，取り巻いている政治的状況とは無縁ではいられず[54]，ましてや，傍聴している人や組織が推定しえるのであれば（例えば，係争中の事案が特定の環境団体の関心を呼ぶものであることが明らかであれば），より政治的で，傍聴者への配慮が強い判断が生まれる可能性は否定できない[55]。

以上の議論をまとめると，WTO ないしパネル及び上級委員会に正統性が欠如していることが是認されたとしても，それを充填するための手段として，単純に NGO の参加が望ましいと結論付けることには慎重さが必要ということに

(52) Yuka Fukunaga, "Civil Society and the Legitimacy of the WTO Dispute Settlement System", *Brooklyn Journal of International Law*, Vol. 34 (2008), p. 92; Won Mog Choi, "Making a Better Dispute Settlement Mechanism for Regional Trade Agreements: Lessons of Integration Efforts in East Asia", in Mitsuo Matsushita and Dukgeun Ahn (eds.), *WTO and East Asia: New Perspectives* (Cameron May, 2004), p. 433.

(53) 聴衆やメディアの出席が手続に悪影響を与える可能性に懐疑的な見解として，例えば，Mercurio and Laforgia, *supra* note 14, pp. 504-05.

(54) 上級委員会の判断の中には，政治的な配慮から導かれたと推測されるものも少なくない。*See e.g.*, Arthur E. Appleton, "Shrimp/Turtle: Untangling the Nets", *Journal of International Economic Law*, Vol. 2, No. 3 (1999), p. 495.

(55) 過程の正統性を向上させる試みが，結果の正統性に大きく負の影響を与えることがあれば，その試みもまた，妥当とはいえない。この点につき，EU における過程の正統性と結果の正統性の抵触を議論するものとして，*see, e.g.*, Stephen Weatherill, "Competence and Legitimacy", in Catherine Barnard and Okeoghene Odudu (eds.), *The Outer Limits of European Union Law* (Bloomsbury Publishing, 2009), pp. 25-27.

◆ 第 1 部 ◆　国際貿易紛争処理における手続法的発展と課題

なる。正統性の欠如を指摘する論者の中には，NGO の参加を万能薬のように捉える傾向も見られるが[56]，正統性の充足の手段は必ずしも NGO の公衆参加の促進である必要はなく，例えば，他の国際機関との協調体制の充実や[57]，WTO 内に非貿易関連事項を扱う機関の設置等[58]，結果の正統性の向上を図る取り組みや，加盟国の国内での政策決定における民主的プロセスの強化等[59]，別の場面で過程の正統性を向上させる方法も考えられる。

　他方で，NGO の参加が全面的に否定されるわけでもない。上記の NGO の公衆参加に懐疑的な見解も，手続の公開によるメリットを否定するものではなく，デメリットがそれを上回る可能性を指摘するものである。いわば，中途半端な公衆参加や統制のとれていない参加が問題視されるのである[60]。よって，それらデメリットの解消が優先事項になるであろう。例えば，手続が公開され

---

(56)　この点は，関根豪政「書評：Yves Bonzon, Public Participation and Legitimacy in the WTO」日本国際経済法学会年報 24 号（2015 年）201 頁参照。

(57)　例えば，DSU 第 13 条を根拠に，パネルは WTO 以外の国際機関等と協議することができる（Perez は他の国際機関と「協議すべき」と主張する。*See*, Perez, *supra* note 36, p. 157）。他方で，特定の NGO で選定して助言や協議を DSU 第 13 条に基づいて要請することが認められるか（要請していないアミカス・ブリーフの受理の問題とは別に）は定かではない。*See*, van den Bossche, *supra* note 50, p. 334.

(58)　Guzman は，既存の貿易中心的な WTO の各組織に，非貿易的事項に関心を有する者の参加を促すのではなく，非貿易的な事項を専門的に扱う組織を設置することの有益性を主張する。Guzman, *supra* note 35, pp. 332-33.

(59)　米谷・前掲注(18)208-13 頁。Durling and Hardin は，アミカス・ブリーフが，加盟国の意見書に添付される場合の方が，パネルや上級委員会が考慮しやすい傾向があると指摘する（James During & David Hardin, "Amicus Curiae Participation in WTO Dispute Settlement: Reflections on the Past Decade", in Rufus Yerxa & Bruce Wilson (eds.), *Key Issues in WTO Dispute Settlement: The First Ten Years* (Cambridge University Press, 2005), pp. 225. NGO の観点からも，直接パネルにアミカス・ブリーフを提出するよりも，加盟国の意見書に添付させる方が，当該加盟国の政策が民主主義的な裏付けが強いことの証左となり，有益とも考えられる（他方で，このことについては，NGO が政府の「山びこ」としての機能に成り下がるとする批判もある。*See*, Jeffrey Dunoff, "The WTO's Legitimacy Crisis: Reflection on the Law and Politics of WTO Dispute Resolution", *American Review of International Arbitration*, Vol. 13, (2002), p. 203）。

(60)　United Nations, *UN System and Civil Society – An Inventory and Analysis of Practices: Background Paper for the Secretary-General's Panel of Eminent Persons on United Nations Relations with Civil Society* (2003), p. 2.

◇ 第7章 ◇ 国家間貿易紛争処理手続の公開〔関根豪政〕

ることによる恩恵が先進国の市民や NGO に偏重しないことを確保すること[61]，あるいは，手続の公開が紛争解決制度の独立性を侵害しない程度に実施されることが望まれる。後者については上級委員会も，手続の公開が独立性を侵害してはならないと認識しているものと思われる。実際に上級委員会は，米国／カナダ－継続的譲許停止事件において，「上級委員会の権能は，その審判的な機能の行使及び廉潔性（integrity）を損なうような場合には，特定の秘密性については――上級委員会でさえ――それを解除しえないとの制約に服することに同意する」と述べている[62]。かかる判断に依拠すれば，独立性を妨げる事態に対しては，職権により公開を終了させることができるとするのが上級委員会の意向と理解される[63]。

Ⅳ　手続公開に関する法的議論の限界と立法的対応

このように，過程の正統性の向上への要請が高まっている状況下で，パネル及び上級委員会は，手続の公開について立法的解決を待つことなく，DSU の解釈を通じて認めてきた（本章第Ⅱ節参照）。それでは，公開を現行の DSU の解釈を通じて許容する現状は望ましいといえるのか。ここでは，DSU の解釈を通じた手続の公開に内在する問題と，それを踏まえた立法的な解決に向けた取り組みを概観する。

---

(61)　NGO の見解を精緻化するために，NGO 自身で組織間の見解の調整の必要性を説く主張として，Julio A. Lacarte, "Transparency, Public Debate and Participation by NGOs in the WTO: A WTO Perspective", *Journal of International Economic Law*, Vol. 7, No. 3 (2004), p. 685.

(62)　Appellate Body Report, *US/Canada – Continued Suspension, supra* note 2, Annex Ⅳ, para. 8. *See also*, Appellate Body Report, *Australia – Apples, supra* note 12, Annex Ⅲ, para. 4.

(63)　他方で，上級委員会は，秘密性の解除により上級委員会手続の廉潔性や独立性が侵害されるとの懸念は，紛争当事国の共同申請を受けて，上級委員会が当事国の陳述の秘密性を解除した場合には発生しないと付言している。Appellate Body Report, *US/Canada – Continued Suspension, ibid.*

◆ 第1部 ◆ 国際貿易紛争処理における手続法的発展と課題

1 現在のパネル及び上級委員会の解釈に内在する問題点

まず，解釈の問題であるが，条文を見ても明らかなように，パネルや上級委員会の会合の公開を明示的に許容する規定は存在していない。むしろ，DSUは，原則的には非公開とし，例外的に秘密性を緩和する規定を設けている。よって，パネル及び上級委員会はこれらの例外的な規定等を手掛かりに手続の公開を認めてきたのである。パネル手続であれば，DSU第12条1項が当事国との協議を条件に付属書3から逸脱することを許容していること，そして，「〔パネル〕審議は，秘密とされる」とする第14条1項を踏まえて，パネルの審理が「審議」に含まれないことから，公開することが認められるとされた。上級委員会の手続であれば，「紛争当事国が自国の立場についての陳述を公開すること」を第18条2項が認めているのであれば，口頭審理を公開しても問題ないとするものである。これらはいわば，DSUが否定していないことを根拠に手続公開を認めているのであり，とりわけ上級委員会の口頭審理の公開に関する目的論的解釈[64]の根拠は盤石とまではいえない[65]。

このような解釈の法的根拠を補強するために，上級委員会は，次の2つの点に触れる。第1に，紛争当事国の同意を公開の前提とする[66]（パネルも同様[67]）。これは，WTO紛争解決手続の目的が紛争当事国での解決を目指すものであり[68]，ゆえに，紛争当事国の意思が尊重されるべきとするという点から正当化される。よって，パネル及び上級委員会が，手続の公開が利益をもたらすと考えたとしても，当事国の合意や要請がなければ，手続は公開されないのが原則と推測される[69]。

---

(64) Ehring, *supra* note 17, p. 1029.

(65) パネルや上級委員会の会合や口頭審理の公開については，法的根拠は明確であるとする主張もある。*See, e.g.,* van den Bossche, *supra* note 50, p. 330.

(66) Appellate Body Report, *US/Canada – Continued Suspension, supra* note 2, Annex IV, paras. 7–8.

(67) Panel Report, *US – Continued Suspension, supra* note 1, para. 7.44; Panel Report, *Canada – Continued Suspension, supra* note 1, para. 7.42.

(68) DSU第3条4項及び第3条7項。

(69) 実際に，紛争当事国の一方（アルゼンチン）が公開に反対した手続では，上級委員会は公開を認めていない。なお，本件では，パネル段階では手続は公開されていないとの背景が存在した。Appellate Body Report, *European Union – Anti-Dumping Measures on Biodiesel from Argentina*, WT/DS473/AB/R, Annex D, para. 7.

◇ 第 7 章 ◇ 国家間貿易紛争処理手続の公開〔関根豪政〕

　パネル及び上級委員会のかかる姿勢は，WTO の紛争解決手続が「裁判と調停の両方の特徴を併せもつ」とする従来の性質論を反映する[70]。パネルの会合等が公開され，紛争当事者以外による手続の受容の高まりにつながれば，WTO 協定の解釈が公共的な利益をもたらすことが期待される一方で，その反射的効果として，当事国での内部的な解決を困難にすることが考えられ，調停的な性格を薄めることになる。しかし，公開の前提として，パネルや上級委員会が会合等の公開に当事国の合意を求めたことは，紛争当事国が受け入れ可能な解決を実現させるうえで有益（あるいは，害をもたらさない）か否かを自己判断する機会を与えることになるのであり，これは調停的な性格を強めることになる。このように，手続の公開を紛争当事国の合意を前提としたことは，パネル及び上級委員会が——パネルについては，DSU 第 12 条 1 項が当事国との協議を前提としていることから，ある程度は必然とは言えるが——WTO の紛争解決手続のさらなる司法化に慎重な様子を示している。

　第 2 に，上級委員会は，手続の公開をパネル及び上級委員会による自律性の一環として捉えることにより，根拠を補強する。上級委員会の口頭審理の手続は DSU に規定されているのではなく，DSU 第 17 条 9 項を根拠とした検討手続に規定されている[71]。このことを受け，米国／カナダ－継続的譲許停止事件の上級委員会は，口頭審理の実施と運営は上級委員会の権限下にある（compétence de la compétence の理論）とし，秘密性の解除を許容することを含めた口頭審理を実施するうえでの管理権限が（共同申請した紛争当事国以外の第三国の権利や，上訴手続の廉潔性（integrity）に悪影響を及ぼさない限り）上級委員会にはあると述べている[72]。ただし，この DSU 第 17 条 9 項のみを根拠に——米国／カナダ－継続的譲許停止事件の上級委員会報告では，当該条項を基礎とする理屈については簡潔な説明を示すにとどまる——手続の公開の決定は上級委員会の権限下にあると理解することは慎重になる必要があろう。Weiss は，上級委員会の「固有の権能（inherent power）」の行使は，その「必要性」が存在

（70）　岩沢雄司『WTO の紛争処理』（三省堂，1995 年）211 頁。奥脇直也「国際調停制度の現代的展開」立教法学 50 号（1998 年）76-77 頁。

（71）　Rule 27 of Working Procedures for Appellate Review, WT/AB/WP/6 (2010).

（72）　Appellate Body Report, *US/Canada – Continued Suspension, supra* note 2, Annex IV, para. 7. 同様の考え方は，アミカス・ブリーフの受理の際にも用いられた。*See,* Appellate Body Report, *US – Lead and Bismuth II, supra* note 19, para. 39.

◆ 第 1 部 ◆　国際貿易紛争処理における手続法的発展と課題

する場合に限定されると論じる[73]。その上で，アミカス・ブリーフの受理について，それがなくとも自らの責務を果たすことができることから，その条件を満たさないと説く[74]。かかる観点に基づくと，口頭審理の公開についても同様のことが指摘され，固有の権能は口頭審理の公開を正当化する説得力のある論拠とまでは断じがたい。

　上記のうち，DSU の条文上の不透明性と固有の権能の行使の不必要性の 2 点を踏まえると，パネル及び上級委員会にとっては，会合の公開の是非についての判断を回避することも有効な選択肢であったことが分かる[75]。すなわち，その点の判断に関しては，紛争解決機関や一般理事会をはじめとする他の政治的機関等に判断を委ねることも可能であった[76]。もちろん，現状の慣行の下でも，パネル及び上級委員会の会合の公開の可否は事例ごとに決定されるため，政治的な機関を通じて公開の問題に関するルールを制定することは妨げられていない[77]。しかし，Roessler が指摘するように，政治的な場における決定が存在しない状況で，他の代替的な場（司法的な場）で一定の判断が示されると，それが政治的な場における決定を先占（pre-empt）することが危惧される[78]。

----

(73)　Friedl Weiss, "Inherent Powers of National and International Courts", in Federico Ortinio and Ernst-Ulrich Petersmann, (eds.), *The WTO Dispute Settlement System 1995-2003* (Kluwer Law International, 2004), p. 178.

(74)　*Ibid.*, p. 189. 加えて，Weiss は上級委員会の法的分析の完遂の問題（パネルの分析がない状態での上級委員会による検討）についても疑問を呈している。*See also*, Lorand Bartels, "The Separation of Powers in the WTO: How to Avoid Judicial Activism", *International and Comparative Law Quarterly*, Vol. 53 (2004), p. 885. 反対に，上級委員会による DSU 第 17 条 9 項の解釈に肯定的な立場を示すものとして，Howse, *supra* note 47, pp. 499-504.

(75)　市民社会の参加のような性質の問題については，パネルや上級委員会が判断を示すのを抑制すべきとする見解として，Dunoff, *supra* note 59, pp. 205-207（論文内では主にアミカス・ブリーフの受理の問題が議論されている）。

(76)　DSU 第 17 条 9 項は，「上級委員会は，紛争解決機関の議長及び事務局長と協議の上，検討手続を作成」すると規定されており，上級委員会のみが口頭審理等の実施を管理する権限があるとは言い切れない。

(77)　Panel Report, *US – Continued Suspension, supra* note 1, para. 7.52; Panel Report, *Canada – Continued Suspension, supra* note 1, para. 7.50.

(78)　Frieder Roessler, *The Institutional Balance between the Judicial and the Political Organs for the WTO*, in Marco Bronckers and Reinhard Quick (eds.), *New Directions in International Economic Law: Essays in Honour of John. H. Jackson* (Kluwer Law

◇ 第 7 章 ◇ 国家間貿易紛争処理手続の公開〔関根豪政〕

パネル及び上級委員会が会合の公開を認めたことは，WTO 加盟国の政治的な合意を選択せずに，事実上新たなルールを策定した面があることは否めない[79]。

2 立法的対応――DSU 改正交渉の現状

以上のように，パネル及び上級委員会の解釈は，不合理とまではいえないものの，問題がないわけでもない[80]。やはり，理想的には，WTO の政治的な組織において加盟国間の合意を経て，立法的に明確化されることが望まれる[81]。それでは，手続の公開に問題について，立法面ではどのような動向が見られたか。

手続の公開の議論は，上記のパネル及び上級委員会による判断が示される以前から主に DSU 改正交渉の中で行われており，各国は大きく 3 つの立場に分かれて議論を重ねてきた。第 1 が手続の公開を原則化する立場，第 2 が当事国の合意に服させる立場，第 3 が公開を全面的に否定する立場である。

パネルの会合の公開を強く提案してきたのが米国であった[82]。米国は「すべての実質的な会合を公衆は傍聴できるように DSU は規定すべき」[83]と提案し，秘密の情報を除いて公開することを求めてきた。EU も同様に，会合の公開に対して肯定的な立場といえるが[84]，米国とは異なり，「〔非公開〕とされ

International, 2000), p. 342.

(79) 上級委員会によるある程度のルール形成は不可避とする見解として，松下満雄「WTO 上級委員会案件審議の問題点」日本国際経済法学会編『国際経済法講座Ⅰ』（法律文化社，2013 年) 193 頁。

(80) パネルの会合の公開については，条文からも公開を認めるように解することができるが，上級委員会における手続の公開の可否が定かではない状況下では，判断を避けることも考えられた。

(81) DSU の改正を不要（改正できればばより望ましいが）とする立場として，Andrew L. Stoler, "Enhancing the Operation of the WTO Panel Process and Appellate Review: Lessons from Experience and a Focus on Transparency", in Merit E. Janow et al. (ed), *The WTO: Governance, Dispute Settlement & Developing Countries* (Juris Publishing, Inc., 2009), p. 532.

(82) *See, e.g.,* Dispute Settlement Body, "Communication from the United States", TN/DS/W/13 (2002).

(83) *Ibid.,* p. 2.

(84) ただし，EU が肯定的な立場をとるようになったのは，2002 年頃以降である。小

◆ 第 1 部 ◆　国際貿易紛争処理における手続法的発展と課題

ることが紛争の解決に資すると紛争当事国の一方が考えるのであれば，〔手続の非公開性〕を維持することはアプリオリには排除されない」と，当事国の意思で決定できることを前提とする立場を示していた[85]。その他，会合の公開の原則化に同調的であったのがカナダであるが，同国の提案は，当事国による決定の可能性については明示していない[86]。他方で，公開について否定的な立場，あるいは懸念を示してきたのが，インド[87]，マレーシア[88]，チリ[89]，ブラジル[90]，台湾[91]といった途上国[92]と，いくつかの先進国[93]であった。

　そのような中で，2008 年に紛争解決機関（DSB）特別会合の議長が策定した議長草案（以下，2008 年議長草案）は[94]，パネル及び上級委員会の手続公開の議論を新しい段階に押し上げたと捉えられる[95]。同草案は，DSU の第 18 条に 3 項を追加し，そこにおいて，パネル，上級委員会そして仲裁人の実質的な会合は各々，公衆の傍聴のために公開されると記述する[96]。また，それにあ

　　　林・前掲注（4）12-13 頁。

(85)　Dispute Settlement Body, "Communication from the European Communities", TN/DS/W/1 (2002), p. 6.

(86)　Dispute Settlement Body, "Communication from Canada", TN/DS/W/41 (2003), pp. 5-6 [hereinafter TN/DS/W/41].

(87)　Dispute Settlement Body, "Minutes of Meeting − Held in the Centre William Rappard on 10 September 2002, TN/DS/M/4 (2002), para. 34 [hereinafter TN/DS/M/4].

(88)　*Ibid.* para. 28.

(89)　*Ibid.* para. 29.

(90)　*Ibid.* para. 38.

(91)　Dispute Settlement Body, "Communication form the Separate Customs Territory of Taiwan, Penghu, Kinmen and Matsu", TN/DS/W/25 (2002), pp. 1-2.

(92)　Dispute Settlement Body, "Proposal by the African Group", TN/DS/W/15 (2002), p. 7.

(93)　例えば，ノルウェー，韓国。TN/DS/M/4, *supra* note 87, paras. 31 and 48.

(94)　Dispute Settlement Body, Report by the Chairman, JOB (08) /81 (July 18, 2008), reproduced as Annex A of Dispute Settlement Body, "Report by the Chairman, Ambassador Ronald Saborío Soto, to the Trade Negotiations Committee", TN/DS/25 (2011) [hereinafter TN/DS/25].

(95)　なお，2003 年の議長提案では，会合の公開に関する条文改正案は提示されていなかった。*See*, Dispute Settlement Body, "Report by the Chairman, Ambassador Péter Balás, to the Trade Negotiations Committee", TN/DS/9 (2003).

◇ 第 7 章 ◇ 国家間貿易紛争処理手続の公開〔関根豪政〕

わせて，附属書 3 第 2 項の内容が削除の対象とされている[97]。ただし，それらは括弧なしで記載するほど十分に見解が収斂していないとの理由から[98]，括弧つきで記載（ないし消去）されている。

2008 年議長草案は，会合の公開に関して "shall be open for the public to observe" と強い表現を用いており，また，公開に関して紛争当事国の意思が反映されない自動公開を前提とした内容となっている。それもそのはずで，当該条文案は，手続公開を最も推奨している米国提案[99]を基礎としているのである。これについては議長も，一部の加盟国は公開それ自体に反対していなくとも，提案されているシステマティックな会合の公開の有益性と適切性については懸念を示していると付記している[100]。

その後，会合の公開に関しては 2008 年議長草案を基礎に交渉が進められており，焦点は自動的な公開とするのか，加盟国の合意に基づいたケースバイケースでの対応を認める柔軟な制度とするのかが中心となっている[101]。しかし，現時点では，この点についての合意が形成されていない状況にある[102]。

---

(96) TN/DS/25, *supra* note 94, p. A-13. 議長案では，第 18 条 3 項の一部として，以下のような記述の追加が提案されている（原文中の網掛け表記は通常の表記に変更。角括弧はさらなる作業等を要することを示す）。

[Each substantive meeting with the parties of a panel, the Appellate Body, or an arbitrator, and each meeting of a panel or arbitrator with an expert, shall be open for the public to observe [g], except for any portion dealing with strictly confidential information [submitted in accordance with the procedures referred to in paragraph 3.]]

---

g The expression "observe" does not require physical presence in the meeting.

(97) *Ibid.*, p. A-20.

(98) *Ibid.*, p. A-3.

(99) Dispute Settlement Body, "Communication from the United States", TN/DS/W/86 (2006) pp. 1-2 [hereinafter TN/DS/W/86].

(100) TN/DS/25, *supra* note 94, p. A-37.

(101) Dispute Settlement Body, "Report by the Chairman, Ambassador Ronald Saborío Soto, to the Trade Negotiations Committee", TN/DS/26 (2015), pp. 7 and 8. *See also*, Dispute Settlement Body, "Report by the Chairman, Ambassador Coly Seck", TN/DS/31 (2019), paras. 2. 92-93.

(102) 2015 年 8 月の議長レポートでは，パネル会合の公衆への公開には否定的な加盟国もおり，漸進的なアプローチが望ましいと提案されていることを踏まえ，更なる検討を続ける旨が示されている。WTO, "Report by the Chairman, Ambassador Ronald

245

◆ 第1部 ◆　国際貿易紛争処理における手続法的発展と課題

V　FTA 紛争解決制度における手続の公開

1　WTO の指針としての FTA

　以上のように，DSU 改正交渉は——おおよその方向性は見られるものの——結論を見出すに至っていないのだが，WTO における立法上の困難性に対しては，FTA において対応されていると捉えることもできる。

　WTO 交渉では様々な論点が交錯するため，1 つの論点についてある程度の合意ができているとしても，その合意が確定されないことも考えられる。その場合には，WTO では合意できなくとも，FTA レベルで合意できる可能性もある。反対に，WTO における慣行が，ある加盟国にとって非常に受け入れがたいものであれば，当該加盟国は，多角的な交渉では妥協したとしても，FTA 交渉などの他の機会においてそれを強く拒絶することも考えられる。要するに，WTO 加盟国が，WTO において適切に対処されていないと考える不満を，FTA 等で新設される紛争解決手続では異なった制度として設けることで，部分的に解消することは当然に考えられる。換言すれば，WTO における立法機能を（不完全ながらも）FTA が代替することが——それが望ましいか否かとは別に，事実として——想定される。とりわけ，各国が WTO から FTA に重点を移しつつある現状では，なおさらそのような傾向が推測される。そうであるならば，WTO 加盟国の紛争解決手続や DSU に対する見解は，WTO での交渉のみならず，FTA における動向も踏まえる必要が生ずることになる。

　FTA における動向の分析は，翻ってそれが WTO にも影響を与えうるという観点からも重要視されるであろう。例えば，FTA における慣行が一般化することになれば，WTO のパネル及び上級委員会もそれを考慮することが必要になる可能性が高まる。さらに，後述するように，WTO 交渉における加盟国の立場は FTA における動向と連動することが強く，FTA における慣行が WTO 交渉でのロックインを生む可能性もある[103]。これらはいずれも，FTA における動向が WTO に与える影響が軽微でないことを示唆する[104]。そこで，

　　Saborío Soto", TN/DS/27 (2015), para. 3.19.

（103）　実際に，米国の FTA に定められている紛争解決手続の公開に関する規定と，WTO 交渉における米国の提案に類似性が確認される。See, TN/DS/25, *supra* note 94, and TN/DS/W/86, *supra* note 99.

◇ 第 7 章 ◇ 国家間貿易紛争処理手続の公開〔関根豪政〕

本節では以下において，FTA の紛争解決手続における手続公開の状況について考察する[105]。

　もっとも，WTO の紛争解決手続と FTA におけるそれとを比較考察することに問題がないわけではない[106]。とりわけ，FTA における紛争解決手続は二国間（または複数国間）に限定された手続であるということに加え[107]，FTA が政治的・外交的な意義をも有していることから[108]，単純に，それぞれの制度を比較することは適切ではないともいえる。さらにいうと，FTA における紛争解決手続が「調停」としての性質を色濃く有しているのであれば，より「司法制度」の性質が強い WTO における手続とは並列的には議論できないことになる。たしかに，あくまで二国間・複数国間の利益調整でしかない FTA の紛争解決制度は，より多数国間への波及効果の大きい WTO の同制度と比べて，相対的に調停的性質が強くなりやすいと考えられる[109]。しかし，多くの FTA の締約国が WTO の紛争解決制度にかなり類似した制度を導入していることは，WTO のような紛争解決制度を通じた解決の有効性を支持しているがゆえの行動であり[110]，基本的には同様に運用されることを期待していると理解するのが一般的であろう[111]。そこで本稿では，WTO と FTA にお

---

(104)　当然，WTO における動向が FTA に影響を与えることもあり得る。実際に，北米自由貿易協定（NAFTA）の規定の解釈が争われた仲裁では，アミカス・ブリーフの受理に際して，WTO の上級委員会の判断を考慮して検討が行われている。*Methanex Corporation v. United States of America*, Decision of the Tribunal on Petition from Third Persons to Intervene as "Amici Curiae", para. 33.

(105)　なお，上級委員会の機能不全が懸念される状況下では，FTA が WTO に影響を与えるとする議論はやや現実味に欠けるかもしれないが，手続の改正，または新制度を導入する際の議論において，FTA における動向は看過しえないと思われる。

(106)　小林・前掲注（4）33頁。

(107)　小林・前掲注（4）33頁。

(108)　渡辺頼純ほか『解説 FTA・EPA 交渉』（日本経済評論社，2007年）393頁。

(109)　Takemasa Sekine, "Financial Compensation in Trade Dispute Settlements: Can the Free Trade Agreement Experiment Be Successful?" *Asian Journal of WTO & International Health Law and Policy*, Vol. 10, No. 2 (2015), pp. 471-473.

(110)　Amelia Porges, "Dispute Settlement", in Jean-Pierre Chauffour and Jean-Christophe Maur (eds.) *Preferential Trade Agreement Policies for Development: A Handbook*, (World Bank Publications, 2011), p. 473.

(111)　Sekine, *supra* note 109, pp. 494-496. EU・韓国 FTA 附属書 14-A に記載される仲介（mediation）や（詳細は，ジェトロ『EU 韓国 FTA の概要と解説』（ジェトロ，2011

247

◆ 第 1 部 ◆　国際貿易紛争処理における手続法的発展と課題

ける紛争解決制度は並列的に分析できるとの前提で議論を進め，必要に応じて
WTO と FTA の紛争解決手続の相違を踏まえて検討することとしたい。

2　実際の FTA における状況

　DSU 改正交渉と同様に最も手続の公開に前向きと捉えられるのが，米国が
一方当事者となっている FTA である。まず，米国が締結した協定では，協議
の段階から公衆の意見を募集することを要求する規定が設けられることが多
い[112]。そして，パネル審理については，一貫して自動公開を原則とする[113]。
例えば，米国・韓国 FTA 第 22.10 条 1 項は，「締約国は次の事項の確保のため
に手続に関するモデル規則を作成する」として，同項(b)号で「(f)号を踏まえ
て，パネルのあらゆる審理は公衆に開放される」と規定する。(f)号では「秘
密の情報の保護」のみが取り上げられているため，秘密の情報を保護する場合
以外は，パネル審理は公開されることになる。また，同条(d)号は，「各締約
国の意見書，書面にした口頭陳述及びパネルからの要請又は質問に対する書面
による回答については，それらが提出された日の後 7 日以内に公衆が入手する
ことができるようにされる」と規定し，意見書等についても，秘密の情報を保

　　　年）100 頁以下），日本・シンガポール FTA における協議委員会（第 140 条 3 項及び 4
　　　項）の制度のように，WTO とは異なる手続で解決を図りたいのであれば，そのために
　　　手続を修正ないし追加することもできるので，WTO に類似した手続を設けることは，
　　　やはり WTO と同様に運用されることが期待されていると理解できる。

(112)　米国・韓国 FTA 第 22.7 条 2 項，米国・豪州 FTA 第 21.5 条 4 項，米国・シンガ
　　　ポール FTA 第 20.4 条 2 項(b)号等。これらの協定では，協議の要請後又は受理後すぐ
　　　に，各締約国に公衆の見解を募集・検討する義務が課されている。なお，すべての協定
　　　で当該規定が設けられるわけではなく，他には，米国・オマーン第 20.5 条 3 項，米国・
　　　バーレーン FTA 第 19.5 条 3 項，米国・モロッコ FTA 第 20.5 条 4 項が同様の規定を設
　　　ける。そのような規定を設けていない協定の例としては，米国・メキシコ・カナダ
　　　FTA（USMCA），米国・ペルー TPA，米国・チリ FTA 等がある。さらに，協定の運
　　　営や監督を担う共同委員会についても，公衆の見解を考慮することの重要性を確認する
　　　規定が設けられることもある。例えば，米国・豪州 FTA 第 21.1 条 6 項。

(113)　ただし，WTO 成立前に締結された協定では，手続は非公開とされている。例えば，
　　　NAFTA 第 2012 条 1 項(b)号。*See also, Methanex v. United States of America, supra* note
　　　104, para. 42（もっとも，その後の動向については，Junji Nakagawa and Daniel Mag-
　　　raw, "Introduction: Transparency in International Trade and Investment Dispute
　　　Settlement" in Junji Nakagawa（ed.）*Transparency in International Trade and
　　　Investment Dispute Settlement*（Routledge, 2012), p. 4 参照）

護する場合を除いて，自動的に公開されることになっている。米国は元来，国内法において，自らの意見書等について公開することを基本とし[114]，さらに，紛争の他の当事国に対しては，パネル又は上級委員会に提出した文書を米国が公開することの許可を要請するか[115]，秘密の情報を含まない意見書等の要約を提供することを求めた上でそれを公開することを定めているが[116]，FTAはさらに進んで，紛争当事国の諸文書が，提出後に自動的に公開されることを標準化したことになる。

　もっとも，米国が締結したFTAにおいて，紛争当事国が秘密の情報以外を非公開へと修正できるかは定かではない。先で挙げた米国・韓国FTAは，第22.10条2項において，「締約国が別段の決定を行う場合を除くほか，パネルは手続に関するモデル規則に従う」とするため，一見すると，モデル規則に規定されるパネル審理は締約国の合意により非公開にできると理解できる。しかし，パネル審理の公開はモデル規則ではなく，FTAそれ自体の規定（第22.10条1項）として設けられているため，当事国の合意があったとしても（あるいは，当事国の合意のみで），当該規定の内容から逸脱できるかは必ずしも条文からは明確ではない[117]。

　現実的には，米国が締結したFTAでは米国が一方紛争当事国となる以上，紛争当事国の合意による会合の非公開は想定しがたいので[118]，この点が実務的に明確にされる場面はかなり限られる[119]。この点につき，WTOのDSU

---

(114)　Uruguay Round Trade Agreements Act of 1994, 19 U.S.C § 3537(c)(1).

(115)　*Ibid.*, § 3537(c)(2).

(116)　*Ibid.*, § 3537(d).

(117)　この点について，USMCAは第31.11条(b)号にて，紛争当事国が合意する場合には手続を公開しないことを明記する。

(118)　CAFTA-DRにおいては，紛争当事国が合意によって手続に関するモデル規則から逸脱することが認められているので（CAFTA-DR第20.10条2項），米国が当事国でない場合に手続が公開されない可能性は，理論上は存在する。USMCAも同様である（第31.11条及び第31.6条6項参照）。

(119)　グアテマラの労働法の執行の不十分性を争ったCAFTA-DRの仲裁パネルでは，審理がウェブサイトを通じて配信されたが，その後（2018年11月に確認した時点では）は，公式にはそのサイト・動画へのアクセスができない状態にある。*See also*, Sofia Pla-gakis, "Webcasting: A Tool to Increase Transparency in Judicial Proceedings" Junji Nakagawa (ed.) *Transparency in International Trade and Investment Dispute Settlement*, (Routledge, 2012), pp. 110-111.

◆ 第 1 部 ◆　国際貿易紛争処理における手続法的発展と課題

交渉における米国提案は，附属書 3 の修正ではなく DSU 第 18 条に 3 項を追加することを主張することから，すくなくとも DSU 第 12 条 1 項は効果が及ばないことになる[120]。となると，秘密の情報が扱われる場合を除いて，紛争当事国の合意で非公開とすることが不可能——手続公開を認めた WTO の上級委員会のように解釈次第で可能とする余地はあるが——と理解されることになる。この改正案は，紛争当事国の意思が，手続の公開の利益に劣位することを示唆する。

　以上のように米国は，WTO の DSU 改正交渉で紛争解決手続の公開に積極的であったことと歩調を合わせる形で，FTA でも，公開を原則とする方向で展開している。米国の FTA 規定や DSU 改正交渉での提案は——その後の上級委員会の任命拒否問題を考えると皮肉なことと言えるが——国際的な貿易紛争解決手続の司法化を一層進めることになるであろう。

　自動公開を含意する米国の FTA に対して，EU をはじめとする多くの協定は，パネル審理を公開することを原則としつつも，当事国に選択権を与えることを明示する。例えば，EU・カナダ包括的経済貿易協定（CETA）附属書 29-A 第 38 規則では，「両締約国が別段の決定を行う場合を除くほか，仲裁パネルの審理は公開される」と規定されている[121]。米国の FTA とは異なり，

---

(120)　それに対して，カナダの DSU 交渉における提案では，パネルの公開について DSU の附属書 3 の改正を提案しており，そこに米国提案との相違が確認される（ただし，上級委員会会合については，カナダは第 17 条の改正を提案している）。TN/DS/W/41, *supra* note 86, pp. 17-18.

(121)　ただし，EU が締結した協定であっても，初期の協定である EU・チリ FTA は手続を原則非公開としている（第 189 条 3 項及び附属書 XV, 第 23 規則）。なお，2000 年以前の協定では，外交型の紛争解決モデルと称される形態の手続が一般的であったが（Ignacio Garcia Bercero, "Dispute Settlement in European Union Free Trade Agreements: Lessons Learned?" in Lorand Bartels and Federico Ortino (eds.), "Regional Trade Agreements and the WTO Legal System" (Oxford University Press, 2006), p. 389），最近は紛争解決メカニズムに関する議定書が採択されており，そこでは WTO をモデルとした準司法的モデルが採用され，さらに，パネル審理が原則公開で合意により非公開とする形式が採用されている。例えば，"Protocol between the European Union and the Republic of Tunisia establishing a Dispute Settlement Mechanism applicable to disputes under the trade provisions of the Euro-Mediterranean Agreement establishing an association between the European Community and its Member States, of the one part, and the Republic of Tunisia, of the other part", 2010 O.J. (L 40) 76.

◇ 第 7 章 ◇ 国家間貿易紛争処理手続の公開〔関根豪政〕

秘密の情報が含まれないような場合であっても，当事国の意思により非公開に
できることが明白な規定となっている。同様の規定は主に EFTA の最近の協
定やカナダの協定[122]にも見られる。原則公開としつつも，締約国の合意によ
る非公開を可能とする協定の例としては，Box 1 を参照されたい。

　これらとは対照的に，原則，審理手続を非公開としつつ，当事国が合意すれ
ば公開を認めることを規定する協定も少なくない。表面的には，当事国の意思
で修正できるという点で，「原則公開・当事国の意思で非公開」とする場合と
類似するのだが，ここでは「公開の合意」を実現しない限り公開されないので，
紛争当事国の一方が単独で公開を拒めるという点で，上記の「原則公開・合意
で非公開」とは異なる。最近の協定を除く EFTA の協定，豪州，中国が締結
した協定にこの傾向が強い[123]。

　そして，審理手続の公開を認めていないと読み取れる協定の例としては，日
本[124]，シンガポール，インド，ASEAN，タイといったアジアの協定が挙げ
られる。これらの協定では，合意で修正が可能な範囲に手続の公開に関する規
定が含まれていないか[125]，当事国による合意で手続を公開することができる
のか否かに関して明記されていないため，公開可能かが不透明な状態にある。
ただし，後者のような，公開の可否について触れない協定であっても，意見書
等を自ら公開することを認める規定を設けている例は多い[126]。その場合，米

---

(122)　このことから，WTO の DSU 改正交渉においても，カナダは当事国の合意によっ
　　て公開・非公開の変更を是認する立場と推測される。

(123)　これらの協定においても，合意によって公開とすることができるか否かについて
　　読み取りづらいものもある。例えば，中国・ペルー FTA 第 181 条。

(124)　日本・インド EPA（第 138 条 2 項）等。例外としては，日本・豪州 EPA，日本・
　　スイス EPA，日本・EU EPA，CPTPP 等。日本・豪州 EPA では，仲裁裁判の会合は
　　原則非公開とされつつも，両締約国の合意で修正できることが明記されており（第 19.9
　　条 1 項），ここに挙げた例外的な協定のうち残りの 3 つの協定では，原則公開とし，紛
　　争当事国の意思で非公開とすることが認められる形式が採用されている（例えば，日
　　本・EU EPA 第 21.15 条 1 項）。このように近年締結されている協定では公開する傾向が
　　強まっている。

(125)　例えば，中国・シンガポール FTA 第 99 条 5 項では，当事国の合意によって，仲
　　裁裁判所の手続規則を定める附属書 7 から逸脱することが認められているが，仲裁裁判
　　所の会合が非公開とする規定は協定第 99 条 1 項に記載されているため，同条 5 項の効
　　力は会合の非公開性については及ばないと解される（ただし，同協定の第 92 条を根拠
　　に第 99 条 1 項から逸脱する余地もある）。

251

◆ 第1部 ◆ 　国際貿易紛争処理における手続法的発展と課題

国／カナダ−継続的譲許停止事件における上級委員会と同様の論理——「自国の立場についての陳述」の秘密性を自ら解除することが許容されているのであれば，紛争当事国による口頭審理の公開の要請も是認される[127]——により，会合を公開する途は開かれているといえる。

Box 1：各 FTA における紛争解決手続の公開の状況

審理を原則公開としつつ，当事国の合意により非公開とすることが可能な協定の例

- USMCA，環太平洋パートナーシップに関する包括的及び先進的な協定 (CPTPP)
- CETA（EU・カナダ FTA），日本・EU EPA，EU・ウクライナ AA，EU・グルジア AA，EU・シンガポール FTA 等，EU が締結した FTA
- EFTA・エクアドル FTA，EFTA・ボスニアヘルツェゴビナ FTA，EFTA・中米 FTA，EFTA・ペルー FTA 等，EFTA の最近の協定
- カナダ・韓国 FTA，カナダ・ペルー FTA，カナダ・ホンジュラス FTA
- 豪州・チリ FTA，韓国・ニュージーランド FTA
- コスタリカ・ペルー FTA，コロンビア・カナダ FTA
- チリ・マレーシア FTA

原則・非公開，当事国が合意すれば公開

- EFTA・湾岸協力理事会（GCC）FTA，カナダ・EFTA FTA，EFTA・メキシコ FTA
- 日本・豪州 EPA，韓国・豪州 FTA，シンガポール・豪州 FTA，マレーシア・豪州 FTA，ASEAN・豪州・ニュージーランド FTA
- 香港・ニュージーランド CEP，環太平洋戦略的経済連携協定（P4）
- 韓国・ペルー FTA，韓国・インド FTA，韓国・チリ FTA，韓国・シンガポール FTA
- グルジア・中国 FTA，中国・韓国 FTA，中国・豪州 FTA，スイス・中国 FTA，アイスランド・中国 FTA，中国・コスタリカ FTA，中国・ペルー FTA，パキスタン・中国 FTA
- パナマ・ペルー FTA，台湾・シンガポール経済パートナーシップ協定（ASTEP），シンガポール・GCC FTA
- インド・マレーシア CECA，チリ・インド PTA，チリ・トルコ FTA

---

(126)　例えば，日本・インド EPA 第138条3項，タイ・ニュージーランド CEP 第17.7条2項。

(127)　本章第 II 節参照。

◇第7章◇ 国家間貿易紛争処理手続の公開〔関根豪政〕

原則非公開（合意で公開可能かは不明確）
- 日本の協定（日本・EU EPA 等，一部を除く）
- EFTA・シンガポール FTA，ニュージーランド・シンガポール CEP[128]
- EFTA・韓国 FTA，ASEAN・韓国 FTA
- ASEAN・中国 FTA，中国・シンガポール FTA
- タイ・ニュージーランド CEP，タイ・豪州 FTA，タイ・ペルー FTA
- インド・シンガポール FTA，MERCOSUR・インド TPA，ASEAN・インド FTA
- カナダ・コスタリカ FTA，カナダ・チリ FTA[129]

なお，これらとは別に，会合等の公開については協定に定めを設けず，紛争当事国や紛争解決機関の判断に委ねる場合も存在する。例えば，中国・ニュージーランド FTA では，協定本文には会合等の公開に関して特段規定が設けられていないため，公開の可否は，仲裁裁判所（arbitral tribunal）の裁量や当事国の意思（合意）に基づいて定められる仲裁ごとの手続規則で決定されることになると予想される[130]。あるいは，ニュージーランドと台湾の間の経済協力協定（ANZTEC）では，公開についての原則的な規定を設けずに，紛争の両当事国が公開を決定できると規定する形式が採用されている[131]。

最後に，環大西洋貿易投資パートナーシップ（Transatlantic Trade Investment Partnership，TTIP）について触れる。TTIP については，トランプ政権誕生後は交渉が進んでいない状況にあるが，EU が米国側に提示した条文案が公表（2015 年 1 月公表分）されており[132]，そこでは，仲裁パネルの審理は手続規則（附属書 I）に別段の定めが設けられる場合を除いて公開されると規定されている[133]。そして，手続規則案では，当事国の合意で公開を覆せることは明記されていない（秘密の情報についての主張が行われる場合には，非公開とさ

---

(128) ただし，ニュージーランド，シンガポールの双方が加盟している P4 では，「原則非公開・紛争当事国の合意により公開」となっている。

(129) カナダ・コスタリカ FTA 及びカナダ・チリ FTA はともに，協定上は非公開とされているが，適宜，手続のモデル規則の改正を行うことを認める規定が設けられている（カナダ・コスタリカ FTA 第 XIII.12 条 2 項，カナダ・チリ FTA 第 N-12 条 2 項）。

(130) 第 191 条 1 項及び 8 項。

(131) 附属書 8，第 21 規則。

(132) European Commission，"EU Negotiating Texts in TTIP"，http://trade.ec.europa.eu/doclib/press/index.cfm?id=1230（as of 3 December 2018）.

(133) 紛争解決章，第 18 条 2 項。

◆ 第 1 部 ◆ 　国際貿易紛争処理における手続法的発展と課題

れる旨のみ記されている[134]）。よって，この提案では，当事国の合意で非公開とはできない協定が想定されていたことが分かる。

3　FTA における動向と WTO に与える影響

　各国の FTA における手続の公開に関する動向に基づくと，次の 2 点が指摘できる。第 1 に，FTA においては，手続の公開は一般的に支持されているという水準まで達しているといえる。単純に数で考えた場合，現時点で締結されている FTA で，かつ，WTO と類似した準司法的な紛争解決手続を保有する協定の大半は，手続の公開が可能な状況にあり，多数派を形成している。上述したように，米国の FTA は自動公開とも理解でき，また，「原則公開・当事国の合意で非公開」とする EU，カナダ，EFTA 等の協定についても，合意が形成されない限り会合等は公開されることから，相当数の協定が公開を原則とする方針にある。よって，FTA で紛争が生じることになれば，多くの場合で審理が公開されることになると予想される[135]。

　たしかに，原則非公開とし，当事国の合意に基づいて公開を認める協定も数は少ないとはいえない。とりわけ，WTO における手続の公開に否定的な国の協定については，実際に FTA での紛争に直面した場合に当該国が公開に合意するとは想定し難いことを踏まえると，公開に否定的な協定の数も無視しえないことになる。ただし，その一方で，それらの国の FTA が公開を一切禁止とせずに，合意による公開の途を残していることは，今後の対応に含みを持たせているとも評価することができる。

　また，非公開としている協定で，当事国の合意によって覆すことができるか否かが定かではない協定においても，DSU と同様に，自ら意見書を公開することを認める規定を設けていることは，WTO における解釈と同様，会合を公開する余地が残されていることを意味する[136]。とりわけ，WTO 紛争解決手続に沿った解釈を求めている協定においては[137]，前述した米国／カナダ－継

---

(134)　附属書 I，第 34 規則。

(135)　ただし，FTA における紛争解決手続では基本的には上訴制度がないことや，ブラジルやインド等，手続の公開に否定的な国が締結した FTA の例が少ないことから，限定的な結論しか導き出せないことも事実である。

(136)　Mercurio and Laforgia, *supra* note 14, pp. 496-97.

(137)　例えば，日本・インド EPA は，「この協定及び適用可能な国際法の規則に従って

◇ 第 7 章 ◇ 国家間貿易紛争処理手続の公開〔関根豪政〕

続的譲許停止事件のパネル及び上級委員会の解釈が，FTA において取り込まれる可能性は高い。パネル（さらには上級委員会）が公開を認めた米国／カナダ－継続的譲許停止事件以降に交渉が開始された（あるいは締結された）協定であればなおさらである[138]。

　第 2 に，手続の公開の可否について，紛争当事国の判断に委ねることを明記する協定が圧倒的多数といえる。米国との FTA において自動公開を定めた協定相手国も，他国との間の協定では，当事国の合意が重視されることをより明確に規定する傾向が強い。そのため，秘密の情報を扱わない場合においても，合意によって非公開とできないとする方式は，支持されているとは言い難い。よって，最低限，手続の公開の是非は紛争当事国の意思に服させるとするのが一般的な認識といえる。

　FTA の紛争解決手続において，手続の公開を締約国の合意に依拠させることが定着することは，WTO における実務も DSU の改正の方向も──実現されれば──紛争当事国の合意を前提とする形で展開させていく大きな根拠となりうる。たしかに，FTA における手続が「調停」的な性格が強いことに，合意が必要とされる根拠を求めることもできる。しかし，WTO の紛争解決手続も調停的要素を残しているのであり，ゆえに，WTO においても当事国の合意が重視される方式が標準とされる可能性は高く，また，多くの加盟国はそれを望むと推測される。

　このように，FTA の動向を追うと，紛争当事国のコントロール下に置きつつも，手続の公開を認めていく傾向が強まっていくものと予想され，それは WTO における実行や議論にも影響を及ぼしていく可能性が高い[139]。しかし，

　　裁定を下す」と規定することから（第 137 条 1 項(b)号），WTO における DSU の解釈を踏まえて当該協定が解釈される余地を示す。より明確にこのことを示す協定としては，韓国・豪州 FTA（第 20.5 条）等がある。See also, Takemasa Sekine, "Judicial Dialogue between the WTO and PTA Dispute Settlement Bodies: Lessons from the Relationship between the CJEU and the EFTA Court under the EEA", in Won Mog Choi (ed.) *International Economic Law: Asia-Pacific Perspectives* (Cambridge Scholars Publishing, 2015), pp. 120-22.

(138)　時系列にみると，公開の可能性を明示しない協定は，相対的に初期に締結された協定に集中している点も指摘しておきたい。

(139)　上級委員会がアミカス・ブリーフを受理することを認めたことは，国際的な紛争処理における透明性の拡大傾向の潮流に乗じたものであると指摘されている。José E.

◆ 第1部 ◆　国際貿易紛争処理における手続法的発展と課題

　FTA の紛争解決手続で公開が進められていくとしても，依然として，公開に伴う懸念が払拭できないのは事実である。すなわち，先で論じた，手続の公開が必ずしも適切に正統性を充足するとは限らないとの懸念である。現時点では，FTA における紛争解決制度は制定されてから日が浅いものが多く，また，手続の細部まで決定しきれていないものも多いため，今後の運用を注視していくことが必要と思われるが，その状況下においても，公開に伴う問題に対処しようとする萌芽的な動きは確認される。例えば，カナダ・ペルー FTA では，パネルの審理が公衆の参加により阻害されることがないように，パネルと当事国は適切な設備調整や手続を採用すると規定されており[140]，パネリストの独立性の維持も意識した規定が設けられている[141]。あるいは，EU・シンガポール FTA は，傍聴室での録音や録画の禁止が明記されており，録画等された映像を悪用することの防止が図られている[142]。同時に，同協定では，パネルに，自らのイニシアティブで審理を非公開とすることも認められている[143]。このように，紛争解決手続の公開についての議論が深まるにつれ，最近の協定では徐々に細部を定める例も見られるようになっており，より適切な手続の公開が実現できるような試みが現れている[144]。そしてこれらは，WTO における紛争解決制度の今後の展開における考慮要素を提供することになるであろう[145]。

　　Alvarez, "The Factors Driving and Constraining the Incorporation of International Law in WTO Adjudication", in Merit E. Janow et al. (eds.) *The WTO: Governance, Dispute Settlement & Developing Countries* (Juris Publishing, Inc., 2009), p. 620. そうであるならば，FTA の動向もやはり WTO に大きな影響を与えるものとなるであろう。ただし，Alvarez は他の国際機関における慣行を機械的に別の機関に移植させることに疑問も呈している。

（140）　附属書 2109，第 24 規則。コロンビア・韓国 FTA 附属書 20-B，第 23 規則も同様。

（141）　カナダ・ペルー FTA 附属書 2109，第 24 規則では，パネルの審理を公開する上で適切とされる手段として，インターネットやテレビを通じた中継を例示している。

（142）　附属書 15-A，第 32 規則(c)号。

（143）　附属書 15-A，第 32 規則第 2 段落。

（144）　その他，手続の非公開を紛争当事国の合意に求めさせるとしても，それを合意のみで認めるのか，客観的な要因も要請すべきかとの点も論点になりうる。この点につき，EU・グルジア AA は，締約国は合意に加えて，「客観的な事項に基づいて」パネルの審理の非公開を決定できると規定する（附属書 XX，第 22 規則）。これも WTO における運用を考察する上で，有益な検討材料となるであろう。

（145）　このような追加的な規則の制定に加えて，FTA の紛争解決制度が利用されるよう

◇ 第 7 章 ◇ 国家間貿易紛争処理手続の公開〔関根豪政〕

Ⅵ　お わ り に

　本章では，WTO の紛争解決手続の公開の承認が，DSU 等の協定上の明文規定ではなく，パネル及び上級委員会の判断を経て発展してきた経緯を受け，その妥当性について検討した。その結果，得られた示唆は以下のとおりである。

　まず，WTO のパネル及び上級委員会の会合が公開される根拠とされてきた DSU 第 12 条，第 17 条，第 18 条等は，会合の公開を否定しないものの，公開を認める上での明確な根拠とは断定しきれない。パネルの会合の公開については，現行の DSU 規定からも公開が認められるとも解されるが，パネル及び上級委員会の手続を一体で捉えると，本来的には，立法的に明確化されることが望まれる。

　また，手続が公開されるべき（あるいは，市民参加が促されるべき）とする根拠としての正統性の欠如については，それがある程度是認されるとしても，NGO による参加が欠如を充足する十全な手段であるとは言い切れない。むしろ，手続の単純な公開は，種々の問題を引き起こすことが懸念されるため，より精密な制度設計が必要と思われる。

　しかしながら，手続の公開についてのルールや制度の整備が求められるとしても，目下のところ，立法（交渉）を通じた解決に大きな期待をかけるのは困難というのが現状である[146]。そのような状況下で，各国は FTA において立法的な対応を見せており，これが長期的には WTO に影響を与えるものと予想される。FTA の紛争解決制度を WTO のそれと単純比較することには慎重さを要するものの，FTA では，WTO の交渉では感知しえない各国の見解も反映されることから，WTO 加盟国の意向を汲む 1 つの材料となりうる。

　各 FTA における手続公開の問題の扱いからは，次の 2 点が指摘できる。第 1 に，手続の公開を認める方向で紛争解決手続が制定される傾向が強い。未だすべての WTO 加盟国が十分な数の FTA を締結しているわけではないため，

　になれば，「公開（open）」の意味（範囲）も一層明らかにされることになり，それが WTO 等を含めて多面的に影響を及ぼす可能性がある。実際に，WTO の交渉の場では「公開」の意味の不鮮明性が指摘されてきた。*E.g.,* TN/DS/M/4, *supra* note 87, para. 29.
（146）　立法を通じた手続の改善の機会を拡大するための政治的機関に関する検討は，本書第 12 章参照。

◆ 第 1 部 ◆　国際貿易紛争処理における手続法的発展と課題

確定的な結論は下せないが，多くの協定が公開を認めていることは，WTO に
おける議論に対して FTA が一定の立法的な回答を示しつつあると捉えること
ができる[147]。そして，第 2 に，公開の是非を紛争当事国に委ねる協定が多い。
これらは，当事国の合意によるコントロールを残しつつ，公開することを是認
する加盟国の意思を示している。依然として，手続の公開を認めない FTA の
数は少なくないものの，他方で，完全に公開を否定する協定も少ないことから，
公開の問題については将来的に柔軟に対応する余地を残そうとする意図が読み
取れる。よって，原則を公開とするか非公開とするかについての見通しは定か
ではないものの，すくなくとも，紛争当事国の合意を基礎に，より公開されや
すい環境へと発展していくと思われる。加えて，最近は，より精密な制度設計
を試みる協定も散見され，これら実験的な取り組みも WTO やその他の FTA
における運用をより発展させることになると思われる。

　近年の FTA の紛争解決制度の増加と充実化に伴い，WTO と FTA の間で，
紛争解決制度のネットワークが構築される土台が形成されつつある（WTO の
上級委員会の機能が停止してしまうと，パネルか，実現可能であれば上級委員会制
度に代替する制度がネットワークを構築する主体となろう）。本稿で考察した手続
の公開の問題もそのネットワークの中で発展させることができる。すなわち，
WTO における手続公開の法的な根拠の不完全性に対して，加盟国が FTA を
通じて立法的に対応し，補完することによって，それが WTO に還元される
仕組みである。このようなネットワークの構築にも未だ課題は存在するもの
の[148]，WTO のみ，あるいは FTA のみでは適切に解決できない問題につい

（147）　もちろん，今後，手続の公開を認めない FTA が増え，貿易紛争における公開・非
　　　公開についての実施が非統一な状態が生まれる可能性も否定できない。

（148）　一つの懸念は，FTA では締約国の力関係の格差により，大国に有利なルールが作
　　　成されることである。よって，WTO で実現しきれていないルール形成を，単純に FTA
　　　で実現することは望ましくない。筆者はこの点についていくつかの論文で指摘してきた。
　　　関根豪政「EU の自由貿易協定（FTA）の特徴と影響：環境関連条項を中心に」日本
　　　EU 学会年報 33 号（2013 年）99 頁以下，関根・前掲注(34)206 頁以下。他方で，WTO
　　　の不完全性を FTA が補完することは相互発展的と捉えられる。中規模ないし小規模の
　　　経済を有する国家同士の協定が増えていることや，複数国間協定が増加していること
　　　（いわゆるメガ FTA の増加）を踏まえると，大国が先取り的にルール作成できる機会も
　　　減少しつつある。ゆえに，WTO と FTA の補完性を研究する土壌ができつつあるとい
　　　え，今後も継続的に注視していきたい。

ても，双方の協調的な取り組みにより解決されることも考えられる。今後は，FTA における手続の公開が適切に運用され，WTO における紛争解決制度を補完することが期待される。

●●● 第8章 ●●●

CAFTA-DR 紛争処理手続における
パネル設置要請と先決的抗弁

阿 部 克 則

I　はじめに

　本書の第1章で検討したように，WTO 紛争処理手続においては，パネル設置要請書に関する先決的抗弁が提出され，パネルが先決的判断を下すことが一般的になっている。この点に関連して，FTA の紛争処理手続は WTO のパネル手続を参考にして起草されることが多いため，FTA 上の紛争が FTA のパネルに付託された場合にも，パネル設置要請書に関する先決的抗弁が提起されることが想定される。実際に，CAFTA-DR[(1)]におけるエルサルバドル－関税

＊ 本章は，科研費（基盤研究(B)）：「国際経済紛争処理手続の比較法的分析」2018 年～2021 年，研究代表者：阿部克則　課題番号 18H00799）の成果の一部であり，学習院大学法学会雑誌 55 巻 1 号（2019 年）に掲載された拙稿をアップデートしたものである。また，本章で扱った CAFTA-DR 仲裁判断のスペイン語正文の理解に関しては，中井愛子・京都大学白眉センター助教より貴重なアドバイスをいただいた。記して感謝申し上げる。

(1)　CAFTA-DR (Dominican Republic – Central America – United States Free Trade Agreement) は，米国，コスタリカ，エルサルバドル，グアテマラ，ホンジュラス，ニカラグア，ドミニカ共和国を締約国とする自由貿易協定で，2006 年から 2009 年にかけて，順次すべての締約国について発効した。See, Belén Olmos Giupponi, *Trade Agreements, Investment Protection and Dispute Settlement in Latin America*, (Wolters Kluwer, 2019), pp. 215-216. CAFTA-DR の条文は，下記の米国通商代表部（USTR）のホームページに掲載されている。

https://ustr.gov/trade-agreements/free-trade-agreements/cafta-dr-dominican-republic-central-america-fta/final-text

261

待遇事件とグアテマラ－労働事件では，申立国の仲裁パネル設置要請書に対し，被申立国が先決的抗弁を提起した。詳しくは後述するが，このような抗弁は，WTO紛争処理手続において頻繁に提起される先決的抗弁と非常に類似している。第1章で見たように，紛争解決了解（DSU）第6条2項は「問題となっている特定の措置の明示」をパネル設置要請書が満たすべき要件の1つとしているが，グアテマラ－労働事件の紛争当事国は，DSU第6条2項に関するパネル・上級委員会の判断を援用して，主張を展開した。そして仲裁パネルも，それを受けて，WTOの判例に依拠して判断しており，FTA上の紛争解決における手続的問題とWTO上の紛争解決における手続的問題との連関性の観点から，興味深い。

　そこで本章では，CAFTA-DRのエルサルバドル－関税待遇事件とグアテマラ－労働事件における仲裁パネルの先決的判断を，WTO上のパネル設置要請に対する先決的判断と比較しつつ，分析することとする。以下，CAFTA-DRの紛争処理手続の概要と仲裁パネル設置要請規定について確認し（Ⅱ），エルサルバドル－関税待遇事件とグアテマラ－労働事件における先決的抗弁と仲裁パネルの判断を概観した上で（Ⅲ及びⅣ），WTO紛争処理手続における先決的判断との比較の観点から分析する（Ⅴ）。

Ⅱ　CAFTA-DR紛争処理手続の概要と仲裁パネル設置要請の要件

　CAFTA-DRの紛争処理手続は第20章に規定されており，その概要は次のようなものである。

(1) 協　議　要　請

　第1段階は，申立国による協議要請である。第20.4条1項は，締約国がCAFTA-DRの運用に影響を与えると考える措置又はその他の問題に関し，他の締約国に協議を要請できると定める。そして第20.4条2項は，協議要請書には，問題となる措置又は事態の特定と，申立の法的根拠を提示すべきことを規定する。この要件は，DSU第4条2項が定めるWTO紛争処理手続上の協議要請の要件と非常に似ている。

(2) 自由貿易委員会会合開催要請

　第2段階は，第1段階の協議が不調に終わった場合における，自由貿易委員会（Free Trade Commission）会合の開催要請である。CAFTA-DRの自由貿易

委員会は，第19.1条により設立される閣僚レベルの組織であり，CAFTA-DR
の運用全体を監督し，協定の解釈適用に関する紛争解決も任務とする[2]。附
属書19.1にその構成メンバーが規定されており，米国通商代表（USTR）や各
国の経済担当大臣等がメンバーとなっている。第20.5条1項(a)は，第20.4条
の下で協議要請から60日以内に紛争が解決されない場合には，締約国は同委
員会の会合開催を要請できるとする。同委員会は，原則として，要請から10
日以内に会合を開催し，紛争の迅速な解決に向けて努力すると第20.5条4項
が定める。このような自由貿易委員会が介在する手続は，NAFTAの紛争処
理手続と類似している[3]。

(3) 仲裁パネル設置要請

　第3段階は，仲裁パネルの設置要請である。第20.6条1項(a)は，第20.5条
の下での自由貿易委員会会合開催から30日以内に紛争が解決されない場合に
は，自由貿易委員会会合開催を要請した締約国が仲裁パネルの設置を要請でき
ると定める。この仲裁パネルは，WTOのパネルに類似したもので，法律や国
際貿易等の専門家である独立した3人の個人から構成される[4]。仲裁パネル
設置要請の要件に関しCAFTA-DR第20.6条1項は，「（仲裁パネル設置要請締
約国は）問題となっている措置又はその他の事項の明示及び申立の法的基礎の
提示を含む，要請の理由を明らかにしなければならない（shall set out the
reasons for the request, including identification of the measure or other matter at
issue and an indication of the legal basis for the complaint）」と規定している。この
規定は，事実の側面に関する要件（問題となっている措置又はその他の事項の明
示）と，法的側面に関する要件（申立の法的基礎の提示）に大別される。詳しく
は後述するが，このような要件の構造は，WTOのパネル設置要請の要件と非
常に類似している。エルサルバドル－関税待遇事件とグアテマラ－労働事件の
先決的判断で問題となったのは，コスタリカと米国の仲裁パネル設置要請書が，
この第20.6条1項の要件を満たしているかどうかであった。

(4) 最初の報告書

　第4段階は，「最初の報告書（Initial Report）」の提示である。第20.13条3
項は，仲裁パネルは原則としてパネリスト全員が選任されてから120日以内に，

---

(2)　Olmos Giupponi, *supra* note 1, pp. 217-218.

(3)　NAFTA 第2007条及び第2008条。

(4)　CAFTA-DR 第20.8条。

◆ 第1部 ◆　国際貿易紛争処理における手続法的発展と課題

最初の報告書を紛争当事国に対して提示しなければならないと定める[5]。この報告書には，事実認定，法的判断，及び，（両紛争当事国が要請する場合には）紛争解決のための勧告が含まれる[6]。各紛争当事国は，最初の報告書提示後14日以内に，書面による意見を仲裁パネルに提出することができ，仲裁パネルはこれらの意見を踏まえて，報告書の内容を再考することができる[7]。このような仕組みは，NAFTA 仲裁パネルの「最初の報告書（Initial Report）」やWTO のパネルの中間報告書と類似する[8]。

(5) 最終報告書

第5段階は，「最終報告書（Final Report）」の提示である。第20.14条1項は，仲裁パネルは原則として最初の報告書の提示から30日以内に，最終報告書を紛争当事国に提示しなければならないと定める。そして紛争当事国は，秘匿情報を除いて，15日以内に最終報告書を公開しなければならない[9]。

(6) 最終報告書の履行

第6段階は，最終報告書の履行である。第20.15条は，「紛争当事国は通常は（normally）パネルの決定及び勧告に従った紛争解決に合意しなければならない」と規定し，仲裁パネルが CAFTA-DR 上の義務違反を認定した場合には，「可能な場合には（whenever possible）」義務違反を撤回しなければならない」とされる[10]。なお紛争当事国は，適当な場合には，仲裁パネルの決定に従った「相互に満足のいく行動計画（mutually satisfactory action plan）」による紛争解決に合意することもできる[11]。

(7) 不履行に対する利益の停止

第7段階は，不履行に対する「利益の停止（suspension of benefits）」である。第20.16条2項は，紛争当事国が第20.15条に基づいて合意した紛争解決の条件について，被申立国が遵守していないと申立国が考える場合には，当該申立

---

(5)　なお仲裁パネルは，120日以内に最初の報告書を提示できないと考える場合には，その理由と遅延の見込みを紛争当事国に通知しなければならず，最初の報告書の提示は，いかなる場合にも180日を超えてはならないとされる（CAFTA-DR 第20.13条4項）。

(6)　CAFTA-DR 第20.13条3項(a)，(b)，(c)。

(7)　CAFTA-DR 第20.13条6項及び7項。

(8)　NAFTA 第2016条；DSU 第15条。

(9)　CAFTA-DR 第20.14条1項。

(10)　CAFTA-DR 第20.15条2項。

(11)　CAFTA-DR 第20.15条3項。

◇ 第 8 章 ◇ CAFTA-DR 紛争処理手続におけるパネル設置要請と先決的抗弁〔阿部克則〕

国は被申立国に対する利益の適用の停止を通知できると定める。この利益の停止は，「同等な効果（equivalent effect）」を有するものとされ，通知から 30 日を経過すれば申立国は利益停止を開始できる[12]。もし被申立国が，自国は義務違反を撤回していると考える場合には，仲裁パネルが再招集され，仲裁パネルは 90 日以内に決定を下す[13]。また，被申立国が，申立国が提案する利益停止の水準が明白に過剰だと考える場合にも，同様の手続で仲裁パネルが検討し，決定を行うとされる[14]。これらの手続は，WTO 紛争処理手続における履行パネル手続（DSU 第 21 条 5 項）と対抗措置仲裁手続（DSU 第 22 条 6 項）を組み合わせたものに近いと言えよう。

(8) 労働法と環境法の執行に関する紛争における不履行

CAFTA-DR は，第 16 章と第 17 章において，それぞれ労働法と環境法の国内執行に関する締約国の義務を規定しているが，この 2 つの章に関する紛争において最終報告書の不履行が問題となった場合には，独自の手続が用意されている。第 20.17 条 1 項(b)は，第 16.2 条 1 項(a)又は第 17.2 条 1 項(a)の義務違反が仲裁パネルにより認定されたケースにおいて，紛争当事国が第 20.15 条に基づいて合意した紛争解決の条件を被申立国が遵守していないと申立国が考える場合には，申立国は，被申立国に対する「年間課徴金（annual monetary assessment）」を課すために仲裁パネルを再招集することを要請できると定める[15]。そして仲裁パネルは，要請があってから 90 日以内に，年間課徴金の額を決定しなければならない[16]。

以上 CAFTA-DR の紛争処理手続を概観したが，その中でも本稿の関心は，上記（3）で見た仲裁パネル設置要請の要件であり，以下では，この要件に関するエルサルバドル－関税待遇事件とグアテマラ－労働事件における先決的抗

---

(12) CAFTA-DR 第 20.16 条 2 項。

(13) CAFTA-DR 第 20.16 条 3 項(b)。仲裁パネルが認定した利益の無効化又は侵害を撤回したと，被申立国が考える場合も同様である。

(14) CAFTA-DR 第 20.16 条 3 項(a)。なお，義務違反の撤回の有無と利益停止の水準と両方が問題となる場合には，仲裁パネルは 120 日以内に決定を下せばよいと規定されている。

(15) なお，第 20.15 条に基づいて，最終報告書の受領から 45 日以内に，紛争解決の条件に紛争当事国がそもそも合意できなかった場合にも，同様の手続が適用される（CAFTA-DR 第 20.17 条 1 項(a)）。

(16) CAFTA-DR 第 20.17 条 2 項。

265

◆ 第 1 部 ◆ 国際貿易紛争処理における手続法的発展と課題

弁を検討する。

Ⅲ　エルサルバドル－関税待遇事件における先決的抗弁

1　本件の概要とエルサルバドルの先決的抗弁

　本件は，2013 年 9 月にコスタリカが，コスタリカ産品に対するエルサルバドルの関税上の待遇について協議要請を行ったもので，2013 年 12 月に自由貿易委員会会合が開催されたものの解決に至らず，2014 年 1 月にコスタリカが仲裁パネル設置要請を行ったものである[17]。CAFTA-DR 第 3.3 条 2 項は，締約国に対し域内国原産の産品について譲許表に従って関税の撤廃を義務づけるもので，コスタリカは，エルサルバドルが譲許表に従った関税撤廃を怠り，同条項に違反したとして提訴した。これに対しエルサルバドルは，コスタリカのパネル設置要請について，措置の特定に関する抗弁と，法的根拠の明示に関する抗弁を提起したのである。

　第 1 に，措置の特定に関してエルサルバドルは，コスタリカのパネル設置要請が不文で不作為の措置を問題にしようとしているが，そのような措置を適切に特定し，措置の内容を示していないと主張した。エルサルバドルによれば，コスタリカのパネル設置要請は，措置の内容について正確さを欠いていると言う[18]。

　第 2 に，法的根拠の明示に関してエルサルバドルは，2 つの主張を行った。1 つは，コスタリカがパネル設置要請において言及していなかった CAFTA-DR 第 4.15 条に関する違反を第 1 意見書において請求し始めたことについて，第 4.15 条に関する請求は仲裁パネルの管轄事項外であるというものである[19]。もう 1 つは，コスタリカのパネル設置要請が，CAFTA-DR の条項を引用しているものの，複数の義務を含む条項について問題となる義務を特定しない等，十分に詳細でないというものであった[20]。

---

(17) Informe Final del Grupo Arbitral, *Costa Rica vs El Salvador - Tratamiento Arancelario a Bienes Originarios de Costa Rica*, CAFTA-DR/ARB/2014/CR-ES/18, circulated on 18 November 2014 (original Spanish), available at http://www.worldtradelaw.net/document.php?id=cafta/panel/elsalvador-tariffs(cafta).pdf.

(18) *Ibid.*, paras. 4.14-4.19

(19) *Ibid.*, para. 4.63.

◇第8章◇ CAFTA-DR 紛争処理手続におけるパネル設置要請と先決的抗弁〔阿部克則〕

以下では，これらの先決的抗弁について仲裁パネルがどのように判断を下したか検討する。

2 仲裁パネルの先決的判断

(1) 措置の特定に関する先決的判断

第1の論点である措置の特定に関しては，まず仲裁パネルは，不文のものであっても紛争解決の対象となる「措置」には該当し得るが，その内容は，仲裁パネルの管轄事項を明確化し，被申立国の防御権を侵害しないものでなければならないとした[21]。そして仲裁パネルは，「CAFTA-DR によって設定された関税削減プログラムをエルサルバドルが実施しないこと」という具体的な行為の不履行をコスタリカは「措置」だとパネル設置要請に記載したので，この記載を問題となる CAFTA-DR 上の義務の文脈から検討することが適切だとした[22]。

その上で仲裁パネルは，コスタリカのパネル設置要請が CAFTA-DR 第3.3条2項や附属書3.3等を引用していたことを指摘し，コスタリカが措置だとする「CAFTA-DR によって設定された関税削減プログラムをエルサルバドルが実施しないこと」とは，第3.3条2項と附属書3.3によって要求されるコスタリカ産品に対する関税削減の不実施だと認定した[23]。第3.3条2項は，次のような規定である。

第3.3条　関 税 撤 廃
2．この協定に別段の定めがある場合を除き，各締約国は，附属書3.3に従い域内原産品に対する関税を漸進的に撤廃する[24]。

---

(20) *Ibid.*, paras. 4.61-4.62.

(21) *Ibid.*, para. 4.45. なお，不文のものであっても，CAFTA-DR 第2.1条が定義する「措置（measure, medida）」には「慣行（practice, práctica）」として該当し得ることに，紛争当事国間で争いはなかった（*Ibid.*, para. 4.43）。

(22) *Ibid.*, paras. 4.46, 4.48.

(23) *Ibid.*, para. 4.54. 仲裁パネルは，第三国参加した締約国も，コスタリカのパネル設置要請が不明確だとは指摘していないとも言及している（*Ibid.*, para. 4.55）。

(24) 筆者訳。英語正文は，次の通りである。
Article 3.3: Tariff Elimination
2. Except as otherwise provided in this Agreement, each Party shall progressively eliminate its customs duties on originating goods, in accordance with Annex 3.3.1.

◆ 第1部 ◆　国際貿易紛争処理における手続法的発展と課題

このように仲裁パネルは，コスタリカがエルサルバドルによる不作為の措置を具体的な行為の不履行という形で定義しつつ，かつ，CAFTA-DR 第3.3条2項等を引用していることから，コスタリカのパネル設置要請は措置を明示しており，第20.6条1項の要件を満たしていると判断したのである[25]。

(2) 法的根拠の明示に関する先決的判断

　第2の論点である法的根拠の明示に関して，仲裁パネルは，次のようにエルサルバドルの抗弁を一部認容した。

　まずCAFTA-DR 第4.15条に関する請求については，エルサルバドルが主張するように，コスタリカのパネル設置要請には言及がないことを認めた上で，同条項は，パネル設置要請に引用されている他の条項とは別個の独立した義務を課すものであるとした[26]。それゆえ，パネル設置要請に引用されている条項を通じて，第4.15条に言及がなされているとは言えず，同条項に関する請求はパネルの付託事項には含まれないと判断した[27]。

　次にパネル設置要請に明示的に引用されている条項については，第1.1条，第2.1条，及び，第4.1条は，これらの条文が単なる定義規定か義務を課すものかに予断を下すものではないが，少なくとも複数の義務を課すものではなく，「1つの法的命題（una proposición legal única）」を定めるものであるので，パネルの付託事項に含まれるとした[28]。また，第3.3条2項は，複数ではなく単一の義務を課す規定であるため，やはりパネルの付託事項内であるとした[29]。他方で，第3.3条1項については，既存の関税を引き上げない義務と新規の関税を導入しない義務という2つの義務を含むものであるので，同条項に言及するだけでは，法的根拠を十分に明示しているとは言えないとしたのである[30]。このような明示された条文の中に複数の義務が含まれているか否かを基準とす

---

(25)　*Ibid.*, paras. 4.58-4.59. なお仲裁パネルは，問題となっている不文の措置が実際に存在するかどうかは本案段階で争われるものであって，パネル設置要請の要件が満たされているかどうかの検討には無関係だとした（*Ibid.*, para. 4.57）。このような立場は，同種の問題に関するWTO上級委員会の立場と同様である（本書第1章第Ⅱ節を参照）。

(26)　*Ibid.*, para. 4.82.

(27)　*Ibid.*, para. 4.83.

(28)　*Ibid.*, paras. 4.86, 4.87, 4.88, 4.97.

(29)　*Ibid.*, para. 4.95. なお第3.3条3項も，第3.3条2項を明確化する規定であるため，パネルの付託事項内であるとした（*Ibid.*, para. 4.96）。

(30)　*Ibid.*, para. 4.94.

268

◇ 第 8 章 ◇ CAFTA-DR 紛争処理手続におけるパネル設置要請と先決的抗弁〔阿部克則〕

る考え方は，DSU 第 6 条 2 項の解釈適用に関する WTO の判例と一致するものであり[31]，仲裁パネルは明示的には WTO の判例を参照していないものの，実質的にはそれらに依拠したと推察される。

Ⅳ　グアテマラ－労働事件における先決的抗弁

1　本件の概要とグアテマラの先決的抗弁

同事件は，グアテマラ国内でのグアテマラの労働法規の執行等が，CAF-TA-DR の労働章の規定に違反するとして，米国が申し立てたものである。米国は 2010 年 7 月に協議要請を行い，2011 年 9 月に仲裁パネル設置要請を行ったが，最終報告書が発出されたのは，約 6 年後の 2017 年 6 月であった[32]。このような手続遅延の原因は，紛争当事国が合意により手続の停止を仲裁パネルに要請したこと等にある。2011 年 9 月の仲裁パネル設置要請後，同年 11 月 30 日には全てのパネリストが選任され，仲裁パネルが構成されたが，その同日に，両紛争当事国は共同書簡により 60 日間の手続停止を要請した[33]。これは両国間で協議を行うためだったと見られるが[34]，その後も繰り返し手続停止が要請され，仲裁パネル手続が実質的に再開されたのは 2014 年 9 月 19 日であり，後述するグアテマラの先決的抗弁は同年 10 月 10 日に提起された[35]。つまり仲裁パネル設置要請書の提出から先決的抗弁の提起まで，約 3 年が経過していたのであり，このことは同抗弁が認容されるか否かの判断において大きな意味を持つことになる。

次に，本件で問題となった CAFTA-DR の労働章の規定は，下記のものであった。

---

(31)　この点に関する WTO のパネル・上級委員会の判断については，本書第 1 章第Ⅲ節を参照。

(32)　Olmos Giupponi, *supra* note 1, p. 250.

(33)　Final Report of the Panel, *In the Matter of Guatemala-Issues Relating to the Obligations Under Article 16. 2. 1 (a) of the CAFTA-DR*, June 14, 2017, paras. 3, 5 [hereinafter Final Report of the Panel, *Guatemala - Labor*].

(34)　*Ibid.*, para. 93.

(35)　*Ibid.*, paras. 6-12. なお，仲裁パネル手続再開後も度々手続が遅延することになるが，その経緯については，*Ibid.*, paras. 11-57 を参照。

269

◆ 第 1 部 ◆　国際貿易紛争処理における手続法的発展と課題

第 16.2 条　労働法規の執行

1.（a）締約国は，本協定の効力発生日以後，締約国間の貿易に影響を及
ぼす態様で，作為又は不作為の継続又は繰り返しにより自国の労
働法規の実効的な執行を怠ってはならない[36]。

米国は，同条項で言う「自国の労働法規の実効的な執行」をグアテマラが怠っ
たとして仲裁パネルに提訴したのだが[37]，後に検討するように，米国の仲裁
パネル設置要請書にはグアテマラの具体的な労働法規やその執行例が記載され
ていなかった。グアテマラは，そのような設置要請書は，CAFTA-DR 第 20.6
条が定める仲裁パネル設置要請の要件，すなわち「問題となっている措置又は
その他の事項の特定」要件を満たしていないとして先決的抗弁を提起したので
ある。
　本件の米国のパネル設置要請書は，仲裁パネル報告書に引用されているが，
その中で CAFTA-DR 第 20.6 条 1 項の要件と関わる部分は，下記の第 5 項と
第 6 項である[38]。

（第 5 項）
本件申立の問題となっている事項と法的基礎は，結社の権利（right to
association），団体交渉権，及び，許容可能な労働条件に関連するグアテマ
ラ労働法規の実効的な執行に関し，第 16.2.1 条(a)の下での義務にグアテ
マラが従っていないことである。

---

(36)　筆者訳。英語正文は，次の通りである。
　　　Article 16.2: Enforcement of Labor Laws
　　1.(a) A Party shall not fail to effectively enforce its labor laws, through a sustained or
　　　　recurring course of action or inaction, in a manner affecting trade between the
　　　　Parties, after the date of entry into force of this Agreement.
(37)　本件の実体法規（第 16.2 条）に関する論点については，次の文献を参照。Phillip
　　　Paiement, "Leveraging Trade Agreements for Labor Law Enforcement: Drawing
　　　Lessons from the US-Guatemala CAFTA Dispute", *Georgetown Journal of International
　　　Law*, Vol. 49 (2018), pp. 675-692; Tequila J. Brooks, "U.S.-Guatemala Arbitration Panel
　　　Clarifies Effective Enforcement Under Labor Provisions of Free Trade Agreement",
　　　International Labor Rights Case Law, Vol. 4 (2018), pp. 45-51.
(38)　Final Report of the Panel, *Guatemala - Labor, supra* note 33, para. 73. なお，米国の
　　　仲裁パネル設置要請書には各項のナンバリングがないが，仲裁パネル報告書では段落を
　　　数えてそれぞれ第 5 項，第 6 項と呼んでいるため，本稿でもそれに従う。

◇第8章◇ CAFTA-DR紛争処理手続におけるパネル設置要請と先決的抗弁〔阿部克則〕

（第6項）
米国は，実効的な労働法規の執行をグアテマラが数多く怠っていることを
特定した。その懈怠には，（ⅰ）グアテマラ労働省が労働法違反の調査を
怠ったこと（ⅱ）労働法違反を特定したのち労働省が執行措置をとることを
怠ったこと（ⅲ）労働法違反の事件において労働裁判所の命令をグアテマラ
の裁判所が執行することを怠ったことが含まれる。

このようなパネル設置要請書に対してグアテマラは，先決的判断要請の中で，
米国のパネル設置要請書は非常に広範でかつ曖昧な文言により起草されている
ので，問題を明確に提示していないと述べた。グアテマラは，米国のパネル設
置要請が「問題となっている措置又はその他の事項」を特定しておらず，かつ，
「申立の法的基礎」を明示していないため，CAFTA-DR第20.6条1項の要件
を満たしていないと主張したのである。さらにグアテマラは，米国が第20.6
条1項の要件を満たさなかったことにより，防御権を侵害されたとも主張し
た[39]。

そしてグアテマラの先決的判断要請の後（2014年11月3日）に提出された米
国第1意見書（Initial Written Submission）は，次の3点につき労働法の効果的
執行を怠りグアテマラがCAFTA-DR第16.2条1項(a)に違反したと主張し
た[40]。

　a)組合活動を理由として不法に解雇された労働者の復職・補償等を雇用者
　　に指示した裁判所の命令が履行されるよう確保することを怠った。
　b)グアテマラ労働法の下で調査を適切に実施しなかった，又，労働省の査
　　察官が認定した雇用者の違反に対して必要な罰則を科すことを怠った。
　c)法定の期限内に組合を登録すること又は調停手続を開始することを怠っ
　　た。

この第1意見書における米国の主張と，仲裁パネル設置要請書の記載とは必ず
しも一致しておらず，したがって，米国が第1意見書において第16.2条1項
(a)違反を主張した3つの措置又は事項が，仲裁パネル設置要請書において特
定されていたか否かが問題となったのである。

---

(39)　*Ibid.*, para. 62.

(40)　*Ibid.*, para. 60.

◆ 第1部 ◆ 国際貿易紛争処理における手続法的発展と課題

2 仲裁パネルの先決的判断

(1) WTO の判例との関係

まず本件仲裁パネルは，両紛争当事国が WTO におけるパネル設置要請書に関する先決的判断を多数援用したことを踏まえて，WTO のパネル・上級委員会は CAFTA-DR の条項の解釈を明らかにしたものではないとしつつ，「適当な場合には（where appropriate）」それらを考慮に入れるとした[41]。そして具体的には，WTO 上級委員会が示した下記の3つの原則を念頭において審査を行うとした[42]。

・パネル設置要請はパネルの管轄の範囲を決定するもので，紛争の性質を被申立国に通知するというデュープロセス上の目的に資するものである。もしある措置が特定されていない場合，当該措置は紛争の範囲外となる。したがって，パネル設置要請書において具体的な措置を特定することは扱われる事項を決定するにあたって，根幹となる。
・パネル設置要請書の欠缺は，紛争当事国が後に提出する意見書によっては治癒されない。
・あるパネル設置要請が要件に合致しているか否かの審査は，パネル設置要請書全体に基づくべきであり，かつ，「付帯状況（attendant circumstances）」も考慮して行われるべきである。

これらの原則は，本書の第1章で検討したようにいずれも WTO 紛争処理手続における先決的判断において，確立したものと考えられる。第1の付託事項確定の重要性は，ブラジル－ココナッツ事件と EC－バナナ（Ⅲ）事件で，第2の瑕疵の事後的治癒の否定，及び，第3の設置要請全体と付帯状況の考慮は，米国－炭素鋼事件で，それぞれ上級委員会が示した判断であった[43]。

(2) 仲裁パネル設置要請書の第5項に関する判断

次に仲裁パネルは，米国の設置要請書第5項が，「措置又はその他の事項」を特定しているかを検討した。この点に関して仲裁パネルは，設置要請書第5項は「申立の法的基礎」である CAFTA-DR 第16.2条1項(a)には言及するが，同条項に違反するという「措置又はその他の事項」を特定していないと認定し

---

(41) *Ibid.*, para. 69.

(42) *Ibid.*, para. 70.

(43) 本書第1章第Ⅰ節及び第Ⅳ節を参照。

◇第8章◇ CAFTA-DR 紛争処理手続におけるパネル設置要請と先決的抗弁〔阿部克則〕

た[44]。仲裁パネルによれば、設置要請書第5項は、第16.2条1項(a)を単に「言い換えた（paraphrase）」だけであり、これでは同条項に関する複数の請求を被申立国が区別することができないと述べた[45]。

(3) 仲裁パネル設置要請書の第6項に関する判断

続いて仲裁パネルは、設置要請書第5項が「措置又はその他の事項」を特定していないと認定したことを受けて、もし米国の仲裁パネル設置要請書が「措置又はその他の事項」を特定しているとすれば、それは設置要請書第6項であろうとし、同項について検討した[46]。まず仲裁パネルは、検討にあたって考慮に入れるべき付帯状況について、米国が仲裁パネル設置要請をした2011年8月から、グアテマラが先決的抗弁を提出した2014年10月まで、約3年が経過しており、その間に両当事国間で協議が行われていることから、グアテマラが米国の仲裁パネル設置要請の理由を了知していなかったとは考えにくいとした。また、相互に満足のいく解決に向けて、グアテマラは米国の懸念を理解していたはずであるとも仲裁パネルは述べた[47]。また仲裁パネルは、グアテマラが先決的抗弁を提起することが大幅に遅れたことは、「付帯状況」を構成するとした[48]。

続いて仲裁パネルは、設置要請書第6項の意味を確認するためとして、米国の第1意見書に言及した。上述のように米国の第1意見書は、労働法違反に関する執行懈怠、労働法違反調査懈怠、及び、組合登録懈怠の3点を第16.2条1項(a)違反として主張していたが、仲裁パネルはこれらのうち、労働法違反に関する執行懈怠と労働法違反調査懈怠が、設置要請書第6項の内容と対応すると考えられるとした[49]。この点に関連してグアテマラは、米国が具体的にどの法令の執行が問題なのかを特定しなかったので、設置要請書が十分に明確でないと主張したが、仲裁パネルは、CAFTA-DR 第20.6条1項は具体的な法令の特定までは要求していないとした[50]。

---

(44)　Final Report of the Panel, *Guatemala – Labor, supra* note 33, para. 81.

(45)　*Ibid.*, para. 82.

(46)　*Ibid.*, para. 90.

(47)　*Ibid.*, para. 93.

(48)　*Ibid.*, para. 98.

(49)　*Ibid.*, para. 93.

(50)　*Ibid.*, paras. 96-97.

◆ 第1部 ◆　国際貿易紛争処理における手続法的発展と課題

　他方で仲裁パネルは，米国が第1意見書で提起した第3の請求，すなわち，組合登録懈怠については，設置要請書第6項のいずれの文言にも対応していないとした[51]。設置要請書第6項は，「含む（including）」との文言が挿入されているため，例示列挙されていない問題もカバーするかのようにも読めるが，そのように解釈するとパネルの管轄事項が不明確となり，被申立国のデュープロセス上の権利を害することになるので，認められないとした[52]。この点に関連して仲裁パネルは，「設置要請書の瑕疵は後の意見書によっては治癒されない」との原則を確認し，組合登録懈怠については設置要請書に全く記載がないことを強調した[53]。よって，組合登録懈怠に関する請求は，付託事項外であると仲裁パネルは判断した[54]。

V　WTO 紛争処理手続における先決的判断との比較

　ここでは，ⅡとⅢで概観したエルサルバドル－関税待遇事件とグアテマラ－労働事件の先決的判断を，WTO 紛争処理手続における先決的判断と比較し，その意義と特徴を分析する。

1　CAFTA-DR 第 20.6 条の解釈における DSU 第 6 条 2 項
　上述のように，グアテマラ－労働事件の仲裁パネルは，両当事国が WTO の DSU 第 6 条 2 項に関する先決的判断を援用したことを踏まえ，「適当な場合には」WTO の判例を考慮に入れるとした。また，エルサルバドル－関税待遇事件の仲裁パネルは，明示的には述べていないものの，実質的には WTO の判例を考慮したと思われる。そのような仲裁パネルの立場の前提には，CAFTA 第 20.6 条と DSU 第 6 条 2 項との文言の類似性がある。まず CAFTA-DR 第 20.6 条は，次のような条文である。

CAFTA-DR 第 20.6 条　仲裁パネルの要請
　1．（省略）

---

(51)　*Ibid.*, para. 99.
(52)　*Ibid.*, para. 100.
(53)　*Ibid.*, paras. 101, 103.
(54)　*Ibid.*, para. 102.

◇第8章◇ CAFTA-DR 紛争処理手続におけるパネル設置要請と先決的抗弁〔阿部克則〕

要請締約国は他方の締約国に要請を送付し，かつ，問題となっている措置又はその他の事項の明示及び申立ての法的根拠の提示を含む，要請の理由を明らかにしなければならない。

The requesting Party shall deliver the request to the other Parties, and shall set out the reasons for the request, including identification of the measure or other matter at issue and an indication of the legal basis for the complaint.

次に DSU 第6条2項は，次のような条文である。

第6条 小委員会の設置
 2．小委員会の設置の要請は，書面によって行われる。この要請には，協議が行われたという事実の有無及び問題となっている特定の措置を明示するとともに，申立ての法的根拠についての簡潔な要約（問題を明確に提示するために十分なもの）を付する。

The request for the establishment of a panel shall be made in writing. It shall indicate whether consultations were held, identify the specific measures at issue and provide a brief summary of the legal basis of the complaint sufficient to present the problem clearly.

いずれの規定もパネル設置要請が満たすべき2つの主たる要件を定めており，1つが措置の明示であり，もう1つが申立ての法的根拠の提示である。前者の要件については，CAFTA-DR 第20.6条は「問題となっている措置又はその他の事項の明示（identification of the measure or other matter at issue）」との文言で，DSU 第6条2項は「問題となっている特定の措置を明示する（identify the specific measures at issue）」と定めており，「その他の事項」と「特定の」の文言が入っているか否かについて相違はあるものの，「措置の明示」については文言が共通している。また，後者の要件については，CAFTA-DR 第20.6条は「申立ての法的根拠の提示（an indication of the legal basis for the complaint）」との文言で，DSU 第6条2項は「申立ての法的根拠についての簡潔な要約を付す（provide a brief summary of the legal basis of the complaint）」と定めており，「申立ての法的根拠（the legal basis for the complaint）」を設置要請書に含めるべきことは共通する。

275

◆ 第 1 部 ◆ 　国際貿易紛争処理における手続法的発展と課題

このように，DSU 第 6 条 2 項と CAFTA-DR 第 20.6 条は，パネル設置要請に関し非常に類似した要件を定めていると言えるが，これは他の FTA の紛争処理手続についても同様の状況が見てとれる。例えば，TPP/CPTPP の紛争処理制度も WTO に類似したパネル手続を設けており，第 28.7 条 3 項は，パネル設置要請書には，「問題となっている措置又はその他の事項の明示（identification of the measure or other matter at issue）」と「申立ての法的根拠についての簡潔な要約（a brief summary of the legal basis of the complaint）」とが含まれなければならないと定める。FTA の紛争処理手続が，WTO 紛争処理手続と類似する規定を設けているのは，FTA の締約国が WTO 紛争解決制度と基本的には同様に運用されることを期待しているものと理解することができよう[55]。

それでは，DSU 第 6 条 2 項と類似する CAFTA-DR 第 20.6 条を解釈する際に，WTO のパネルや上級委員会の判断を考慮することは，法理論的にはどう理解すればよいのだろうか。グアテマラ－労働事件の仲裁パネルは，「上級委員会や WTO のパネルは CAFTA-DR の規定を明確化したものではないが，適当な場合には（where appropriate），WTO 上級委員会と紛争処理パネルの報告書を考慮に入れる」と述べる[56]。ただし，仲裁パネルは，どのような場合が適当なのかは明らかにしていない[57]。

FTA 上の紛争解決への WTO 法の統合（integration）を論じた Lanyi と Steinbach によれば，条約法条約第 31 条 3 項(c)は全ての国際法の法源をカバーするとし，その中には ICJ 規程第 38 条 1 項(d)にいう「法則決定の補助手段（subsidiary means for the determination of rules of law）」としての国際的な司法的判断も含まれるため，WTO パネル・上級委員会による解釈は，「解釈の補助手段（subsidiary means of interpretation）」として FTA の紛争処理にお

---

(55)　この点については，本書第 7 章第 V 節を参照。

(56)　Final Report of the Panel, *Guatemala - Labor, supra* note 33, para. 69.

(57)　なお仲裁パネルは，DSU 第 6 条 2 項と CAFTA-DR 第 20.6 条の類似性を理由に，WTO の判例を考慮する立場をとっているようにも見えるが（*Ibid.*, para.80），条約解釈規則との関係には何も言及していない。DSU 第 6 条 2 項と FTA のパネル設置要請規定との文言の類似性を理由に，WTO の判例が後者の解釈に参照される可能性を指摘する学説として，Victoria Donaldson and Simon Lester, "Dispute Settlement", in Simon Lester et al. (eds.), *Bilateral and Regional Trade Agreement: Commentary and Analysis*, (Cambridge University Press, 2016), pp. 404-405.

◇第 8 章◇ CAFTA-DR 紛争処理手続におけるパネル設置要請と先決的抗弁〔阿部克則〕

いて考慮できると論ずる[58]。この主張は，条約法条約第 31 条 3 項(c)にいう
「国際法の関連規則（any relevant rules of international law）」を，条約や慣習法
のような形式的法源だけでなく，裁判所の判決等の実質的法源も含むと理解す
ることを前提としていると考えられるが，妥当であろうか。この問題に関し
Gardiner は，条約法条約第 31 条 3 項(c)にいう「国際法」には，ICJ 規程第
38 条 1 項の全ての要素（(a)条約(b)慣習法(c)法の一般原則(d)判決及び学説）が
同等に含まれると考えるのが合理的だとする。Gardiner によれば，判決と学
説は「法則決定の補助手段」と位置づけられてはいるが，条約法条約第 31 条
3 項(c)の重点は「規則（rules）」に置かれているので，もし判決と学説が「規
則」の特定に資するのであれば，それらを条約解釈において用いることは許容
されるべきだろうと論ずる[59]。

　しかし，判決や学説それ自体を「国際法」とみなすことは理論的には難しい
と思われる。ICJ 規程第 38 条 1 項(d)が定めるように，判決と学説はあくまで
「法則（rules of law）」を決定するための「補助手段」であって，「法則」それ
自体ではないので，条約法条約上も「国際法」とは位置づけられないであろう。
よって，WTO のパネル・上級委員会の報告書が仮に「補助手段」に該当する
としても[60]，WTO 協定それ自体ではないので，条約法条約第 31 条 3 項(c)
における「国際法」には該当しないと考えられる。

　ただし，CAFTA-DR の条文を解釈するにあたり，WTO 協定は，「当事国
の間で適用される国際法」に該当する。CAFTA-DR の当事国（米国，コスタ
リカ，エルサルバドル，グアテマラ，ホンジュラス，ニカラグア，ドミニカ共和国）
は，全て WTO 加盟国であるので，WTO 協定は CAFTA-DR 当事国の間で適
用される「国際法」である。そして，DSU 第 6 条 2 項は，パネル設置要請の
要件を定めている点で，CAFTA-DR 第 20.6 条に「関連して（relevant）」おり，

---

(58)　Pamela Apaza Lanyi and Armin Steinbacj, "Promoting Coherence Between PTAs and the WTO Through Systemic Integration," *Journal of International Economic Law*, Vol.20 (2017), p. 81.

(59)　Richard Gardiner, *Treaty Interpretation*, 2nd ed. (2015), p. 307.

(60)　近年の ICJ は，様々な仲裁判断や人権裁判所の判決にも言及するようになっている
が（See, Alain Pellet and Daniel Müller, "Article 38", in Andreas Zimmermann and Chirstian J. Tams (eds.), *The Statute of the International Court of Justice: A Commentary* (Oxford, 3rd ed., 2019), pp. 950-954），WTO のパネル・上級委員会の判断が ICJ 規程第 38 条 1 項(d)にいう「判決（judicial decisions）」に該当するか否かは明確ではない。

◆ 第1部 ◆　国際貿易紛争処理における手続法的発展と課題

よって，CAFTA-DR 第 20.6 条を解釈するにあたり，DSU 第 6 条 2 項を「関連規則」として考慮に入れることは，条約法条約第 31 条 3 項(c)により認められると考えられる。その際に，DSU 第 6 条 2 項に関する WTO パネル・上級委員会の判断は，「関連規則」としての DSU 第 6 条 2 項の意味を明らかにする上で参照することのできる文書と位置づけることが適当ではないだろうか。このような位置づけは，条約法条約第 31 条 1 項において「文言の通常の意味」を確認する際に辞書を用いることができることと同様である。

　なお FTA によっては，WTO 協定の条文をそのまま組み込んでいる場合や同一の条文を採用している場合には，FTA の紛争処理パネルが，それらの条文解釈にあたって WTO のパネル・上級委員会の解釈を考慮に入れることを定めることがある[61]。例えば，TPP/CPTPP 第 28.12 条 3 項は，次のように規定する。

　　パネルは 1969 年の条約法に関するウィーン条約第 31 条及び第 32 条の規定に反映されている国際法上の解釈の規則に従って，この協定について検討する。パネルは，また，この協定に組み込まれた世界貿易機関設立協定の規定に関し，WTO の紛争解決機関によって採択される小委員会及び上級委員会の報告における関連する解釈について検討する。（省略）

このように，TPP/CPTPP のパネルは，TPP/CPTPP において WTO 協定の条文がそのまま組み込まれている場合には，当該条文の解釈にあたっては，WTO のパネル・上級委員会による解釈を考慮に入れるとされている。また，日 EU 経済連携協定の紛争解決章（第 21 章）も WTO 類似のパネル手続を導入しているが，その第 21.16 条は次のように定める。

　第 21.16 条　解釈に関する規則
　　パネルは，解釈に関する国際法上の慣習的規則（条約法に関するウィーン条約として法典化されているものを含む。）に従って対象規定を解釈する。また，パネルは，紛争解決機関によって採択される小委員会及び上級委員会の報告における関連する解釈を考慮に入れる。

同条項の第 2 文にいう「紛争解決機関」とは WTO の紛争解決機関（DSB）の

（61）　Lanyi and Steinbach, *supra* note 58, p. 81.

◇第8章◇ CAFTA-DR 紛争処理手続におけるパネル設置要請と先決的抗弁〔阿部克則〕

ことであり[62]，日 EU 経済連携協定のパネルは，WTO 協定の条文が組み込まれているか否かにかかわらず，WTO のパネル・上級委員会による WTO 協定の「関連する解釈（relevant interpretation）」を考慮に入れると定めるのである。

このように，FTA のパネルが，WTO のパネル・上級委員会による WTO 協定の解釈を，FTA の解釈にあたって考慮に入れることは，それぞれの FTA において認められ得る。どのような場合にそうした考慮が認められるかは FTA により異なるが，いずれの場合でも，FTA 上のパネルの解釈方法に関し何らかの形で当該 FTA 当事国の合意が存在していると考えられる。CAFTA-DR についてはパネルの解釈方法に関する明示の規定はないが，グアテマラ－労働事件では，紛争当事国である米国とグアテマラの双方が WTO のパネル・上級委員会による解釈を援用したことから，CAFTA-DR 第 20.6 条を解釈するに際して仲裁パネルが DSU 第 6 条 2 項の解釈を参照したものと言えよう。

ただし，このような仲裁パネルの解釈方法が，第 20.6 条以外の CAFTA-DR の条項にも広がるかについては，留意が必要であろう。本件仲裁パネル手続が行われていた時期に比べると，WTO 上級委員会に対する米国の態度は極めて批判的になっており，少なくとも米国は，CAFTA-DR の条項の解釈において WTO の判例を考慮することについては今後消極的になる可能性がある。その意味では，グアテマラ－労働事件の仲裁パネルの判断は，WTO 上級委員会問題が勃発する前の，かつ，第 20.6 条の解釈という限定された文脈で理解することが適当であろう[63]。

2 CAFTA-DR 第 20.6 条と DSU 第 6 条 2 項の要件の相違

以上の検討から，CAFTA-DR 第 20.6 条の解釈の際に DSU 第 6 条 2 項を考慮することは，基本的には妥当であると考えられるが，両条項の文言を比較すると，相違も存在する。第 1 の違いは，CAFTA-DR 第 20.6 条が，単に問題となっている「措置（the measures）」の明示を求めるに過ぎないのに対し，DSU 第 6 条 2 項は，問題となっている「特定の措置（the specific measures）」

---

(62) 日 EU 経済連携協定第 21.3 条(f)。

(63) 米国は，DSU 第 6 条 2 項に関する上級委員会の解釈については，今のところ特段の批判をしていない。米国による上級委員会批判については，本書の終章を参照。

◆第1部◆　国際貿易紛争処理における手続法的発展と課題

を明示するよう要求することである。第2の違いは，CAFTA-DR第20.6条においては，「問題となっている措置」だけでなく「その他の事項（other matter)」を明示することでも足りるのに対し，DSU第6条2項においては，問題となっている特定の措置を必ず明示しなければならないことである。この文言の相違は，CAFTA-DRにおけるパネル設置要請に関しては，CAFTA-DR違反と申し立てる事実関係について，より簡略な記載を行うだけで要件を充足することを示唆する。

　グアテマラ－労働事件における米国のパネル設置要請も，グアテマラの「労働法規（labor laws)」と記載するのみで，具体的な法令名等は特定されていない。WTOにおけるパネル設置要請書では，問題となる法令名等を具体的に記載することが一般的であり[64]，そうしたプラクティスとは大きな違いである。この点に関しては，グアテマラが，米国のパネル設置要請書はグアテマラの具体的な法令を特定していないことから「問題となる措置又はその他の事項」を十分詳細に明示していないと主張したが，仲裁パネルは，CAFTA-DR第20.6条が記載の詳細さについて特定の水準を要求していないことから，米国のパネル設置要請書は要件を満たすと判断した[65]。仲裁パネルによれば，CAFTA-DR第20.6条は，特定の法令をパネル設置要請書において「問題となる措置又はその他の事項」として明示することを要求しておらず，米国のパネル設置要請書は，グアテマラが米国の申立の目的を理解するために十分明確であったと述べた[66]。このように，問題となる事実関係の記載に関するCAFTA-DR第20.6条とDSU第6条2項の要件の相違を本件仲裁パネルは考慮し，判断したと言うことができる。両条項の要件に類似性があり，WTOのパネル・上級委員会の判断を考慮するとしても，両条項の文言の相違に基づき，CAFTA-DRの要件を解釈したことは適切であろう。

3　パネル設置要請書の瑕疵とその治癒

　グアテマラ－労働事件の仲裁パネルは，先にも見たように，WTOのパネル・上級委員会が示した3つの原則を考慮に入れるとの立場をとったが，そのうちの1つが，パネル設置要請書の瑕疵は申立国が後に提出する意見書によっ

---

(64)　本書第1章第Ⅱ節を参照。

(65)　Final Report of the Panel, *Guatemala - Labor, supra* note 33, paras. 95-96.

(66)　*Ibid.,* para. 97.

◇第8章◇ CAFTA-DR紛争処理手続におけるパネル設置要請と先決的抗弁〔阿部克則〕

て治癒されないというものである。この原則は，WTOのパネル手続は迅速な審査が要求されており，パネル設置要請段階で画定された紛争の範囲が事後的に拡大することを防ぐ目的があるとされる[67]。CAFTA-DR紛争処理手続においても，上述のように仲裁パネルは，「最初の報告書（Initial Report）」をパネリスト全員が選任されてから原則として120日（最長180日）以内に提示し[68]，「最終報告書（Final Report）」を最初の報告書提示から30日以内に提示することをそれぞれ求められる[69]。そのため，CAFTA-DRにおいても短い期限を守るため，パネル設置要請書の瑕疵は後の意見書によっては治癒されないと，仲裁パネルは述べている[70]。

他方でグアテマラ－労働事件の仲裁パネルは，米国のパネル設置要請書の曖昧さという瑕疵が，仲裁パネル手続が停止されていた間に治癒されたと理解し得るような判断も行っている。すなわち，米国のパネル設置要請書においては，「措置又はその他の事項」に関し，労働省による労働法違反の調査の懈怠・労働省による執行の懈怠・裁判所による執行の懈怠とのみ簡略かつ曖昧にしか記載されていなかったが，仲裁パネルは，2011年から2014年までの間に行われていた紛争当事国間の協議によって，グアテマラもパネル設置要請の理由を理解したはずであるとしたのである[71]。

このような仲裁パネルの判断は，本件に特有の「付帯状況（attendant circumstances）」から説明できる。先にも見たように，2011年9月に仲裁パネル設置要請がなされてから，2014年10月にグアテマラが先決的抗弁を提起するまで約3年が経過しており，その間，紛争当事国間の合意によりパネル手続が停止され，協議が行われていた。そのためグアテマラは，その間に米国の申立の趣旨を理解することができたと思われる。仲裁パネルは，なぜグアテマラが2014年まで先決的抗弁を提起しなかったのか疑問を呈しており，もしグアテマラが早期に抗弁を行っていれば，判断は変わったかもしれない[72]。

---

(67)　本書第1章第Ⅳ節を参照。

(68)　CAFTA-DR第20.13条3項及び4項。

(69)　CAFTA-DR第20.14条1項。

(70)　Final Report of the Panel, *Guatemala - Labor, supra* note 33, para. 101.

(71)　*Ibid.*, para. 93.

(72)　*Ibid.* なお，米国の第1意見書（Initial Written Submission）は，グアテマラの先決的抗弁提起（2014年10月10日）の約1か月後の2014年11月3日に提出されているが，仲裁パネルは，米国の第1意見書によってパネル設置要請の意味が明確になったという

◆第 1 部◆　国際貿易紛争処理における手続法的発展と課題

Ⅵ　おわりに

　以上検討してきたように，FTA の紛争処理手続における手続法的問題については，WTO のパネル・上級委員会の判断が参照されるケースが，今後も出てくると想定される。FTA の紛争処理手続の多くは，WTO のパネル手続をモデルとしており，本稿で検討したように，紛争当事国や仲裁パネルが WTO の判例に依拠することは合理的であり，理論的にも根拠はある。特に日 EU 経済連携協定のように「WTO のパネル・上級委員会の関連する解釈を考慮に入れる」と規定されている場合には，WTO の判例の影響がより強くなることが想定される。これは WTO と FTA の解釈における統合的アプローチと言えよう。

　他方で，FTA の紛争処理手続の条文は，WTO の規定と完全に一致しているわけではない。CAFTA-DR 第 20.6 条のパネル設置要請の要件のように，WTO の DSU 第 6 条 2 項と類似しているものの，一定の相違も存在する。したがって FTA の紛争処理手続のパネルは，個々の FTA の規定の独自性を十分に認識して，手続法的問題を解決していくべきであろう。

　さらに，目下の焦点となっている WTO 上級委員会問題が，本稿で扱った問題にも影響を及ぼすかもしれない。なぜなら上級委員会に批判的な米国は，同国が当事国である FTA の解釈において，WTO の判例に依拠することには慎重になると思われるからである。そのため，上級委員会を支持する EU 等が当事国である FTA の手続規定の解釈においては，WTO の判例が参照される一方で，米国が当事国である FTA の手続規定の解釈においては，そのような参照がなされないという相違が生ずる可能性もあり，今後の動向を注視する必要がある。

　　よりは，2011 年のパネル設置要請から 2014 年の先決的抗弁提起までの 3 年間における紛争当事国間の協議によって，グアテマラはパネル設置要請の意味を理解するに至ったとの立場をとったものと考えられる。

◆ 第 2 部 ◆

国際貿易紛争処理の制度的課題

第9章

WTO上級委員会検討手続第15項をめぐる諸問題
——退任上級委員に関する移行規則はどうあるべきか——

阿 部 克 則

I は じ め に

　WTO 紛争処理手続に関するルールは，紛争解決了解（DSU）に定められており，その中で，上級委員会に関する規定は，DSU 第 17 条である。同条は，上級委員会の構成や上級委員の任期等に関する組織的規定（同条第 1 項～第 8 項）と，上級委員会の審理の非公開や上級委員会によるパネルの法的認定の修正・取消権限等を定めた手続的規定（同条第 9 項～第 13 項）から構成されるが[1]，いずれも，非常に簡潔な規定にとどまっている。そのため，同条第 9 項は，以下のように上級委員会に対して，手続の細則である「検討手続（Working Procedures）」を作成する権限を与えている。

　9　上級委員会は，紛争解決機関の議長及び事務局長と協議の上，検討手続を作成し，加盟国に情報として送付する。

同条項に基づき，上級委員会は，「上級委員会検討手続（Working Procedures for Appellate Review）」を作成し[2]，審理を行ってきた。上級委員会検討手続

　＊　本稿は，科研費（基礎研究（C）：「国際貿易紛争処理制度の手続法的発展」2015 年～2017 年，研究代表者：阿部克則　課題番号 15K03142））の成果の一部である。

（1）　なお，DSU 第 17 条の残りの規定（第 14 項）は，紛争解決機関が，上級委員会報告をネガティブ・コンセンサスで採択することを定めた条項である。

（2）　現行の上級委員会検討手続は，2010 年 7 月 27 日に交付されたものだが（WT/AB/WP/W/11），これは，1995 年に上級委員会検討手続が初めて制定されてから，6 回の

◆ 第 2 部 ◆　国際貿易紛争処理の制度的課題

は，上級委員会議長の選出や上級委員の行為規則（rules of conduct），上級委員
の辞任といった，上級委員に関わる諸規定と，上訴・被上訴書面や口頭聴聞に
関わる細則といった，上訴手続の進行に関わる諸規定から構成されるが，前者
の上級委員に関わる諸規定の中に，任期が満了する上級委員の地位に関する第
15 項がある。同項は，以下のような規定である。

（移行）

15. 上級委員会の委員ではなくなった者は，上級委員会による授権と紛争
解決機関への通知により，この者が上級委員であった時に割り当てられた
いかなる上訴の処理も完結することができ，及び，この者は，上記の目的
のためにのみ，上級委員であり続けるとみなされる。(筆者翻訳)[3]

この規定は，任期が満了する上級委員が退任し，新たに任命された上級委員が
就任する移行期に関するものであり，本稿では「移行規則（transition rule）」
と呼ぶ。第Ⅱ節で検討するように，このような移行規則は，常設の国際裁判所
の規程・規則に共通してみられるもので，いわゆる直接主義の要請に基づくと
考えられるが，通常はほとんど問題とならない。WTO の上級委員会検討手続
第 15 項も，長らくマイナーな規則の一つだったが，近時，にわかに注目を浴
びることとなった。その発端は，2017 年 8 月 31 日の紛争解決機関（DSB）会
合における米国の発言であった。同日の DSB 会合において米国は，「退任上
級委員の地位を決めるのは DSB であって上級委員会ではない。[4]」と批判し，
さらに，「新上級委員の任命よりも，上級委員会検討手続第 15 項の問題を解決
するのが先である[5]」として，米国が主張する上級委員会検討手続第 15 項の

改正を経たものである。See, https://www.wto.org/english/tratop_e/dispu_e/ab_proce-
dures_e.htm#fnt1.

(3)　原文は，以下のとおりである。

［Transition］

15. A person who ceases to be a Member of the Appellate Body may, with the
authorization of the Appellate Body and upon notification to the DSB, complete the
disposition of any appeal to which that person was assigned while a Member, and that
person shall, for that purpose only, be deemed to continue to be a Member of the
Appellate Body.

(4)　Dispute Settlement Body, Minutes of Meeting, 31 August 2017, WT/DSB/M/400,
para. 5.5.

◇ 第 9 章 ◇ WTO 上級委員会検討手続第 15 項をめぐる諸問題〔阿部克則〕

問題と上級委員の任命プロセスとをリンクさせたのである。上級委員の任命に関しては，DSU 第 17 条第 2 項は，DSB が上級委員を任命すると定め，かつ，DSU 第 2 条第 4 項が，「この了解に定める規則及び手続に従って紛争解決機関が決定を行う場合には，その決定は，コンセンサス方式による」と規定するため，米国が反対する限り，コンセンサスが形成できず，上級委員任命プロセスを開始できない。そのため DSB 議長は，空席となっていた 2 つの上級委員ポストについて，同日の DSB 会合では任命プロセスを開始できなかった[6]。

　その結果，本稿執筆時点（2019 年 6 月）では，7 人が定数の上級委員のポストのうち，4 つが空席となっている。1 つ目は，2017 年 6 月 30 日をもって任期満了となったラミレス・ヘルナンデス委員（メキシコ）の後任ポスト，2 つ目は，2017 年 8 月 1 日に突然辞職（失職）したキム委員（韓国）の後任ポスト，3 つ目は，2017 年 12 月 11 日をもって任期満了となったヴァン・デン・ボッシュ委員（ベルギー）の後任ポスト，4 つ目は，2018 年 9 月 30 日をもって 1 期目の任期が満了となったセルヴァンシン委員（モーリシャス）の後任ポストである[7]。米国は，これらすべての後任ポストの任命プロセス開始に反対している[8]。そのため，残る現職の上級委員は，米国・中国・インド出身の 3 人のみであるが，上級委員は，DSU 第 17 条第 1 項に従い，3 人で 1 つの事件の審理を担当するため，現在では，残された 3 人の現職の委員が，すべての新規案件を処理することとなった。さらに，2019 年 12 月には，グラハム委員（米国）とバティア委員（インド）の任期が満了し，現職はジャオ委員（中国）[9]のみとなる見込みであるため，それまでに新上級委員の任命が行われなければ，上級委員会は機能不全に陥ることが予想される[10]。

　このような，上級委員会の機能不全という異例の事態が想定されるのは，米

---

(5)　*Ibid.*, para. 7.3.

(6)　*Ibid.*, para. 7.16.

(7)　各上級委員の任期については，以下の WTO ホームページを参照。https://www.wto.org/english/tratop_e/dispu_e/ab_members_descrp_e.htm

(8)　Dispute Settlement Body, Minutes of Meeting, 26 September 2018, WT/DSB/M/419.

(9)　ジャオ委員の任期は，2020 年 11 月 30 日までである。See, https://www.wto.org/english/tratop_e/dispu_e/ab_members_descrp_e.htm

(10)　2019 年 6 月現在，12 件の上訴案件がある。なお，グラハム委員とバティア委員の任期満了後も，上級委員会検討手続第 15 項の適用により，現在上訴手続が進行中の案件については，上級委員会が審理を続けることも予想される。

◆ 第 2 部 ◆　国際貿易紛争処理の制度的課題

国が，当初は，上級委員会検討手続第 15 項のみを理由に新上級委員の任命プロセス開始に反対していたのだが，2018 年に入ってからは，その他の様々な問題に関しても，上級委員会を批判し始めたからである。具体的には，「2018 年大統領貿易政策アジェンダ」において，報告書発出期限（いわゆる「90 日ルール」）を上級委員会が遵守していないこと，上級委員会が紛争解決に不必要な傍論（advisory opinion）を展開していること，法律審である上級委員会が事実認定を行っていること，上級委員会が先例拘束性を導入していること，上級委員会が司法立法（gap filling）を行っていることを，懸念事項として提起した[11]。そして米国は，これらの問題を理由として，DSB における新上級委員任命プロセスの開始をブロックし続けている。

これに対して，EU をはじめとする WTO 加盟国は，米国の姿勢を強く批判しつつも，米国が提起した諸問題への対応策を含んだ DSU 改正提案を一般理事会に提出し，2019 年 1 月からは，上級委員会問題を議論する非公式協議が開始された[12]。上級委員会をめぐる全体的な状況については，本書の終章で詳しく扱うこととするが，問題は拡大しており，上級委員会検討手続第 15 項は，どちらかと言えば，全体の中ではマイナーな技術的問題と位置付けられている。しかし，後に検討するように，退任上級委員に関する移行規則問題は，上級委員会に関する他の問題と密接に関連しているため，米国を納得させ，新上級委員任命プロセスを開始するために解決しなければならない問題の 1 つであることは確かであろう。

そこで本稿では，退任上級委員に関する移行規則問題を，どのように解決すればよいか検討する。そして，検討すべき論点は，大きく分ければ 2 つある。第 1 は，米国が主張する，上級委員会検討手続第 15 項の「制度的問題」であり，退任上級委員の地位を，上級委員会自らが検討手続で定めることは，上級委員会の規則定立権限を逸脱しているのではないかという論点である。これは，退任上級委員に関する移行規則を誰が定めるべきなのか，換言すれば，どのような法形式であるべきなのかである。第 2 の論点は，移行規則の規定内容自体

---

(11)　"Chapter I - The President's Trade Policy Agenda" in *2018 Trade Policy Agenda and 2017 Annual Report*, pp. 22-28, https://ustr.gov/about-us/policy-offices/press-office/reports-and-publications/2018/2018-trade-policy-agenda-and-2017.

(12)　"General Council Chair appoints facilitator to address disagreement on Appellate Body", https://www.wto.org/english/news_e/news19_e/gc_18jan19_e.htm

◇第9章◇ WTO上級委員会検討手続第15項をめぐる諸問題〔阿部克則〕

が，どうあるべきかとの論点である。もし上級委員会検討手続第15項が現在
定めているような規定内容を改める必要があるとすれば，どのような移行規則
にすればよいかを考える必要がある。これらの点について本稿では検討してい
くが，退任上級委員の地位の問題は，退任裁判官の地位の問題と類似する側面
があるため，第Ⅱ節では，ICJ等の国際裁判所の関連する規程・規則を概観し，
分析にあたっての比較の視座を得る。そして第Ⅲ節では，第Ⅱ節の検討を踏ま
えて，上述の第1の論点，すなわち上級委員会検討手続第15項が上級委員会
の規則定立権限内にあると言えるか考察する。続いて第Ⅳ節では，上記の第2
の論点，すなわちいかなる移行規則が望ましいのか，立法論的対応策を探るこ
ととし，最後に第Ⅴ節で本稿の検討結果をまとめて結びとする。

Ⅱ　国際裁判所における退任裁判官に関する移行規則

ここでは，常設の国際裁判所における退任裁判官の地位に関する移行規則を
概観し，上級委員会検討手続第15項と比較分析するための視座を得ることと
する。

1　国際司法裁判所

国際司法裁判所（International Court of Justice:以下「ICJ」）は，国連憲章と不
可分の一体をなす国際司法裁判所規程第13条第3項において，以下のように
退任裁判官の地位を規定する。

裁判所の裁判官は，後任者の補充に至るまで職務の執行を継続し，補充後
も，既に着手した事件を完結しなければならない[13]。

この規定は，2つの要素から成り立っており，第1の要素は，退任裁判官は後
任の裁判官が補充されるまで職務を遂行すること，第2の要素は，後任の裁判
官が補充されたとしても，その前に既に着手した事件については，退任裁判官
が審理を完結することである。

また，ICJ規程第30条が与える規則定立権限に基づき，ICJは，ICJ規則を

---

(13)　英語の正文は以下のとおりである。
The members of the Court shall continue to discharge their duties until their places have
been filled. Though replaced, they shall finish any cases which they may have begun.

◆ 第 2 部 ◆　国際貿易紛争処理の制度的課題

制定しており，その第 33 条において，ICJ 規程第 13 条第 3 項の第 2 の要素に関し，次のように定められている。

　この規則の第 17 条に定める場合を除き，任期の終了により規程第 13 条第 3 項に従って退任した裁判所の裁判官は，その退任の日以前に口頭手続のために裁判所が招集した事件の段階が終了するまで，引き続き出席して同項に定める職務を果たす[14]。

同条によれば，ICJ 規程第 13 条第 3 項にいう「既に着手した事件」とは，退任裁判官の「退任の日以前に口頭手続のために裁判所が招集した事件」を意味する。そのため，退任の日までに口頭手続が始まっておらず，書面手続の段階にある事件に関しては，退任裁判官は引き続き担当せず，新任裁判官に交代する。

　このような退任裁判官に関する ICJ 規程及び規則の特徴は，DSU 及び上級委員会検討手続第 15 項と比較すると，次のようにまとめることができる。第 1 に，ICJ の退任裁判官の地位は，ICJ 規程当事国，すなわち国連加盟国により策定された ICJ 規程に根拠規定があり，それを受けて ICJ 規則に細則があるのに対し，退任上級委員の地位については WTO 加盟国が策定した DSU に定めがなく，上級委員会が策定した上級委員会検討手続（ICJ 規則に相当）にのみ規定がある。第 2 に，ICJ の退任裁判官は，退任前に口頭手続が開始された事件について引き続き職務を継続するが，退任時に書面手続段階にある事件については職務を継続しないのに対し，WTO 上級委員は，退任前に割り当てられた事件であれば，その事件の審理がいかなる段階にあるかにかかわらず，審査を続けることができるとされている[15]。第 3 に，ICJ 規程においては，後

---

(14)　英語の正文は以下のとおりである。

　　Except as provided in Article 17 of these Rules, Members of the Court who have been replaced, in accordance with Article 13, paragraph 3, of the Statute following the expiration of their terms of office, shall discharge the duty imposed upon them by that paragraph by continuing to sit until the completion of any phase of a case in respect of which the Court convenes for the oral proceedings prior to the date of such replacement.

(15)　なお，上級委員会検討手続第 15 項は，退任上級委員が上訴の処理を完結することが「できる(may)」と定めており，事件を完結「しなければならない(shall)」とする ICJ 規程と相違がある。

◇第9章◇ WTO上級委員会検討手続第15項をめぐる諸問題〔阿部克則〕

任者が補充されるまでは退任裁判官が職務を続けると規定しているのに対し，DSU及び上級委員会検討手続には，後任者が補充されない場合に関する定めは何もない。

なお，ICJの実務上，退任裁判官が引き続き担当するのは，手続の一つの「段階（phase）」が終了するまでとされる。すなわち，先決的抗弁の段階で任期が満了した退任裁判官は，本案段階を担当しない[16]。例えば，南西アフリカ事件の先決段階と本案段階では3人の裁判官が交代した[17]。ただし，ICJ規程第26条第2項に基づき設置される特定事件裁判部については，ICJ規則第17条第4項により，同裁判部に配属された退任裁判官は，担当事件の裁判の全ての段階が終了するまで，当該事件を担当するとされる[18]。

2　国際海洋法裁判所

国際海洋法裁判所（International Tribunal for the Law of the Sea：以下「ITLOS」）に関しては，国連海洋法条約附属書Ⅵである国際海洋法裁判所規程（以下「ITLOS規程」）第5条第3項が，次のように退任裁判官の地位を規定している。

裁判所の裁判官は，後任者が補充されるまで引き続きその職務を遂行するものとし，補充後も，交代の日よりも前に着手した手続を完遂する[19]。

この規定は，ICJ規程第13条第3項とほぼ同じ規定内容で[20]，2つの要素か

---

(16)　John Dugard, "Article 13," in Andreas Zimmermann, et.al. (eds.), *The Statute of the International Court of Justice: A Commentary* (Oxford, *3rd ed.,* 2019), pp. 415-416.

(17)　*Ibid.*, pp. 416-417.

(18)　ICJ規則第17条第4項は，「本条に基づいて設けられる部の裁判官であって，任期の終了により規程第13条に従って交替する者は，交替のときに事件がいかなる段階にあろうとも，当該事件の全ての段階に引き続き出席する。」と定める。

(19)　英語の正文は以下のとおりである。

The members of the Tribunal shall continue to discharge their duties until their places have been filled. Though replaced, they shall finish any proceedings which they may have begun before the date of their replacement.

(20)　Patrick H.P. Vrancken, "Annex VI Statute of the International Tribunal for the Law of the Sea", in Alexander Proelss et al. (eds.), *United Nations Convention on the Law of the Sea: A Commentary* (C.H. Beck, Hart, Nomos, 2017), pp. 2343-2344.

◆第2部◆　国際貿易紛争処理の制度的課題

ら成り立っており，第1の要素は，退任裁判官は後任の裁判官が補充されるま
で職務を遂行すること，第2の要素は，後任の裁判官が補充されたとしても，
その前に既に着手した事件については，退任裁判官が審理を完結することであ
る。

　また，ITLOS 規程第16条によって与えられた規則定立権限に基づき，
ITLOS は，国際海洋法裁判所規則（以下「ITLOS 規則」）を制定しており，そ
の第17条においては，ITLOS 規程第5条第3項の第2の要素に関し，次のよ
うに定められている。

　　任期の満了後に交替する裁判官は，裁判所が第68条の規定に従って会合
　　した段階の終了まで，当該事件の審理に出席する[21]。

ここでいう第68条とは，ITLOS 規則第68条であり，次のような規定である。

　　書面手続の終了後，口頭手続の開始前に，裁判所は，書面による主張と審
　　理の進行に関する意見を裁判官が交換するために非公式に会合する[22]。

すなわち，ITLOS の退任裁判官は，口頭手続の前に開催される「書面による
主張と審理の進行に関する意見を裁判官が交換するため」の非公式会合[23]が，
退任前に行われた「段階（phase）」に関しては，その審理の終了まで職務を継
続するのである。

　このような退任裁判官に関する ITLOS 規程及び規則の特徴は，DSU 及び上
級委員会検討手続第15項と比較すると，次のようにまとめることができる。
第1に，ITLOS の退任裁判官の地位は，ITLOS 規程当事国，すなわち国連海
洋法条約当事国により策定された ITLOS 規程に根拠規定があり，それを受け

---

(21)　英語の正文は以下のとおりである。
　　　Members who have been replaced following the expiration of their terms of office shall
　　　continue to sit in a case until the completion of any phase in respect of which the
　　　Tribunal has met in accordance with article 68.
(22)　英語の正文は以下のとおりである。
　　　After the closure of the written proceedings and prior to the opening of the oral
　　　proceedings, the Tribunal shall meet in private to enable judges to exchange views
　　　concerning the written pleadings and the conduct of the case.
(23)　ITLOS 関係者へのヒアリングによると，この非公式会合は，口頭手続の直前に開催
　　　されている模様である。

◇第9章◇ WTO 上級委員会検討手続第 15 項をめぐる諸問題〔阿部克則〕

て ITLOS 規則に細則があるのに対し，退任上級委員の地位については WTO
加盟国が策定した DSU に定めがなく，上級委員会が策定した上級委員会検討
手続（ITLOS 規則に相当）にのみ規定がある。第 2 に，ITLOS の退任裁判官は，
口頭手続前の非公式裁判官会合が退任前に開催された事件について引き続き職
務を継続するが，退任時に同会合が開催されていない事件については職務を継
続しないのに対し，WTO 上級委員は，退任前に割り当てられた事件であれば，
その事件の審理がいかなる段階にあるかにかかわらず，審査を続けることがで
きるとされている。第 3 に，ITLOS 規程においては，後任者が補充されるま
では退任裁判官が職務を続けると規定しているのに対し，DSU 及び上級委員
会検討手続には，後任者が補充されない場合に関しては何も定めがない[24]。

3　国際刑事裁判所

　国際刑事裁判所（International Criminal Court: 以下「ICC」）に関しては，同裁
判所を設立するローマ規程（以下「ICC 規程」）第 36 条第 10 項において，退任
裁判官の地位に関し，次のように規定する。

　　9 の規定にかかわらず，第 39 条の規定に従って第一審裁判部又は上訴裁
　　判部に配属された裁判官は，これらの裁判部において審理が既に開始され
　　ている第一審又は上訴を完了させるために引き続き在任する[25]。

同条項にいう「9 の規定」とは，ICC の裁判官の任期を 9 年と定めるものであ

---

(24)　なお，ITLOS 裁判官としての任期満了に関する定めではないが，ITLOS 規程第 35
　　条第 5 項は，ITLOS 規程第 14 条及び第 4 節に基づき設置される海底紛争裁判部に配属
　　される裁判官の同裁判部の任期が満了した場合について，進行中の「手続（proceed-
　　ings）」について，裁判部の任期満了後の裁判官は，任期満了時の手続進行の「段階
　　（phase）」にかかわらず，当該手続について引き続き担当すると規定している。この規
　　定は，上級委員会手続第 15 項に類似するように見えるが，海底紛争裁判部の任期満了
　　後も，ITLOS 裁判官としての任期は満了していないとすれば，上級委員としての任期自
　　体が満了していることを前提とした上級委員会手続第 15 項とは，想定している事態が
　　異なっていると言えよう。

(25)　英語の正文は，以下のとおりである。
　　Notwithstanding paragraph 9, a judge assigned to a Trial or Appeals Chamber in
　　accordance with article 39 shall continue in office to complete any trial or appeal the
　　hearing of which has already commenced before that Chamber.

◆ 第 2 部 ◆　国際貿易紛争処理の制度的課題

るので，ICC 判事は，9 年の任期が満了したのちにも，「審理（hearing）」[26]が既に開始されている事件を完了するまで在任することになる[27]。

　このような退任裁判官に関する ICC 規程の特徴は，DSU 及び上級委員会検討手続第 15 項と比較すると，次のようにまとめることができる。第 1 に，ICC の退任裁判官の地位は，締約国により策定された ICC 規程に根拠規定があるのに対し，退任上級委員の地位については WTO 加盟国が策定した DSU に定めがなく，上級委員会が策定した上級委員会検討手続（ICC 規則に相当）にのみ規定がある。第 2 に，ICC の退任裁判官は，退任前に審理が開始された事件について引き続き職務を継続するが，WTO 上級委員は，退任前に割り当てられた事件であれば，その事件の審査がいかなる段階にあるかにかかわらず，任務を続けることができるとされている。

　なお，ICC 規程・ICC 規則においても，DSU・上級委員会検討手続においても，後任者が補充されるまでは退任裁判官又は上級委員が職務を続けるとの規定はないが，ICC 規程第 37 条第 1 項は，裁判官の空席を補充するための選挙を自動的に開始すると定めるのに対し，上級委員会検討手続や DSU には，後任者の補充を自動的に行うとの規定はない。

---

(26)　「審理（hearing）」の定義は，ICC 規程にはないが，ICC 関係者へのヒアリングによると，裁判官・被告人・検察官の 3 者が揃って開かれる法廷を意味するとされているようである。

(27)　なお，ICC 判事としての任期満了に関する規定ではないが，配属された裁判部の任期を満了した場合に関する定めが，ローマ規程第 39 条第 3 項(a)にある：

　第一審裁判部門又は予審裁判部門に配属された裁判官は，その裁判部門に三年間在任し，及びその後その裁判部門において審理が既に開始されている事件が完了するまで在任する。

　Judges assigned to the Trial and Pre-Trial Divisions shall serve in those divisions for a period of three years, and thereafter until the completion of any case the hearing of which has already commenced in the division concerned.

　同条項によれば，第一審裁判部と予審裁判部の裁判官は，「審理（hearing）」が既に開始された事件については，裁判部の任期満了後も，当該手続について引き続き担当するとされており，ローマ規程第 36 条第 10 項と同じく，「審理」が開始されているか否かが基準となっている。

294

4 小 括

以上の検討から判明したように，いずれの裁判所においても，退任裁判官の任期満了後の地位については，条約である裁判所規程に根拠規定があり，それらの規定は，条約当事国自身が策定し明示的に同意を与えたものである。ICJ規則とITLOS規則にも退任裁判官の地位に関する細則はあるが，それらは各裁判所規程にある退任裁判官の地位に関する規定を根拠に，裁判所の規則定立権限の範囲内で定められたものと言える。この点は，上級委員会検討手続にのみ退任上級委員の地位に関する定めがあり，WTO加盟国が策定した条約であるDSUに関連規定がないWTOとは，明確に異なっている。

次に，退任裁判官がいかなる形で手続に関わるかという規定の中身に関しては，ICJでは既に口頭審理が開始された事件，ITLOSでは既に非公式の裁判官会合が開始された事件，ICCでは既に審理が開始された事件について，引き続き担当するとされており，完全には共通していない。ただし，いずれの移行規則も，ある時点を境に退任裁判官が職務を継続するかどうかが異なるという規定ぶりとなっており，手続のどの時点で任期が満了するかにかかわらず，いったん割り振られた事件の処理は完結するとの上級委員会検討手続第15項とは基本的に異なる。

なお，ICJとITLOSについては，後任裁判官が補充されるまで，任期が満了した裁判官は引き続き職務を続けるとされる。ICC規程には，同様の規定はないが，裁判官に空席が生じた場合は自動的に選挙が行われ，補充されることとなっている。この点，WTO上級委員会に関しては，空席を補充するという以上の詳細な規定がない。

Ⅲ　退任上級委員に関する移行規則と上級委員会の規則定立権限

1　上級委員会検討手続第15項とDSU第17条第9項との関係

前節で検討したように，ICJ・ITLOS・ICCといった国際裁判所では，退任裁判官の地位については，条約である裁判所規程に根拠規定があるのに対し，WTO紛争解決手続については，条約であるDSUに，退任上級委員の地位に関する根拠規定がない。そのため，WTO加盟国が，任期満了後の退任上級委員に対して，上訴を完結する権限を明確に与えたとは言えないであろう。それでは，WTO加盟国は，上級委員会に対し退任上級委員の地位に関する規則定

◆ 第 2 部 ◆ 　国際貿易紛争処理の制度的課題

立権限を与え，上級委員会は自らその権に基づいて，上級委員会規則第15
項を定立したとは理解できるのだろうか。この点に関連するのが，DSU 第17
条第 9 項である。

　　上級委員会は，紛争解決機関の議長及び事務局長と協議の上，検討手続を
　　作成し，加盟国に情報として送付する[28]。

このように DSU 第17条第 9 項は，上級委員会に「検討手続（working proce-
dure）」を定立する権限を与えている。退任上級委員に関する規定は，この検
討手続に含まれており，したがって，上級委員会検討手続第15項は DSU 第
17条第 9 項に基づく下位規範定立（subordinate legislation）の 1 つである。問
題となるのは，第15項の規定内容，すなわち退任上級委員の地位は，DSU 第
17条第 9 項によって与えられた上級委員会の下位規範定立権限の範囲内と言
えるかである。

　DSU 第17条第 9 項は，上級委員会に，「検討手続」の作成権限を与えてい
るが，ここでいう「検討手続」には，どのような事項が入ると解釈されるのだ
ろうか。換言すれば，退任上級委員に関する移行規則は，「検討手続」の一部
と言えるのだろうか。一般的には，裁判官等の地位は，裁判所等の「構成，組
織（organization）」事項であって，「手続（procedure）」事項ではないように思
われる。「手続（procedure）」とは，訴訟を遂行するための規則又は様式であ
り[29]，「手続」を司る裁判官の地位に関する事項は，むしろ裁判所の「構成，
組織」の問題に属すると考えられる。

　例えば，ICJ 規程は，全 5 章から成り，そのうち「裁判所の構成（Organiza-
tion of the Court）」と題される第 1 章の中に，退任裁判官の地位に関する第13
条第 3 項がある。また同規程第 3 章が「手続（Procedure）」と題され，書面手
続や口頭手続等に関する諸規定を含んでいる。次に，ITLOS 規程は，全 5 節
のうち，第 1 節「裁判所の組織（Organization of the Tribunal）」の中に，退任

---

(28)　英語の正文は，以下のとおりである。

　　Working procedures shall be drawn up by the Appellate Body in consultation with the
　　Chairman of the DSB and the Director-General, and communicated to the Members
　　for their information.

(29)　Bryan A. Garner (eds.), *Black's Law Dictionary, 8th edition* (West, a Thomson
　　Business, 2004), p. 1241.

◇第9章◇ WTO上級委員会検討手続第15項をめぐる諸問題〔阿部克則〕

裁判官の地位に関する第5条第3項が存在する。また「手続（Procedure）」と題される同規程第3節が，裁判所の審理等に関し定めている。最後に，ICC規程は，全13部から構成され，退任裁判官の地位に関する第36条第10項は，第4部「裁判所の構成及び運営（Composition and Administration of the Court）」の中に位置する。そして，予審裁判部・第1審裁判部・上訴裁判部における手続については，それぞれ第5部「捜査及び訴追（Investigation and Prosecution）」・第6部「公判（The Trial）」・第8部「上訴及び再審（Appeal and Revision）」において定めがある。このように，国際裁判所の規程の構造から見れば，退任裁判官の地位の問題は，「手続（procedure）」事項ではなく，裁判所の「組織又は構成（organization）」に関する事項だと一般的には考えられる。

ただし，WTOに関しては，DSU第17条第9項は，単に「手続（procedure）」ではなく「検討手続（working procedure）」という用語を用いている点には留意が必要と思われる。すなわち"working"との文言には，上級委員会がいかに「機能（work）」するかに関わる事項をも含むようにも解しうるので，上訴手続の実施にとどまらず，上級委員の職務遂行に関連する他の事項についても，DSU第17条第9項が上級委員会に規則定立権限を与えたと考える余地はあるかもしれない[30]。上級委員会手続第15項は，1995年に策定されており，20年以上，特に問題視されることもなく運用されてきた。とすれば，「検討手続」という文言は広く解釈することが可能で，退任上級委員の地位に関する定めも「検討手続」に含まれるとの解釈は，既にWTO加盟国によって受け入れられているとは言えないだろうか。そこで次に，条約解釈規則の観点から，DSU第17条第9項の解釈として，上級委員会の規則定立権限を広く認めることができるか，検討してみたい。

2　DSU第17条第9項に関し条約の解釈に係る「後の慣行」は存在するか？

条約法条約第31条第3項(b)は，条約解釈にあたって，「条約の適用につき後に生じた慣行であって，条約の解釈についての当事国の合意を確立するも

---

(30)　実際に，現行の上級委員会検討手続は，退任上級委員の地位に関する規定だけでなく，上級委員の「無能力（incapacity）」（第12項），「補充（replacement）」（第13項），「辞任（resignation）」（第14項）のような，一般的には組織的事項と考えられる諸規定も含んでいる。

◆ 第 2 部 ◆　　国際貿易紛争処理の制度的課題

の」も考慮すると定めるが，上級委員会検討手続第 15 項は，DSU 第 17 条第
9 項で与えられた上級委員会の規則定立権限の範囲内にあるとの解釈を支持す
るような「後の慣行（subsequent practice）」が存在するならば，上級委員会検
討手続第 15 項も，DSU 第 17 条第 9 項との関係で問題はないことになる。こ
れまで，退任上級委員が担当した 17 件の上級委員会報告書が DSB で採択さ
れているが，これらの採択は，上級委員会検討手続第 15 項が DSU 第 17 条第
9 項の授権範囲内であるとの解釈に関する WTO 加盟国の合意を確立する
「後の慣行」と言えるだろうか。

　国連の国際法委員会（International Law Committee：以下「ILC」）の「後の合
意と後の慣行に関する結論草案」(31)によれば，国際組織の設立条約に関し，当
該国際組織自らによる設立条約の適用における当該国際組織の実行から，締約
国の「後の慣行」が生ずる場合があり，あるいは，締約国の「後の慣行」が当
該国際組織の実行に反映される場合もあるとされる（結論 12 第 2 項）(32)。また，
当該締約国に対して何らかの反応が求められるような状況においてであれば，
締約国の沈黙が「後の慣行」を受け入れたことになる場合もある（結論 10 第 2
項）(33)。

　このような理解に基づけば，DSB が設立した上級委員会は，国際組織とし
ての WTO の一部と考えられるので，上級委員会の慣行それ自体は，「後の慣
行」を構成しないが，退任上級委員が担当した上級委員会報告書のネガティ

---

(31)　Draft Conclusions on Subsequent Agreements and Subsequent Practice in Relation
to the Interpretation of Treaties, in *Report of the International Law Commission,
Seventieth Session (30 April–1 June and 2 July–10 August 2018)*, A/73/10, para. 51, http:
//legal.un.org/ilc/reports/2018/〔hereinafter *ILC Report 2018*〕. 同結論草案については，
阿部克則「条約解釈における『後の合意』と『後の慣行』に関する ILC 結論草案——第
1 読終了時点における評価」法律時報 89 巻 10 号（2017 年）40-45 頁も参照。

(32)　なお，「後の慣行」はあくまで締約国の行為とされ，国際組織の行為とは区別され
る（結論 5 第 1 項）。

(33)　さらに，締約国の慣行とは区別された国際組織の慣行それ自体が，設立条約の解釈
に関連する可能性がある（結論 12 第 3 項）。紛争解決機関や上級委員会のような非国家
行為体による「その他の行為（other conduct）」は，後の慣行ではないが，後の慣行を検
討する際に関連しうる（結論 5 第 2 項）。なお結論 12 のコメンタリーによれば，国際組
織としての WTO の慣行が，条約法条約第 31 条 1 項にいう「用語の通常の意味」また
は条約の「趣旨目的」を明確にする際に関連する，あるいは，第 32 条にいう補足的手
段になり得る可能性もある。*See, ILC Report 2018, supra* note 31, p. 103.

298

ブ・コンセンサスによる DSB での採択から，WTO 加盟国の「後の慣行」が
生ずる，または，それに WTO 加盟国の「後の慣行」が反映されていると評
価できるかもしれない。さらに，そうした慣行に対しては，紛争当事国は何ら
かの反応を求められる状況にあったと考えられ，上級委員会検討手続第 15 項
の適用に沈黙していたとすれば，「後の慣行」を受け入れたものと評価し得る。
上級委員会検討手続第 15 項が策定された後の WTO 加盟国の行為を見ると，
米国を含めて，異議を唱えていなかったので，退任上級委員の地位に関しても
DSU 第 17 条第 9 項で与えられた上級委員会の規則定立権限の範囲内にあると，
同条項を解釈することを支持する「後の慣行」があると理解することもできよ
う。

　他方で，退任上級委員の地位の問題は，上級委員会の組織としての重要事項
であり，本来であれば，上級委員会の設置に合意した WTO 加盟国の意思が
表示された DSU に根拠規定があってしかるべきだとも考えられる。ICJ・
ITLOS・ICC が，すべてそれぞれの裁判所規程で退任裁判官の地位について
定めていることからすれば，DSU に退任上級委員の地位に関する規定がない
ことは，法の欠缺と言え，上級委員会は，DSU の欠缺を埋めるために，上級
委員会検討手続第 15 項を作成したとも言い得る。仮に「後の慣行」により移
行規則の定立権限が解釈論上，上級委員会に認められるとしても，現行の
DSU と上級委員会検討手続に構造的な問題があるとすれば，WTO 加盟国自
身が，何らかの立法的対応をとるべきであると考えられる。

3　立法的対応としてありうる法形式

　それでは，退任上級委員の地位に関する問題について，どのような立法的対
応があり得るだろうか。ここでは，どのような法形式での立法的対応があり得
るのか考えてみたい。

(1) DSU の改正

　EU 等 14 か国は，共同で 2018 年 12 月に一般理事会に提出した文書の中で，
DSU を改正し，退任上級委員に関する移行規則を新たに設けることを提案し
た[34]。具体的には，「退任上級委員は，すでに口頭審理が始まった上訴につい

---

(34)　WTO General Council, "Communication from the European Union, China, Canada,
India, Norway, New Zealand, Switzerland, Australia, Republic of Korea, Iceland,
Singapore, Mexico, Costa Rica and Montenegro to the General Council", WT/GC/W/752/

◆第 2 部◆　　国際貿易紛争処理の制度的課題

ては処理を完結する」との一文を，DSU 第 17 条第 2 項に加えるというものである[35]。この DSU 改正案の内容は，ICJ 規程第 13 条第 3 項及び同規則第 33 条における退任 ICJ 判事に関する定めを模倣するものである。また，退任上級委員の地位を，上級委員会自身が策定する上級委員会検討手続ではなく，WTO 加盟国の意思に基づく DSU において明確に規定しようとするものである点では，米国が提起する懸念にもこたえるものと言えよう。

　ただし，DSU 改正という立法的対応は，閣僚会議におけるコンセンサスが必要なため，すぐに実現する可能性は高くないと考えられる[36]。また，DSU 改正交渉は，退任上級委員の地位に関する問題が勃発する前から，長年続いてきており，そこでは，履行パネル手続と対抗措置承認手続とのシークエンス問題や，上級委員会の差戻権限など，多岐にわたる論点が扱われてきたが，未だに各国の合意が得られていない[37]。そのため，従来からの DSU 改正交渉と切り離し，退任上級委員に関する論点について DSU 改正を行うことに，WTO 加盟国がすぐに合意するとは考えにくい[38]。したがって，DSU 改正による解決は，現段階では実現可能性は低いと思われる[39]。

(2) DSB による移行規則の定立又は個別承認

　DSU 改正が短期的に難しいと思われる中で，WTO 加盟国の意思に直接基づいた何らかの決定を行える機関として，DSB が考えられる。DSB と上級委員会との関係については，DSU 第 17 条第 1 項と第 17 条第 2 項の定めがあり，

　　Rev.2, 11 December 2018, p. 1.

(35)　*Ibid*, p. 4.

(36)　WTO 設立協定第 10 条第 8 項は，「世界貿易機関の加盟国は，附属書二及び附属書三の多角的貿易協定を改正する提案を，閣僚会議に提出することによって行うことができる。附属書二の多角的貿易協定の改正を承認する決定は，コンセンサス方式によって行うものと」すると規定する。

(37)　Robert McDougall, "The Crisis in WTO Dispute Settlement: Fixing Birth Defects to Restore Balance", *Journal of World Trade*, Vol. 52, No. 6 (2018), p. 893.

(38)　なお EU らの提案には，退任上級委員の地位に関する問題だけでなく，90 日ルールや国内法の解釈に関する DSU 改正案も含まれており，それらすべての問題について米国を含めた合意を形成することは，さらに困難であろう。同提案全体については，終章Ⅱを参照。

(39)　なお，DSU 改正ではなく，閣僚会議が DSU 第 17 条第 9 項の解釈について決定し，DSU 第 17 条第 9 項のもとでの上級委員会の移行規則定立権限を認めることも論理的にはありうるが，米国は，上級委員会の権限を拡大するものとして，反対するであろう。

◇第9章◇ WTO上級委員会検討手続第15項をめぐる諸問題〔阿部克則〕

それぞれ次のように規定する。

DSU第17条第1項
　紛争解決機関は，常設の上級委員会を設置する。上級委員会は，小委員会が取り扱った問題についての申立てを審理する。上級委員会は，七人の者で構成するものとし，そのうちの三人が一の問題の委員を務める。上級委員会の委員は，順番に職務を遂行する。その順番は，上級委員会の検討手続で定める

DSU第17条第2項
　紛争解決機関は，上級委員会の委員を四年の任期で任命するものとし，各委員は，一回に限り，再任されることができる。ただし，世界貿易機関協定が効力を生じた後直ちに任命される七人の者のうちの三人の任期は，二年で終了するものとし，これらの三人の者は，くじ引で決定される。空席が生じたときは，補充される。任期が満了しない者の後任者として任命された者の任期は，前任者の任期の残余の期間とする。

　このようにDSU第17条第1項は，DSBが上級委員会を設立する権限を持つと定め，同第17条第2項はDSBが上級委員を任命すると定める。すなわちDSBは，組織としての上級委員会を設立する権限と，誰が上級委員を務めるかを決定する任命権限とを有していることから，DSBには，退任上級委員を含む上級委員の地位を決定する広範な権限があるとも言える。それではそのような権限があるとして，退任上級委員に一般的に適用できる移行規則を制定する権限まで，DSBにあると解釈できるだろうか。DSBの権限に関し，DSU第2条第1項は次のように定める：

DSU第2条第1項（抜粋）
　この了解に定める規則及び手続並びに対象協定の協議及び紛争解決に関する規定を運用するため，この了解により紛争解決機関を設置する。

このようにDSU第2条第1項は，DSBはDSUが定める規則及び手続を「運用する（administer）」ことが任務だと定める。すなわち，DSBには規則定立権限は明確には規定されていないものの，DSUが定める規則及び手続の「運用」に必要な行為は行うことができると考えられる[40]。DSU第17条第2項

301

◆ 第 2 部 ◆ 　国際貿易紛争処理の制度的課題

が，「紛争解決機関は，上級委員会に委員を 4 年の任期で任命する」と定めているところ，この上級委員の地位に関する規則の「運用」として，DSB が，退任上級委員の移行規則を定めることができるとの解釈は可能かもしれない。台湾は，DSB が上級委員会問題に関する「ガイドライン」を採択し，その中に退任上級委員の任務継続に関する項目を含めることを提案する[41]。

　また，ブラジル・パラグアイ・ウルグアイは，個別に DSB が承認した場合にのみ退任上級委員は任務を継続できるとする共同提案を行っているが[42]，これは DSU 第 2 条第 1 項に言う「運用」の範囲内に入るであろう。ただしこの場合，一部の加盟国の反対により，個別承認が得られない可能性が生ずることになり，EU 等は上級委員会の独立性が損なわれるとして反対すると思われる[43]。

Ⅳ　上級委員に関するいかなる移行規則が望ましいか？

　次に，DSU 改正であれ，DSB 決定であれ，WTO 加盟国の意思に基づく何らかの方法により，上級委員会検討手続第 15 項に代わる退任上級委員に関する規則を設けると仮定した場合，どのような内容の移行規則が望ましいと言えるだろうか。

---

(40)　McDougall, *supra* note 37, p. 895.

(41)　WTO General Council, "Guideline Development Discussion, Communication from the Separate Customs Territory of Taiwan, Penghu, Kinmen and Matsu to the General Council", WT/GC/W/763/Rev.1, paras. 2.7, 3.2. なお台湾は，一般理事会による決定，又は，閣僚理事会による有権的解釈によるガイドラインの採択の可能性も示唆する。同提案全体については，終章第Ⅱ節を参照。

(42)　WTO General Council, "Guidelines for the Work of Panels and the Appellate Body, Communication from Brazil, Paraguay and Uruguay", WT/GC/W/767/Rev.1, para. 2.1. 同提案全体については，終章第Ⅱ節を参照。

(43)　なおタイは，退任上級委員の任期満了 30 日前までに口頭審理が行われた案件については，上級委員会議長から DSB に対して当該委員の任務継続承認を要請し，DSB は自動的にこれを承認するとの提案を行っている。WTO General Council, "General Council Decision on the Dispute Settlement System of WTO, Communication from Thailand", WT/GC/W/769, para. 2. 同提案全体については，終章第Ⅱ節を参照。

◇ 第9章 ◇ WTO 上級委員会検討手続第15 項をめぐる諸問題〔阿部克則〕

1 退任上級委員への上訴割り当て

現行の上級委員会検討手続第15 項の問題点として，いかなる退任上級委員であっても，新しい上訴を担当しうることが指摘される。例えば，アビ・サーブ委員の任期（2 期目）は，2004 年6 月1 日に開始したため，同委員の4 年の任期は，2008 年5 月31 日に満了することになっていたが，任期満了の2 日前に，上級委員会は，上級委員会検討手続第15 項に基づき，同委員を米国−継続的停止事件の担当者とし同事件の処理を完了させると，DSB 議長に通知した[44]。そのためアビ・サーブ委員は，同事件の上級委員会報告書が発出された2008 年10 月16 日まで任務を継続したのだが，このような運用は，適当であろうか。同委員は，任期満了予定日のわずか2 日前に事件が割り振られて，上級委員会検討手続第15 項が適用されたため，結果として，4 か月と15 日任期が延長した。本来の任期が4 年であることからすれば，相対的に見て相当長期の任期延長だったと言え，望ましいことではないであろう。このような事態が生じないようにするためには，どのような移行規則が望ましいであろうか。

第1 に考えられるのは，ICJ 規則第33 条のように，「口頭手続」が始まった後に任期満了となった上級委員は，そのまま任務を遂行するが，「口頭手続」が始まる前に任期満了となった上級委員は，交代し，別の上級委員が当該上訴の審理を引き継ぐという規則である。前述のEU 等14 か国の共同提案は，まさにこのような内容のDSU 改正を主張する[45]。この改正は，米国−継続的停止事件でのアビ・サーブ委員のように，任期満了直前に上訴を割り当てられた上級委員が，長期にわたって上訴案件を担当することを防ぐことにはなるであろう。ただし，上級委員会手続は，本来は90 日以内に終了しなければならないので，口頭審理の直前に交代した後任上級委員は，口頭審理までに十分な準備期間がなく，適切な審査ができなくなる可能性がある。逆に，後任上級委員のために手続を延ばし，上級委員会報告書の発出を遅らせることになれば，90

---

(44) Appellate Body Reports, *Canada/United States - Continued Suspension of Obligations in the EC - Hormones Dispute*, WT/DS320/AB/R, WT/DS321/AB/R, para. 27.

(45) WTO General Council, "Communication from the European Union, China, Canada, India, Norway, New Zealand, Switzerland, Australia, Republic of Korea, Iceland, Singapore and Mexico to the General Council", WT/GC/W/752/Rev.2, pp. 1, 4. 原文は，"The outgoing person shall complete the disposition of an appeal in which the oral hearing has been held" である。同提案全体については，終章第 I 節を参照。

◆ 第2部 ◆ 　国際貿易紛争処理の制度的課題

日ルールを遵守できなくなってしまう恐れもある。

　第2に考えられるのは，退任上級委員が任期満了時に担当している上訴の処理は，任期満了後も完結するとしつつ，任期満了まで90日未満となった上級委員には，そもそも新たな上訴案件を割り当てないとのルールを作ることも考えられる。このような規則に基づき，かつ，90日ルールが遵守されれば，退任上級委員が当初の任期を超えて職務を継続することはなくなるであろう。ただし，90日ルールが遵守されない場合は，任期を90日以上残した上級委員が割り当てられた上訴の処理を完結するために，当初の任期を超えて職務を継続する可能性はある。また，任期満了が近づいた上級委員に上訴案件を割り当てないとすると，その他の上級委員に割り当てられる案件が増え，負担が重くなることが考えられる。

　第3に考えられるのは，退任上級委員の任期延長を認めるような移行規則を一切設けないことである。現行のDSUを前提とすれば，上級委員会検討手続第15項を削除し，新たな規定などは作らないことになる。この場合，上級委員は，担当する上訴案件がいかなる手続の段階にあったとしても，任期満了時点で職務を終了し，当該上訴案件の残りの手続は，他の上級委員が引き継ぐことになるであろう。移行規則を設けないとすると，上級委員が当初の任期を超えて職務を継続する可能性がなくなり，現行DSUとの整合性は確保されるが，他方で，上訴案件を途中で引き継いだ上級委員は，急遽手続に加わることになり，場合によっては口頭審理に参加せずに上級委員会報告書を作成しなければならないので，適切な審査ができなくなる可能性がある[46]。なお，交代した上級委員のために手続を延ばし，上級委員会報告書の発出を遅らせることになれば，90日ルールを遵守できなくなる問題が生じ得る。

　このように考えると，いずれの案も一長一短であるが，第2案であれば，退任上級委員が当初の任期を超えて職務を継続する可能性を小さくしつつ，90日以内に上級委員会報告書を発出できないケースにおいては，例外的に，退任

---

(46)　口頭審理に参加せずに上級委員会報告書の作成に加わることは，「直接主義」の観点から，問題となり得る。なお我が国の裁判所においては，手続の途中で交代した裁判官が，いわゆる「弁論の更新」によって，直接主義の要請を満たし，判決を下すことが認められている。この点については例えば，内海博俊「〔直接主義〕第249条」加藤新太郎・松下淳一編集『別冊法学セミナー　新基本法コンメンタール　民事訴訟法2』（日本評論社，2017年）141-144頁を参照。

◇第9章◇ WTO 上級委員会検討手続第15項をめぐる諸問題〔阿部克則〕

上級委員が当該ケースの処理を完結することで，適切な審査を確保することができると思われる。任期が90日未満となった上級委員に新たに上訴案件を割り当てることができないとなると，他の上級委員の負担は増えることになるが，複数の上級委員の任期満了時が重ならないようになっていれば，他の上級委員の負担も分散されるであろう[47]。また，退任上級委員の職務継続期間が長くなってしまうのは，90日ルールが遵守されない現状とも関連している。DSUの趣旨と規定に従い，上級委員会が事実問題に踏み込まず「法律審」に徹することや，紛争解決に真に必要な判断のみを行うことによって，90日ルールを遵守すれば，第2案の場合，移行規則が適用されるケースは極めて例外的なものとなり，退任上級委員の地位の問題は，ほぼ生じなくなると考えられる。

2　後任が補充されるまでの移行規則

次に論点となりうるのが，後任の上級委員が補充されるまでの期間に関するルールである。現行規定上は，任期が満了する上級委員は，後任上級委員が補充されるか否かにかかわらず，上級委員としての地位を失うが，これは，ICJやITLOSと異なり，後任が補充されるまで職務を継続するとの規定がDSUにないからである。そのため，現在のように，後任上級委員の任命プロセスが進まない場合，補充がなされないまま上級委員が退任するので，上級委員会の空席が拡大するが，このような事態を避けられるような移行規則を導入すべきか否かも検討すべきであろう。

先にも述べたように，DSU第17条第1項は，上級委員会は「常設（standing）」の機関と定めているので，何らかの理由で後任上級委員が補充されない場合に，退任上級委員が，後任が補充されるまで，職務を継続するとの移行規則を設けることは，1つの考え方である。EUは，前述の14か国共同提案とは別に，中国・インドとともに，2018年12月の一般理事会に共同提案を提出したが，そこでは，次のような一文をDSU第17条第2項に追加する提案を行っている：

---

(47)　現在，上級委員会の空席が4つになり，2019年末には6つになることが想定されるが，これらの空席が同時に補充されると，それらのポストの上級委員の任期満了も同時期に訪れることになる。そうすると，第2案をとった場合に，退任する上級委員以外の上級委員にかかる負担が集中する恐れはある。

◆第2部◆　国際貿易紛争処理の制度的課題

　　任期が満了した上級委員会の委員は，後任者の補充に至るまで，職務を継続
　　する。ただし，その期間は，任期満了後2年を超えないものとする[48]。

この提案は，ICJ 規程第13条第3項及び ITLOS 規程第5条第3項と類似する
ものだが，任期満了後の職務継続期間を最長で2年間に限定していることが異
なるものである。これは，任命プロセスが滞ることで上級委員会が機能不全に
陥る事態を避けつつ，退任上級委員の職務継続期間が無期限に延長されないよ
う配慮したものと考えられる。上級委員任命プロセスが自動化されていない中
で，上級委員会の常設性を確保するためには必要な立法的対応とも言い得る。
　他方で，米国が，上級委員任命プロセスをレバレッジにして，上級委員会問
題を提起している現状では，米国のやり方の効果を弱めるような改正案には，
米国は同意しないであろう。また，同提案は，EU のほかには，中国とインド
が共同提案国となっているだけで，前節で言及した退任上級委員への上訴案件
割り当てに関する EU 提案の共同参加国の多くは，後任補充に関する提案には，
名を連ねていない。常設機関としての上級委員会の機能を維持するためには，
後任上級委員が補充されるまでの移行規則が本来は必要であろうが，米国が主
張してきた「上級委員会に対する加盟国コントロール」の手段として，上級委
員任命プロセスのブロックを利用している現状においては，後任補充に関する
移行規則を新たに設けることの実現可能性は，あまり高くないと思われる。

V　おわりに

　以上，本稿で検討してきたところをまとめれば，次のようになろう。
　まず，退任上級委員に関する移行規則は，上級委員会の組織に関わる事項で
あり，上級委員会自らが策定する上級委員会検討手続ではなく，本来は，
WTO 加盟国の合意に基づく DSU 自体に定めがあるべきと考えられる。ICJ
などの国際裁判所においては，条約当事国の合意に基づく裁判所規程に退任裁

---

(48)　WTO General Council, "Communication from the European Union, China and India
　　to the General Council", WT/GC/W/753/Rev.1, pp. 2-3. 原文は，" A person serving on
　　the Appellate Body whose term of office has expired shall continue to discharge his or
　　her duties until he or she has been replaced but not longer than for a period of two years
　　following the expiry of the term of office." である。同提案全体については，終章 I を参
　　照。

306

◇ 第 9 章 ◇ WTO 上級委員会検討手続第 15 項をめぐる諸問題〔阿部克則〕

判官に関する移行規則があり，WTO 上級委員会についても，同様の法的構造であることが望ましい。また，上級委員会の規則定立権限の観点から見ても，DSU 第 17 条第 9 項は上級委員会に「検討手続」を作成する権限を与えてはいるが，移行規則である上級委員会検討手続第 15 項は，手続的事項ではなく組織的事項であるため，DSU 第 17 条第 9 項にいう「検討手続」には含まれないと文言上は解釈し得る。DSU 第 17 条第 9 項の解釈に関する「後の慣行」により，同条は，退任上級委員の移行規則を定立する権限を上級委員会に与えたとの解釈も可能ではないかと思われるが，本来は，上級委員及び上級委員会が，DSU と無関係に，自らの地位について規則を定立することは望ましくなく，WTO 加盟国の意思を反映した形式で，移行規則を設けるという立法的対応が最善であろう。

　上級委員会検討手続以外の形式で移行規則を策定する場合，まず考えられるのが DSU の改正であるが，DSU 改正に関する論点は多岐にわたり，また，米国が目下の上級委員会問題の解決のために DSU を改正することには否定的であるため，DSU に移行規則を設けることは，現時点では実現可能性は低い。他方で，上級委員の任命権限のある DSB が，DSU 第 2 条第 1 項に定められた DSU の「規則及び手続」の運用として，移行規則に関する決定を行うことはあり得る。なお，いずれの法形式をとるにせよ，望ましい移行規則の内容としては，任期満了まで 90 日未満となった上級委員には新たな上訴案件を割り当てないとしつつ，任期満了時点で継続中の案件については，退任上級委員が処理を完結するとするのが，適切であろう。なぜなら，この移行規則の下で 90 日ルールが遵守されれば，退任上級委員の地位は大きな問題ではなくなると考えられるからである。

　最後に，上級委員会検討手続第 15 項問題を，現在の上級委員会問題の全般的状況の中で，どのように位置づけられるか付言し，結びに代えたい。本稿の「はじめに」でも述べたように，この問題には，上級委員会を機能不全にしようという米国トランプ政権の狙いと，上級委員会が加盟国のコントロールの及ばない裁判所のように行動することを抑えようとする米国の民主党政権時代からの主張の，両方が反映されていると考えられる。トランプ政権は，一方的措置を用いて「米国第一」の通商政策を実現しようとしているため，上級委員会が機能しないことをむしろ好都合と考えている可能性があり，米国の批判を取り入れて移行規則の改善が提示されたとしても，そのことだけでは，上級委員

◆ 第 2 部 ◆　国際貿易紛争処理の制度的課題

の任命プロセス開始へと米国が方針を転換することにはつながらないと思われる。そのため，短期的には，本稿で検討してきた移行規則問題の解決策を議論することの意義は，あまりないかもしれない。

　他方で，上級委員会検討手続第 15 項の問題を，民主党政権時代から続く，上級委員会に対する加盟国コントロールを確保しようとする米国の試みの一環としてとらえれば，移行規則についても解決策を模索することは，上級委員任命プロセスの再開に対する米国の同意を引き出すために必要な要素であろう。その意味で，中長期的には，退任上級委員の移行規則問題は重要論点と言える。EU 等は，ICJ 等の国際裁判所の移行規則に類似した内容の提案を行っており，本稿も ICJ 規程等との比較を行ったが，上級委員会が裁判所のようになり，WTO 紛争処理手続がより司法化することに歯止めをかけようとする米国からすると，DSB 決定という方式であったとしても，国際裁判所と同様の移行規則を認めることには消極的かもしれない。米国と EU との間の基本的な考え方の相違が背景にあるとすれば，移行規則問題も，WTO 紛争処理制度の趣旨目的に立ち返って議論する必要があると思われる。移行規則問題は，上級委員会をめぐる多岐にわたった議論の 1 つの論点であり，90 日ルール等の他の論点とも密接に関連している。したがって，それらの論点と合わせて総合的に考え，解決策を模索すべきであろう。

第10章

WTO 紛争処理と司法抑制
──不均衡な制度構造を背景とした紛争処理機能の再定位──

平 見 健 太

I　は じ め に

　近年の米国による WTO 紛争処理制度批判を契機に[1]，上級委員選任プロセスは停止し，同制度は機能不全への途を辿りつつある。こうした事情を背景に，加盟国の一部では WTO 紛争処理制度改革の機運が高まってはいるものの[2]，制度の将来的な見通しはいまだ立っていない。ところで，こうした動向の起点をなす米国の批判的姿勢は，たしかにトランプ政権発足後に国際社会の注意を惹くようになったとはいえ，かかる批判の中核をなす司法積極主義批判はかねてより米国が展開してきたところのものであり，近年になってその批判的姿勢が先鋭化したにすぎない。そして後述のとおり，他の加盟国も，WTO 紛争処理に対しては同種の懸念を表明してきた歴史があり，それゆえ司法積極主義の問題は，批判の程度はともかく加盟国間で広く共有されてきた制度的課題であるといってよい。

　むろん，こうした司法積極主義批判は，個々の批判内容ごとにその当否が検証されるべきであり[3]，米国の批判にも首肯しがたいものが含まれてはいる

---

(1)　米国による批判の詳細は，Office of the U. S. Trade Representative, "2018 Trade Policy Agenda and 2017 Annual Report of the President of the United States on the Trade Agreements Program" (2018). pp. 22-28.

(2)　*E.g.*, "Joint Communique of the Ottawa Group on WTO Reform", WT/L/1057, 25 January 2019.

(3)　たとえば，上級委員会が法解釈の体をとりながらもその実いわゆるギャップ・フィ

◆ 第 2 部 ◆　国際貿易紛争処理の制度的課題

が，他方で，加盟国の抱く懸念・不信は，そのまま条約制度に対する支持の弱
体化に繋がりかねない点には十分留意しなければならない。秩序の内容が主た
る関心事となる国内社会とは異なり，分権的な国際社会にあっては秩序をいか
に構築し存立させるかが一層重要な課題とならざるをえないところ[4]，主権
国家たる加盟国の批判や懸念には十分耳を傾け，その内容を精査したうえで対
応を模索することが，危機に瀕する WTO 紛争処理制度の今後の在り方を構
想するうえで不可欠な作業になるものと思われる。

　本稿はかような問題関心から，WTO 紛争処理の司法積極主義的傾向に着目
し，かかる傾向を生み出す背景ないし要因を WTO に固有の制度構造に見出
し，そのうえで問題に対する処方箋の提示を試みるものである。

Ⅱ　WTO の制度構造の特質

1　WTO における権限配分構造

　WTO 設立協定（以下，設立協定）は，同制度の運営にあたって必要となる
各種の機能を定めるとともに，それらを種々の機関・手続に配分しており，そ
の権限配分の在り方はあたかも国家統治の伝統的理論である権力分立の構造に
酷似したものとなっている[5]。

　まず，WTO の担うべき機能を定めた設立協定 3 条によると，3 条 1 項が関
連協定の日々の実施と運用を促進する機能を WTO に付与しており，これは
すなわち行政機能に該当する。続いて 3 条 2 項は，WTO が加盟国間の交渉
フォーラムを提供することを定め，かかる機能を通じて WTO 体制内におけ
る種々の立法活動が展開されることになる。そして 3 条 3 項は，WTO が附属

　　リング（filling gaps）に従事し，司法立法をおこなっていると批判されることがあるが，
　　そもそも，条文上規定のない問題につき解釈を通じて規範を定立するギャップ・フィリ
　　ングと，巧みな解釈を通じて曖昧な文言を明確化する作業との区分はそれほど自明では
　　ない。法（解釈）にまつわるこうした問題を一般的に扱ったものとして，H. L. A. Hart,
　　The Concept of Law（Oxford University Press, 3rd ed., 2012），pp. 124-154.

(4)　尾高朝雄『法の窮極にあるもの〔新版〕』（有斐閣，1955 年）276-277 頁。

(5)　以下で示すように，WTO 設立協定 3 条 1 項，2 項および 3 項を，それぞれ行政・立
　　法・司法機能を定める規定として理解するものとして，Rüdiger Wolfrum, Peter-Tobias
　　Stoll & Karen Kaiser（eds.），*Max Planck Commentaries on World Trade Law: WTO –
　　Institutions and Dispute Settlement*（Martinus Nijhoff, 2006），pp. 30-38.

◇ 第 10 章 ◇ WTO 紛争処理と司法抑制〔平見健太〕

書 2 の紛争解決了解（DSU）の運用を担うことを定めており，この規定が
WTO に司法機能を付与していることは周知のとおりである。なお 3 条 4 項は，
WTO が附属書 3 の貿易政策検討制度（TPRM）を運用することを定めている
が，この制度が加盟国の貿易政策や慣行を関連協定に照らして定期的に監視す
るものであることにかんがみれば，かかる制度も WTO の行政機能の一環と
して位置づけることができる[6]。

このように行政・立法・司法作用として性格づけられる WTO の各機能は，
設立協定 4 条にその存立基盤をもつ各種の機関を通じて行使されることになる
が，その権限配分の在り方は，設立協定の至るところで規定されている。

組織構造を概観すると，まず，最高意思決定機関たる閣僚会議（Ministerial
Conference）は，上述した WTO の機能を果たすために必要なあらゆる措置を
とることとされ，多角的貿易協定（すなわち，設立協定の附属書 1，2 および 3）
に関するすべての事項について決定を行う権限を有している（設立協定 4 条 1
項）。閣僚会議の会合間に，同会議の任務を遂行するのが一般理事会（General
Council）であり，その他の定められた任務も併せて遂行するなど，WTO の日
常的な運営につき実際上の責任を有している（設立協定 4 条 2 項）。そして閣僚
会議あるいは一般理事会のもとで，複数の理事会や委員会，その他の補助機関
が設置されており，これら各機関がそれぞれの所管する協定の具体的実施を
担っている（設立協定 4 条 5 項から 8 項）。設立協定 3 条 1 項に規定される
WTO の行政機能は，以上のように閣僚会議や一般理事会を頂点とする重層的
な組織構造のもとで営まれることとなっているが，実質的には上述の各種理事
会や委員会などのレベルでの対応によって処理されており，これら機関の果た
す日々の行政機能こそが，WTO 体制の運営にとって不可欠なものとなってい
る。

また立法機能に関しては，上述の閣僚会議が重要な役割を果たしている[7]。
すなわち設立協定 3 条 2 項第 2 文によれば，閣僚会議の決定に基づいて WTO
が加盟国間での新たな多角的貿易交渉（すなわち新規の立法）の場として機能
する旨が定められており，また 10 条は，協定の改正プロセスにおいて閣僚会
議が不可欠な役割を果たすことを規定している。

---

(6) *Ibid.*, p. 34.

(7) *See*, Remarks by Mitsuo Matsushita, *in* "WTO Appellate Body Roundtable", *American Society of International Law Proceedings*, Vol. 99 (2005), p. 181.

◆ 第2部 ◆ 国際貿易紛争処理の制度的課題

なお一般理事会は，紛争解決機関（DSB）および貿易政策検討機関（TPRB）としての任務も有し（設立協定4条3項および4項），両機関ともにそれぞれ独自の議長と手続規則を擁するなど，一般理事会との関係では独立して機能するものである[8]。とりわけ DSB のもとで運用される WTO 紛争処理手続は，厳密には準司法的性格の手続とはいえ[9]，パネルや上級委員会といった中立の第三者が法にもとづき紛争に裁定を下すという意味で，本質的には司法同様の機能を果たしている。

複雑な組織構造からなる WTO では，こうしたかたちで行政・立法・司法の機能が配分されており，これら機能の実現を通じて WTO 体制は運用されている。この点，本稿の問題関心からみて注目すべきは，行政・立法機能と司法機能とのあいだには，きわめて不均衡な関係が存在するという点である。

すなわち，行政機能に関して設立協定3条1項が「協定の実施及び運用を円滑にし」と定め，立法機能に関して3条2項が「加盟国間の交渉の場を提供する」と規定しているように，WTO における行政および立法機能の実現は，上述の各種機関の存在と活動を不可欠の前提としながらも，究極的には加盟国のコンセンサスによる意思決定に依存しており，これら事項に関して WTO に自律的な意思決定権限が付与されているわけではない[10]。WTO が "member-driven" な制度と評される所以である[11]。

他方で司法機能たる WTO 紛争処理手続に関しては，事情が大きく異なる。周知のとおり，パネルの設置（DSU6条1項）やパネル報告書の採択（DSU16

---

(8) Wolfrum, Stoll & Kaiser, *supra* note 5, pp. 46-47.

(9) シャナイ（Yuval Shany）が的確に指摘しているとおり，WTO 紛争処理手続は GATT 紛争処理手続に比してより法化された手続とはいえ，通商外交という伝統的特性と司法的裁定という新たな特性を併せもった混成的な（hybrid）制度であり，こうした二重の特性（dual character）は，制度構造や手続に関してのみならず，同制度の基底にある複数の目的にも反映されている。詳細は，Yuval Shany, *Assessing the Effectiveness of International Courts* (Oxford University Press, 2014), pp. 190, 221-222.

(10) Armin von Bogdandy, "Law and Politics in the WTO: Strategies to Cope with a Deficient Relationship", *Max Planck Yearbook of United Nations Law*, Vol. 5 (2001), p. 614.

(11) WTO はその HP で，"the WTO is a member-driven, consensus-based organization" という表現を用いてみずからを紹介している。https://www.wto.org/english/thewto_e/whatis_e/tif_e/org1_e.htm, last visited on March 31, 2019.

◇第 10 章◇ WTO 紛争処理と司法抑制〔平見健太〕

条 1 項），上級委員会報告書の採択（DSU17 条 14 項）などといった手続の各段
階においていわゆる逆コンセンサス方式が採用されており，このことが，紛争
処理手続に高度の自律性を付与する結果となっている。すなわち，形式的には，
全加盟国からなる DSB が紛争処理制度の運用を掌握しているものの，逆コン
センサス方式の結果，具体的紛争に関する法的判断やその集積としての判例法
の構築は，加盟国から独立したパネル・上級委員会（加えてこれらを支援する事
務局）に事実上委ねられている[12]。元上級委員のウンターホールター（David
Unterhalter）が強調するように，DSB にはパネル・上級委員会の判断を統制
する余地が存在しないのである[13]。

　このように対比すると，加盟国のコンセンサスに条件付けられている点で自
律性を欠く行政・立法機能と，それらとは正反対に高度の自律性を備え，自己
展開してゆく契機を備えた強力な司法機能とは，きわめて不均衡な関係にある
ことが分かる。こうした行政・立法・司法機能のあいだにみられる不均衡性・
非対称性（institutional imbalance）こそが，WTO の制度的特質をなしていると
思われ[14]，以下でみるような各機能間の相互作用と緊張関係を生み出す源泉
となっているのである。

2　立法機能と司法機能

　ドーハ・ラウンド交渉の頓挫が物語っているように，WTO の立法機能はコ
ンセンサス方式の呪縛によって機能不全に陥っているが，こうした立法機能の
停滞と司法機能の活況とのあいだに連関があることは，かねてより指摘されて
きた。たとえば元 WTO 法務部部長のデイビー（William J. Davey）は，立法機
能の麻痺の結果，加盟国が，条約交渉ではいまだ解決されていない課題を紛争
処理手続を通じて司法的に実現しようとする傾向が生じてきていると指摘して

---

(12)　von Bogdandy, *supra* note 10, pp. 615-616.

(13)　David Unterhalter, "The Authority of an Institution: The Appellate Body under
Review", *in* Gabrielle Marceau (ed.), *A History of Law and Lawyers in the GATT/WTO:
The Development of the Rule of Law in the Multilateral Trading System* (Cambridge
University Press, 2015), p. 11.

(14)　Wolfrum, Stoll & Kaiser (eds.), *supra* note 5, p. 30. *See,* Claus-Dieter Ehlermann,
"Six Years on the Bench of the 'World Trade Court': Some Personal Experiences as
Member of the Appellate Body of the World Trade Organization", *Journal of World
Trade*, Vol. 36, No. 4 (2002), pp. 632-636.

◆ 第2部 ◆ 国際貿易紛争処理の制度的課題

いる[15]。同じくメルクリオ（Bryan Mercurio）も，加盟国が具体的紛争の裁定のみならず，交渉の場でコンセンサスが得られない争いのある問題の解決に関してまで紛争処理手続を利用しようとする状況が，立法機能の停滞によって作り出されたと指摘し，こうした傾向を手続的論点（アミカス・ブリーフや口頭聴聞の公開など）と実体的論点（いわゆる PPM に関する議論，通商救済分野，農業補助金など）の双方にわたって示している[16]。そのうえで，「特定の問題に関してコンセンサスを得るという，うんざりするほど緩慢なプロセスを利用するよりも，紛争を訴訟に持ち込んで願わくは有利な決定を得る方が容易であり，おそらくコストも低いと，加盟国は確信しているようにみえる」と述べている[17]。

　実際にたとえば EU は，こうした姿勢を明確にして紛争処理手続を利用するようになっている。その最たる例として，2010 年に欧州委員会下の作業部会が公表したレアアース等の希少鉱物資源の調達に関する報告書では，輸出規制に関する既存の GATT 規律が明確性を欠き，規律の範囲も限定的であることから，紛争処理手続を用いて重要な判例法を作り出してゆく必要があるとの勧告がなされた[18]。その後 2012 年に EU は，上記勧告に沿うかたちで中国のレアアース輸出規制を WTO 紛争処理に申し立て，*China – Rare Earths* 事件上級委員会報告書の発出へと結びつけたのである。

　また第三者の立場から，立法機能のいわば代替手段として WTO 紛争処理手続を積極的に活用すべき旨の提言がなされることもある。たとえば川島富士雄は，上述の EU の対応例をふまえ，つぎのような提言をおこなっている。「WTO 上の規律が不十分である現状を改善するため，規律強化に向け改正を行うことも長期的課題の一つである。しかし，資源保有国が資源の戦略的利用可能性を認識した現在，こうした規律強化が容易に進むとは考えにくい。……WTO 規律の欠缺を埋めるべく，判例法を蓄積することは長期的に大きな

---

(15) William J. Davey, "The Limits of Judicial Processes", *in* Daniel Bethlehem, Donald McRae, Rodney Neufeld & Isabelle Van Damme (eds.), *The Oxford Handbook of International Trade Law* (Oxford University Press, 2009), p. 462.

(16) Bryan Mercurio, "The WTO and Its Institutional Impediments", *Melbourne Journal of International Law*, Vol. 8 (2007), pp. 225-226.

(17) *Ibid.*, p. 226. このほかにもたとえば，Shany, *supra* note 9, pp. 212-213.

(18) Report of the Ad-hoc Working Group on Defining Critical Raw Materials, "Critical Raw Materials for the EU", 30 July 2010, p. 50.

◇ 第 10 章 ◇ WTO 紛争処理と司法抑制〔平見健太〕

意味を持つ。日本も欧米にならい，中国を含む資源保有国の同種の問題への対応の一環として，WTO 紛争解決手続等を積極的に活用することを真剣に検討すべき時期に来ている（省略および傍点＝筆者）[19]」。

こうした戦略は，紛争処理手続のユーザーたる加盟国の立場からすれば当然であるとはいえ，他方で WTO の制度構造からすると，立法機能の麻痺の結果として司法機能に過重な負担が掛かり，このことが司法積極主義（judicial activism）の温床をなすという構図を生み出すこととなっている。すなわち，本来的には政治的・立法的に対処することが望ましいセンシティブな問題であっても，一方当事国の申し立てによってほぼ自動的に紛争処理手続が開始され，報告書の発出・採択にまで突き進んでゆく制度設計のもとでは，かかる問題に対峙するパネル・上級委員会は協定解釈に際してきわめて慎重な対応を迫られることになり，扱う問題の性質上，その結果如何にかかわらず司法積極主義との批判がつきまとわざるをえない[20][21]。現に，たとえば *EC – Asbestos* 事件におけるアミカス・ブリーフの提出手続に関する上級委員会の決定は，多数の加盟国から司法立法であるとの批判に晒され[22]，累次のゼロイング紛争

---

(19)　川島富士雄「中国による鉱物資源の輸出制限と日本の対応」『ジュリスト』1418 号（2011 年）43 頁。また，パネル・上級委員会がいわゆるギャップ・フィリングのかたちで判例法を創出してゆくことを肯定的に受けとめる見解も存在してきた。AD 協定関連の判例の展開を評した以下の言明はその一例である。「パネル・上級委員会の判例は，AD 協定の立法者が解決することのできなかった『隙間』を埋め，AD 協定の規律の実質化を図るという重要な役割を果たしているといえる。（傍点＝筆者）」松下満雄・清水章雄・中川淳司編『ケースブック WTO 法』（有斐閣，2009 年）40 頁。

(20)　Frieder Roessler, "Are the Judicial Organs of the World Trade Organization Overburdened?", *in* Roger B. Porter, Pierre Sauvé, Arvind Subramanian & Americo Beviglia Zampetti (eds.), *Efficiency, Equity, and Legitimacy: The Multilateral Trading System at the Millennium* (Brookings Institution Press, 2001), p. 325; Lorand Bartels, "The Separation of Powers in the WTO: How to Avoid Judicial Activism", *International and Comparative Law Quarterly*, Vol. 53, No. 4 (2004), pp. 865-866; Robert Howse, "The World Trade Organization 20 Years On: Global Governance by Judiciary", *European Journal of International Law*, Vol. 27, No. 1 (2016), p. 36.

(21)　スタインバーグ（Richard H. Steinberg）によれば，GATT 期と WTO 期を比較した場合，WTO では司法積極主義と評される判断が急増しているという。詳細は，Richard H. Steinberg, "Judicial Lawmaking at the WTO: Discursive, Constitutional, and Political Constraints", *American Journal of International Law*, Vol. 98, No. 2 (2004), pp. 255-257.

◆ 第 2 部 ◆　国際貿易紛争処理の制度的課題

におけるいわゆるゼロイング手法の AD 協定違反認定に関しても，とりわけ
米国が上級委員会の AD 協定解釈は司法積極主義的であり不適切だとして，
繰り返し批判を提起してきている[23]。

　一般論として，司法積極主義のもたらす問題の深刻度は，司法機関の示した
判断を他の機関がどの程度容易に修正しうるかによって左右される。立法ない
し行政機関がかかる修正を容易になしうる場合には，たとえ司法積極主義の問
題が生じたとしても，その否定的影響を相当程度除去することが可能だからで
ある[24]。この点 WTO では，司法機関の解釈に対して他の機関がとりうる措
置として，理論的には主として 2 つの選択肢が存在する。すなわち，閣僚会議
あるいは一般理事会による，①協定の改正（設立協定 10 条）と，②有権的解釈
（authoritative interpretation）の採択（同協定 9 条 2 項）である。とりわけ有権
的解釈については，その解釈権限の排他性が DSU3 条 9 項においても確認さ
れているように，パネル・上級委員会の示す協定解釈に対して，加盟国はこの
有権的解釈権限を通じて判例法の軌道修正を図ることができ，その意味で司法
積極主義に対する有用な処方箋となりうる[25]。しかし実際には，コンセンサ

---

(22)　上級委員会の本件決定に端を発して招集された，2000 年 11 月 22 日の一般理事会会
　　　合では，発言国のほぼすべてが上級委員会の対応を厳しく批判している。詳細は，
　　　WT/GC/M/60, 23 January 2001. また，上級委員会の本件決定と加盟国の反発を，司法
　　　権の独立の観点から論じたものとして，Steve Charnovitz, "Judicial Independence in
　　　the World Trade Organization", *in* Laurence Boisson de Chazournes, Cesare P. R.
　　　Romano & Ruth Mackenzie (eds.), *International Organizations and International Dispute
　　　Settlement: Trend and Prospects* (Transnational Publishers, 2002), pp. 235-238.

(23)　ゼロイング紛争をめぐる米国の批判と対応については，Howse, *supra* note 20, p. 71.
　　　また，米国の批判と上級委員の人選との連関を分析したものとして，Manfred Elsig &
　　　Mark A. Pollack, "Agents, Trustees, and the International Courts: The Politics of Judicial
　　　Appointment at the World Trade Organization", *European Journal of International
　　　Relations*, Vol. 20, No. 2 (2014), pp. 391-415.

(24)　Davey, *supra* note 15, p. 473. 民主的正統性の乏しい司法機関の判断に対して，より
　　　高度の正統性を備える政治的機関（立法機関）が例外的な場合に介入することは，司法
　　　機関自体の正統性を確保するうえでも重要であると指摘するものとして，von Bogdan-
　　　dy, *supra* note 10, pp. 625, 632. *See also*, Debra P. Steger, "The Rule of Law or the Rule of
　　　Lawyers?", *Journal of World Investment*, Vol. 3, No. 5 (2002), p. 777, footnote 32.

(25)　Claus-Dieter Ehlermann & Lothar Ehring, "The Authoritative Interpretation un-
　　　der Article IX:2 of the Agreement Establishing the World Trade Organization: Current
　　　Law, Practice and Possible Improvements", *Journal of International Economic Law*, Vol.

◇ 第 10 章 ◇ WTO 紛争処理と司法抑制〔平見健太〕

ス慣行の存在ゆえに上記いずれの選択肢についても意思決定が容易でなく，有権的解釈権限に至っては死文化したに等しい状態にある[26]。

このように WTO の制度構造上，司法機関の活動を牽制し修正する制度的メカニズムが事実上機能していないため，司法積極主義の発現がみられる場合には，加盟国の懸念が政治的圧力となって当の司法機関に対して直接向かわざるをえないのである[27]。こうした政治的圧力の是非はともかく，今日の WTO 紛争処理制度の危機が，上級委員会の活動に対する加盟国の政治的圧力に端を発しているという事実は，問題への対応策を検討するうえで見逃してはならない点であろう。

こうして WTO の立法機能と司法機能とのあいだには，つぎのような関係が存在することが分かる。すなわち，立法機能の麻痺が司法機能の負担を増大させ，このことが司法積極主義の温床となっていること，そして司法積極主義に対する修正メカニズム（立法機関による上述の対応）も機能不全に陥っているために，加盟国の政治的圧力がパネル・上級委員会に直接向けられることになる，という負の構造である。こうした構造を生み出す源泉となっているのが，立法機能と司法機能とのあいだにある不均衡な関係であることは繰り返すまでもない。

3　行政機能と司法機能

コンセンサス方式にもとづく各種理事会・委員会等の行政活動は，同じくコンセンサスにもとづく立法機能と比較すると遥かによく機能してきている。こうした差異の理由は，加盟国間の既存の合意内容を実施するという行政作用の本質[28]ゆえに，立法の場面に比してコンセンサス形成が容易である点に存するものと思われる。とはいえ，WTO の行政機能が何ら問題を抱えていないわ

8, No. 4 (2005), pp. 812-813; von Bogdandy, *supra* note 10, p. 632.

(26)　Ehlermann & Ehring, *supra* note 25, pp. 813-818; Roessler, *supra* note 20, pp. 323-324. 有権的解釈の採択例は今日に至るまで存在しないとされる。World Trade Organization, *WTO Analytical Index: Guide to WTO Law and Practice* (WTO Agreement – Article IX (Practice)), available at https://www.wto.org/english/res_e/publications_e/ai17_e/wto_agree_e.htm, last visited on March 31, 2019.

(27)　*See*, Thomas Cottier, "The WTO Dispute Settlement System: New Horizons", *American Society of International Law Proceedings*, Vol. 92 (1998), p. 90.

(28)　*See*, "executive", *Black's Law Dictionary* (9th ed., 2009), p. 651.

◆ 第 2 部 ◆　国際貿易紛争処理の制度的課題

けではなく，司法機能の影響によって行政機能が停滞する例が近年見られるようになっており，こうした事態の背後にも，WTO 体制の制度的特徴たる権力作用間の不均衡性が存在しているのである。

　ここではその例として，TBT 委員会における「良き規制慣行（Good Regulatory Practice: GRP）」リストの策定に関する問題をまず取りあげる。これは，2012 年の TBT 協定第 6 次 3 年見直しにもとづき TBT 委員会に委任されたもので[29]，その任務は TBT 協定の実施に寄与しうるベスト・プラクティスを収集・検討し，それらを GRP としてまとめ，非包括的リストを策定することにあった[30]。TBT 委員会では 2013 年初頭より本格的な作業が開始され，度重なる議論と修正を経て 2014 年には委員会決定として採択されるかに思われたが，その後今日に至るまで採択の見通しは立っていない[31]。というのは，当該文書の法的地位，とりわけ WTO 紛争処理の場でこの文書がいかなる法的含意を有し，利用されうるのかにつき，中国やインドをはじめとする一部の加盟国が懸念を表明しているためである[32]。

　加盟国のあいだにこうした懸念を生じさせる契機となったのは，*US – Tuna II* 事件であった。本件では TBT 協定上の「国際規格」の意味が争点の一つとなったが，この用語を解釈するにあたって上級委員会は，2000 年に TBT 委員会にて採択された「国際規格策定のための諸原則に関する委員会決定[33]」に依拠しつつ解釈をおこなった[34]。本件上級委員会の解釈手法の是非については評価が分かれるものの[35]，いずれにせよ，WTO 紛争処理の場で非拘束的

---

(29)　G/TBT/32, 29 November 2012, para. 4.

(30)　GRP に関する TBT 委員会の活動経過については，G/TBT/Rev.13, 8 March 2017, paras. 1.1-1.2.

(31)　2019 年 3 月時点で公表されている最新の関連文書として，G/TBT/M/74, 22 May 2018, paras. 2.269-2.292.

(32)　こうした懸念が詳細に述べられているものとして，G/TBT/M63, 19 September 2014, paras. 3.198-3.222; G/TBT/M64/Rev.1, 6 March 2015, paras. 2.299-2.316.

(33)　G/TBT/9, 13 November 2000, para. 20 and Annex 4.

(34)　Appellate Body Report, *United States – Measures Concerning the Importation, Marketing and Sale of Tuna and Tuna Products*, WT/DS381/AB/R, adopted 13 June 2012, paras. 366-378.

(35)　*US – Tuna II* 事件における上級委員会の解釈手法をめぐっては，加盟国のあいだで激しく意見が対立しており，その様子は TBT 委員会会合の議事録にも記されている。たとえば，G/TBT/M63, paras. 3.198-3.222; G/TBT/M64/Rev.1, paras. 2.299-2.316.

◇ 第 10 章 ◇ WTO 紛争処理と司法抑制〔平見健太〕

な委員会決定が協定解釈に際して積極的に活用される様を目にした加盟国が,
GRP 文書に関してもパネル・上級委員会の手で協定の発展的解釈に利用され
るのではないかとの懸念を抱いた結果,コンセンサスにもとづく委員会の意思
決定が暗礁に乗りあげたのである[36]。こうした状況を TBT 委員会議長はつ
ぎのように評している。「我々がこの文書を採択できない理由は,本文書の内
容に関して見解の不一致があるからではなく,本文書が他の機関によっていか
に解釈されうるのかにつき,懸念が存在するからである。(傍点＝筆者)[37]」

　同種の問題は SPS 委員会の活動においても生じている。2013 年にカナダに
よって提案された[38]「SPS 問題への対処のために WTO 加盟国が利用しうる
手段のリスト」を策定する過程で生じた問題がそれである。ここでも問題の構
図は同一であり,WTO 紛争処理の先例が契機となって,本来非拘束的な委員
会決定が紛争処理の場でいかに扱われるのかにつき加盟国のあいだで懸念が生
じ,結果として,委員会の意思決定が立ち往生する事態が長期にわたって生じ
たのである[39]。

　このように,WTO 紛争処理における判断の影響を受けて各種委員会の行政
機能が停滞する例が近年散見されるのであるが,こうした現象は,コンセンサ
スに条件付けられた行政機能と高度の自律性を備えた司法機能とのあいだの不
均衡な関係に端を発して生じているのであり,かかる不均衡な関係が WTO
体制の運営を左右する要因になっていることが,ここでも理解されるのである。

　以上本章では,WTO の制度構造を行政・立法・司法機能の観点から把握し,

---

(36)　中国・インド・インドネシア等の一部加盟国は,同文書が WTO 紛争処理の場にお
　　ける TBT 協定解釈に影響を与えることを防ぐべく,文書へのディスクレーマー条項の
　　挿入を主張しているのに対して,米国・EU 等は,本来的に非拘束的な委員会決定に対
　　してディスクレーマー条項を設けることが,他の委員会決定の位置づけをかえって曖昧
　　にし,委員会の活動に無用の混乱をもたらしかねないとして,拒否の姿勢を貫いている。
　　詳細は,G/TBT/M63, paras. 3.198-3.222; G/TBT/M64/Rev.1, paras. 2.299-2.316.

(37)　Report by the Chairperson to the TBT Committee, G/TBT/GEN/192, 17 March
　　2016, para. 4.

(38)　カナダの提案については,G/SPS/W/271, 7 October 2013.

(39)　本件に関する SPS 委員会の議論と争点を理解するうえで有用な資料として,G/
　　SPS/R/90, 9 May 2018, paras. 4.39-4.57. また,各国の妥協の結果採択された文書として,
　　G/SPS/63, 26 March 2018.

319

◆ 第2部 ◆ 国際貿易紛争処理の制度的課題

立法機能と司法機能，および，行政機能と司法機能の相互関係とそこから生じる問題を考察した。重ねて強調してきたとおり，各機能同士の関係を考察するうえで鍵となったのは，加盟国のコンセンサスに条件付けられている点で自律性と機動性を欠く行政・立法機能と，それらとは正反対に高度の自律性を有し，自己展開してゆく契機を備えた司法機能とのあいだに存する不均衡な関係であった。この不均衡性を背景とした WTO 紛争処理制度の活況が，同制度への政治的圧力をかえって誘引しているのみならず，他の機関の活動にも影響を及ぼし，WTO 全体の制度運営をも左右してきたことは既述のとおりである。

こうした制度的考察は，現在岐路に立たされている WTO 紛争処理制度の在り方を再検討するうえで，重要な示唆を提供するものといえる。というのは，同制度に向けられてきた批判の中核をなす司法積極主義は，上述のとおり単に紛争処理制度内部の問題というよりも，むしろ不均衡な制度構造にこそ問題の根源があると思われるからである。

以下では，こうした不均衡な制度構造のもとでの WTO 紛争処理制度の在るべき位置を探ってゆくこととする。

Ⅲ　司法抑制の可能性

1　処方箋の探求

以上で論じた構造的問題に対するもっとも抜本的かつ効果的な処方箋はといえば，いうまでもなく，各機能間の不均衡性を除去することであろう。すなわち，立法・行政機能（上述の問題状況からすれば，とくに立法）をつかさどる機関の意思決定手続を，コンセンサス方式からより実用的な別の方式に修正することである[40]。もちろん，コンセンサス方式からの転換は意思決定手続の民主的正統性を一定程度低減させてしまう点で問題がないわけではないが，それ

---

(40)　WTO 発足後の早い段階からこうした主張を提起していたものとして，たとえば，Cottier, *supra* note 27, pp 90-91; Claus-Dieter Ehlermann, "Tensions between the Dispute Settlement Process and the Diplomatic and Treaty-making Activities of the WTO", *World Trade Review*, Vol. 1, No. 3 (2002), pp. 305, 308; Ehlermann, *supra* note 14, pp. 635-636. また，WTO 事務局長の諮問委員会が 2004 年に公表した，いわゆるサザランド・レポートにおいても，同一の提案がなされている。Consultative Board to the Director-General Supachai Panitchpakdi, *The Future of the WTO: Addressing the Institutional Challenges in the New Millennium* (2004), p. 55.

◇ 第 10 章 ◇ WTO 紛争処理と司法抑制〔平見健太〕

以上に，コンセンサス方式が桎梏となって立法機能の麻痺が常態化している現況の方が問題といわざるをえない[41]。立法機能の改善がWTO紛争処理制度の抱える上述の問題を解消するうえで重要であることは言うまでもないが，より巨視的にみても，変転著しい経済現象を規律対象とする国際経済法にあっては，法の側にも不断の修正・発展が要求されるのであって[42]，こうした動態性をもたない経済条約体制はおのずとその規律内容が不十分なものとなり，ひいては秩序としての実効性をも喪失しかねない[43]。

このようにWTO体制における立法機能の改善は，本稿で着目する問題の解決にかんがみても，またそれを越える問題意識からしても理想的な方策のように思われる。が，かかる修正自体が既存の意思決定手続の要件に服するのみならず，WTO内の多数派を占める途上国が米国・EU等の先進国と対立しがちな現状をふまえると，多数決原理の導入は，とくに少数派にとっては受け容れがたいものとならざるをえない[44]。よって意思決定方式の改正は，法的にも，また政治的にも実現可能性の低い立法論といわざるをえず，現実的でない。

他方，立法機能の改善とは対極に位置する方策として，WTO紛争処理制度側の自律性を減殺すべく，手続に対する加盟国の政治的コントロールを強化する提案（すなわち，司法化された紛争処理手続の「退化」）がなされることもある[45]。DSU改正交渉において米国が加盟国コントロールの導入を長年にわたって強く求めてきたことは，その典型例といえる[46]。しかしこうした提案は，他の加盟国からの支持を得られていない点で実現性は乏しく，そのうえ

---

(41)　von Bogdandy, *supra* note 10, p. 632.

(42)　GATT期の数次にわたるラウンド交渉が，法秩序としてのGATTの実効性を時代にあわせて更新してゆく意義をもっていたことは，いうまでもない。

(43)　平見健太「国際経済法秩序の動態と相互主義の論理(1)」『早稲田法学会誌』67巻2号（2017年）388-393頁。*See also*, von Bogdandy, *supra* note 10, pp. 623, 649.

(44)　Steinberg, *supra* note 21, pp. 273-274. スタインバーグによれば，米国やEUは，コンセンサス慣行の存在ゆえにWTOの意思決定においても主導権を握り続けることができたのであり，現に米国やEUは，投票にもとづく意思決定を一貫して拒否してきた経緯があると指摘している。

(45)　こうした主張のなかでも最も耳目を集めたものとして，Claude E. Barfield, *Free Trade, Sovereignty, Democracy: The Future of the World Trade Organization* (AEI Press, 2001), pp. 37, 111.

(46)　DSU改正交渉における米国提案の概要については，TN/DS/25, 21 April 2011, pp. A41-A42 を参照。

◆ 第 2 部 ◆　国際貿易紛争処理の制度的課題

WTO 紛争処理制度の司法化の経緯と制度趣旨にかんがみても，問題があると
いわざるをえない。ウルグアイ・ラウンドにおける紛争処理制度のさらなる司
法化[47]は，紛争処理手続の強化を模索してきた米国と，301 条に代表される
米国の一方的措置を制約したい他の国々とのあいだで利害が一致した結果であ
り[48]，双方の立場に共通する目的は，交渉結果たる条約内容の忠実な適用を
確保する点にあった[49]。ゆえに，WTO 紛争処理手続を GATT 期のような外
交的性格を備えた手続に退化させることは，司法化を通じて片を付けたはずの
問題を再び呼び起こすことになりかねず，この点で，加盟国コントロールの導
入には細心の注意を払う必要があろう[50]。

　かくして現行の WTO 体制においては，よほどの事情の変化のない限り，
制度間の不均衡性を解消することは困難であると思われる。それでは，かかる
不均衡性を前提とせざるをえない制度構造のなかで，司法積極主義への傾斜に
対処するために WTO 紛争処理制度はいかなる対応をとることができるのだ
ろうか。

2　パネル・上級委員会の置かれた位置

　一般論として，法と政治の交錯しがちな領域にあっては司法機関の行使する
大きな力は多大なリスクと表裏一体であり，こうしたリスクを回避すべく，司
法権の限界を画定したり，司法の自己抑制（judicial self-restraint）ないし司法
抑制（judicial restraint）の法理を構築する試みが時代を通じてなされてき
た[51]。この点，WTO のパネル・上級委員会は，かねてより指摘されてきた
とおり，国内の通常の裁判所とは異なり，司法判断になじまない問題を回避す
るための能力を著しく欠いているといえる。

---

(47)　「さらなる司法化」の含意については，Steger, *supra* note 24, p. 769.

(48)　Robert E. Hudec, "The New WTO Dispute Settlement Procedure: An Overview of
the First Three Years", *Minnesota Journal of Global Trade*, Vol. 8, No. 1 (1999), p. 13;
Shany, *supra* note 9, p. 190.

(49)　Steinberg, *supra* note 21, p. 250.

(50)　*Ibid.*, p. 274. このほかに，WTO 紛争処理手続を「退化」させる提案に反対するもの
として，たとえば，Charnovitz, *supra* note 22, p. 233; Ehlermann, *supra* note 14, pp. 635-
636; Davey, *supra* note 15, p. 477; Mercurio, *supra* note 16, pp. 226-227.

(51)　John P. Roche, "Judicial Self-Restraint", *American Political Science Review*, Vol. 49,
No. 3 (1955), p. 764.

◇ 第 10 章 ◇ WTO 紛争処理と司法抑制〔平見健太〕

　たとえば元・上級委員のエラーマン（Claus-Dieter Ehlermann）が述懐すると
ころによれば，政治的に微妙な事案が紛争処理手続に申し立てられた場合，た
とえパネル・上級委員会自身がこの種の問題を扱うことに躊躇したとしても，
制度上，これら問題についての法的判断を回避することはできないとしており，
その主たる根拠として，DSU3 条 2 項と 17 条 12 項を挙げている[52]。また
バーテルズ（Lorand Bartels）も，パネル・上級委員会等が紛争処理に適さない
問題に直面した場合にとりうる手段を，パネル設置の段階，管轄権の存否判断
の段階，本案審理の段階に分けて，DSU の関連規定にもとづき詳細に検討し
ているが，その結果，適切に申し立てられた事案については判断を回避するた
めの手段をパネル・上級委員会は事実上持ち合わせていない，と結論づけてい
る[53]。

　こうした論者の分析を裏書きするかのように，*Mexico – Taxes on Soft
Drinks* 事件において上級委員会は，ひとたび有効に設定された管轄権につき
パネルがその行使を控えることは，DSU 上のパネルの義務（DSU7 条，DSU11
条）に反するとともに，協定違反の是正を求めて（DSU23 条）紛争を提起する
（DSU3.3 条）加盟国の権利を減じることになるとして，パネルの管轄権不行使
の裁量を否定している[54]。要するに，一面では DSU 上のパネルの義務の側面

---

(52)　Ehlermann, *supra* note 40, p. 305. 当時現職の上級委員が同様の見解を述べたものと
　　して，James Bacchus, "The Bicycle Club: Affirming the American Interest in the Fu-
　　ture of the WTO", *Journal of World Trade*, Vol. 37, No. 3 (2003), p. 439.

(53)　Bartels, *supra* note 20, pp. 868-894. なおバーテルズは，本案審理段階の問題として，
　　個別事案における法が不明瞭な場合には，パネル・上級委員会は DSU 上，裁判不能
　　（*non liquet*）を宣言しうるとし，また，司法積極主義に伴う政治的批判を回避するため
　　にも，裁判不能を宣言すべきであると主張している。*Ibid.*, pp. 874-877, 894. 他方でデイ
　　ビーは，GATT や WTO において裁判不能が宣言された例の存在を認めつつも，一般論
　　としての裁判所の役割を重視し，「裁判不能は WTO 紛争処理が利用すべき技術ではな
　　いと考える」と述べている。詳細は，William J. Davey, "Has the WTO Dispute Settle-
　　ment System Exceeded Its Authority?: A Consideration of Deference Shown by the
　　System to Member Government Decisions and Its Use of Issue Avoidance Techniques",
　　Journal of International Economic Law, Vol. 4, No. 1 (2001), p. 106. 裁判不能に関するこ
　　うした見解の相違は，各論者が，WTO 紛争処理の司法積極主義的傾向をどの程度深刻
　　な問題として捉えているかを端的に現しているように思われる。

(54)　Appellate Body Report, *Mexico – Tax Measures on Soft Drinks and Other Beverages*,
　　WT/DS308/AB/R, paras. 47-53, 57. *See also*, Panel Report, *Russia – Measures Concern-*

◆ 第2部 ◆ 　国際貿易紛争処理の制度的課題

から，他面では DSU 上の加盟国の手続的権利の側面から，パネルの管轄権には堅固な基礎が付与されているのである。

　この点上級委員会は，初期の判例である *US – Wool Shirts and Blouses* 事件[55]や *Australia – Salmon* 事件[56]において，いわゆる訴訟経済（judicial economy）の行使が DSU 上許容されることを示し，「紛争に関する明確な解決を確保すること」（DSU3 条 7 項）にとって必ずしも必要でない論点の検討を回避するための法理として確立させてきた[57]。この訴訟経済の法理は，パネル・上級委員会が司法積極主義に陥ることを回避する技術（avoidance techniques[58]）として一定の有用性を持つと思われる一方[59]，あくまで紛争の処理にとって不要な論点を回避し効率的な訴訟運営を実現することを本旨とする技術であって[60]，紛争の鍵をなす論点の回避を許容するものではない。ゆえに訴訟経済の法理は，不均衡な制度構造に端を発する司法積極主義を回避するための技術としては，限界があると言わざるをえない。

　このようにパネル・上級委員会は，DSU にその権限の基礎を求める限り，適切に提起された事案については最終的な判断を回避することがきわめて困難な立場に置かれているといえ，かかる状況は，上級委員会自身の文言主義に傾斜した解釈アプローチを通じて強化すらされているように思われる[61]。こう

---

　　ing Traffic in Transit, WT/DS512/R, fn. 183.

(55)　Appellate Body Report, *United States – Measures Affecting Imports of Woven Wool Shirts and Blouses from India*, WT/DS33/AB/R, adopted 23 May 1997, pp. 17-20.

(56)　Appellate Body Report, *Australia – Measures Affecting the Importation of Salmon*, WT/DS18/AB/R, adopted 6 November 1998, para. 223.

(57)　WTO における訴訟経済の法理については，清水茉莉「WTO における『訴訟経済』の行使の機能―― false か否かの境界線から」『日本国際経済法学会年報』27 号（2018 年）138-164 頁。

(58)　Robert E. Hudec, "GATT Dispute Settlement after the Tokyo Round: An Unfinished Business", *Cornell International Law Journal*, Vol. 13, No. 2 (1980), pp. 189-192, 197.

(59)　Petros C. Mavroidis & Thomas J. Prusa, "Die Another Day: Zeroing in on Targeted Dumping – Did the AB Hit the Mark in *US – Washing Machines*?", *World Trade Review*, Vol. 17, No. 2 (2018), p. 245; Bartels, *supra* note 20, pp. 876-877; Davey, *supra* note 53, pp. 108-110; Ehlermann, *supra* note 40, p. 305; Shany, *supra* note 9, p. 207; Steinberg, *supra* note 21, p. 269.

(60)　"judicial economy", *Black's Law Dictionary* (9th ed., 2009), p. 923.

◇ 第10章 ◇ WTO 紛争処理と司法抑制〔平見健太〕

して，不均衡な制度構造を背景とした WTO 紛争処理の司法積極主義への傾斜はほとんど不可避のようにも思われるが，かといってこうした状況はそのまま放置されるべきものではない。ここであらためて着目したいのは，WTO 体制が立法・行政・司法という，権力分立原理に類似の権限配分・役割分担の構造を採用している点である。こうした WTO の制度的前提が司法抑制の法理を導出するための端緒となりえないか，試論ながら以下で検討してみたい。

3 権限配分構造を根拠とした司法抑制の可能性

かつて WTO 紛争処理の場で，WTO の制度構造を根拠にパネルの管轄権を否定せんとする主張がなされたことがあった[62]。*India – Quantitative Restrictions* 事件[63]がそれである。同事件では，国際収支上の理由にもとづきインドが採用していた輸入制限措置の GATT 整合性が争われたが，被申立国たるインドは，同輸入制限措置が GATT18 条 B により正当化されると主張すると同

---

(61)　その是非はともかくとして，こうした点は，以下で扱う *India – Quantitative Restrictions* 事件や *Turkey – Textiles* 事件における上級委員会の判断やその理由付けにもよく現れている。

(62)　なお，GATT 期にも，GATT 内部の権限配分構造にもとづきパネルの管轄権の存否が争われた紛争事案が存在した。たとえば，国際収支上の目的による輸入制限措置に関しては，GATT Panel Report, *Republic of Korea – Restrictions on Imports of Beef –Complaint by the United States*, L/6503, adopted 7 November 1989; GATT Panel Report, *Republic of Korea – Restrictions on Imports of Beef –Complaint by the Australia*, L/6504, adopted 7 November 1989; GATT Panel Report, *Republic of Korea – Restrictions on Imports of Beef –Complaint by the New Zealand*, L/6505, adopted 7 November 1989. また GATT24 条関係では，GATT Panel Report, *European Community – Tariff Treatment on Imports of Citrus Products from Certain Countries in the Mediterranean Region*, L/5776, 7 February 1985, unadopted; GATT Panel Report, *EEC – Member States' Import Regimes for Bananas*, DS32/R, 3 June 1993, unadopted. ただし，GATT と WTO では制度構造がそもそも異なり，関連報告書も未採択のものが少なくないなど，先例としての意義を評価することが容易でないため，これら報告書の詳細な検討は別稿に譲り，とりあえず本稿では扱わないこととした。

(63)　Appellate Body Report, *India – Quantitative Restrictions on Imports of Agricultural, Textile and Industrial Products*, WT/DS90/AB/R, adopted on 22 September 1999 (hereinafter, *India – Quantitative Restrictions*); Panel Report, *India – Quantitative Restrictions on Imports of Agricultural, Textile and Industrial Products*, WT/DS90/R, adopted on 22 September 1999, upheld by Appellate Body Report, WT/DS90/AB/R.

◆ 第 2 部 ◆　国際貿易紛争処理の制度的課題

時に，GATT12 条や 18 条の文脈における国際収支関連の問題の評価について
は，政治的機関たる国際収支制限委員会（BOP 委員会）および一般理事会にそ
の権限が割り当られているため，司法機関たるパネルはこうした事情を考慮し
てみずからの管轄権の範囲を決定しなければならないと主張した[64]。要する
に，WTO 設立協定等を通じて設定された WTO 内の権限配分構造をふまえ，
適切な「制度間の均衡（institutional balance）[65]」を維持する観点から，本件
に関してパネルは管轄権行使を控えるべきであるとの趣旨である[66]。

　本件にて問題とされた権限配分の構造を確認しておくと，1994 年 GATT の
国際収支に係る規定に関する了解（BOP 了解）によれば，一方で BOP 委員会
は，国際収支を理由とする輸入制限措置を審理し，場合によっては代替措置を
提案したり，GATT 不整合な措置を撤廃するための期間を提案する責務を有
しており，かかる委員会活動をふまえて一般理事会が問題を監督し，勧告をな
すことと規定されている[67]。他方で BOP 了解の脚注 1 は，「紛争解決了解に
よって詳細に定められて適用される千九百九十四年のガットの第二十二条及び
第二十三条の規定は，国際収支上の目的のためにとられる輸入制限的な措置の
適用から生ずる問題（any matters arising from the application of restrictive import
measures）について，適用することができる」と規定しており，上記問題に該

---

(64)　インドの主張の詳細は，Appellate Body Report, *India – Quantitative Restrictions*,
　　　paras. 8-28, 98-99.
(65)　報告書によれば，インドは EU 法上のいわゆる institutional balance の原則に言及
　　　していることから，本原則を参照して WTO の場でも同じ名称を用いたものと思われる。
　　　Ibid, paras. 9-10.
(66)　本件を批評したバーテルズによれば，インドのかかる主張は一見したところ管轄権
　　　の存否を問題にしているようにみえるが，実際には司法判断適合性（justiciability）に
　　　関する主張と解する方が適切であろうと指摘している。Bartels, *supra* note 20, p. 878.
(67)　詳細は，1994 年 GATT の国際収支に係る規定に関する了解 5 項～13 項を参照。近
　　　時の例では，2015 年 3 月にエクアドルが国際収支を理由とする輸入制限措置を導入した
　　　際，同国の通報にもとづき BOP 委員会で協議がおこなわれた。問題となった輸入制限
　　　措置の GATT 整合性に関して加盟国間で見解が分かれつつも，6 度にわたる BOP 委員
　　　会の協議を経て，2017 年 7 月にエクアドルは当該輸入制限措置を撤廃するに至った。詳
　　　細は，WT/BOP/R/114, 31 August 2017; WT/GC/M/169, 17 November 2017, paras. 5.
　　　1-5.12. このように，ときとして中長期にわたりながらも政治的・外交的に問題を処理し
　　　てゆくことが行政機関たる委員会活動の本旨であり，上記エクアドルの事例は委員会活
　　　動の典型例といえる。

◇ 第10章 ◇ WTO 紛争処理と司法抑制〔平見健太〕

当する場合には司法機関たるパネル・上級委員会の管轄権が設定されうること
を明示している。行政機関と司法機関のかかる権限配分構造を前提として，イ
ンドは，本件輸入制限措置については BOP 委員会および一般理事会こそが適
切な審理機関であるため，パネルはその審理を控えるべきであると主張したの
であった。

　結論を先取りすると，このような institutional balance 論に依拠したインド
の主張は，その主張内容と立論が必ずしも明確でなかったこともあり[68]，パ
ネル・上級委員会のいずれによっても退けられている。ここではインドの主張
をより詳細に検討した上級委員会の判断をとりあげるが，第1にパネルの管轄
権に関しては，上級委員会はまず，上述の BOP 了解脚注1の "any matters"，
"arising from"，"application" の各文言に着目し，これらを文理解釈すること
によって，GATT18条 B にもとづく措置の「正当化」の問題であっても当然
にパネルの管轄権が及ぶことを確認した[69]。そのうえで institutional balance
論の問題に移り，本件のような状況下でパネルが審理を控えなければならない
とすれば，GATT23条や BOP 了解脚注1にもとづき明示的に付与されている
加盟国の手続的権利（すなわち WTO 紛争処理に申し立てる権利）を減じてしま
うこと，加えて，BOP 委員会とパネルとでは果たす機能がお互いに異なるこ
となどを理由に，インドの主張を退けたのである[70]。

　上級委員会のかかる結論と理由付けは至極もっともであり[71]，とりわけパ
ネルの管轄権の存在が BOP 了解を含む関連規定上に明確に基礎づけられてい
る以上，これに反論することは至難の業であろう。

---

(68)　報告書から読み取れる限りでは，インドは，みずからが institutional balance の
　　「原則」と称するものが WTO 法上の原則として存在するとの前提で主張を展開する一
　　方で（*e.g.*, Appellate Body Report, *India – Quantitative Restrictions*, para. 99），そもそも
　　WTO において institutional balance への配慮がなぜ要請されるのか（必要性），そして
　　かかる配慮をおこなうことが WTO 協定上いかに許容されるのか（許容性）を，説得的
　　に論じていなかった。よって上級委員会も，institutional balance なる原則の存在をイン
　　ドが立証できていないとして処理することで，その主張の根幹を容易に否定している。

(69)　Appellate Body Report, *India – Quantitative Restrictions*, paras. 89-95.

(70)　*Ibid.*, paras. 98-105.

(71)　該当部分の上級委員会の判断を同じく肯定的に評価するものとして，Bartels, *supra*
　　note 20, p. 878; William J. Davey, "Comment to Frieder Roessler", *in* Porter et al. (eds.),
　　supra note 20, pp. 329-331.

327

◆ 第2部 ◆ 国際貿易紛争処理の制度的課題

　本稿の問題意識からするとより興味深いのが，インドの第2の主張である。すなわち，国際収支上の制限に関する問題についてたとえパネルが管轄権を有するとしても，パネルはこれらの問題に関して司法抑制（judicial restraint）を働かせるべきである，との主張である[72]。かかるインドの主張に対して上級委員会は，まず，管轄権の存在を前提とした司法抑制の主張が，パネルの管轄権を否定せんとするインドの第1主張と矛盾していること，つぎに，もし司法抑制の行使がパネルの審理を控えることを意味するとすれば，かかる司法抑制は上述のとおり BOP 了解や DSU の関連規定に反することになると述べ，本主張を退けている[73]。上級委員会報告書によれば，こうしたインドの主張は口頭聴聞の段階で提示されたものであり[74]，それゆえ議論が不十分であった可能性は否定できないが，いずれにしても上級委員会は，インドの主張内容を吟味するというよりは，他の主張との矛盾の指摘や概念の操作を通じて主張を退けており，司法抑制の議論への深入りは巧みに回避されている。その結果，インドの第2主張の趣旨であった，パネルが管轄権を有するとした場合に，パネルは WTO の権限配分構造をふまえて司法抑制を働かせるべきかという問題については，確たる見解が示されぬまま曖昧に処理されたのである[75]。

　この点注目に値するのは，上級委員会がインドの第1主張を退ける過程で，パネルの権限と BOP 委員会および一般理事会の権限は互いに抵触するものではないと述べる一方，パネルが審理をおこなうに際しては，「BOP 委員会の審議と結論を考慮すべきである（should take into account）」と指摘している点である[76]。institutional balance の原則が WTO 法上の原則レベルで存在するかどうかはともかく，こうした他の機関の活動や判断への配慮の必要性は，まさに WTO の権限配分構造や役割分担の在り方から生じているのであり，これこそが WTO 内の institutional balance への配慮にほかならないからである[77]。

---

(72)　Appellate Body Report, *India – Quantitative Restrictions*, para. 106.

(73)　*Ibid.*, paras. 107-108.

(74)　*Ibid.*, para. 106.

(75)　Frieder Roessler, "The Institutional Balance between the Judicial and the Political Organs of the WTO", *in* Marco Bronckers & Reinhard Quick (eds.), *New Directions in International Economic Law: Essays in Honour of John H. Jackson* (Kluwer Law International, 2000), pp. 336-337.

(76)　Appellate Body Report, *India – Quantitative Restrictions*, para. 103.

(77)　この点，ジャクソン（John H. Jackson）の以下の所見は，直接的には国際収支の問

◇ 第 10 章 ◇ WTO 紛争処理と司法抑制〔平見健太〕

　かくして上記判例の分析を通じて，つぎのことが理解されるであろう。すなわち第 1 に，パネル・上級委員会の管轄権は DSU その他の明文規定上に堅固な基礎を有している以上，WTO の権限配分構造に依拠したとしてもその管轄権自体を否定することは困難であること，第 2 に，管轄権が存在するとして，パネルがその審理過程で司法抑制を働かせることができるのかにつき，上級委員会は一見否定しているようにみえて，その実，肝心なことは何も述べていないこと，とはいえ第 3 に，WTO の権限配分構造上，パネルの審理に際しては他の機関の活動に配慮すべき場合があることを，上級委員会自身明確に認識していること，である。

　なお，以上の *India – Quantitative Restrictions* 事件とほぼ時を同じくして，GATT24 条の問題が主たる争点となった *Turkey – Textiles* 事件[78]においても，WTO 内部の権限配分構造とパネルの管轄権の問題が関連づけられて議論されている。具体的には，関税同盟それ自体の GATT24 条整合性を評価する権限をパネルが有するか否かが問題となった際に，パネルは，地域貿易協定については WTO 内の地域貿易協定委員会（CRTA）が経済的・法的・政治的観点から評価をおこなう任務を担っていることをふまえて，関税同盟それ自体の GATT 整合性の評価に関しては，「一般的には」CRTA に相応しい問題であると指摘した[79]。そのうえで，パネルがかかる問題につき管轄権を有するかどうかは議論の余地があるとし[80]，最終的には訴訟経済を行使してこの点に関

　題を扱ったものであるとはいえ，一般論として WTO の権限配分構造を前提とした司法抑制の必要性を理解するうえでも示唆的である。曰く，GATT の国際収支関連規定の適用には「合理的な人間の間でも見解が分かれるほどの困難な経済的判断を要するために，かかる規定の遵守を導くための試みとしては，法的義務違反の認定を目的とした分析的な法の運用よりもむしろ，説得や交渉，国際的な圧力といったものが，その主たる手段となってきた。」John H. Jackson, *World Trade and the Law of GATT* (Bobbs-Merrill, 1969), p. 682.

(78)　Appellate Body Report, *Turkey – Restrictions on Imports of Textile and Clothing Products*, WT/DS34/AB/R, adopted 19 November 1999 (hereinafter, *Turkey – Textiles*); Panel Report, *Turkey – Restrictions on Imports of Textile and Clothing Products*, WT/DS34/R, adopted 19 November 1999 as modified by Appellate Body Report, WT/DS34/AB/R (hereinafter, *Turkey – Textiles*). 本件に関する評釈のなかで，WTO の権限配分構造に由来する機関間の管轄権競合の問題にも目を向けたものとして，岩沢雄司「トルコの繊維・繊維製品輸入制限」松下・清水・中川編・前掲注(19)190-191 頁。

(79)　Panel Report, *Turkey – Textiles*, para. 9.52.

◆ 第2部 ◆ 国際貿易紛争処理の制度的課題

する判断を慎重に回避している[81]。

他方で上級委員会は，以上の論点が上訴されていないにもかかわらず，傍論[82]においてパネルの上記見解をとりあげ，その見解と対立する内容をもった India – Quantitative Restrictions 事件上級委員会報告書中のみずからの説示[83]に言及し，関税同盟それ自体の GATT24 条整合性の評価についてもパネルの管轄権が及ぶことを暗に肯定したのである[84]。こうした遠回しな議論を通じて上級委員会がパネルの管轄権を肯定したとする理解は，現に多くの論者によっても共有されている[85]。

本件は，GATT24 条の問題に関するパネルの管轄権の存否が問題となった事案であって，管轄権の存在を前提とした司法抑制の在り方が問題となったわけではないが，報告書中に垣間見えるパネルと上級委員会の見解の対立は，WTO 内の機関同士の権限配分ないし役割分担にかかわる問題がいかに微妙な問題であるかを物語っている。そしてこうした対立構造のなかで，レスラー（Frieder Roessler）[86]やデイビー[87]といった GATT/WTO のインサイダーたる論者達が，あるべき役割分担への配慮を示すパネルのアプローチを積極的に

---

(80) *Ibid.*, para. 9.53.

(81) *Ibid.*, para. 9.54.

(82) 上級委員会による傍論の濫用傾向とその問題性を指摘するものとして，玉田大「WTO 紛争解決手続における先例拘束原則」『日本国際経済法学会年報』27 号（2018 年）129 頁。

(83) 上級委員会が言及したのは，Appellate Body Report, *India – Quantitative Restrictions* の paras. 80-109 であるが，本文で詳細に扱ったように，該当パラグラフでは，WTO 内の権限配分構造（BOP 委員会の審査権限とパネルの審査権限の競合）があるからといって，DSU 上に堅固な基礎を持つパネルの管轄権は否定されない旨，上級委員会が判断している。

(84) Appellate Body Report, *Turkey – Textiles*, para. 60.

(85) たとえば，Roessler, *supra* note 75, p. 338-340; Bartels, *supra* note 20, p. 879; 岩沢・前掲注(78)191 頁；Howse, *supra* note 20, p. 35.

(86) Roessler, *supra* note 75, pp. 337-344. なおレスラーは，FTA それ自体の GATT24 条整合性評価がパネルの能力をはるかに超える政策的判断を伴わざるをえないために，そもそもパネルの審理になじまないと主張することに加え，現行の DSU 上，共同被申立国（co-defendant）の地位が認められない以上，FTA の一方当事者が手続に参加しえない中で当該 FTA の合法性が判断されることもまた問題であると指摘している。*Ibid.*, p. 332.

(87) Davey, *supra* note 53, pp. 87-88.

◇ 第 10 章 ◇ WTO 紛争処理と司法抑制〔平見健太〕

支持している点は注目されよう。

いずれにしても，以上の先例（とくに *India – Quantitative Restrictions* 事件）をふまえると，パネル・上級委員会の権限は DSU その他の明文規定上に堅固な基礎を有しているため，かかる前提のもとでは，WTO の権限配分構造が司法判断を一切排除するための論理として機能する余地は乏しいものと考えられる。他方で，こうした権限配分構造が審理の在り方を規定する要因にはなりうると思われ，具体的には，パネルに司法抑制を働かせる契機として機能する余地は十分にあると解すべきであろう。

であるならば，パネル・上級委員会が，WTO 設立協定等に基礎をもつ権限配分・役割分担の構造を根拠に，たとえばその審理密度を調整して他の機関に敬譲（deference）を払うなどの，何らかの司法抑制の法理・技術を導くことに特段問題はないように思われる。ましてや，訴訟経済のように明文上に直接の基礎をもたない法理を創出したことにつき加盟国から批判が出ていない状況にかんがみても，WTO の制度的前提をふまえた司法抑制の法理・技術を構築してゆくことは十分可能であろう。

そして，不均衡な制度構造を背景として司法積極主義に陥りがちなパネル・上級委員会にあっては，WTO の権限配分構造に依拠して司法抑制の法理を積極的に構築してゆくことが望ましいとすら言える[88]。そうすることによってはじめて，みずからが司法積極主義に陥ることを一定程度回避することができ[89]，また，かかる司法抑制の適切な行使こそが，WTO 紛争処理を加盟国の政治的圧力から保護し，ひいてはこれまでに積みあげてきた判例法の価値と正統性を維持することにも繋がってゆくのである[90]。

---

(88)　WTO 内における紛争処理制度の位置（とくに上級委員会の強大な権限）にかんがみて，何らかの司法抑制の法理を構築すべきことを WTO 発足後間もない段階で提言していた，Cottier, *supra* note 27, pp. 90-91 は注目に値する。そのほかに，WTO 紛争処理において司法抑制の法理を構築することが望ましい旨を論じたものとして，Davey, *supra* note 71, p. 331; Ehlermann, *supra* note 40, p. 305.

(89)　既述のとおり，制度間の不均衡性はパネル・上級委員会が司法積極主義に陥る構造的要因として重要ではあるものの，WTO 紛争処理にて観察されるすべての司法積極主義的傾向を説明するものではない。

(90)　シャハブディーン判事（Mohamed Shahabuddeen）は，司法抑制が判例法の価値を維持するとともに，裁判所の司法的性格を守ることに資するとし，このことは国家間の法（inter-State law）を処理する文脈において特に当てはまると指摘している。

◆ 第2部 ◆ 国際貿易紛争処理の制度的課題

Ⅳ おわりに

　本稿では，WTO の制度的特質である立法・行政・司法機能間の不均衡な関係性をふまえ，こうしたユニークな制度構造が WTO 紛争処理の司法積極主義的傾向をいかに誘発しているのか，そしてこの司法積極主義に対していかなる処方箋がありうるのかを探った。既述のとおり，以上の問題に対する最善の策が立法機能の改善にあることは言を俟たないが，しかしかかる方策が現実的でない以上，当の WTO 紛争処理制度の側に何らかの対応を期待するほかない。

　かくして本稿では，WTO が権力分立になぞらえた権限配分構造を採用している点に着目し，こうした制度的前提が，パネル・上級委員会による司法抑制のための基礎になりえないかを論じた。本稿での議論は試論の域を出るものではないが，ここでの議論に対してより堅固な理論的基礎を与え，なおかつ実践性のある司法抑制論に深化させてゆくためには，今後以下の点を検討することが有益であると思われる。

　第1に，WTO において，あるいはより一般的に国際組織において，本来的には国家統治の原理である権力分立を観念することができるのか，まずもって検討されるべきであろう[91][92]。というのは，国内社会においては，抑制と均衡（check & balance）のシステムとしての権力分立原理が，ある種の司法抑制

　　Mohamed Shahabuddeen, *Precedent in the World Court* (Cambridge University Press, 1996), p. 221. かかる言明は ICJ を念頭に置いたものとはいえ，WTO 紛争処理にとっても傾聴に値する指摘である。

(91)　クラバース（Jan Klabbers）によれば，国際組織内部の機関同士の関係において「抑制と均衡」がどの程度機能しうるのか，これまで研究の焦点が当てられたことはほとんどなく，国際組織法上の一般規則もほぼ存在しないという。Jan Klabbers, "Checks and Balances in the Law of International Organizations", *in* Mortimer Sellers (ed.), *Autonomy in the Law* (Springer, 2007), pp. 141-142, 161-163.

(92)　シュヘルメルス＆ブロッカー（Henry G. Schermers & Niels M. Blokker）は，権力分立概念に類似した EU 法上の institutional balance の原則につき，現状では他の国際組織には見られない原則であると評価している。Henry G. Schermers & Niels M. Blokker, *International Institutional Law: Unity within Diversity* (Martinus Nijhoff, 4th ed., 2004), paras. 220-222.

◇ 第 10 章 ◇ WTO 紛争処理と司法抑制〔平見健太〕

の法理・技術を導くうえでの重要な理論的基礎となってきたからである[93]。たとえば米国における「政治問題の法理」[94]や，我が国における「統治行為論」[95]は，権力分立原理を基盤とした司法部門と政治部門の適正な役割分担をその本質とする司法抑制論といえる[96]。ゆえに，WTO の権限配分構造のもとでも権力分立原理が妥当しうるとなれば，WTO 紛争処理における司法抑制の法理・技術を構築するうえで，より強力な理論的基礎を見いだすことになろう。

　むろん，権力分立の目的が個人の政治的自由を保障する点にあるとする伝統的理解[97]に従えば，この原理が WTO はおろか，およそ国際組織に妥当しうるのか，疑問をなしとしない。しかし近年，権力分立原理そのものを捉え直そうとする動きがみられ（いわゆる「機能的権力分立論」[98]），そこでは「機関構造に適した機能配分」や「機関間の適正な協働秩序」の実現こそが，権力分立の重要な目的であると解されるようになっている[99]。こうして捉え直された

---

(93)　フランス，イギリス，米国，そして我が国にみられる司法抑制論の一部が，権力分立原理に基礎づけられていることを紹介したうえで，批判的に考察するものとして，奥平康弘「『統治行為』理論の批判的考察」『法律時報（臨時増刊――自衛隊裁判）』45 巻 10 号（1973 年）61-83 頁。

(94)　政治問題の法理の展開については，大林啓吾「政治問題の法理のゆくえ」『法学研究（慶應義塾大学）』87 巻 2 号（2014 年）を参照。

(95)　統治行為論については，宍戸常寿「統治行為論について」浦田一郎・加藤一彦・阪口正二郎・只野雅人・松田浩編『立憲主義と憲法理論（山内敏弘先生古稀記念論文集）』（法律文化社，2010 年）を参照。

(96)　なお，両法理は共通して裁判における適用場面が狭小化してきており，替わって，裁判所の管轄権が及ぶことを前提に他の機関の裁量をどの程度認めるべきかといった，より精緻な裁量論を通じて問題が処理されるようになってきている。詳細は，大林・前掲注(94)228-229 頁；宍戸・前掲注(95)238-243 頁。このように管轄権や司法判断適合性の存否という二者択一の議論から，審査密度の調整というニュアンスのある司法抑制論へと転換してゆく傾向は，司法機関の役割を最大限尊重しながらも，法と政治の交錯領域において向かうべき妥協点を示しているようであり，文脈の違いはあれど，WTO 紛争処理にとっても示唆するところが大きいように思われる。

(97)　清宮四郎『権力分立制の研究』（有斐閣，1950 年）1-13 頁；M. J. C. Vile, *Constitutionalism and the Separation of Powers* (Oxford University Press, 1967), p. 14.

(98)　1980 年代以降のドイツにおいては，こうした新たな権力分立理解が徐々に浸透しつつあるという。詳細は，村西良太『執政機関としての議会――権力分立論の日独比較研究』（有斐閣，2011 年）151-201 頁。

333

◆ 第2部 ◆ 国際貿易紛争処理の制度的課題

権力分立概念は，国際組織にとっても幾分親和的であるように思われるが，詳細な検討は他日を期したい。

第2に，以上をふまえながらも，WTO の制度構造に相応しい精緻な司法抑制の法理・技術を導出するためには，権力分立概念の限界をも認識しておく必要がある。すなわち，権力分立が抑制と均衡のための原理であるとしても，かかる抽象的な原理から，各機関が具体的にいかなる程度の権限を保持し行使すべきかといった，権限配分の具体的形態とその程度が直ちに明らかになるわけではない(100)。つまり，たとえ司法抑制が権力分立原理に強固な基礎づけを有するとしても，そこから自動的に精緻な司法審査の技術が導かれるわけではないのであって，結局は，設立文書等に見出される具体的な制度構造や権限配分の在り方を前提として，紛争処理制度の組織上・手続上の特徴や，問題に対する法的評価が条約体制にもたらしうる影響等も勘案し，文脈に応じた具体的な司法抑制の法理・技術を構築してゆくことが必要になるであろう。

いずれにしても WTO 紛争処理制度は，抽象的な司法機関として存在しているのではなく，WTO という多数国間条約体制の一翼を担う制度として創設されたのであり(101)，かかる制度的文脈を抜きにして，そのあるべき位置や機能を語ることはできない。であるならば，現在の WTO 体制の制度的前提のもとで，その紛争処理制度はいかに位置づけられ，何をなすことが条約上求められているのかが再考されなければならないであろう。そして当の紛争処理制度の側も，みずからが奉仕すべきは条約体制の実効的な運営であることを念頭に，かかる体制の一翼を担う機関としての賢慮（prudence）を発揮することが，個々の紛争処理に際して求められるのである。

［謝辞］本研究は JSPS 科研費　JP17J09742 の助成を受けたものです。

---

(99)　同上，163-164 頁。

(100)　Paul Daly, *A Theory of Deference in Administrative Law: Basis, Application and Scope* (Cambridge University Press, 2012), p. 45.

(101)　Shany, *supra* note 9, p. 192.

第11章

安全保障例外条項と紛争処理の限界
——司法判断適合性の観点から——

堀 見 裕 樹[1]

I　は じ め に

　世界貿易機関を設立するマラケシュ協定（WTO協定）の付属書の一部を構成する1994年の貿易及び関税に関する一般協定（以下，本章では単にGATTとする。）には，世界貿易機関（WTO）の紛争解決においてしばしば争点となる第20条の一般例外に加えて，もう一つの例外条項が存在する。それがいわゆる安全保障例外を規定する第21条である[2]。WTO設立以降，その紛争解決

---

(1)　筆者は本章の執筆時において外務省経済局国際経済紛争処理室の国際経済紛争調査員を務めているが，本章中で意見にわたる部分はあくまでも筆者の個人的な意見であり，筆者の所属する機関の見解を表すものではない。加えて，本章において参照されている資料等は全て一般に公表されているものであることを申し添える。

(2)　同条の公定訳は次の通り。

「この協定のいかなる規定も，次のいずれかのことを定めるものと解してはならない。

(a) 締約国に対し，発表すれば自国の安全保障上の重大な利益に反するとその締約国が認める情報の提供を要求すること。

(b) 締約国が自国の安全保障上の重大な利益の保護のために必要であると認める次のいずれかの措置を執ることを妨げること。

(ⅰ) 核分裂性物質又はその生産原料である物質に関する措置

(ⅱ) 武器，弾薬及び軍需品の取引並びに軍事施設に供給するため直接又は間接に行なわれるその他の貨物及び原料の取引に関する措置

(ⅲ) 戦時その他の国際関係の緊急時に執る措置

(c) 締約国が国際の平和及び安全の維持のため国際連合憲章に基く義務に従う措置を執ることを妨げること。」

◆ 第 2 部 ◆　国際貿易紛争処理の制度的課題

手続（パネル及び上級委員会）においては一度も同条に関する判断が示されて
こなかった。しかし，2018 年に入り，米国が鉄鋼及びアルミ製品に対する追
加関税を賦課したこと[3]に対して各国が申し立てた一連の WTO の紛争解決
手続の案件において，米国は GATT 第 21 条を援用している。例えば，米国
－鉄鋼及びアルミ製品事件（DS544）の手続において米国が提出した書簡の中
で，米国は次のように述べている。

　　［米国］大統領は，関税は米国の安全保障を害するおそれのある鉄鋼及
　びアルミ製品の輸入を調整するために必要だと決定した。安全保障の問題
　は審査することができない又は WTO の紛争解決による解決ができない
　政治的事項である。1994 年の GATT 第 21 条の条文に反映されているよ
　うに，全ての WTO 加盟国は本質的な安全保障上の利益の保護に必要と
　考える事項を自ら決定する権限を有している。[4]

　　英語正文は次の通りである。
　　"Nothing in this Agreement shall be construed
（a）to require any contracting party to furnish any information the disclosure of which it
　　considers
　　contrary to its essential security interests; or
（b）to prevent any contracting party from taking any action which it considers
　　necessary for the protection
　　of its essential security interests
（ⅰ）relating to fissionable materials or the materials from which they are derived;
（ⅱ）relating to the traffic in arms, ammunition and implements of war and to such traffic
　　in other
　　goods and materials as is carried on directly or indirectly for the purpose of supplying
　　a military
　　establishment;
（ⅲ）taken in time of war or other emergency in international relations; or
（c）to prevent any contracting party from taking any action in pursuance of its
　　obligations under the United Nations Charter for the maintenance of international
　　peace and security."
（3）　この点について，松下満雄「米国の国家安全保障に基づく輸入制限──1962 年通商
　　拡大法 232 条による鉄鋼とアルミの輸入制限」『国際商事法務』46 巻 4 号（2018 年）
　　447 頁以下。なお，WTO 協定との関係については同論文 454-455 頁を参照。
（4）　*U. S. － Certain Steel and Aluminum Products (China)*, Communication from the
　　United States, 18 April 2018, WT/DS/544/2（2018）.（underlining added）. 同様の主張は

◇ 第 11 章 ◇ 安全保障例外条項と紛争処理の限界〔堀見裕樹〕

　その後，これらの案件については WTO の紛争解決機関（DSB）においてパネルが設置された[5]。今後これらの案件の各パネル手続においてこの GATT 第 21 条に関する議論が行われ，最終的には各案件のパネル報告書において同条に関する何らかの法的判断がなされると予想される[6]。したがって，これらのパネル手続は，今後 GATT 第 21 条の解釈をめぐり，WTO 紛争解決の実務のみならず学界においても大きな議論の的になるものと考えられる。

　そのような中，2019 年 4 月 5 日に WTO の DSB に設置されたロシア－通過運送事件（DS512）のパネルは注目すべき判断を下した。当該事件のパネルはいわゆるガット時代も含めて，初めて GATT 第 21 条についての解釈を示したのである。このパネルの判断は，今後 GATT 第 21 条に関して，先に述べた米国による鉄鋼及びアルミ製品への追加関税に関する各紛争解決事案のパネル手続に少なからざる影響を与えうると考えられる。加えて，ロシア－通過運送事件のパネルの判断は今後の GATT 第 21 条の議論における出発点となると考えられる。

　以上を踏まえて本章は，GATT 第 21 条の安全保障例外を取り上げて現状を分析し，今後の議論の展開へのささやかな示唆を得ることを目的とする。

　具体的には，まず GATT 第 21 条について初めて判断を下した WTO の紛争解決事例である，このロシア－通過運送事件（DS512）[7]を取り上げる。

　次に，WTO の紛争解決手続と比較分析を行う観点から，他の経済分野の条約において安全保障例外が問題となった事例を取り上げる。

　その上で，これらの検討結果を踏まえ，学説等も含めて若干の分析を行う。

　　他の事件における米国の書簡においても述べられている。*U.S. – Certain Steel and Aluminum Products (India)*, Communication from the United States, 6 June 2018, WT/DS/547/7 (2018); *U.S. - Certain Steel and Aluminum Products (EU)*, Communication from the United States, 11 June 2018, WT/DS/548/13 (2018).

(5)　各案件の詳細については，https://www.wto.org/english/tratop_e/dispu_e/dispu_status_e.htm（accessed on 8 January 2019)に記載された各案件の状況を参照。

(6)　ただし，本書の序章等で述べるとおり，パネルや上級委員会の正常な機能が危ぶまれていることから，各案件についての確定的なパネル判断ないし上級委員会の判断に至るかは定かではない。

(7)　*Russia – Measures Concerning Traffic in Transit (Ukraine)*, WT/DS512. 本件に関する情報は https://www.wto.org/english/tratop_e/dispu_e/cases_e/ds512_e.htm で入手可能（2019 年 1 月 8 日アクセス）。

◆ 第2部 ◆ 国際貿易紛争処理の制度的課題

Ⅱ ロシア-通過運送事件（DS512）における GATT 第 21 条に関する議論

　ロシア-通過運送事件は，2014 年のウクライナのクリミアに関する紛争の後にロシアがとった通過運送に関する各種の措置（例えば，ウクライナから道路又は鉄道でのカザフスタンへ向けた通過運送に対する制限）について，ウクライナがロシアの GATT 第 5 条及び第 10 条の違反を申立てた事案である[8]。ロシア-通過運送事件においては，2017 年 11 月 7 日の米国の当該事件のパネル宛の書簡によると，被申立国であるロシアはその意見書（submission）において「加盟国の本質的安全保障上の利益の保護のために必要な行動の決定及びそのような加盟国の本質的安全保障上の利益の決定は，当該加盟国の全くの裁量である。」と主張している[9]。またロシア-通過運送事件は，EU によると，「パネルが GATT 第 21 条に基づいた防御に関して判断することを要請されている最初の事件である」[10]。

　本節においては，ロシア-通過運送事件における GATT 第 21 条に関する議論，具体的には，同事件の第三国[11]である EU 及び米国の同条に関する見解を取り上げ分析する。その上で，当該事件のパネル報告書[12]を簡単に取り

---

(8) *Russia – Measures Concerning Traffic in Transit (Ukraine)*, Report of the Panel, paras. 7. 5-7. 19, WT/DS/512/R, circulated on April 5, 2019, adopted on April 26, 2019 (hereinafter "Panel Report, *Russia – Measures Concerning Traffic in Transit (Ukraine)*").

(9) *Russia – Measures Concerning Traffic in Transit (Ukraine)*, Letter to the Panel of the United States, 7 November 2017, WT/DS/512, para. 3 (hereinafter "US Letter").

(10) *Russia – Measures Concerning Traffic in Transit (Ukraine)*, Third Party Oral Statement by the European Union, 25 January 2018, WT/DS512, para. 2 (hereinafter "OS-EU").

(11) 本件に第三国参加しているのは，豪州，ボリビア，ブラジル，カナダ，チリ，中国，EU，インド，日本，韓国，モルドバ，ノルウェー，パラグアイ，サウジアラビア，シンガポール，トルコ及び米国である。https://www.wto.org/english/tratop_e/dispu_e/cases_e/ds512_e.htm.

(12) ロシア-通過運送事件のパネル報告についての解説として，川瀬剛志「ロシア・貨物通過事件パネル報告書——米国・232 条紛争の行方と WTO 体制への影響」，http://www.rieti.go.jp/special/special_report/104.html（2019 年 5 月 24 日アクセス）が極めて有用である。本章の当該事件のパネル報告に関する記述はこの川瀬教授の分析に非常

◇第11章◇ 安全保障例外条項と紛争処理の限界〔堀見裕樹〕

上げる。

　ロシア－通過運送事件における GATT 第 21 条の問題を検討するに当たり，なぜ EU 及び米国の見解を取り上げるのかについて簡単に触れておきたい。WTO の紛争解決手続を規律する紛争解決了解（DSU）の規定上，WTO の紛争解決手続における各種の文書は秘密とされている（DSU 付属書 3・3 項）。そのため，各紛争案件においてパネル手続が進行し，最終的にパネル報告書が公表されない限りは，各当事国及び第三国の見解を文書の形で知ることは困難である[13]。しかし，各当事国や第三国が自ら自国が提出した意見書等を公表することは妨げられていない（DSU 付属書 3・3 項）。

　ロシア－通過運送事件においては，EU 及び米国がそれぞれの第三国意見書やオーラル・ステートメント等を，自らの WTO 紛争解決を担当する機関のホームページ上で公開している[14]。そのため，これら EU 及び米国が公開している文書において述べられている両第三国の見解を分析することにより，本件における GATT 第 21 条に関する議論の一端をうかがい知ることができると考えられる[15]。したがって以下では，公開されている EU 及び米国の文書の中の GATT 第 21 条に関する両第三国の見解を取り上げ，分析する。具体的には，まず両第三国の見解が対立している司法判断適合性（justiciability）の

に多くを負っている。

(13)　なお，今回のパネル報告書の付属文書として，両当事国及び第三国の意見の要約が報告書の補足文書として公表されている。*Russia – Measures Concerning Traffic in Transit (Ukraine)*, Report of the Panel, WT/DS512/R/Add.1 (2019)〔hereinafter, Add.1, *Russia – Measures Concerning Traffic in Transit (Ukraine)*,〕.

(14)　本節において取り上げる EU 及び米国の各意見書等の文書はそれぞれ以下のホームページにおいて公開されている。EU: http://trade.ec.europa.eu/wtodispute/show.cfm?id=663&code=3（(accessed on 8 January 2019)); 米国: https://ustr.gov/issue-areas/enforcement/dispute-settlement-proceedings/wto-dispute-settlement/pending-wto-dispute-35 (accessed on 8 January 2019).

(15)　勿論，ロシア－通過運送事件における GATT 第 21 条に関する議論は EU 及び米国の見解に尽きるわけではない。即ち，ここで議論する EU 及び米国による GATT 第 21 条に関する議論は，あくまでもロシア－通過運送事件における同条に関する議論の――重要ではあるが――一部である。本章脚注(11)で掲げた他の第三国の見解についてはロシア－通過運送事件のパネル報告書の補足文書の各第三国の意見の要約で知ることができる。ただし，EU 及び米国と異なり，これらの要約は EU 及び米国以外の第三国の第三国意見書等そのものではない点については留意が必要である。

◆ 第 2 部 ◆　国際貿易紛争処理の制度的課題

点について見る。その後，EU のみが述べている点について取り上げる。

1　司法判断適合性 (justiciability)

(1) EU の見解

まずここでは，具体的に EU の司法判断適合性に関する見解を見ていく。EU は以下のように 5 つの点から，GATT 第 21 条は司法判断適合的な規定であり，被申立国による同条の提起はパネルの管轄権を排除する効果を有しないことを主張する[16]。

第一に EU は，GATT 第 21 条は「DSU に規定された管轄権に関する規則，又は GATT 第 2 条及び第 23 条に含まれている協議及び紛争解決に関する特別の規則に対する例外を規定していない。」，そして「それらの規則のうちのいずれも，GATT 第 21 条……が司法判断適合的ではない (non-justiciable) とみなされると主張するための基礎を提供しない。」と述べる[17]。

次に第二点目として，EU は「本件において GATT 第 21 条を司法判断適合的ではない規定として解釈することは本パネルの付託事項 (the terms of reference) に合致しないだろう」と述べ，ロシア－通過運送事件のパネルが DSU 第 7.1 条に規定された通常の付託事項を有していることを指摘する[18]。

続いて第三に EU は，GATT 第 21 条を「司法判断適合的ではない規定と解釈することは本パネルが DSU 第 11 条の下で『自己に付託された問題の客観的な評価』をする義務を順守することを不可能にし」，実際のロシア－通過運送事件においてパネルに付託された「問題」はロシアが提起した GATT 第 21 条の防御を含むと述べている[19]。

さらに第四に，EU は DSU 第 3.2 条[20]に表現されているように，GATT 第

---

(16)　*Russia – Measures Concerning Traffic in Transit (Ukraine)*, Third Party Submission of European Union, 8 November 2017, WT/DS512/, paras. 10-21 (hereinafter "TPS-EU").

(17)　*Id.* para. 14.

(18)　*Id.* para. 15.

(19)　*Id.* para. 1; OS-EU, *supra* note 10, para. 4.

(20)　EU が引用するのは次の部分である。「世界貿易機関の紛争解決制度は，多角的貿易体制に安定性及び予見可能性を与える中心的な要素である。加盟国は，同制度が対象協定に基づく加盟国の権利及び義務を維持し並びに解釈に関する国際法上の慣習的規則に従って対象協定の現行の規定の解釈を明らかにすることに資するものであることを認

340

21 条を司法判断適合的ではない規定と解釈することは「DSU の根本的な趣旨（the fundamental objectives）の一つを害するだろう」と述べる[21]。

そして第五に，EU は「DSU 第 23 条は加盟国に対して，特に加盟国が対象協定の下での義務の違反の救済を求める時に，DSU の規則及び手続に依拠することを義務付けている」ことを挙げた上で，もし GATT 第 21 条がパネルの管轄権から逃れることが肯定されるのであれば，パネルは DSU に従った違反の決定をすることができず，「DSU 第 23 条に規定された DSU の目的に反する」と主張している[22]。

これら 5 つの理由を挙げて，EU は GATT 第 21 条が司法判断適合的な規定であることを主張している。一方 EU は，オーラル・ステートメントの段階において「司法判断適合性の概念及び（パネルの審査基準と結びつけられた）裁量の概念は区別される必要がある」ことを指摘し，「［GATT］第 21 条は加盟国に対してその適用における広範な程度の裁量を与えるものの例ではあるが，GATT……第 21 条(b)を適用する時に加盟国がその裁量の範囲内にあるかどうかの問題に関する管轄権は明らかに［WTO の紛争解決制度］の範囲内にある。」という主張を追加している[23]。

(2) 米国の見解

一方，米国の立場は EU とは異なり，GATT 第 21 条が提起された場合，パネルはその事件の審理をすることはできないという立場を採る。以下，具体的に見てみよう。

まず，米国は管轄権と司法判断適合性の概念を区別した上で，GATT 第 21 条が問題になる場合でもパネルの管轄権が否定されず，ロシア－通過運送事件ではウクライナの申立により提起された事項はパネルの付託事項の範囲内にあるという立場を採る[24]。その一方で，米国はロシア－通過運送事件における

　識する。」

(21)　TPS-EU, *supra* note 16, para. 19.

(22)　*Id*. para. 20.

(23)　OS-EU, *supra* note 10, para. 6.

(24)　*Russia – Measures Concerning Traffic in Transit (Ukraine)*, United States Third Party Oral Statement, January 25, 2018, WT/DS512, paras. 3-4（hereinafter "TPS-US"）.

◆ 第 2 部 ◆　　国際貿易紛争処理の制度的課題

ロシアによる GATT 第 21 条の援用は司法判断適合的ではなく，パネルはウクライナの請求について判断を行うことはできないという考えを示す。その理由としては，米国によれば，GATT 第 21 条が自己判断的な規定であり，DSB による審査又は DSB が付託する審査に服さないからであるという[25]。

　加えて米国の主張によれば，DSU 第 7.1 条が付託事項においてウクライナが提起した問題を検討し，「［紛争解決］機関が当該協定に規定する勧告又は裁定を行うために役立つ認定を行うこと」を求めており，さらに DSU 第 11 条はパネルに対して「自己に付託された問題の客観的な評価」及び「同機関が対象協定に規定する勧告又は裁定を行うために役立つその他の認定」を行うことを求めているが，GATT 第 21 条を含む本件におけるウクライナの請求を検討することは付託事項及び DSU 第 11 条に反するという[26]。

　また，米国は GATT 第 21 条の文言解釈において，同条が自己判断的な規定であることを敷衍している。具体的には GATT 第 21 条(b)によるものと「締約国が自国の安全保障上の重大な利益の保護のために必要であると**認める**(*considers*)」（太字は米国によるもの）について，その通常の意味から「ある行為を必要であるという性質を有するものであるとみなさなければならない（"considers"）のは加盟国（"which it"）である」と主張し，さらに「締約国が…認める」という文言が GATT 第 21 条(a)及び(b)にはあるが同条(c)にはない点から，当該文言には意味が与えられるべきであり，また GATT 第 20 条の一般例外と異なり「必要な」の文言の使われ方が加盟国の行動の審査を要求するようなものとなっていないこと，そして GATT 及び他の WTO 諸協定の規定における「加盟国が……認める」の文言は判断が名指しされた主体に属する時に用いられるという文脈の点からも支持されるという[27]。

(3)　小　括

　EU 及び米国もともに，ロシア－通過運送事件において提起されたウクライナの請求が当該事件のパネルの付託事項の範囲内にあることは認めている。しかし，両者は GATT 第 21 条の問題が司法判断適合性を有するどうかについ

---

(25)　*Id*. paras. 4-5.

(26)　*Id*. para. 7.

(27)　*Id*. paras. 12-18. なお，米国は条約法条約第 32 条を援用し，それまでの検討で得られた意味を確認するために 1947 年の GATT の交渉過程を含めた検討も行っているが本章では割愛する。*Id*. paras. 19-33.

342

◇ 第 11 章 ◇ 安全保障例外条項と紛争処理の限界〔堀見裕樹〕

ては全く反対の立場を採っている。加えて，この点に関連して，EU はその
オーラル・ステートメントにおいて「ほとんどの第三国と同様に，EU は
［GATT 第 21 条は司法判断適合的な規定ではないというロシアの］立場に反
対する。」と述べており，米国以外の第三国のほとんどが GATT 第 21 条を司
法判断適合的な規定だと理解していることを示唆している[28]。

　一方，EU は GATT 第 21 条についてパネルは判断を行うことができること
を前提に，その審査方法についても見解を述べている。そのため，本章の前述
の GATT 第 21 条の司法判断適合性の問題に関する見解の内容に関わらず，
この論点についても引き続き分析を行う。次節では，EU による GATT 第 21
条に関するその他の論点に関する主張を見る。

2　その他の論点
(1) 立 証 責 任

GATT 第 21 条に関する立証責任について，EU は従来の WTO の紛争解決
手続における立証責任と同じであり，GATT 第 21 条が GATT 第 20 条と同じ
く「例外」と記述されていることを指摘した上で，「この［GATT 第 21 条の］
規定を提起するのは被申立国であり，そして適用可能な条件に合致しているこ
とを証明する責任を負うのは被申立国であろう。」と主張する[29]。その上で
EU は，本件において GATT 第 21 条を援用するロシアによる説明が十分では
ないことを指摘し，ロシアは立証責任を果たしていないと述べる[30]。その上
で EU は次のように述べる。

　　EU は，GATT 第 21 条，特に第 21 条(b)はその言葉遣いの構成部分の
　一つにおいて，同規定を提起する加盟国に対して一定の評価の余地（a

---

(28)　EU-OS, *supra* note 10, para. 3.

(29)　EU-TPS, *supra* note 16, paras. 22-24（citing Appellate Body Report, *US – Measure
　　Affecting Imports of Woven Wool Shirts and Blouses from India, WT/DS/33/AB/R, p.
　　14）EU-OS, *supra* note 10, para. 7.

(30)　EU-TPS, *supra* note 12, paras. 26-28. オーラル・ステートメントにおいて EU は，
　　ロシアの立証が不十分であることについて次のように述べている。「ロシアは，GATT
　　第 21 条は全体として自己判断的条項であるというその主張を支持するにおいて 1947 年
　　の GATT 締約国からの様々な一方的宣言を参照することに自らを限定している。」
　　EU-OS, *supra* note 10, para. 8.

343

certain margin of appreciation）を与えている一方で，GATT 第 21 条は全
体として（又は第 21 条(b)の 3 つの条項のいずれも）全く自己判断的な規定
を意味していないと考える[31]。

(2) GATT 第 21 条の実体的解釈

EU は GATT 第 21 条について，同条の「構造及び機能は GATT 第 20 条の
それらと類似している」として，「上級委員会により発展させられた第 20 条の
適用の分析枠組みが第 20 条の解釈及び適用のための有用な案内を与える。」と
述べて，GATT 第 20 条の分析枠組を GATT 第 21 条の解釈及び適用に援用す
ることを主張する[32]。具体的には，EU は GATT 第 20 条のいわゆる「二段
階分析（two-tiered analysis)」を挙げる一方で，GATT 第 21 条には第 20 条に
あるような柱書（*chapeau*）が含まれておらず，GATT 第 21 条の分析は二段階
分析の第一段階に限られるが，それにもかかわらず，GATT 第 20 条と同様な
二つの要素が述べられるべきだとする[33]。さらに，GATT 第 21 条に第 20 条
のような柱書が含まれていないことは，起草者が GATT 第 21 条で参照され
ている安全保障上の根拠に基づいて措置を採用する時に加盟国により広い裁量
を与えることを意図したことを示唆するが，そのことは同条の下で加盟国が制
限のない裁量を享有することを意味せず，GATT 第 21 条(b)(iii)に含まれて
いる諸要素は信義誠実（good faith）の原則に照らして適用されなければならな
いという[34]。

その上で EU は GATT 第 21 条(b)(iii)の各要素についての解釈を提示して
いく。まず，「締約国が…認める（which it considers)」については，これだけ
で「必要」のみを限定していることを指摘する[35]。次に EU は，「『戦争』及
び『その他の国際関係の緊急時』の文言は関連する国際法を考慮して解釈され
るべきである。」と述べた上で，「戦争」の範囲は宣言されたものだけではなく
あらゆる武力紛争を含むこと，「その他の国際関係の緊急時」の概念が「戦争」
よりも広いこと，そして「時に（in time)」の文言が同条文を提起する加盟国
によって取られる行動と戦争又はそして国際関係における緊急の状況との間の

---

(31)　　EU-TPS, *supra* note 16, para. 29.

(32)　　*Id.* paras. 30-31.

(33)　　*Id.* paras. 32-34.

(34)　　*Id.* paras. 35-36.

(35)　　*Id.* para. 39.

◇ 第 11 章 ◇ 安全保障例外条項と紛争処理の限界〔堀見裕樹〕

十分な関連性を求めることを主張する(36)。

　また，EU は「安全保障上の重大な利益」については，「あらゆる利益がこの例外の下で資格を得るわけではない。利益は真正に『安全保障』に関連し，そして『本質的』でなければならない。純粋に保護主義的な利益又は重要性の小さい安全保障上の利益はこの例外の下で資格を得ないだろう。第 21 条を援用する加盟国により与えられる理由付けに基づいて，パネルは関係する利益が合理的又はもっともらしく『本質的な安全保障上の』利益として検討されるかどうかを当該加盟国の側面から，この例外の濫用を露わにするために検討するべきである。」と述べている(37)。

　そして EU は「保護のための…」の文言について，GATT 第 20 条に関する上級委員会の先例を引用しつつ，当該文言が「その措置，構造及び予期される作用を考慮して，当該措置がその脅威から関連する本質的な安全保障上の利益を保護する『ことができる (capable)』ことを示すことを求めている。」と解している(38)。

　さらに EU は，GATT 第 21 条における第二の要素として，EC − アザラシ製品事件を引用しつつ，措置と保護される利益との間の十分な関連性があるかどうかの分析を挙げた上で，その必須の関連性は「必要な」の文言に反映されているという(39)。その上で EU は第 21 条(b)(iii)の「必要な」に第 20 条と異なる意味が与えられるべき理由はないとする一方で，第 21 条(b)(iii)の場合は「締約国が…認める (which it considers)」の文言が先行しかつ限定している点で異なっていること(40)を指摘し，次のように述べる。

---

(36)　*Id.* paras. 44-46.

(37)　*Id.* para. 50. その一方で EU は，GATT 第 21 条(b)(iii)の検討が利益の性質（「安全保障」）及び加盟国にとっての当該利益の重要性（「本質的」）に関係する一方で，「第 21 条(b)(iii)の中には価値判断のための余地はない」こと，そして「当該［第 21 条(b)(iii)］の規定の中には［安全保障上の］利益が正当であることを要求するものは存在しない。」と述べている。*Id.* para. 51.

(38)　*Id.* para. 53 (citing Appellate Body Report, *Colombia − Measures Relating to the Importation of Textiles, Apparel and Footwear*, WT/DS461/AB/R, para. 5.68).

(39)　*Id.* paras. 56-57 (citing Appellate Body Reports, *EC − Measures Prohibiting the Importation and Marketing of Seal Products*, WT/DS400/AB/R and WT/DS400/AB/R, para. 5.169).

(40)　*Id.* paras. 60-61.

345

◆第 2 部◆　国際貿易紛争処理の制度的課題

パネルは……［第 21 条(b)(iii)を］援用する加盟国が，当該措置が必
要であることをもっともらしく検討することができるかどうかを審査しな
ければならない。この限定的な審査は，当該例外が［同条文を］援用する
加盟国により誠実に（in good faith）適用されたかどうかを確保するため，
そして濫用を防ぐために必要である。

　パネルに対してこの限定的な審査を行うことを許すために，立証責任を
有する［第 21 条(b)(iii)を］援用する加盟国はパネルに対して，当該加
盟国が，前述の諸要素を考慮して問題となっている措置が必要であると考
えた理由の説明を与えなければならない。本件のように，［同条文の意味
を］提起する加盟国がそのような説明をしそこなう場合は，当該加盟国は
その立証責任に合致しなかったと結論付けられなければならない。(41)

　このように EU は，第 21 条(b)(iii)の必要性の審査基準を示している。そ
して，この基準と上級委員会，国際司法裁判所（ICJ）及び欧州連合司法裁判
所の先例が類似のアプローチを採っていることを指摘した上で(42)，最後に
「措置の必要性，そしてより特定的には合理的に利用可能な代替手段の存在を
分析する時には，1982 年 11 月 30 日の決定前文により求められているように，
パネルは影響を被りうる第三国の利益が適切に考慮されたかを確定するべきで
ある。」としている(43)。

3　パネル報告書

　ここでは，ロシア－通過運送事件のパネル報告書における GATT 第 21 条
に関する判断をごく簡単に見ていく(44)。ロシア－通過運送事件において被申
立国ロシアは，GATT 第 21 条(b)(iii)を援用した。パネルはまず，パネルが
ロシアによる GATT 第 21 条の援用を審査する管轄権を有するか否かを検討
した。パネルは DSU の規定等を検討した上で，「DSU の中に GATT 第 21 条
に関する紛争に適用される追加的な手続規則が存在しないことを考慮すると，
ロシアの第 21 条(b)(iii)の援用は DSU の目的上パネルの検討事項の範囲内に

---

(41)　*Id*. paras. 62-63.

(42)　*Id*. paras. 64-68 and cases cited.

(43)　*Id*. para. 69.

(44)　パネル報告書の概要は，川瀬・前掲注(12)で紹介されている。

346

◇ 第 11 章 ◇ 安全保障例外条項と紛争処理の限界〔堀見裕樹〕

ある。」と述べて，第 21 条の援用を審査する管轄権を肯定した[45]。

パネルは続いて GATT 第 21 条 (b)(iii) の解釈を行う。パネルは第 21 条 (b) の「締約国が……認める (which it consider)」について，次のように述べている。

> 第 21 条 (b)(iii) の通常の意味は，その文脈において，かつ GATT 及びより一般的に WTO 協定の趣旨及び目的に照らして，第 21 条 (b) の柱書の「締約国が……認める」という形容詞的条項は (iii) 号における状況の決定を制限しないとパネルは考える。むしろ，第 21 条 (b) の範囲に含まれるような行動にとって，同規定の列挙された号の一つの中の要件に合致することが客観的に認定されなければならない。[46]

このように，パネルは第 21 条 (b)(iii) を満たすかどうかについてはパネルが客観的に判断することができることを認定した。

続いてパネルは GATT 第 21 条の交渉過程を検討した上で，それが自らの解釈を確認するものだとする[47]。そして結論として，第 21 条 (b)(iii) がロシアの主張するように全面的に「自己判断的 (self-judging)」ではないこと，そして米国の主張するように，同条文の援用は「司法判断不適合」ではないことを述べた上で，パネルが同条文の要件が満たされているかどうかを決定する管轄権を有すると述べている[48]。

一方で，ロシアが GATT 第 21 条 (b)(iii) の要件を満たしていたかどうかについては，パネルはロシアが要件を満たしていたことを認める判断を行った[49]。その前提としてパネルは，GATT 第 21 条の「安全保障上の重大な利益」が「安全保障上の利益」よりも「明らかに狭い概念であること」を認め，「国家の典型的機能，即ち，その領域及び国民の外的脅威からの保護，そして

---

(45) Panel Report, *Russia – Measures Concerning Traffic in Transit (Ukraine), supra* note 8, paras. 7.53-7.56.

(46) *Id.* para. 7.82. この判断に先立ち，パネルは「国際関係の緊急事態の存在は客観的な状態であるので，当該行為が第 21 条 (b)(iii) の下で『国際関係の緊急時に取』られたかどうかの決定は，客観的な事実の決定であり，客観的な決定に服する。」と述べている。*Id.* para. 7.77.

(47) *Id.* paras. 7.82-7.100.

(48) *Id.* paras. 7.102-7.104.

(49) *Id.* para. 7.127-7.149.

347

◆ 第 2 部 ◆　国際貿易紛争処理の制度的課題

国内で法及び公序の維持に関連する利益に言及するものと理解されうる。」とし，そのような特定の利益は「問題となっている国の特定の状況及び認知に依存するであろうし，状況の変化とともに異なることが予想されうる。」とする[50]。そしてパネルはそれゆえ「何を安全保障上の重大な利益と考えるかを定義することは，一般的に全ての加盟国に残されている。」と結論する[51]。

　しかし，一方でパネルは「このことは加盟国があらゆる懸念を『安全保障上の重大な利益』の懸念へと自由に高めることができることを意味しない。むしろ，特定の懸念を『安全保障上の重大な利益』として選定する加盟国の権利は，GATT 第 21 条 (b)(iii) を誠実に解釈し適用する義務により制限される。」として，信義誠実の義務が法の一般原則及び国際法の一般原則であることを法典化した条約法条約第 31 条 1 項の誠実な解釈の義務，そして同条約第 26 条の条約の誠実な履行の義務を挙げている[52]。その上でパネルは「信義誠実の義務は加盟国が第 21 条の例外を GATT の下の義務を回避するための手段として使用しないことを求める。」ものであり，「それゆえ国際関係における緊急事態から生じていると言われる安全保障上の重大な利益が真実性を示すのに十分に足ることをはっきり表明するのは［安全保障例外を］提起する加盟国に義務として課せられている。」と述べる[53]。

　このように，パネルは何を「安全保障上の重大な利益」とみなすかについて加盟国の裁量を認めるものの，その一方でそれは無制限ではなく，信義誠実の原則[54]により限定されること，そして安全保障例外を援用する国が説明する義務を課されていることを述べることによって，歯止めをかけている。

　4　小　括
　以上，本節では，ロシアー通過運送事件の第三国のうち EU 及び米国の見解を見た上で，2019 年 4 月 5 日に公表されたパネルの報告書を見てきた。

---

(50)　*Id.* para. 7.130.

(51)　*Id.* para. 7.131.

(52)　*Id.* para. 7.132.

(53)　*Id.* paras. 7.133 & 7.134. なお，パネルは「何が十分な意見の表明の水準としての資格を与えるかは，問題となっている国際関係における緊急状態に依存するであろう。」とする。*Id.* para. 7.135.

(54)　信義誠実の原則について，例えば，Bin Cheng, General Principles of Law as Applied by International Courts and Tribunals 105-60 (1953).

348

◇ 第 11 章 ◇ 安全保障例外条項と紛争処理の限界〔堀見裕樹〕

　パネル手続では，GATT 第 21 条についてパネルが判断を行うことができるかどうかの司法判断適合性の問題については EU と米国の間でそれぞれ反対の立場が主張されていた。一方において，EU 及び米国以外の他の第三国の GATT 第 21 条に関する具体的な見解が具体的にどのようなものであるのかについてはパネル報告書の公表前は必ずしも明らかではなかった。しかし，前述のように，EU は本件の第三国のほとんどは第 21 条が司法判断適合的な規定であると考えていることを示唆していた。そのため，この EU の見解を前提とするのであれば，細部については各第三国によって違いがあると考えられるものの，米国を除く本件の大多数の第三国の中では，GATT 第 21 条は司法判断適合的な規定として理解されていると考えられる[55]。

　一方，2019 年 4 月 5 日に公表されたロシア－通過運送事件のパネル報告書は，GATT 第 21 条の司法判断適合性を認めた。このパネル報告書については，「ウクライナが上訴すれば，昨今の上級委員会の状況に鑑みれば，その判断が示されるまでに年単位の期間を要するだろう。」という評価がなされていた[56]。しかし，実際には敗訴したウクライナは上訴せず，本パネル報告書は 2019 年 4 月 26 日に開催された DSB において採択された[57]。当日の DSB における本パネル報告書の採択に際しての各加盟国の発言を具体的に見てみたい。

　例えば，この事件の被申立国であるロシアは，「パネルは，GATT 第 21 条(b)に従った措置の適用を正当化する客観的な条件に関する当該条文の内容に関する重要な結論に達した。」と，ロシア－通過運送事件におけるパネルによる GATT 第 21 条の判断を肯定的に評価していた[58]。

　一方，申立国のウクライナはパネルのメンバーと事務局に感謝を述べた上で，「GATT 第 21 条は DSU の目的上パネルの付託事項内にあることを確認したことにより，パネルは非常に重要かつ歓迎される貢献をなした。最も重要なことに，本パネルは GATT 第 21 条の下での正当化のための決定的な要素となる

---

(55)　詳しくは，Add.1, *Russia – Measures Concerning Traffic in Transit (Ukraine)*, supra note 13, at 69–110.

(56)　川瀬・前掲注(12)。

(57)　WTO, DSB, Minute of Meeting, 26 April 2019, WT/DSB/M/428 (2019), para. 8.13. 2019 年 7 月 25 日に 2019 年 4 月 26 日の DSB の議事録が公表された。ロシア－通過運送事件に関しては，当事国であるロシア及びウクライナに加えて，第三国である EU，カナダ，中国，トルコ，豪州及び米国が発言した。

(58)　*Id.* para. 8.2.

349

◆ 第 2 部 ◆　国際貿易紛争処理の制度的課題

ために適切な状況の存在を認定した。」とパネルを評価した一方で，本案件の
事実に関するパネルの具体的な判断については失望を表明していた[59]。

　また，第三国では，例えば EU，カナダ及び豪州はパネルの判断に明示的に
好意的な反応を示す一方で[60]，米国は明示的にパネルの判断に批判的な立場
をとった[61]。

　このように，ロシア－通過運送事件は上訴されずにパネルが GATT 第 21
条に関する審査をする管轄権を認めた報告書が採択されて幕を閉じた。このこ
とを踏まえると，ロシア－通過運送事件のパネルの判断は，先に述べたように，
GATT 第 21 条が争点となっている他の事案についても少なからず影響を与え
る可能性がある[62]。

Ⅲ　他の経済関連条約の安全保障例外条項に関する事例

　本節は，GATT 以外の経済関連の条約が有する安全保障例外条項の解釈及
び適用が問題となった二つの事例を取り上げて分析することにより，GATT
第 21 条との比較分析を行うことを目的としている。勿論，これらは GATT
をはじめとする WTO の対象協定との直接的な関連性はなく，それぞれ異な
る文脈において特定の当事国間で締結されている条約である。そのため，本節
において取り上げる各条約の安全保障例外に関する各裁判所・仲裁廷の判断に
おける解釈がロシア－通過運送事件パネル報告の後の GATT 第 21 条に関す
る解釈を直接的に左右するわけではない。しかし，これらの事例における安全
保障例外に関する判断は，今後の WTO 紛争解決手続における GATT 第 21
条の解釈においても，一定の示唆を与える可能性があると考えられる。

　具体的には，国家間訴訟である 2003 年の ICJ のオイル・プラットフォーム
事件本案判決及び投資家対投資受け入れ国の間の紛争解決（ISDS）である
CC/Devas 等対インド事件を取り上げる。

---

(59)　*Id.* paras. 8.3-8.4.

(60)　*Id.* paras. 8.6, 8.7 & 8.10.

(61)　*Id.* para. 11.

(62)　川瀬・前掲注(12)。

◇ 第 11 章 ◇ 安全保障例外条項と紛争処理の限界〔堀見裕樹〕

1 オイル・プラットフォーム事件

本件は武力不行使原則や自衛権，さらには条約法条約第 31 条 3 項(c)の「当事国の間の関係において適用される国際法の関連規則」[63]に関する判断で有名な事例である。本件では，米国によるイランのオイル・プラットフォームへの攻撃が 1955 年に締結されたイラン＝米国間の二国間友好通商航海条約（1955 年条約）第 10 条に違反するか否かが問題となった。本件では ICJ の事項的管轄権が二国間である 1955 年条約に限定されている。同条約は GATT と違って多数国間条約ではないが，本件では，本章で取り上げている GATT 第 21 条の安全保障例外と同様に，1955 年条約の安全保障例外に関する条項の解釈が問題となっている。本件で争点となっている同条約第 20 条 1 項(d)は次のように規定する。

　本条約は以下のような措置の適用を排除しない。
……
(d) 国際の平和及び安全の維持及び修復のための締約国の義務を満たすために必要な又は締約国の本質的な安全保障上の利益を保護するために必要な措置。[64]

この条文に関して米国は，「イランにより申立てられている行動は米国の本質的安全保障上の利益を保護するための措置であ」ると述べた上で，それらの行為が 1955 年条約第 10 条 1 項に違反していたというのであれば，第 20 条 1 項(d)の効果は，それらは条約の文言の下で正当化され，そしてそれゆえに 1955 年条約の違反を構成しないと主張していた[65]。

ICJ は 1955 年条約第 20 条 1 項(d)の解釈において条約法条約第 31 条 3 項

---

(63)　本条文について，例えば，堀見裕樹「条約解釈における『国際法の関連規則』に関する一考察（一）・（二・完）」『法学』77 巻 2 号（2013 年）42 頁・77 巻 3 号（2013 年）57 頁。

(64)　Oil Platforms (Iran/ U.S.), 2003 I.C.J. 161, 178-179 (Nov. 6).
"The present Treaty shall not preclude the application of measures:
……
(d) necessary to fulfil the obligations of a High Contracting Party for the maintenance or restoration of international peace and security, or necessary to protect its essential security interests."

(65)　Oil Platforms (Iran/ U.S.), *supra* note at 179.

◆ 第 2 部 ◆ 　国際貿易紛争処理の制度的課題

(c)を援用し，「当事国の間の関係において適用される国際法の関連規則」として武力不行使に関する国連憲章の規定及び国際慣習法を考慮することを述べた上で[66]，1955 年条約第 20 条 1 項(d)の適用について判断した。

43. 裁判所はゆえにはじめに 1955 年条約第 20 条 1 項(d)の適用を扱う。同条文は本件の状況においては……国際法における武力の行使の禁止の原則及び自衛権によって構成されているそれに対する制限に関連する。当該規定に基づいて，本条約の当事国は，自国がその本質的安全保障上の利益の保護のために必要と考える特定の措置を取ることにおいて提示されうる。裁判所が強調したように，ニカラグアにおける軍事的及び準軍事的活動事件における米国＝ニカラグア間の 1956 年の条約の比較可能な条文の比較において，「措置は単なる，当該措置を採る当事国の本質的な安全保障上の利益を保護しがちなものであってはならず，当該目的のために必要でなければならない」。そして取られた所与の措置が「必要」であったかどうかは「純粋に当事国の主観的判断の問題ではない……」。……そしてゆえに裁判所により分析されなければならない。本件において，取られた措置が「必要」であるかどうかは自衛の行為としてのそれらの有効性の問題と重複する。裁判所が 1986 年の［ニカラグア事件の］決定において闡明したように，必要性及び均衡性は，ある措置が自衛として性格づけられるかが観察されなければならない。[67]

　　この ICJ の判示から 2 点指摘したい。第一に，ICJ は同じく二国間条約の類似の条文の解釈が問題となったニカラグア事件本案判決を引用し，1955 年条約第 20 条 1 項(d)の「必要な（necessary）」の文言の解釈について「純粋に当事国の主観的判断の問題ではない」ことを指摘し，ICJ の判断が及ぶことを肯定する。これは，GATT 第 21 条に関する議論において問題となっているような自己判断権を否定する趣旨であると考えられる。
　　しかし，注目すべきは本件で問題となっている 1955 年条約第 20 条 1 項(d)と GATT 第 21 条の文言の違いである。両者を比較すると重要な違いがある。それは，前者の条文では「〜ために必要な（necessary to）」と規定されている

---

　(66)　*Id.* at 181-83.

　(67)　*Id.* at 183（citing Military and Paramilitary in and against Nicaragua（Nicar./ U.S.），1986 I.C.J. 14, 141（June 27））（underling added.）

352

一方で，後者の GATT 第 21 条では「必要であると認める（considers necessary)」となっていることである。1955 年条約第 20 条 1 項(d)の「必要な」は，その解釈に関する紛争が裁判に付される場合は，第三者である裁判所による客観的な解釈を肯定するものと考えられる。しかし，GATT 第 21 条にある「必要であると認める（considers necessary)」は——仮にこの文言が各加盟国による解釈に完全ではなくとも，ある程度の客観性の担保を要求するものだとしても——1955 年条約の「必要な」のように，その解釈について加盟国の自己判断権を完全に否定するものではないと考えられる。

　第二に，ICJ は本件における「必要な」の文言の解釈において，国連憲章及び国際慣習法上の自衛権の問題と関連付けている点である。この点については，上記引用部分より前の部分において ICJ は 1955 年条約第 20 条 1 項(d)の解釈において，条約法条約第 31 条 3 項(c)の「当事国の間の関係において適用される国際法の関連規則」として国連憲章及び自衛権に関する国際慣習法が同条文の解釈において参照されるべきと判示している[68]。

　この点は GATT 第 21 条の「必要であると認める」の文言が一定程度加盟国に判断の裁量を与えるものであったとしても，それでもなお同条の解釈において条約法条約第 31 条 3 項(c)に基づき「当事国の間の関係において適用される国際法の関連規則」を参照して解釈がなされるべきことを示唆しうると考えられる。

2　CC/Devas 等対インド事件[69]

　本件はモーリシャス国籍の投資家等とインドの間の間で，モーリシャスとインドの間の二国間投資協定（本件 BIT）に基づき提起された投資仲裁（ISDS）の事例である。本件申立人である CC/Devas 等のモーリシャス法人は，インドの国有企業（ANTRIX）との間で契約を締結した企業の親会社である。当該

---

(68)　*Id*. at 182-83.

(69)　CC/Devas (Mauritius) Ltd., Devas Employees Mauritius Private Limited & Telcom Devas Mauritius Limited v. India, PCA Case No. 2013-9, Award on Jurisdiction and Merits, https://www.italaw.com/cases/documents/6653 (accessed on 8 January 2019) [hereiaafer, Devas v. India]. 本件の評釈として，石戸信平「複数の政策目的のための措置に対する安全保障例外の『一部』適用」『JCA ジャーナル』66 巻 6 号（2019 年）42 頁。

◆ 第2部 ◆ 国際貿易紛争処理の制度的課題

契約はインドの宇宙研究組織である ISRO 及び ANTRIX の S バンド宇宙機の
セグメントの貸与に関するものであるが，本件では当該契約の取消しについて
紛争が生じ，申立人によりインドに対して ISDS が提起された。その手続にお
いてインドは本件 BIT の安全保障例外を主張した。

　このように，先に取り上げたオイル・プラットフォーム事件と同様に本件に
おいても BIT という二国間条約の安全保障例外条項が問題となったが，本件
仲裁廷による安全保障例外に関する判断の中で GATT 第21条との関係で興
味深い判示があるため取り上げたい。仲裁廷は次のように述べている。

　　実際，国際司法裁判所（ICJ）の判決及び投資仲裁の裁定により，条約
　が国家に対してその安全保障上の利益の保護のために必要と考えるものを
　決定するための完全な裁量を与える特定の言葉遣いを含んでいない限り，
　国家安全保障条項は自己判断的ではないことは十分確立している。[70]

　この判断は，本件 BIT の安全保障例外条項の解釈を超えて，GATT や各種
経済関連の条約中の安全保障例外条項一般に関連しうる見解として，本章の観
点から極めて興味深いものと考えられる。仲裁廷によると，安全保障例外の条
項が自己判断的であると解されるためには，当該条項が当事国に「完全な裁量
（full discretion）」を与える文言で規定されている必要がある。もしこのような
仲裁廷の理解が肯定されるならば，「完全な裁量」を与える文言とは一体どの
ようなものなのだろうか。

　この点，仲裁廷は脚注において ICJ の判例及び ISDS の事例を引用している
が[71]，加えて完全な裁量を与えているいくつかの条約の安全保障例外条項の
文言も検討している。その中で，仲裁廷は「自己判断的『本質的安全保障上の
利益』条項は国際法においてよく知られている。」と述べた上で，具体例の一
つとして GATT 第21条(a)の「自国の安全保障上の重大な利益に反するとそ
の締約国が認める」及び(b)の「締約国が自国の安全保障上の重大な利益の保
護のために必要であると認める」を挙げていることが特に注目される[72]。

---

　(70)　　Devas v. India, *supra* note 69, para. 219.（footnotes omitted.）

　(71)　　*Id.* footnotes 284 & 285.

　(72)　　*Id.* footnote 286. 加えて，仲裁廷は GATT 第21条以外にも自己判断的安全保障条項
　　　　の例を三つ挙げている。それらはいずれも，"it considers" や "it determines" といっ
　　　　た GATT 第21条と同様の文言を含んでいる。なおそれらの条約は全て二国間条約であ

◇ 第 11 章 ◇ 安全保障例外条項と紛争処理の限界〔堀見裕樹〕

これらからは，本件仲裁廷が GATT 第 21 条を加盟国に「完全な裁量」を与える自己判断的な安全保障条項と理解していることが示されているといえる。

3　小　括

以上，本節では比較検討の対象として，経済分野に関する二国間条約の安全保障例外に関連する二つの裁判例を見てきた。次節では，これらも踏まえた上で若干の考察を行う。

Ⅳ　若干の考察

本章では WTO の紛争解決事例における GATT 第 21 条の議論を検討するとともに，他の経済分野に関する条約の安全保障例外条項に関する裁判例を取り上げた。本節ではこれらを検討を基に，GATT 第 21 条に関して簡単な考察を行う。

考察すべき論点は，GATT 第 21 条の規定がいわゆる自己判断的な規定であるかどうか，即ち司法判断適合性があるかどうかである。まず，学説上の議論を見ていきたい。

松下教授と米谷法務官は，GATT 第 21 条が援用された場合にパネルに審査権があるかどうかという問題について，「GATT のケースにおいて，パネルの審査権がないとの主張がなされたケースがあるが，先例上はある前提で判断されている。WTO 協定上も，反対の規定がない以上パネルの審査権が及ばないと考える理由がないように思われる」として，GATT 第 21 条に関するパネルの審査権を肯定する[73]。

また，松下教授らによる体系書も，GATT 第 21 条を自己判断的な規定だと解する見解については擁護できないとした上で，次のように述べる。

　　GATT の諸規則は自己判断的となるように設計されておらず，そして一方的行動は特に紛争解決了解（DSU）において排除されている。第 21 条のいずれかの部分が自己判断的であることを意図されていたならば，

　り，多数国間条約である GATT とは異なる点は留意が必要である。

(73)　松下満雄＝米谷三以『国際経済法』（東京大学出版会，2015 年）244 頁（脚注は省略した）。

355

◆ 第 2 部 ◆　国際貿易紛争処理の制度的課題

GATT 又は WTO の締約国はこのことを特定していたであろう。「緊急時」の規定を含む第 21 条 1 項 (b) の部分の曖昧な言葉遣いは GATT における逃げ道を構成しうるが，このことは当該規定が自己判断的であることを意味しない。実際，同規定の立法史は本条が GATT の紛争解決手続から排除されないことを示している。そのため本条は自己判断的規定として考えられなかった。[74]

　これらは明示的に GATT 第 21 条が自己判断的な規定でないことを認める見解であると考えられる。一方，中谷教授はニカラグア事件本案判決において ICJ が米国とニカラグアの間の友好通商航海条約の安全保障例外条項の「自国の重大な安全保障上の利益を保護するために必要な」(necessary to protect its essential security interests) の文言と GATT 第 21 条 (b) の「自国の安全保障上の重大な利益の保護のために必要であると認める」(considers necessary for the protection of its essential security interests) の文言の違いに着目して解釈を行ったこと[75]に関連して，GATT 第 21 条 (b) について次のように述べる。

　　本判決の論理からは，後者［= GATT 第 21 条 (b)］の解釈が援用国の判断に委ねられていると解せられる。もっともこのことは，GATT 第 21 条……においては，全く恣意的に「自国の安全保障上の重大な利益の保護のために必要」だとして同条項を援用できるとは解するべきではない。条約の自己解釈権を有しても「誠実に解釈する」(条約法条約第 31 条 1 項) ことはやはり求められるのであって，権利濫用に該当するほどの解釈・適用上の恣意性は許されるべきではない（もっとも，現実には権利濫用に該当するか否かの基準を示すことは極めて困難である）。[76]

---

(74)　Mitsuo Matsushita; Thomas J. Schoenbaum, Petros C. Mavroidis & Michael Hahn, The World Trade Organization: Law, Practice and Policy 550 (Oxford U.P., 3d ed., 2015). *See also* Peter Van den Bossche & Werner Zdouch, The Law and Policy of the World Trade Organization 620 (Cambridge U.P., 3d ed., 2017).

(75)　Military and Paramilitary in and against Nicaragua, *supra* note 67, at 116-117 & 135-142.

(76)　中谷和弘「国境を越えた企業合併・買収と国際法」『国際法外交雑誌』105 巻 3 号 (2006 年) 14-15 頁脚注(31)［以下，中谷（論文)]。なお，中谷和弘『ロースクール国際法読本』（信山社，2013 年) 24 頁も参照。

356

この見解は，Ⅱ-2-(2)で取り上げた EU の第三国意見書が，「パネルは……
［第 21 条(b)(ⅲ)を］援用する加盟国が，当該措置が必要であることをもっと
もらしく検討することができるかどうかを審査しなければならない。この限定
的な審査は，当該例外が［同条文を］援用する加盟国により誠実に（in good
faith）適用されたかどうかを確保するため，そして濫用を防ぐために必要であ
る。」(77)と述べていた内容と親和的であり，一定程度 GATT 第 21 条の司法判
断適合性を認めているように思われる。

　一方，実務家の観点から風木氏は GATT 第 21 条(b)の「自国の安全保障上
の『重大な利益（essential security interests）の保護』や，『（締約国が）必要で
あると認める（it considers necessary)』との文言は非常に一般的であり，加盟
国に広範な裁量を与えていると解するか，GATT20 条例外の一例の先例のよ
うに例外の適用に抑制的に解するか，緊張関係が存在する。」と指摘する(78)。
その上で，風木氏は GATT 第 21 条に関する先例を分析した上で「GATT21
条には，GATT20 条のような柱書がないためより柔軟な解釈の余地がない点
も留意点であろう。」と述べ，「措置・手段の相当性などの判断はなく，先の
GATT21 条(b)の文言の形式的当てはめとなるため，硬直的判断や『必要』な
どの判断でルール創設的な判断になりがちであり，安全保障担当者にとっては
許容しがたい可能性が高い。」と指摘する(79)。

　この見解も必ずしも司法判断適合性を明示的に否定しているわけではないと
考えられる。しかし一方で風木氏は，「仮に WTO パネルで議論に至っても
GATT21 条の安全保障例外の援用を打破することは極めて微妙な判断と言わ
ざるを得ない。」とも述べており，安全保障例外が援用された場合にその援用
を否定することが困難であることを指摘している(80)。

　その上でⅡ及びⅢで取り上げた事例について改めて考えてみたい。まずⅡで
取り上げたロシア－通過運送事件については，要約ではない形で公表されてい
る第三国の見解である EU 及び米国の見解を見た。EU の述べるところでは，
米国を除く殆どの第三国が GATT 第 21 条の司法判断適合性を認める主張を

---

(77)　EU-TPS, *supra* note 16, para. 62.

(78)　風木淳「貿易と安全保障──実務家から見た法の支配」『国際法研究』4 号（2016
　　年）43-44 頁（脚注は省略した）。

(79)　風木・前掲注(78)60-63 頁。

(80)　風木・前掲注(78)56 頁。

◆ 第 2 部 ◆　国際貿易紛争処理の制度的課題

行っている状況にある。ただし，他の各第三国の主張については，現時点で要約での形以外では公になっていないため，現時点では具体的な議論には踏み込めない。その一方で，米国（及び米国によると被申立国のロシアも）は，パネルは GATT 第 21 条について判断することはできないとして，その司法判断適合性を否定している。

　一方，ロシア－通過運送事件のパネルの判断は，GATT 第 21 条の司法判断適合性を肯定した。その内容はⅡで見た通りであるが，このパネルの報告書に対して上訴がなされずに DSB で採択されたことを考慮すると，現時点においてこのパネル報告書の判断は非常に大きい。

　一方で，Ⅲでみたオイル・プラットフォーム事件からは，GATT 第 21 条の文言はむしろ一定程度の自己判断を認める規定であるという示唆を得られる一方で，CC/Devas 事件からは，GATT 第 21 条の文言は自己判断を認めるための完全な裁量を与えるものだという示唆を得た。

　以上の点を併せ考えると，GATT 第 21 条を完全に自己判断的な条項として，その司法判断適合性を否定することは難しい。しかし，一方で，ロシア－通過運送事件のパネルが認めたように，司法判断適合性が肯定されるとしても，加盟国の持つ裁量[81]との関係でそれはどこまでなのかについては，現在 WTO の紛争解決手続に継続中の他の事案におけるパネル（及び上級委員会）の判断の集積を踏まえて，より精緻に分析することが求められると考えられる。

　一方で，GATT 第 21 条の司法判断適合性が肯定されるのであれば，具体的な検討の視点として，中谷教授が指摘するように，GATT 第 21 条も条約の条文である以上，条約法条約第 31 条及び 32 条の規定に従って解釈を行うことが求められることは言うまでもない。それは即ち，GATT 第 21 条を中谷教授が指摘するように条約法条約第 31 条に従って誠実に解釈を行うことであり，権利濫用は許されないというものである[82]。加えて，オイル・プラットフォーム事件の ICJ が判断したように，条約法条約第 31 条の解釈を行う過程において，必要に応じて第 31 条 3 項(c)の「国際法の関連規則」を考慮することが求められうる。具体的には，GATT 第 21 条(b)(ⅲ)の「戦時その他の国際関係

---

(81)　Van den Bossche & Zdouch, *supra* note 51, at 620. Matsushita; Schoenbaum, Mavroidis & Hahn, *supra* note 74, at 550.

(82)　中谷（論文）・前掲注(76)14-15 頁脚注 31。また，松下満雄「国家安全保障と通商制限」『法律時報』91 巻 13 号（2019 年）13 頁も参照。

の緊急時に執る措置」にいう「緊急時」の解釈において，一般国際法上の緊急時に関する法規範が関連しうると思われる[83]。

Ｖ　お わ り に

以上，本章では GATT 第 21 条の安全保障例外について，主に司法判断適合性の観点から検討してきた。本章においてなしえた検討は，暫定的なものでしかないが，現時点で次のことが言えると思われる。

ロシア－通過運送事件のパネル手続においては，EU を始め多くの第三国が，GATT 第 21 条を自己判断的な規定とは考えておらず，パネルの司法判断適合性を認める立場を取っていると考えられる。だが一方で，GATT 第 21 条の司法判断適合性を認めることに強く反対する立場である米国[84]は，自らが申し立てられている複数の WTO 紛争案件において GATT 第 21 条が問題となっているため，「GATT21 条を援用国の自己判断規定と解する立場を変えることなく，［2019 年 4 月 26 日の DSB］会合にてパネルの解釈を厳しく批判して」いる[85]。そのため，引き続きこれら米国が申し立てられている GATT 第 21 条関連の案件に関する米国の主張を注意深くフォローしていく必要があると考えられる。

一方で，本章Ⅲで取り上げた他の裁判所の事例を見てみると，どちらの裁判所の判断も一定程度 GATT 第 21 条の規定が自己判断的である可能性を示唆しうるともいえるだろう。

一方で──主張に濃淡はあるものの──学説には GATT 第 21 条を援用する加盟国の自己判断権を全面的に認め，司法判断適合性を正面から否定する傾向は見られないと考えられる。

以上を考慮すれば，現時点で GATT 第 21 条の司法判断適合性について確定的な答えを出すことは控えたいが，少なくとも全面的に司法判断適合性を否定することはできないと考えられる。その場合でもなお，WTO 加盟国が有す

---

(83)　この点について，Van den Bossche & Zdouch, *supra* note 74, at 620; Matsushita, Schoenbaum, Mavroidis & Hahn, *supra* note 74, at 550.

(84)　この点について，松下・米谷・前掲注(73)244-245 頁及び脚注 25 も参照。

(85)　平見健太「国家安全保障を理由とした経済規制と WTO の安全保障例外」『国際法学会エキスパート・コメント』No.2019-6（2019 年 5 月 31 日アクセス）。

◆ 第 2 部 ◆　　国際貿易紛争処理の制度的課題

る裁量等との関係をどのように考えるかは，今後の課題である。その意味にお
いて，本章の冒頭で述べたことを改めて繰り返すことになるが，ロシア−通過
運送事件のパネル報告書は，安全保障例外をめぐる GATT 第 21 条に関する
議論の重要な出発点であると考えられる[86]。

---

(86)　石戸弁護士はロシア−通過運送事件における GATT 第 21 条の解釈が「将来，自己
　　判断性のある安保例外が援用される投資協定仲裁の判断において先例的価値を有するこ
　　ととなろう。」と指摘する。石戸・前掲注(69)48 頁。また，「立憲主義」の観点からの検
　　討として，伊藤一頼「国際経済秩序の転換と立憲主義──危機の時代か変化の時機か」
　　『法律時報』91 巻 10 号（2019 年）44 頁。

第12章

紛争解決機関（DSB）の機能の再検討
── DSBはWTO紛争解決手続の正統性の付与にいかに寄与しうるか──

関 根 豪 政

I　はじめに

　原則的に，WTO の紛争解決手続は「紛争解決に係る規則及び手続に関する了解」（DSU）に沿って展開するが，当然，DSU が規定していない事態は発生するのであり，その場合にどのように対処すべきかが問題となる。これまで，実際の紛争の中でそのような事態に直面した場合には，パネルないし上級委員会が，時には紛争当事国の同意を得ながら，対処療法的に対応することが多かった。本書の第1部では，まさにこのような実行に焦点を当ててきて，分析を試みてきた。

　DSU の欠缺に対するパネルないし上級委員会による対処療法は，臨機応変な対応を可能とする一方で，かかる慣行が定着すると，いわば立法したのと同義になり，その正統性が問題となる。例えば，紛争解決手続における問題が実際の事例の中で解消されることになれば，手続を頻繁に利用する加盟国や，最初に利用した加盟国の見解が反映されやすく，それらの国に有利になることが懸念される[1]。あるいは，紛争解決手続の時間的制約から，加盟国の意向を十分に酌むことができずに独善的で不適切な決定を行うことも考えられる。

＊ 本研究は，JSPS 科研費（基盤研究(C)：「国際貿易紛争処理制度の手続法的発展」，課題番号 15K03142）の助成を受けたものである。

(1)　Cosette D. Creamer and Zuzanna Godzimirska, "Deliberative Engagement within the World Trade Organization: A Functional Substitute for Authoritative Interpretations" *New York University Journal of International Law and Politics*, Vol. 48（2016），p. 422.

◆ 第2部 ◆ 国際貿易紛争処理の制度的課題

よって，仮にパネルや上級委員会の対応が実際の紛争解決に向けた善処であったとしても，法の欠缺の問題は最終的には，政治的な機関で対応（確定ないし否定）することが理想と言える[2]。

しかしながら，現実として，WTO の政治的な機関[3]が明確に対処できている例は少ない。これは，閣僚会議ないし一般理事会における協定改正（立法）が実現されづらいこと，紛争解決機関（DSB）が機敏に決定を行って対処することが困難な状況にあることに由来する。パネルや上級委員会が，WTO 加盟国の意思を超えて立法活動を行っているという批判を受ける[4]裏側には，政治的な機関が十全に機能していないとの問題が横たわっていると言える。

そこで本稿では，紛争解決に携わる政治的機関（とりわけ DSB）の機能について改めて整理し，パネル及び上級委員会における判断にいかに関与できるか（換言すれば，判断に正統性を付与できるか）検討する。これまでパネル及び上級委員会に多くが委ねられていた（あるいは，委ねられてしまっていた）WTO 法の整備に関して，政治的機関が適切に関わることができれば「司法的機関による法創造」による弊害や懸念も緩和することができる。本稿では，DSB 等の政治的機関がパネル及び上級委員会の手続に関与する方法として，DSB の発言効果（DSB 会合や決定を通じた加盟国の意思表明），パネル及び上級委員会の判断に対する加盟国統制の強化（報告書の部分採択等），政治的機関の意思決定方式の変更（コンセンサス方式からの脱却），パネル及び上級委員会の報告書に対する評価機関の設置について検討し，最善策を模索する。

---

(2) Pauwelyn は，高度な法規範が存在する組織における高度な政治的参画の必要性を主張する。Joost Pauwelyn, "The Transformation of World Trade", *Michigan Law Review*, Vol. 104, No. 1 (2005). WTO において高度な法的判断が展開される昨今においては，その分，政治的な機関が十全なインプットを行うことが理想と言えよう。

(3) 本章では，政治的機関とは，基本的に紛争解決機関（DSB）ないし一般理事会（場合によっては閣僚理事会）を示す。紛争解決に関する決定については主に前者が，WTO 協定の改正や解釈，運用については主に後者が司る。本章においては，紛争解決と関連性が強い政治的機関を議論の対象とするため，この2つの機関を中心に扱う。

(4) 例えば，2018 年の通商政策課題の中で米国は，上級委員会が紛争の解決に不必要な勧告的な意見（advisory opinions）を行うことで「立法している（make law）」と批判する。Office of the United States Trade Representative, "2018 Trade Policy Agenda and 2017 Annual Report of the President of the United States on the Trade Agreements Program" (2018), p. 26, at https://ustr.gov/sites/default/files/files/Press/Reports/2018/AR/2018%20Annual%20Report%20FINAL.PDF.

362

◇ 第 12 章 ◇ 紛争解決機関(DSB)の機能の再検討〔関根豪政〕

以下では，まず，紛争解決に携わる政治的機関を取り上げ，現行制度下で認められているそれらの機関の紛争解決手続への関与の態様を確認する（第Ⅱ節）。その上で，政治的関与が必要とされるか否かについて，最近のHowse-Pauwelyn 論議を踏まえて再検証を行う（第Ⅲ節）。そして，前記のDSB 等によるパネル及び上級委員会への介入方式を個別に分析し（第Ⅳ節），最後に，現状で最善と考えられる対策を提案する（第Ⅴ節）。

なお，序章でも触れたが，本書の刊行時においては，上級委員会の委員が定足数を充足しないことで上級委員会が機能しない状態の発生が直近に迫っていることが予想される。よって，上級委員会と DSB の相互関係の議論は実務的には有意性のないものとなる恐れがある。しかし，上級委員会の委員が充足される可能性が恒久的に消滅するわけではないこと，あるいは，終章でも論ずる今後の WTO の紛争解決手続の在り方を考える上で，パネル及び上級委員会（ないしそれに相当する機関）と政治的機関との連関性を考察することには意義があると言えることから，本章では上級委員会が存在し機能していることを前提として論ずる。

Ⅱ　紛争処理に携わる政治的機関の機能と限界

1　紛争解決機関（DSB）

DSB は，組織的には一般理事会と等しいため（「世界貿易機関を設立するマラケシュ協定」（WTO 設立協定）第 4 条 3 項），全ての加盟国の代表から構成される「政治的機関」として位置づけられる[5]。当該機関の目的は，「〔DSU〕に定める規則及び手続並びに対象協定の協議及び紛争解決に関する規定を運用する」ことである（DSU 第 2 条 1 項）[6]。具体的な権能としては，①パネルの設置，②パネル及び上級委員会の報告書の採択，③ DSB 裁定及び勧告の実施の継続的な監視，④譲許その他の義務の停止の承認の権限が認められている。しかしこれらは例示列挙と考えられ[7]，加盟国には，原則として，あらゆる手

---

(5)　WTO, *A Handbook on the WTO Dispute Settlement System, 2nd ed.* (Cambridge University Press, 2017), p. 24.

(6)　ただし，「対象協定に係る運用について当該対象協定に別段の定めがある場合には，これによる」とされる。

(7)　Pieter J. Kuijper, "Some Institutional Issues Presently Before the WTO," in Daniel L.

363

◆ 第2部 ◆ 国際貿易紛争処理の制度的課題

続的事項を DSB のアジェンダとして提起する権限が与えられている[8]。

DSB の意思決定は原則，コンセンサス方式とされる（DSU 第2条4項）[9]。ただし，①パネルの設置（DSU 第6条1項），②パネル及び上級委員会報告の採択（同第16条4項及び第17条14項），そして，③譲許等の停止の承認（同第22条6項及び7項）については，ネガティブ・コンセンサス方式が採用されている。

DSU の改正に際しては，閣僚会議における承認により実現されることになるが（WTO 設立協定第10条8項），実際に現在進行中の改正交渉では，細部についての交渉は DSB の特別会合で主に進められている[10]。DSU の改正は，WTO 設立協定の附属書1とは異なり，閣僚会議でのコンセンサス方式に基づく改正承認決定により実現されることになり，加盟国による受諾は不要とされる（同第10条8項）。

DSB の議長は独自に選定される（WTO 設立協定第4条3項）。通常は，議長は DSB 会合の運営に係る業務を中心的な責務とするが[11]，いくつか特筆すべき任務も負っている。第1に，DSB 議長は，WTO 協定に含まれる特別又は追加の規則及び手続の間に抵触が存在する場合に，それらの調整を担う（DSU 第1条2項）。第2に，パネルの設置に際して DSB 議長は，パネルの付託事項を定める権限を DSB から与えられる場合がある（同第7条3項）。第3に，事務局長によるパネリストの任命時の協議に参加する（同第8条7項）。第4に，上級委員会の検討手続作成時の協議に参加する（第17条9項）。第5に，発展途上国の措置に関する紛争において，協議期間の延長を決定することができる（同第12条10項）。第6に，後発発展途上加盟国が関連する事案において，当

M. Kennedy and James D. Southwick (eds.), *The Political Economy of International Trade Law: Essays in Honor of Robert E. Hudec* (Cambridge University Press, 2002), p. 87.

(8) Bozena Muller-Holyst, "The Role of the Dispute Settlement Body in the Dispute Settlement Process" in R. Yerxa and B. Wilson (eds.), *Key Issues in WTO Dispute Settlement: The First Ten Years* (Cambridge University Press, 2005), p. 24.

(9) コンセンサスは，会合に出席しているいずれの加盟国もその決定案に正式に反対しない場合に形成されることになる（DSU 第2条4項注1参照）。

(10) WTO Trade Negotiations Committee, "Minutes of Meeting – Held in the Centre William Rappard on 28 January and 1 February 2002", TN/C/M/1, para. 7.C.

(11) WTO, *supra* note 5, p. 27.

◇第 12 章◇　紛争解決機関 (DSB) の機能の再検討〔関根豪政〕

該紛争の解決を支援するために，要請がある場合には，パネル設置要請前に
あっせん，調停又は仲介の機会を設ける（同第 24 条 2 項）。

2　一般理事会

　一般理事会は，閣僚会議会合が開催されていない間における閣僚会議の代役
を担う（WTO 設立協定第 4 条 2 項）。構成員は，すべての加盟国の代表であり，
多くは加盟国のジュネーブ代表部の長が代表を務める[12]。

　紛争処理実務との関連において重要となる一般理事会の機能は次の 2 つであ
る。第 1 が，WTO 協定の改正である。WTO 設立協定第 10 条 1 項によると，
WTO 協定の改正手続は，加盟国（ないし各理事会）が閣僚会議に改正案を提
出することによって開始され，閣僚会議におけるコンセンサス方式での決定を
基礎に，改正案が受諾のために加盟国に送付されることになる[13]。形式上は，
閣僚会議が最終的な判断を下すことになるが，改正案を作成し，コンセンサス
の素地を作る上で，一般理事会や各理事会又は委員会，ないし，一般理事会の
下に設置された貿易交渉委員会（ドーハ閣僚宣言で創設）等における活動が重
要となっている（一般理事会が改正を決定（承認）することもありえる）。

　第 2 が，WTO 協定の有権的解釈である。WTO 設立協定第 9 条 2 項による
と，閣僚会議及び一般理事会には，WTO 協定の「解釈を採択する排他的権
限」が与えられている。この手続が利用され，有権的解釈が採択された例は存
在しないが，提案が行われたことはある。例えば 2015 年にロシアが，GATT
第 21 条等の安全保障例外条項に関して，一般理事会が WTO 設立協定第 9 条
2 項に沿って解釈に関する決定を行うべき旨を提言している[14]。

　一般理事会（及び閣僚会議）における意思決定は，原則コンセンサス方式と
されるが，協定上は，同方式で意思決定できない場合においては，投票によっ
て──過半数による議決で──決定すると規定されている（WTO 設立協定第 9 条
1 項）[15]。

---

(12)　中川淳司ほか『国際経済法（第 3 版）』（有斐閣，2019 年）57 頁。

(13)　ここでいう「受諾」の意味について論ずるものとして，小林友彦「WTO 協定を改
　　正する際の国際法上の論点：ラウンド交渉による政治的合意の法的効力を確保するため
　　の方策」国際法外交雑誌 105 巻 3 号（2006 年）68 頁以下。

(14)　WTO, "Proposal on MC10 Ministerial Declaration-Part III", WT/MIN (15)/W/14
　　(2015), para. 1.5.

365

◆ 第 2 部 ◆　国際貿易紛争処理の制度的課題

3　DSB の限界

　以上のように，紛争解決に関連する WTO 規定の改正や解釈，手続上の必要な決定において大きな役割を担うのが，DSB——及び，一般理事会であるが，本稿では以下，紛争解決に関する事項，とりわけパネル及び上級委員会が関連する事項は，DSB における議論を経て一般理事会等での議題とされることが少なくないことから[16]，DSB を主たる議論の対象とし，必要に応じて一般理事会を含めて検討することとする——である。よって，DSB には，紛争解決手続の運用において生ずる各種の問題に対して，主導的に対応策を示すことが期待される。

　しかし，実際には，特定の事項について DSB が迅速で明確な決定を下すことは容易ではない。そう言える理由の一つは，DSU 第 2 条 4 項に示されるコンセンサス方式での意思決定に求められる。前述したネガティブ・コンセンサス方式が採用されている 3 つの場面を除いて，DSB の決定は全てコンセンサス方式が前提とされており[17]，その都度全加盟国の合意の形成しなければならないがゆえに，DSB は効果的な決定を下すことが難しくなっている。これが，いわゆる司法的機関（パネル及び上級委員会）による法創造（judicial lawmaking）に何ら対応できない状況を生んでしまっている一因となっているのである[18]。

---

(15)　ただし，一般理事会が DSB として会合する場合には，DSU 第 2 条 4 項のみが適用されることになる。WTO 設立協定第 9 条 1 項注 3 参照。

(16)　実際に，上級委員会委員の再任と任命の問題は DSB で議論されてきたが，2018 年 5 月に中国の発議で一般理事会会合の議題に挙げられている。WTO General Council, "Minutes of the Meeting – Held in the Centre William Rappard on 8 May 2018", WT/GC/M172 (2018), p. 6.

(17)　さらに言うと，当該条項はコンセンサス方式のみを規定するため，一般理事会等の意思決定とは異なり，投票方式が認められない。Footer は「法定の強制的なコンセンサス方式（mandated consensus）」と分類する。Mary E. Footer, *An Institutional and Normative Analysis of the World Trade Organization* (Martinus Nijhoff Publishers, 2006), p. 142.

(18)　Richard H. Steinberg, "Judicial lawmaking at the WTO: Discursive, Constitutional, and Political Constraints", *American Journal of International Law*, Vol. 98, No. 2 (2004), p. 263. もっとも，Steinberg は政治的な配慮が見られるため，司法による法創造は許容される範囲内のものであると捉える（ただし，本論文では，政治的な配慮は米国と EU への配慮に限定して論じられている）。*Ibid.*, p. 274. また，司法による法創造の概要につ

◇ 第 12 章 ◇ 紛争解決機関(DSB)の機能の再検討〔関根豪政〕

　DSB の限界が顕在化した最新の例が，上級委員会の任命問題である。本稿執筆時点では，任期を満了した上級員会の審議への継続参加の問題（いわゆる Rule 15 問題[19]）と，新委員の任命問題とをリンクさせることに対しては，米国を除く大半の国が反対を表明しているのにも拘わらず，米国が新委員の任命手続の開始を拒絶しているために，委員が補充されない状況にある。上級委員会の任命はコンセンサス方式が前提とされており[20]，この上級委員の任命をめぐる硬直状態の継続は，まさに DSB による決定が難しいことを体現する好例となっている。

　また，DSB は，パネル及び上級委員会がひとたび開始されると，報告書が採択されるに至るまで，政治的なコントロールを及ぼすことができないという状況にも直面する。前述のように，パネルの設置からパネルないし上級委員会の報告書の採択まで，ネガティブ・コンセンサス方式が基礎とされることから，DSB が手続をコントロールする術はほぼ存在しない[21]。よって，DSB がパネル及び上級委員会の判断に対して何らかの影響や方向性を示すことができるのは，現実的には，パネル及び上級委員会の報告書が採択された後となっている（拘束力を有さないものであれば，採択時の DSB 会合での見解表明が手段としてある[22]）。もちろん，パネル及び上級委員会の検討中に DSB による政治的コントロールが及ばないことは，司法的機関の独立性を実現するとの点で肯定的に評価されるが，他方で，「独立しすぎている」のではないかとの疑念を引き起こす要因ともなりえる[23]。

　　いては，間宮勇＝荒木一郎「WTO のルール・メイキング：過去 20 年間の活動を振り返って」日本国際経済法学会年報 25 号（2016 年）12 頁。

(19)　この点についての詳細は本書第 9 章参照。

(20)　WTO, *supra* note 5, p. 32.

(21)　Steve Charnovitz, "Judicial Independence in the World Trade Organization," in Laurence B. de Chazournes, Cesare P R. Romano and Ruth Mackenzie (eds.), *International Organizations and International Dispute Settlement: Trends and Prospects,* (Transnational Publishers, 2002), p. 229.

(22)　DSU 第 16 条 4 項及び第 17 条 14 項。この点については後述。

(23)　Charnovitz, *supra* note 21, p. 230.

◆ 第 2 部 ◆　国際貿易紛争処理の制度的課題

Ⅲ　パネル及び上級委員会と DSB の関係性

　具体的に，DSB がどのようにパネル及び上級委員会に関与すべきかとの議論に入る前に，そもそも，そのようなコントロールが必要か否か，改めて検討したい。

　この点につき，European Journal of International Law の誌上で展開されたHowse と Pauwelyn の論議は刮目に値する。Howse は WTO の 20 年間を総括する論文において，上級委員会が WTO 組織から距離を置き，自らを独立の裁判所と位置付けることによって，WTO を取り巻く政治的な衝突や停滞に対応してきた様子を描写する[24]。換言すれば，上級委員会は，WTO 外の動向に敏感になることによってその判断の正統性を確保しようとしてきたのであり，ゆえに WTO の政治的・外交的組織から離れたとする[25]。

　それに対して，Pauwelyn は真っ向から異を唱え，WTO 事務局，パネル，そして上級委員会と，WTO 加盟国やジュネーブに拠点を置く貿易政策エリートの間に「非公式な共生関係（informal symbiosis）」が存在しており[26]，上級委員会は（時に誤って）ジュネーブの貿易政策エリートの見解を内部化していると説く[27]。その理由として彼は，パネル及び上級委員会の報告書が主にWTO 関係者（元貿易外交官や政府関係者，あるいは WTO の事務局員）によって作成されること，それら報告書がジュネーブに拠点を置く貿易関係者に向けて発せられていること，実際の報告書の内容がジュネーブの貿易サークルにおける感覚と親和的であることを指摘する[28]。Charnovitz も Pauwelyn の見解を

---

(24)　Robert Howse, "The World Trade Organization 20 Years on: Global Governance by Judiciary", *European Journal of International Law*, Vol. 27, No. 1 (2016) pp. 9–77.

(25)　*Ibid.*, pp. 26–30.

(26)　Joost Pauwelyn, "The WTO 20 Years On: 'Global Governance by Judiciary' or Rather, Member-driven Settlement of (Some) Trade Disputes between (Some) WTO Members?," *European Journal of International Law*, Vol. 27, No. 4, (2017) p. 1120.

(27)　*Ibid.*, p. 1125.

(28)　*Ibid.*, pp. 1123-26. Pauwelyn はまた，上級委員会が WTO 外の動向に敏感になることで正統性を実現しているという点についても，実際には WTO 外の関係者は関心を失いつつあることを指摘して，疑問を投げかける。*Ibid.*, p. 1123. もっとも，上級委員会の司法極小主義（judicial minimalism）的アプローチについては肯定的な姿勢を示してい

368

◇ 第 12 章 ◇ 紛争解決機関(DSB)の機能の再検討〔関根豪政〕

下支えするような見解を示しており，上級委員会がアミカス・ブリーフの受領に関する追加的な手続を採択した際に，一般理事会会合で強い批判が提示されることを察知してアミカス・ブリーフの提出を拒絶したことが，上級委員会が加盟国の見解に黙示的に耳を傾けた例と把捉する[29]。

　Howse-Pauwelyn 論議において，Pauwelyn の主張が正しいのであれば[30]，DSB の機能の限界は問題とはならないのかもしれない。なぜなら，上級委員会はすでに DSB の意向を共有しているのであり，黙示的な政治的統制（加盟国統制）が機能していると評することができるためである。そうであるならば，パネル及び上級委員会が DSU の法の欠缺を補充することは是認されることになる[31]。しかし，そのような黙示的な空間が存在するとしても，パネル及び上級委員会の実際の判断が，DSB あるいは各国政府の意向を十分に反映しているとまで言えるかは疑われる。DSB に判断を委ねることなく手続の公開を認めたこと[32]，あるいは，DSB における WTO 加盟国からの強い反対にも拘わらず[33]アミカス・ブリーフの受領を認めた上級委員会の姿勢からは，WTO 外からの正統性をより意識したとする Howse の見解に共感を覚える[34]。そも

　　る。*Ibid.*, p. 1123.

(29)　Charnovitz, *supra* note 21, p. 238. See also, Theresa Squatrito, "Amicus Curiae Briefs in the WTO DSM: Good or Bad News for Non-State Actor Involvement?" *World Trade Review*, Vol. 17, No. 1 (2018), p. 84.

(30)　Elsig and Pollack は，徐々に上級委員会の任命プロセスにおいて各加盟国の政治的意向が反映される傾向が強まっており，それが上級委員会の実際の判断にも影響していることを示唆する（ただし，あくまで推測的な議論としている）。Manfred Elsig and Mark A. Pollack, "Agents, Trustees, and International Courts: The Politics of Judicial Appointment and the World Trade Organization", *European Journal of International Relations*, Vol. 20, No. 2 (2014), p. 409. 同様に，上級委員会の答責性は著しく高い（つまり，司法的な機関が任命者に対する責任を果たしているかを問う仕組みが存在している）と評価するものとして，伊藤一頼「WTO 上級委員再任拒否問題を再考する：司法化の進展とその政治的統制の相克」日本国際経済法学会年報 27 号（2018 年）109 頁。

(31)　Pauwelyn の主張に依拠すると，改善すべきは加盟国の首都とジュネーブにいる各国代表との間の認識の離齬となるかもしれない。

(32)　本書第 7 章参照。

(33)　WTO General Council, "Minutes of Meeting - Held in the Centre William Rappard on 22 November 2000", WT/GC/M/60, para. 114.

(34)　Howse, *supra* note 24, pp. 39-42. 実際にパネル及び上級委員は，アミカス・ブリーフを考慮しなくとも，一般的には受領したものを読んではいる。Squatrito, *supra* note

369

◆ 第2部 ◆ 国際貿易紛争処理の制度的課題

そも，司法的機関が政治的機関の意向を非公式的に忖度して判断を下す仕組み
となることは望ましくない。

　反対に，Howse の見解によると，上級委員会と DSB の関係は大きな論点と
なろう。そして，その議論は二極に分化しえる。すなわち，上級委員会があえ
て制度間の関係性を断絶している現状を是とするのか，あるいは，そのような
上級委員会の判断に対して正統性（内部的正統性[35]）を付与するために，DSB
が手続関与を強化するのか，という二つの方向性である。本稿においては，前
者の立場は支持しない。上級委員会が高度に独立している状態はより適正な司
法的判断につながる可能性があるが，WTO の紛争解決手続が純粋な司法手続
とは同視しえないこと，政治的な統制が働かない状態が上級委員会による判断
への不満につながりうること等を踏まえると[36]，司法的機関と政治的機関の
間の連動性を向上させることを考察する必要があると言えよう。よって，以下
では，パネル及び上級委員会の独立性を過度に損なわせることがないことを前
提としつつも（Howse の見解により近似的な前提に基づいて），政治的な機関が
いかに関与することができるかという観点から，具体的な関与の可能性を探る。

　29, p. 71. 上級委員会の元委員も，DSB に配慮する必要性がないことの意義を強調する。
David Unterhalter, The Authority of an Institution: The Appellate Body under Review,
in Gabrielle Marceau (ed.), *A History of Law and Lawyers in the GATT/WTO: The
Development of the Rule of Law in the Multilateral Trading System,* (Cambridge University Press, 2015), p. 469.

(35)　Weiler は内部的正統性（internal legitimacy）を，WTO の内部的世界，及び，加盟
国代表，事務局，パネルそして上級委員会等から構成される主たる組織的アクターから
の正統性と捉える。J. H. H. Weiler, "The Rule of Lawyers and Ethos of Diplomats:
Reflections on WTO Dispute Settlement" in Roger B. Porter et al. (eds.), *Efficiency,
Equity, Legitimacy: The Multilateral Trading System at the Millennium* (Brookings
Institution Press, 2001), p. 335.

(36)　パネルや上級委員会自身も，政治的な機関による立法的な対応が見込めない状況で
は，適切な判断を下しづらくなることが危惧される。See, Jennifer Hillman, "Moving
Towards an International Rule of Law? The Role of the GATT and the WTO in its
Development" Gabrielle Marceau (ed.), *A History of Law and Lawyers in the GATT/
WTO: The Development of the Rule of Law in the Multilateral Trading System,*
(Cambridge University Press, 2015), p. 73.

Ⅳ　DSB の「司法による法創造」への関与

　DSB によるパネル及び上級委員会への関与については，既存の制度の部分的な改善や修正に留まる提案から，大幅な制度変更や新規の制度導入を伴う提案まで考えられるが，後者の場合には少なくとも短期的には実現性が低いと予想される。よって，制度設計に際しては，実現可能性も踏まえて選択していかなければならない。以下では，制度変更の度合いが比較的小さいと推考されるものから検討していく。

1　「発言」機関としての DSB の強化

　近年，注目が高まっており，大きな制度改革を要さない方法が，既存のDSB の発言（voice）効果[37]の強化ないし整備である[38]。DSB は，DSU 第 16 条 4 項及び第 17 条 14 項にて，加盟国がパネル及び上級委員会の報告書に対して「見解を表明する…権利を」与えられていることを受けて，報告書を採択する会合で示された加盟国の見解を議事録として公開している。この会合において加盟国の意見が提示されることや，それらが公式な記録として保存されることが，パネル及び上級委員会にメッセージを送ることになるとして，この機能に着目する見解が見られるようになっている。

　ただし，そのような DSB からのシグナルの送付には限界もある。DSB によるパネル及び上級委員会報告書の採択に際して表明された加盟国の見解には拘束力がなく，報告書の採択自体には何ら影響しないため[39]，パネルや上級委員会が黙示的に考慮することがあったとしても，明確に従うことにはならない。その効果の実質は，パネルや上級委員会の心証に大きく委ねられているのである。あるいは，それらの DSB 会合においては，紛争当事国以外の加盟国はほとんど発言しないとの実態があることから，会合における意見が偏重したものとなる恐れも問題点として指摘される[40]。加えて，DSB からのメッセージは

---

(37)　Pauwelyn, *supra* note 2, p. 49.

(38)　Creamer and Godzimirska, *supra* note 1, pp. 452-459.

(39)　Yang Guohua, Bryan Mercurio and Li Yongjie, *WTO Dispute Settlement Understanding: A Detailed Interpretation*, (Kluwer Law International, 2005), pp. 191 and 215.

◆ 第2部 ◆　国際貿易紛争処理の制度的課題

報告書が完成した後に発せられることになるため，その効果が生ずるのはその後の事例においてであり，係争中の事案について影響を及ぼすことができない（後に先例的判断を覆さなければならない）点にも限界が存在する[41]。

　そこで，より一層，DSB の見解をパネルに伝播させる別の方法として，DSU 第13条の活用が考えられる。当該条項は，パネルが「適当と認めるいかなる個人又は団体」から情報や技術上の助言を求めることを認めており，ここでいう「個人又は団体」に DSB は含まれうる[42]。よって，例えば DSU に関して解釈上の疑問が生じた場合には，この手続を通じてパネルが DSB に見解を求めることも考えられる[43]。さらには，紛争当事国が DSB に見解を求めることを要請することや，DSB が自ら意見書を作成し，パネルに対してそれを受領することを要求することで，パネルが DSU 第13条手続を開始することも想定しうる。仮に，DSB において統一的な見解が示されなかったとしても，パネルが DSB における議論を基礎に判断を下すことになれば，加盟国の意向に少しでも近接した判断が示されることになろう[44]。

　もっとも，DSU 第13条の手続にも限界はある。第1に，現行規定上，当該

---

(40)　Robert McDougall, "Crisis in the WTO: Restoring the WTO Dispute Settlement Function", *CIGI papers* No. 194 (2018), p. 11. よって，現行制度のまま DSB 会合からのメッセージの伝播を強化したとしても，紛争に当事国ないし第三国参加した加盟国の意見表明の機会を拡大するだけの追加的な効果しか有さない恐れがある。この点に対する対応については，例えば，後掲注(44)の議論参照。

(41)　これらの欠点を緩和する方法として，DSB 会合で DSU の規則や手続的論点について定期的に議論することが提案されるようになってきている。Dispute Settlement Body Special Session, "Report by the Chairman, Ambassador Ronald Sabrío Soto", TN/DS/27 (2015), para. 3.62. See also, WTO General Council, "Communication from the European Union, China, Canada, India, Norway, New Zealand, Switzerland, Australia, Republic of Korea, Iceland, Singapore, Mexico, Costa Rica and Montenegro to the General Council", WT/GC/W/752/Rev.2 (2018), p. 2.

(42)　Joost Pauwelyn, "The Use of Experts in WTO Dispute Settlement," *International and Comparative Law Quarterly,* Vol. 51, No. 2 (2002), p. 331.

(43)　2002年にはアフリカ諸国が，手続中に紛争当事国が解釈に関する質問を一般理事会に照会できる制度を提案している。Dispute Settlement Body Special Session, "Proposal by the African Group", WT/DS/W/15 (2002), p. 5.

(44)　DSB における議論は，単に加盟国の見解を羅列するのではなく，極力，加盟国の見解を総括した DSB としての見解（もしくは DSB 議長の提案）として提出されることが望ましい。

◇ 第 12 章 ◇ 紛争解決機関(DSB)の機能の再検討〔関根豪政〕

手続の利用はパネルに限定されているため，上級委員会で同様の仕組みを実現するためには，同じ制度（あるいは，より直接的に DSB 等に見解を求める制度）を新規に導入することが必要となる。第2に，DSU 第13条手続においては，DSB の発言効果の議論とは異なり，パネル自らが情報を求めることから，パネルが DSB からのメッセージを考慮する可能性はより高まるが，他方で，そもそもパネルが当該手続を用いて DSB に見解の提示を求めなければ，DSB 側から受領を強制することはできない（主導権は依然としてパネル側にある）との問題がある。ただし，第2の点については，上級委員会が米国－エビ輸入禁止事件において，DSU 第13条における情報の提供を「要請する（seek）」の表現を，「パネルが要請していないのに提出された情報を，パネルが受領することを禁止するという意味と厳密に同義で捉えてはならない」と述べて[45]，パネルがアミカス・ブリーフを受領することを認める判断を示したことから，同様の理屈に基づいて，DSB が，解釈に関する方針や見解を一方的にパネルに対して提出することを認める余地はある。さらに言うと，上級委員会がアミカス・ブリーフを受領することを認める判断も示されていることから[46]，上級委員会についても，DSB から一方的に解釈指針が提出された場合にそれを受領することが認められよう[47]。つまり，DSU の改正は必要ないことになり（DSU 規定には明記されていない規則を創造する側面があることは否めないが），加えて，上記の第1の懸念も相当に解消されることになる。

　また，これらの提案の延長線上には「立法的差戻し（legislative remand）」の導入も提言されている。Payosova, Hufbauer and Schott は，上級委員会が，WTO 協定の意味内容が定かではないと判断される場合に，WTO の各委員会で議論ないし交渉することを提起する仕組みを上級委員会の検討手続の中に創設することを提案する[48]。この提案を上記の DSU 第13条に相当する仕組み

---

(45)　Appellate Body Report, *United States – Import Prohibition of Certain Shrimp and Shrimp Products*, WT/DS58/AB/R, para. 108. 強調原文。

(46)　Appellate Body Report, *United States – Imposition of Countervailing Duties on Certain Hot-Rolled Lead and Bismuth Carbon Steel Products Originating in the United Kingdom*, WT/DS138/AB/R, para. 39.

(47)　Pauwelyn, *supra* note 42, p. 336.

(48)　Tetyana Payosova, Gary C. Hufbauer, and Jeffery J. Schott, "The Dispute Settlement Crisis in the World Trade Organization: Causes and Cures", *Policy Brief*, 18-5 (Peterson Institute for International Economics, 2018), p. 9.

373

◆ 第 2 部 ◆　国際貿易紛争処理の制度的課題

と組み合わせると，パネルや上級委員会がその検討中に DSB 等の関連する機関に意見を提出するように求め，それを踏まえて判断を下す構造になる。かかる制度下では，先の議論と同様，パネルや上級委員会が自ら意見等を求めることも，DSB 等が一方的に見解をパネルや上級委員会に送ることも認められることになる(49)。

2　加盟国統制の強化

上記の提案から一歩進んで，パネル及び上級委員会の判断や報告書に政治的な機関が直接的に関与する方法が，加盟国統制（member control）と総称される各種のパネル及び上級委員会の管理の試みである。

この加盟国統制を強く推奨してきたのが米国である。米国は（チリとの共同提案の場合も含め）DSU 改正交渉において次のような提案を繰り返してきた。

- ・パネル及び上級委員会における中間報告の検討後に(50)，当事国が相互に合意することを条件に，報告書内の判断の一部を削除することを容認する
- ・DSB が報告書の特定の箇所について採択を回避する「部分採択」手続を認める
- ・WTO の裁定機関に解釈方針等についての一定の追加的なガイダンスを加盟国が提供する(51)

これらの提案については，強い懸念を示す加盟国が多かったものの（EU，

---

(49)　パネル等がどの程度 DSB 意見に拘束されるかについては，現行の第三国参加を参考に，「十分に考慮される」ことを要求することも考えられる（DSU 第 10 条 1 項参照）。そうなると，DSB 意見はいわば加盟国全体での第三国意見の体をなすことになる。

(50)　前提として，米国及びチリは，上級委員会手続についても中間報告のプロセスを設けることを提案している。

(51)　Dispute Settlement Body Special Session, "Contribution by Chile and the United States", TN/DS/W/28 (2002); Dispute Settlement Body Special Session, "Textual Contribution by Chile and the United States", TN/DS/W/52 (2003); Dispute Settlement Body Special Session, "Communication from the United States", TN/DS/W/82 (2005); Dispute Settlement Body Special Session, "Communication from Chile and the United States", TN/DS/W/89 (2007). その他，上級委員会手続の検討を停止させる当事国の権利の導入，事案に応じたパネリストの専門性の確保が提案されてきたが，これらについては幅広い支持を得られている。

374

◇ 第 12 章 ◇ 紛争解決機関(DSB)の機能の再検討〔関根豪政〕

ブラジル，韓国，ノルウェー，スイス等)[52]，僅かながらも支持者はいた。例えば，インドやヨルダンは，その決定過程について更なる詳細を求めたものの，前記の「部分採択」の提案自体には同調した[53]。マレーシア，オーストラリア，コロンビアも，同調的な姿勢（部分的に支持するのも含め）を示していた[54]。

　本書が主眼点とする手続法的論点に関しても，前記の提案（以下，米国・チリ提案）は機能しうる。例えば，手続に関する規則の欠缺に対応するためのパネルないし上級委員会の決定が加盟国にとって受け入れられないものであれば，事後的に，関連する判断について不採択とすることは考えられる。この場合に，パネル及び上級委員会の判断の一部について一時的に不採択とし，DSB 会合などで時間を掛けて議論し，加盟国からの支持や解決策が提示された後に採択するという建設的な利用も可能と言える。

　たしかに，米国・チリ提案については批判も強いが[55]，同提案を詳細に見ると，必ずしも不合理とは言い切れず，また，パネルや上級委員会に対する加盟国による統制や介入を容易にするものとも言い切れない。前記の提案のうち，パネル及び上級委員会の手続の中間段階での判断の部分削除については，紛争当事国の合意が前提とされている。当事国全てが反対するような判断を削除することは，「問題の満足すべき解決」を目指す，あるいは相互に受け入れられる解決が優先されるとする，DSU 第 3 条 4 項や同 7 項の精神とも調和的とも思われる[56]。また，報告書の部分採択の提案についても，その最終的な決定

---

(52)　Daniel Pruzin, "U.S. Proposal on Dispute Settlement Reform gets Mixed Reaction from WTO Delegations", *WTO Reporter* (20 December, 2002).

(53)　Special Session of the Dispute Settlement Body, "Minutes of Meeting - Held in the Centre William Rappard on 28-30 January 2003", TN/DS/M/8 (2003), paras. 12-15.

(54)　Pruzin, *supra* note 52. See also, Creamer and Godzimirska, *supra* note 1, p. 432.

(55)　研究者等からの否定的な見解としては，福永有夏『国際経済協定の遵守確保と紛争処理：WTO 紛争処理制度及び投資仲裁制度の意義と限界』（有斐閣，2013 年）153 頁，Terence P. Stewart et al, "Proposals for DSU Reform that Address Reform Directly or Indirectly, the Limitation on Panels and the Appellate Body not to Create Rights and Obligations", in Dencho Georgiev and Kim Van Der Borght (eds.), *Reform and Development of the WTO Dispute Settlement System* (Cameron May, 2006), pp. 364-365. See also, Peter Sutherland et al., *The Future of the WTO: Assessing Institutional Challenges in the New Millennium* (2004), para. 255.

(56)　たしかに，当事国が相互に受け入れられる解決は WTO 協定と整合的であることが

◆ 第 2 部 ◆ 　国際貿易紛争処理の制度的課題

が DSB でのコンセンサスを基礎とするのであれば[57]，実現のハードルは相当に高い（別の言い方をすれば，部分不採用に正統性が認められる）と言えよう。

他方で，米国及びチリも，前記の提案を今に至るまで維持しており[58]，また，FTA でそれを示唆する制度を導入している。例えば，北米自由貿易協定（NAFTA）では第 2017 条 1 項にて，「紛争当事国が別段の合意をする場合を除くほか」，最初の報告書の提示の後 30 日以内に最終報告書が紛争当事国に提示されると規定されており，紛争当事国の双方が報告書の内容に満足しない場合には報告書を公表しないことや，修正ないし部分削除を要請することが可能と解しうる仕組みとなっている[59]。これは，米国・メキシコ・カナダ協定（USMCA）や，環太平洋パートナーシップ協定ないし環太平洋パートナーシップに関する包括的及び先進的な協定（TPP/CPTPP）にも受け継がれており[60]，かかる慣行が徐々に拡散しつつある状況にあることから[61]，今後の貿易紛争における紛争解決手続に何らかの影響を及ぼす潜在性を有している[62]。

なお，この米国提案と類似した議論として 2001 年に Barfield が提示した紛争解決制度の改正案が存在する[63]。同提案は，有力な少数派（substantial

───────────

　　　　求められるが（DSU 第 3 条 7 項），パネルないし上級委員会の特定の解釈の不採択それ
　　　　自体が WTO 協定に違反する解決の合意になるとまでは評価されないであろう。

(57)　Dispute Settlement Body Special Session, "Minutes of Meeting - Held in the Centre William Rappard on 16-18 December 2002", TN/DS/M/7 (2003), paras. 16 and 68.

(58)　加盟国統制の議論は，引き続き DSU 改正交渉の主要な 12 の論題に含められている。World Trade Organization, *Annual Report 2016*, (2016) p. 46, at https://www.wto.org/english/res_e/booksp_e/anrep_e/anrep16_e.pdf. See also, Dispute Settlement Body Special Session, "Report by the Chairman, Ambassador Coly Seck", TN/DS/31 (2019), p. 70.

(59)　See also, USTR, *Summary of Objectives for the NAFTA Renegotiation* (2017), p. 17.

(60)　USMCA 第 31.17 条 5 項，TPP/CPTPP 第 28.18 条 1 項。米国・チリ FTA 等も同様（例えば，米国・チリ FTA 第 22.13 条 1 項）。

(61)　2018 年 12 月に USTR が公表した日米貿易協定の交渉目的においても，紛争解決手続における締約国統制を維持し，パネルが事実や適用される義務について誤った評価を行った場合には，締約国が対処できる仕組みを導入することが必要と明記されている。USTR, *United States-Japan Trade Agreement (USJTA) Negotiations: Summary of Specific Negotiating Objectives*, (2018), p. 14.

(62)　他方で，そのようなパネルの最終報告書に関する当事国の合意についての言及は，例えば日本・EU EPA においては見られない。日本・EU EPA 第 21.19 条参照。

(63)　Claude E. Barfield, *Free, Trade, Sovereignty, Democracy: The Future of the World*

◇ 第 12 章 ◇ 紛争解決機関(DSB)の機能の再検討〔関根豪政〕

minority)——すなわち，すくなくとも DSB 構成国の 3 分の 1——がパネル及び
上級委員会の判断に対して合意しない旨を示した場合には，かかる判断は無効
とされることになる（そしてその後，その問題についての立法的解決が図られるこ
とになる）ことを提案する[64]。たしかに，この提案と前記の米国・チリ提案は，
パネル及び上級委員会の報告書が自動的に全面採択される状況を防止するとの
点で共通するが，その防止実現の閾値に大きな相違が存在する。米国・チリ提
案のうち，例えば報告書の部分削除の提案は，紛争当事国の全てが合意するとい
う低くはない，かつ，前述したような一定程度の正統性が確認しうるハード
ルが設定されているのに対して，Barfield 提案は上記の閾値を設定する明白な
根拠に欠けており，両者を同視して議論することはできない。Barfield 提案に
対しては多くの批判的な見解が示されているが[65]，その批判をもって米国・
チリ提案に対する批判と捉えることは適切ではないと言えよう。

3　意思決定方式の変更

(1) WTO 協定改正とコンセンサス方式

WTO 協定の改正（立法的対応）が迅速に行えれば，「司法的機関による法創
造」への正当化の付与，あるいはその防止ないし是正は柔軟に行いやすくなる
と言えよう。しかしながら，その実現に際しては，WTO 協定の改正（加盟国
に改正案を受諾のために送付することについての決定）が原則的にはコンセンサ
ス方式によって実現されることになることが障壁となる（WTO 設立協定第 10
条 1 項）。かかるコンセンサスが特定の期間内に形成されない場合には，加盟
国の 3 分の 2 以上の多数による議決で決定されることになるが，これまで
WTO の意思決定で投票（多数決）が利用された例は殆どない。

さらにいうと，DSU の改正については，投票方式（多数決方式）に依拠でき
ない強制的なコンセンサス方式が採用されている（WTO 設立協定第 10 条 8 項）。
これは，DSU の改正が加盟国の法的な地位に甚大な影響を及ぼす潜在性があ
ることに起因しており[66]，ゆえに，DSU の改正のハードルは一層高い構造と

Trade Organization (AEI Press, 2001), Ch. 7.

(64)　*Ibid.*, p. 127.

(65)　*E.g.*, Pauwelyn, *supra* note 2, pp. 46-47; Steinberg, *supra* note 18, p. 273.

(66)　Rainer Grote, "Article X WTO Agreement", in Rüdiger Wolfurm et al. (eds.),
WTO: Institutions and Dispute Settlement (Martinus Nijhoff Publishers, 2006), p. 133.

◆ 第2部 ◆　国際貿易紛争処理の制度的課題

なっている[67]。

　かかるコンセンサス方式を回避するためには，WTO 設立協定第9条2項の有権的解釈の制度か，同第9条3項のウェーバー制度の利用が考えられる。しかし，前者においては改正条項（第10条）を「害するように用いてはならない」と規定されていること，また，ともにコンセンサス方式が原則と理解されていることから[68]，その利便性は決して高くはない[69]。

　このように，WTO 協定の改正は原則，コンセンサスを得た場合にのみ実現されるのが実情であり，加えて，先で述べたように（第II節1参照），改正以外の場面における DSB の決定もコンセンサス方式が採用されていることから，現行制度下では，司法的機関による法創造に対して立法的対応が迅速に実現されることを期待することは難しい。よって，これらコンセンサス方式から脱却すべきか否かについて検討したい。

(2) コンセンサス方式からの脱却

　コンセンサス方式から脱却するのであれば[70]，投票方式（多数決方式）の利

---

(67)　もっとも，DSU の見直しは1994年のマラケシュ閣僚宣言に基づくものであり（Decision on the Application and Review of the Understanding on Rules and Procedures Governing the Settlement of Disputes），DSU の改正はその運用開始当時から想定されていたものである。また，DSU の改正は加盟国の受諾が不要とされている点に着目すると，改正の負担は小さいとも言える。なお，受諾を不要とすることは，ドーハ・ラウンド交渉等の他の交渉結果とは別個に改正を実現できること（一括受諾方式からの分離）と整合的な関係となっている。Alex Ansong, "Single Undertaking, Different Speeds: Pliable Models for Decision-Making in the WTO", *Journal of International Economic Law*, Vol. 21, No.2 (2018), p. 406.

(68)　Council for Trade-Related Aspects of Intellectual Property Rights, "Proposals on Paragraph 6 of the Doha Declaration on the TRIPS Agreement and Public Health: Thematic Compilation", IP/C/W/363/Add.1 (2002), para. 8, 及び，"Decision-Making Procedures under Articles IX and XII of the WTO Agreement, Statement by the Chairman", WT/L/93 (1995) 参照。

(69)　Ehlermann and Ehring は，有限的解釈の制度が利用されない原因として，コンセンサス方式であることのみならず，恒久的な法的効果を有すること，WTO で初めて導入された新規の制度であることを指摘する。Claus-Dieter Ehlermann and Lothar Ehring, "The Authoritative Interpretation under Article IX: 2 of the Agreement Establishing the World Trade Organization: Current law, Practice and Possible Improvements", *Journal of International Economic Law*, Vol. 8, No.4 (2005), p. 818.

(70)　もっとも，WTO 加盟国は一般的にはコンセンサス方式を支持している。Footer,

◇ 第 12 章 ◇ 紛争解決機関(DSB)の機能の再検討〔関根豪政〕

用が考えられよう[71]。具体的にどのような投票／多数決方式を採用するかについては，さらなる検討を要するが[72]，少なくともコンセンサス方式から脱却すれば，少数の加盟国が特定事項の決定を防止する事態が生ずることは回避することができ，現行の制度よりも円滑な意思決定が行われることが期待される[73]。

　それでは，どのようにしてコンセンサス方式を解除するのか。まず，閣僚会議や一般理事会におけるコンセンサスについては，WTO協定上は投票方式が認められているため，理屈上は，コンセンサスを基調とする旨を示す政治的な

───────────────

　　supra note 17, p. 174; Peer Nørgaard Pederson, "The WTO Decision-Making Process and Internal Transparency", *World Trade Review*, Vol. 5, No. 1 (2006), p. 128. 例えば，EUが2018年9月に公表したWTO改革のためのコンセプト・ペーパーでも，ルール・メイキングの改革が提案されているが，コンセンサス方式それ自体は維持する姿勢と理解される。European Commission, "EU concept paper on WTO reform" (18 September 2018), pp. 7-8. http://trade.ec.europa.eu/doclib/docs/2018/september/tradoc_157331. pdf. コンセンサス方式をめぐる研究者や実務家の意見を概観するものとしては，Peter Van den Bossche and Iveta Alexovicová, "Effective Global Economic Governance by the World Trade Organization", *Journal of International Economic Law*, Vol. 8, No. 3 (2014), pp. 669-672.

(71)　*E. g.*, Hillman, *supra* note 36, p. 75; Claus-Dieter Ehlermann and Lothar Ehring, "Decision-Making in the World Trade Organization: Is the Consensus Practice of the World Trade Organization Adequate for Making, Revising and implementing Rules on International Trade?" *Journal of International Economic Law*, Vol. 8, No. 1, (2005) p. 73.

(72)　どのような形式の投票／多数決方式を採用するかについては，コンセンサス方式からの脱却を支持する論者の中でも見解の収斂は見られない。現行制度を基礎とする提案としては，Ehlermann and Ehring, *ibid*. See also, Henry Gao, "Dictum on Dicta: Obiter Dicta in WTO Disputes", *World Trade Review*, Vol. 17 No. 3 (2018), p. 533. 加重投票方式 (weighted voting) の導入を提案するものとして，Thomas Cottier and Satoko Takenoshita, "The Balance of Power in WTO Decision-Making: Towards Weighted Voting in Legislative Response", *Aussenwirtschaft*, Vol. 58, No. 2 (2003), p. 169; Mitsuo Matsushita, et al. *The World Trade Organization: Law, Practice, and Policy, 3rd Ed.* (Oxford University Press, 2016) p. 21. 二段階の閾値を導入する投票方式を提案するものとして，Amrita Narlikar, "Adapting to New Power Balances: Institutional Reform in the WTO", in Thomas Cottier and Manfred Elsig, *Governing the World Trade Organization: Past, Present and Beyond Doha* (Cambridge University Press, 2011), p. 125.

(73)　Jaime Tijmes-Lhl, "Consensus and Majority Voting in the WTO", *World Trade Review*, Vol. 8, No.3 (2009), p. 419.

◆ 第 2 部 ◆　　国際貿易紛争処理の制度的課題

合意や慣行[74]を破棄することで実現可能である。それに対して，DSB における決定は協定条文上もコンセンサス方式が要求されているため，DSU 改正が必要となる。この点につき，Kuijper は，WTO 設立協定が DSU に優先されることを定める同協定第 16 条 3 項を根拠に，投票方式を認める WTO 設立協定第 9 条 1 項が，同方式を認めない DSU 第 2 条 4 項に優位するとする[75]。しかし，DSB に対する DSU 第 2 条 4 項の適用は WTO 設立協定第 9 条 1 項の注 3 において定められているため，かかる論理には無理があると考えられる。また，Hillman は，WTO 設立協定第 3 条 3 項において WTO は「〔DSU〕を運用する」とされていることから，その「運用」の責務を果たすために WTO とその加盟国は，状況に応じて投票方式に移行する余地があることを指摘する[76]。しかし，これはテクニカル過ぎる解釈と思われ，むしろ，Kuijper が提唱するように，紛争解決手続に関する議題を一般理事会の下で提起する方が，WTO 協定と親和的に DSU 第 2 条 4 項の適用を回避することができると考えられる[77]。とはいえ，この手法は DSB での決定回避の常態化を招くことにもなりかねないので，コンセンサス方式を解除するのであれば，DSU 改正が最善──それにはコンセンサスが必要なことは皮肉ではあるが──と言えよう。

　なお，コンセンサス方式から脱却して政治的機関による決定の活性化を促すことを目指すとしても，それが政治的機関による決定の適切性を向上させるわけではないという点には注意が必要である。コンセンサス方式を経た決定事項が，投票（多数決）を経たものと比べて明らかに優れることは論を俟たない。Pauwelyn は，コンセンサス方式からの離脱は，政治的な見解表明や意思決定過程への参加の機会を減少させ，ひいては WTO 全体の弱体化につながると懸念する（Pauwelyn はこれを「忠誠のない効率性（efficiency without loyalty）」と

---

(74)　前掲注(68)参照。

(75)　Pieter Jan Kuijper, "The US Attack on the WTO Appellate Body", *Legal Issues of Economic Integration*, Vol. 45, No. 1 (2018), p. 10. WTO 設立協定第 16 条 3 項は「この協定の規定といずれかの多角的貿易協定の規定とが抵触する場合には，抵触する限りにおいて，この協定の規定が優先する」と規定する。

(76)　Jennifer Hillman, "Three Approaches to Fixing the World Trade Organization's Appellate Body: The Good, the Bad and the Ugly?", *IIEL Issues Brief* (2018), p. 13. Kuijper も Hillman も，上級委員の任命手続の停滞を打破するための手段としてこの論理を展開する。

(77)　Kuijper, *supra* note 75, p. 10.

380

◇ 第 12 章 ◇ 紛争解決機関(DSB)の機能の再検討〔関根豪政〕

描写する)[78]。

　もっとも，コンセンサス方式を維持する一般的見解には首肯できるとしても，ここで議論しているのは，パネルや上級委員会の判断を前提とする DSB ないし一般理事会における決定という文脈を考慮しなければならない。つまり，ここでの焦点は，司法的機関による法創造が発生しうる状況における政治的な関与である。比べるべきは，「司法による法創造」と「投票方式による政治的機関による法創造」であり，「コンセンサス方式による法創造」と「投票方式による法創造」との間の是非の議論ではない。コンセンサス方式に固執してしまうと，加盟国の合意が定かではない「司法による法創造」（すなわち，より民主的正統性の弱い機関による立法行為）を肯定することになるのである。また，とりわけ司法的機関による法創造が争点とされる場合には，議論すべき論点はある程度明白であり（例えば，特定の規定に対する拡大的な解釈の是非の判断），その意味では，新規のルールをゼロから形成する際におけるコンセンサス方式とは区別して議論されるべきであろう[79]。

　要するに，すくなくとも本章においては，パネル及び上級委員会による解釈と密接に関係がある場合に限って，コンセンサス方式での合意やその慣行の解除を議論しているのである[80]。よって，例えば，紛争が提起された場合に，パネル及び上級委員会による解釈に先行して，加盟国が DSB 決定等を通じて関連規定の解釈指針を示す場合や，パネル及び上級委員会の報告書に含まれる

---

(78)　Pauwelyn, *supra* note 2, p. 39. See also, Tijmes-Lhl, *supra* note 73, p. 424.

(79)　Cottier and Takenoshita も「立法的対応（legislative response）」が必要な場面における意思決定を前提に，加重投票方式の議論を展開する。Cottier and Takenoshita, *supra* note 72, p. 175. 同様に，場面に応じて投票方式を論ずるものとして，Van den Bossche and Iveta Alexovicová, *supra* note 70, p. 674; Ehlermann and Ehring, *supra* note 71, p. 73; Matsushita, et al. *supra* note 72, p. 21; Manfred Elsig and Thomas Cottier, "Reforming the WTO: The Decision-Making Triangle Revisited", in Thomas Cottier and Manfred Elsig, *Governing the World Trade Organization: Past, Present and Beyond Doha* (Cambridge University Press, 2011), p. 307. ただし，WTO 協定の改正が含まれる場面において投票方式を導入することに否定的な見解として，Tijmes-Lhl, *ibid.*, p. 430.

(80)　もっとも，コンセンサス方式の解除は，場面を限定したとしても，それが一般化することになることを警戒する加盟国からの強い反対を受ける可能性はある。Hillman, *supra* note 76, p. 14. その観点からは，解釈論を通じてコンセンサス方式の解除を試みるのではなく，明確に立法的に対応して，コンセンサス方式が解除される範囲が明示されることが望ましいと言えよう。

◆ 第 2 部 ◆　国際貿易紛争処理の制度的課題

協定解釈への事後的な対応——DSB 決定や閣僚理事会及び一般理事会での有権的解釈の採択——が対象となってくる。また，パネルや上級委員会の解釈を受けての WTO 協定の改正についても，コンセンサス方式を解除する対象に含みうる。例えば，第 4 章で論じたように，パネル及び上級委員会は，DSU 上で明確に規定されていない拡大第三国権利について，個別の判断を通じて容認してきた。これに対して，DSU 第 10 条を改正して，第三国の権利の拡大を認める（あるいは条件を明記する）決定は，投票方式に基づいて行うことが考えられる[81]。

　このように特定範囲に限って投票方式に移行するとしても，なお，コンセンサス方式からのシフトは慎重を要する。なぜなら，投票方式は決定事項に対する求心力を失うためである。新規則に否定的な加盟国は，多数決で決定された当該規則に拘束されることを拒み続ける可能性があり，それが他国からの批判や，他国の同様な不遵守を生むなどして，制度全体の信頼性を損なわせる恐れがある[82]。これを回避するためには，投票方式での決定の採択においてはその欠点を補う工夫が求められよう。

　1 つ考えられるのが，反対票を投じた加盟国に対しては，当該規定が及ばないとするシステムの導入である[83]。例えば，パネルや上級委員会によるアミカス・ブリーフの受領を認める規定の導入に反対票を投じた国同士の紛争においては，パネルや上級委員会はアミカス・ブリーフの受領が否定されることになる。このような仕組みは，改正に否定的な加盟国が改正の意義を損なわせるような行為へと傾倒する動機を減少させることになる。ただし，改正規定の不適用が累積してしまうと，加盟国間の法的関係の透明性が下がるという問題が

---

(81)　DSU の改正における投票方式の導入に際しては，どのような多数決方式を採用するかが問題となる。現行制度を基礎に議論するのであれば，WTO 設立協定第 10 条 1 項に倣って，加盟国の 3 分の 2 以上の多数とすることが考えられる。他方で，DSU 改正は，加盟国の受諾を要さずに決定の効力が生ずるという点で有権的解釈に性質が近いことを受けて，加盟国の 4 分の 3 とすることも案となる。なお，DSU 改正と同様に WTO 設立協定第 10 条 8 項に規定される貿易政策検討制度（附属書 3）の改正は，第 9 条 1 項——コンセンサスが実現されない場合には投票（過半数）で決定——が適用される。

(82)　Van den Bossche and Alexovicová, *supra* note 70, p. 671.

(83)　かかる提案は，紛争解決制度や各 WTO 枠組み内での「多速度（multi-speed）」方式の実現ともなる。「他速度方式」の概念については，関根豪政「WTO における複数国間貿易協定のモデルとしての EU の高度化協力」産研論集 43 号（2016 年）9 頁。

生ずるため，不適用の根拠の提示とその内容の検証の過程，あるいは時限性の導入など，一定の制約を設けることが必要と考えられるが，複雑な状況を生むことは免れないであろう。

4　パネル及び上級委員会の報告書に対する評価機関の設置

この提案に関しては，2004年に公表されたSutherland報告書に記載されたものが有名である[84]。同報告書では，DSBに公平な特別専門家部会を設置し，パネルや上級委員会の判断に対して建設的な批判を行う仕組みが提案されている[85]。そして同提案は，「極端な場合には」当該部会がDSB及び一般理事会に，WTO設立協定第9条を通じて「確定的な解釈（definitive interpretation）」を採択することの勧告を行う制度をも提唱する[86]。前者の建設的批判については支持的な見解も見られるが[87]，批評を行うのみであれば，パネル等の解釈に政治的機関の関与を含めるという観点からは不十分とも評されよう。

他方で，DSB及び一般理事会への勧告が付随する後者の提案では——制度設計次第ではあるが——「確定的な解釈」（有権的解釈）の採択へとつながる公式なルートが構築されることになるため，パネルや上級委員会の判断が専門家部会の見解に明白に統制される状況が生まれる，あるいは，政治的機関による対応の活性化につながる可能性が高まる。もっとも，このSutherland報告書で提案されているものと同様の制度を積極的に推進する動きは見られない。

むしろ，ルール・メイキングの文脈で，WTO内にルール形成の土台となる原案を示すことを任務とする行政的機関の創設を求める提案は数多くみられ[88]，それらと上記の提案は同調的と思われる。行政的機関を創設すること

---

(84)　Sutherland et al. *supra* note 55.

(85)　*Ibid.*, para. 251.

(86)　*Ibid.*

(87)　Mitsuo Matsushita, "The Sutherland Report and Its Discussion of Dispute Settlement Reforms", *Journal of International Economic Law,* Vol. 8, No. 3 (2005), p. 626. 反対に，否定的な見解を示すものとして，William Davey, "The WTO and Rules-Based Dispute Settlement: historical Evolution, Operational Success, and Future Challenges", *Journal of International Economic Law,* Vol. 17, No. 3 (2014), p. 693.

(88)　E.g., Elsig and Cottier, *supra* note 79, p. 305; Debra Steger and Natalia Shpilkovskaya, "Internal Management of the WTO: Room for Improvement", in Debra P. Steger (ed.), *Redesigning the World Trade Organization for the Twenty-First Century* (Wilfrid Laurier

◆ 第 2 部 ◆ 　国際貿易紛争処理の制度的課題

の提案には，WTO 協定の改正交渉においても当該機関が強く関与することが含まれると考えられることから，例えば，現行の WTO 協定に明記されていない事項についてパネルや上級委員会が拡大的な解釈を通じて決定を下した場合に，行政的機関が主導して評価を行い，対応策（立法的な対応も含め）を提案していくことも考えられる。その場合，当該機関は前記の Sutherland 報告書で提案されている特別専門家部会による確定的解釈の勧告と類似の機能を果たすことになる。

　よって，これらの提案は実現方法にバリエーションが見られるとしても，機動性に優れる組織を導入し，それがパネル及び上級委員会の判断に対して評価を行い，最終的に立法的な対応へとつなげる提案として一括りにすることができる[89]。この提案の下では，専門的な任務を負った組織が主体となって報告書の検証や解決策の検討を行うため，より理論的で一貫性のある対処法を提示しえる（加盟国の当座の利益に左右されづらい）点に優位性が存在する。もっとも，本提案は，パネル及び上級委員会の報告書が公表された後に対処する事後的な制度であり，そして，有権的解釈の採択や立法的な解決を要する場合には，一般理事会や閣僚会議といった既存の機関が最終決定を要することになることから，ここまで論じてきた WTO の意思決定に関する問題点を内包するものでもある[90]。

V　おわりに

　以上，本章では，時にはルール・メイキングの性質を含むパネル及び上級委員会の判断に対して，政治的機関が立法的に対応することが実現されていない状況で，DSB 等がどのように関与することが可能か検討した。たしかに，か

---

university Press, 2010), p. 142.

(89)　特別専門家部会と行政的機関の創設の議論の相違は，前者は加盟国から独立した専門家から構成されるのに対して，後者は加盟国の代表（国際機関の職員も含みうる）とされる点である。上級委員会の判断の向上を意図とするのであれば前者が，上級委員会の判断に政治的な機関が関与する機会を強めるのであれば後者が制度設計として望ましいと言えよう。

(90)　もっとも，これら行政的機関が存在することが，最終的な意思決定機関におけるコンセンサスを形成しやすくなる可能性はある。この点についての検証は今後の研究課題としたい。

◇ 第 12 章 ◇ 紛争解決機関(DSB)の機能の再検討〔関根豪政〕

かる状況下でも，パネルや上級委員会は政治的な機関からのメッセージに耳を傾けていると思われる節はあるものの，それは非公式的に行われていることや，パネル及び上級委員会が WTO 外のアクターに対する意識も強く持っていることから，政治的な機関の関与が曖昧な状況で展開しているのが実情と言えよう。そこで，より公式な制度を通じて，DSB がパネル及び上級委員会による解釈や法創造的な実行に影響を及ぼすことが可能か探ってきた。

現行の制度を大幅に変更しないのであれば，DSB からのメッセージが正式な過程を経てより強く伝わる仕組みを構築することが選択肢となる。具体的には，現行の DSB 会合における加盟国による見解表明（DSU 第 16 条 4 項及び第 17 条 14 項）の強化である。あるいは，DSU 第 13 条の手続（もしくはそれに類する制度の導入）を通じて，パネルや上級委員会が DSB に解釈上の意見の提供要請を行うことも考えられる。これは「立法的差戻し」として制度化することも考えられ，その場合には，DSB 側から一方的に解釈方針等の提案を行うことを含むこともできる。

他方で，現行の枠組みからの変更や新機関の設置を厭わないのであれば，加盟国統制を強化する制度の導入，コンセンサス方式からの脱却，行政的機関等によるパネル及び上級委員会の報告書の管理が選択肢となる。加盟国統制の強化については，DSU 改正交渉で米国（及びチリ）が示してきた提案を土台とすると，パネル及び上級委員会の報告書の部分削除や部分採択等の導入が候補となる。かかる提案は，紛争当事国の相互の合意や DSB でのコンセンサスを条件としていることから，一般的に認識されているほど介入が容易とも言えないであろう。むしろ，介入するための条件のハードルが高く，実効性に欠けることが懸念されるほどである。

また，コンセンサス方式からの脱却については，本章では，それを限定的な場面に限って実現すべきか論じてきた。例えば，パネル及び上級委員会が示した判断を受けて，DSU をはじめとする既存の WTO 協定を改正することが必要な場面におけるコンセンサス方式の解除の可能性であり，新規ルールの決定プロセスまでは含まない。司法的機関による法的な判断に対する柔軟な立法的対応を実現するためには，このような場面におけるコンセンサスの解除は有効な選択肢と思われる。

行政的機関等によるパネル及び上級委員会の報告書の分析評価及び管理については，そのための専門機関を DSB 内に設置する案から，WTO 自体に行政

385

◆ 第 2 部 ◆　国際貿易紛争処理の制度的課題

的機関を創設するというマクロ的な改革の一部とする案までの幅をもって制度
設計を行うことができる。

　これらの選択肢が候補となる中で，WTO 協定の改正が容易ではないことを
踏まえると，現行制度からの微修正で済む DSU 第 13 条手続や，「立法的差戻
し」の利用を通じたパネル・上級委員会と DSB との相互交流の実現が現実的
な改善案と思われる。この仕組みは，現行制度下の DSB 会合を通じたメッ
セージの発出に類似する面があるが，現行制度は事後的に見解を示すものと
なっており，それも拘束力がないところに限界がある。その点，意見収集の手
続である DSU 第 13 条の手続の利用や「立法的差戻し」の導入は，手続中に
政治的な機関の意向を把握することができ，パネルや上級委員会の判断にそれ
がより直接的に反映される可能性がある。これは，パネル及び上級委員会の判
断（報告書）と，それを否定しようとする政治的なメッセージの併存状態が存
置されてしまう事態を回避することにもなる。また，パネルや上級委員会の報
告書の部分採択といった加盟国統制と比べても，紛争に対する司法的機関の判
断が有効になる（報告書が採択されないことによる不安定さが生じない）との利点
も存在する。ただし，「立法的差戻し」が実現された場合には，パネルや上級
委員会の最終判断が遅延する可能性が高まるため，遅延を生じさせないための
配慮が必要[91]と考えられる[92]。

　なお，DSU 第 13 条手続や「立法的差戻し」は，事後的に政治的な機関が立
法的に対応することを排除するものではない。よって，事後的な立法的対応を
実現するために，コンセンサス方式を解除することや，行政的機関を創設する
等の制度的な発展を探求することは今後も継続する必要があろう。

---

(91)　例えば，上級委員会での DSB 意見収集の効率化を図るために，パネル報告書の公
　　表後の DSB 会合において，上級委員会への意見提出に向けた準備過程に入る等の調整
　　が必要であろう。

(92)　DSB による意見提出に対しては，第三国参加しないことを選択した加盟国に DSB
　　を通じて紛争解決手続に関与する道を開く必要性はないとの批判が想定されるが（福
　　永・前掲注(55)153 頁），DSB を通じた関与には立法的対応に類する機能が期待される
　　ため，第三国参加を通じた加盟国の見解表明とは違う機能が期待される。

終　章

WTO 上級委員会問題と各国の改革提案の動向

阿部克則・関根豪政

　本書では，国際貿易紛争処理における手続法的論点及び制度的論点を議論してきた。はしがきでも述べたように，本研究の開始当初は，WTO を中心とした貿易紛争処理における手続的論点が集積してきたことを受けて，それらを考察することを目的としていた。しかし，2016 年頃から状況が大きく変化し，上級委員会の存続問題さえ浮上したことから，本書では制度的な論点も考察し，大局的な見地から検討を行うことを試みた。このように，WTO 上級委員会の動向が本書を執筆していく上でも重要なファクターとなったことから，最後に終章では，WTO 上級委員会の現状と，今後の展開を検討する上での素材となる各国の改革提案について簡潔に論じたい。

I　米国が指摘する上級委員会の問題点

　米国通商代表部（USTR）は，2018 年の「通商政策課題（Trade Policy Agenda: TPA）」において上級委員会の問題点を指摘しており[1]，改革に関する議論も基本的にそれを出発点としているので，まずは米国の主張を整理する。

　USTR が示した現行の上級委員会の問題点は主に 5 つある。第 1 に，上級

＊　本研究は，JSPS 科研費（基盤研究（B）：「国際経済紛争処理手続の比較法的分析」，課題番号 18H00799）の助成を受けたものである。

(1)　Office of the United States Trade Representative, "2018 Trade Policy Agenda and 2017 Annual Report of the President of the United States on the Trade Agreements Program", at https://ustr.gov/sites/default/files/files/Press/Reports/2018/AR/2018% 20Annual%20Report%20FINAL.PDF [hereinafter, 2018 TPA].

委員会の報告書作成に与えられた90日という期限の超過問題である。紛争解決了解（DSU）第17条5項は，上級委員会が報告書を加盟国に送付するまで最大90日を超えてはならないとする（いわゆる「90日ルール」）。しかし，近年の上級委員会はこの期限を遵守できなくなっており，米国は，かかる期限が守られていないことに加えて，期限を守らない法的な根拠が提示されずに協定規定の不遵守が常態化していることを問題視する。さらには，上級委員会が紛争当事国と協議せずに期限を超過するようになっていることや，報告書完成の見込みを提示することもなくなっている――DSU第17条5項は報告書の作成が60日を超過する場合には報告書を「送付するまでに要する期間の見込み」を通報することを求めているのにも拘わらず――ことも指摘する[2]。通商政策課題においては，上級委員会の慣行に変化が見られた分岐点は2011年とのみ記載されているが，別の機会において米国は詳しく説明しており，米国－タイヤ（中国）事件[3]を境に90日ルールが形骸化したと明示する[4]。同時に，同事件以降は，米欧間での民間航空機を巡る紛争を除いたとしても，上訴手続が平均149日要しており，90日期限を相当に超過していると批判する[5]。これらに加えて，上級委員会が90日期限を遵守できない理由は，訴訟経済を利用していないのみならず，後で述べる勧告的意見の提示に終始していることにあるとも指弾する[6]。

　第2が，Rule 15問題と呼ばれる問題である。上級委員会の検討手続第15項は，任期が満了した上級委員であっても，検討中の紛争については，引き続き審議を行うことを認める。しかし米国は，そのような任期満了後の上級委員の扱いは，上級委員会が自ら策定した検討手続によってではなく，加盟国から構

---

(2)　*Ibid.*, pp. 24-25. また，多くの国がこの90日期限の超過に懸念を示してきたことにも言及する。

(3)　Appellate Body Report, *United States – Measures Affecting Imports of Certain Passenger Vehicle and Light Truck Tyres from China*, WT/DS399/AB/R.

(4)　U.S. Mission to International Organizations in Geneva, "Statement by the United States Concerning Article 17.5 of the Understanding on Rules and Procedures Governing the Settlement of Disputes", Statements by the United States at the Meeting of the WTO Dispute Settlement Body, Geneva, June 22, 2018, p. 13, at https://geneva.usmission.gov/wp-content/uploads/sites/290/Jun22.DSB_.Stmt_.as-delivered.fin_.public.rev_.pdf.

(5)　*Ibid.*, p. 17.

(6)　*Ibid.*, pp. 18-19.

成される紛争解決機関（DSB）によって決定されるべきであると主張している(7)。この問題については，本書第9章で詳しく論じた。

　第3が，上級委員会が，紛争の解決に不必要な勧告的意見（advisory opinions）を提示しているとする問題である。米国は以前より，上級委員会が，紛争の解決に必要な限度を超えて判断や解釈を示す傾向が強いことを指摘してきたが(8)，改めて，2018年のTPAにおいてそれが問題であることを提示している(9)。この点は別の機会でも詳しく示されており，米国は，初期の事例では上級委員会も自己の役割を正しく認識して，DSU第3条2項は「法創造」を推奨するものではないと判断していたが(10)，徐々にその認識から乖離していったと指摘する(11)。その傾向が見られる具体的な事例として，カナダ－継続的譲許停止事件(12)及び米国－継続的譲許停止事件(13)，中国－出版物及び音響映像製品事件(14)，アルゼンチン－金融サービス事件(15)，インドネシア－輸入許可レジーム事件(16)，EU－PET（パキスタン）事件(17)における上級委員

---

(7)　2018 TPA, *supra* note 1, pp. 25-26.

(8)　初期の指摘としては，Dispute Settlement Body, "Minutes of Meeting - Held on the Centre Willam Rappard on 23 August 2001", WT/DSB/M/108, paras. 43-51. ここでは，米国－輸出制限事件（DS194）のパネル報告書に対する批判として取り上げられている。

(9)　2018 TPA, *supra* note 1, pp. 26-27.

(10)　Appellate Body Report, *United States – Measures Affecting Imports of Woven Wool Shirts and Blouses from India,* WT/DS33/AB/R, p. 19.

(11)　U.S. Mission to International Organizations in Geneva, "Statement by the United States Concerning the Issuance of Advisory Opinions on Issues not Necessary to Resolve a Dispute", Statements by the United States at the Meeting of the WTO Dispute Settlement Body, Geneva, October 29, 2018, pp. 19-25, at https://geneva.usmission.gov/wp-content/uploads/sites/290/Oct29.DSB_.Stmt_.as-delivered.fin_.rev_.public.pdf.

(12)　Appellate Body Report, *Canada — Continued Suspension of Obligations in the EC — Hormones Dispute,* WT/DS321/AB/R.

(13)　Appellate Body Report, *United States — Continued Suspension of Obligations in the EC — Hormones Dispute,* WT/DS320/AB/R.

(14)　Appellate Body Report, *China — Measures Affecting Trading Rights and Distribution Services for Certain Publications and Audiovisual Entertainment Products,* WT/DS363/AB/R.

(15)　Appellate Body Report, *Argentina — Measures Relating to Trade in Goods and Services,* WT/DS453/AB/R.

(16)　Appellate Body Report, *Indonesia — Importation of Horticultural Products, Animals*

会の判断を取り上げる。この中でもとりわけ米国が問題視するのがアルゼンチン－金融サービス事件であり，同事件の上級委員会報告書は分析部分の3分の2を超える46ページ分が傍論であると指摘する[18]。これらに加えて米国は，DSUの各文言，GATT期の状況，そして，他の国際裁判における動向を根拠に，上級委員会には勧告的意見を提示する権限はないと批判する[19]。

第4が，上級委員会による「事実の検討」と「加盟国の国内法の新規の検討（de novo review）」の問題である。これは，上級委員会がパネルの事実に関する認定を別の法的基準に基づいて検討し，異なる結論を導き出しているという一般論的な問題と，その中でも加盟国の国内法についてのパネルの判断が尊重されていないという2つの問題を含む。ここでは個別に取り上げ，前者の問題から論ずる。まず，DSU第17条6項は，「上級委員会への申立ては，〔パネル〕の報告において対象とされた法的な問題及び〔パネル〕が行った法的解釈に限定される」と定める。よって，パネルの判断のうち，事実の認定に関するものを上級委員会は審査することができないと解される。しかし，往々にして上級委員会がかかる制限を超えて事実の検討を行っているとするのが米国の1つ目の指摘である[20]。この点については，やはり別の場面でより詳細な説明が示されており，例えば，EC－ホルモン牛肉事件における上級委員会の判断が取り上げられている。同事件で上級委員会が「DSU第11条で求められる事実関係の客観的な評価をパネルが行ったか否かは法的な問題でもあり，…上級委員会による検討の範囲に含まれる」と判断した[21]ことに対して米国は，パネルによる事実関係の評価は「事実」の問題や「事実認定」に留まるのであり，紛争当事国がそれに同意しなかったとしても「法的な問題や法的解釈」として扱われることにはならないと批判している[22]。

---

and Animal Products, WT/D477/AB/R, WT/D478/AB/R.

(17) Appellate Body Report, *European Union — Countervailing Measures on Certain Polyethylene Terephthalate from Pakistan*, WT/DS486/AB/R.

(18) U.S. Mission to International Organizations in Geneva, *supra* note 11, p 23; 2018 TPA, *supra* note 1, p. 27.

(19) U.S. Mission to International Organizations in Geneva, *supra* note 11, pp. 11-19.

(20) 2018 TPA, *supra* note 1, p. 27.

(21) Appellate Body, *European Communities — Measures Concerning Meat and Meat Products (Hormones)*, WT/DS26/AB/R, WT/DS48/AB/R, para. 132.

(22) U.S. Mission to International Organizations in Geneva, "Statement by the United

◇ 終　章 ◇ WTO上級委員会問題と各国の改革提案の動向〔阿部克則・関根豪政〕

　2つ目の指摘である「国内法の新規検討」の問題も，広い意味では「事実の検討」の問題に属するが，この問題が表面化するのは，加盟国の国内法のWTO協定整合性を判断する際に，当該国内法の意味の確定が必要とされる場面である。米国は，パネルが行った加盟国国内法の意味の認定は事実の問題に分類されるのであり，ゆえにDSU第17条6項に基づいて上級委員会は審査することが認められないところ，実際には上級委員会はそれを法的な問題とみなして積極的に審査していると指摘する[23]。より具体的には，インド–特許事件[24]にフォーカスし，上級委員会は何ら明確な根拠を示すことなく（あるいは自らの機能をパネルに与えられた機能と混同して）インドの国内法の意味を決定したと批判する[25]。加えて米国は，インド–特許事件の判断が踏襲される傾向が見られるようになった時期から上級委員会を批判してきたことや，上級委員会の判断に批判的な論者も存在していることを取り上げている[26]。

　第5が，上級委員会が，自己の先行判断が後続パネルを拘束することを是認する姿勢を示している点である。これは事実上の先例拘束性を導入するものと言われており[27]，上級委員会は，「適切な理由（cogent reasons）」がなければ

States Concerning Article 17.6 of the Understanding on Rules and Procedures Governing the Settlement of Disputes and Appellate Review of Panel Findings of Fact, Including Domestic Law", Statements by the United States at the Meeting of the WTO Dispute Settlement Body, Geneva, August 27, 2018, pp. 12-13. at https://geneva. usmission. gov/wp-content/uploads/sites/290/Aug27.DSB_.Stmt_.as-delivered.fin_.public.pdf, なお，上級委員会がパネルの任務を代替して事実認定を行っているとする批判は，上級委員自身（上級委員の個別意見）も示すようになっている。Appellate Body Report, *United States – Countervailing Duty Measures on Certain Products from China, Recourse to Article 21.5 of the DSU by China*, WT/DS437/AB/RW, para. 5.256. 本件上級委員会報告の手続的な問題に対する米国の反応としては，U. S. Mission to International Organizations in Geneva, "Statements by the United States at the Meeting of the WTO Dispute Settlement Body, Geneva, August 15, 2019", p. 27, at https://geneva.usmission.gov/wp-content/uploads/sites/290/Aug15.DSB_.Stmt_.as-deliv.fin_.public.pdf

(23)　2018 TPA, *supra* note 1, pp. 27-28.

(24)　Appellate Body Report, *India – Patent Protection for Pharmaceutical and Agricultural Chemical Products*, WT/DS50/AB/R, paras. 65-68.

(25)　U.S. Mission to International Organizations in Geneva, *supra* note 22, pp. 23-24.

(26)　*Ibid.*, pp. 25-29. 具体的に取り上げている例としては，Jan Bohanes and Nicolas Lockhart, "Standard of Review in WTO Law", in Daniel Bethlehem *et al.* (eds.), *The Oxford Handbook of International Trade Law*, (Oxford University Press, 2009), p. 421.

パネルは先の上級委員会報告書における判断に従うことを肯定する。しかし米国は，かかる論理はWTO協定に基礎を有さないと指摘する[28]。とりわけ米国は，「適切な理由」がなければパネルは上級委員会の判断に従うとすることは，パネルがDSU第3条2項等に基づいてWTO協定の規定の適用可能性についての判断を行うという機能を害すると批判する[29]。上記の「適切な理由」の基準を提示したのは，米国－ステンレス鋼（メキシコ）事件の上級委員会報告書であるが[30]，同事件での判断に対して米国は，①上級委員会の関連判断は傍論であること（基礎にあるDSU第11条についての申立国の主張が訴訟経済により判断されていない[31]）[32]，及び②「適切な理由」アプローチには重大な問題が含まれていると主張する[33]。そして「適切な理由」アプローチが内包する具体的な問題として，（1）パネル及び上級委員会の機能について規定するDSU関連条文からはかかる考えは派生しえない，（2）DSU第3条2項についての誤った解釈や理解から導かれている，（3）かかる論理を「適切な理由」アプローチを含意しない報告書（過去の判断）から導き出している，（4）加盟国が先例を引証して主張を展開する実務はその根拠たりえない，（5）他の国際裁判の構造や背景がWTOとは異なるにも拘わらず上級委員会はそれらから不適切に類推している，（6）上級委員会の機能が制限されていることを認識していない誤ったパネルとの階級構造（hierarchical structure）の理解に基づ

---

(27)　Henry Gao, "Dictum on Dicta: Obiter Dicrta in WTO Disputes," *World Trade Review*, Vol. 17, No.3 (2018), p. 527; 玉田大「WTO紛争解決手続における先例拘束原則」日本国際経済法学会年報27号（2018年）118頁。

(28)　2018 TPA, *supra* note 1, p. 28.

(29)　U.S. Mission to International Organizations in Geneva, "Statements by the United States on the Precedential Value of Panel or Appellate Body Reports under the WTO Agreement and DSU," Statements by the United States at the Meeting of the WTO Dispute Settlement Body, Geneva, December 18, 2018, para. 27. at https://geneva. usmission. gov/ wp-content/uploads/sites/290/Dec18. DSB_. Stmt_. as-deliv. fin_. public. pdf. 米国は先例拘束性がないことをGATT時代の実務やDSUの交渉過程の資料にも触れて展開する。*Ibid.*, paras. 37-43.

(30)　Appellate Body Report, *United States – Final Anti-Dumping Measures on Stainless Steel from Mexico*, WT/DS344/AB/R, para. 160.

(31)　*Ibid.*, para. 162.

(32)　U.S. Mission to International Organizations in Geneva, *supra* note 29, paras. 52-58.

(33)　*Ibid.*, para. 59.

いていることを指摘する[34]。なお，日本－アルコール飲料事件Ⅱにおいて上級委員会が，過去の「採択された報告書は…拘束性を有するものではない」と述べたにも拘わらず[35]，米国－ステンレス鋼（メキシコ）事件で上記のように先例を重視する姿勢を示したことに対して，先例を踏襲するのであれば日本－アルコール飲料事件Ⅱにおける自らの判断からも逸脱してはならないとも皮肉っている[36]。

Ⅱ　EU・中国・インド等による共同提案

　以上のような米国の上級委員会批判を受けて，それに対する改革提案が他の加盟国からいくつか提出されている。最初の公式な案が，EU を中心として 2018 年 11 月に公表された 2 つの共同提案である（共に，その後に提案の賛同国を追加して，最終案を 12 月に提出）。1 つは EU と 13 カ国の連名から成るものであり[37]，もう 1 つは EU・中国・インド・モンテネグロの 4 カ国・地域連名のものである[38]（以下，それぞれの提案を W/752 及び W/753 と表記する）。この 2 つの提案は，米国が示した上記の 5 つの問題点に対して，それぞれ次のように提言する。

　まず，第 1 の 90 日ルールについて W/752 は，DSU 第 17 条 5 項を改正し，90 日を超過する場合には紛争当事国の合意が必要とすることを提案する。そして，もし合意が形成できなければ，90 日の期限を守るために手続上の調整

---

(34)　*Ibid.*, paras. 59-103. なお，米国は，米国－ステンレス鋼（メキシコ）事件における上級委員会の判断に対してチリやコロンビアが懸念を示したことを指摘すると同時に（*ibid.*, paras. 105-106），その後のパネルが「適切な理由」に沿って判断を行うようになっていること（*ibid.*, para. 110 and n. 62）も問題視している。

(35)　Appellate Body Report, *Japan – Taxes on Alcoholic Beverages*, WT/DS8/AB/R, WT/DS10/AB/R, WT/DS11/AB/R, p. 14.

(36)　U.S. Mission to International Organizations in Geneva, *supra* note 29, para. 45.

(37)　WTO General Council, "Communication from the European Union, China, Canada, India, Norway, New Zealand, Switzerland, Australia, Republic of Korea, Iceland, Singapore, Mexico, Costa Rica and Montenegro to the General Council", WT/GC/W/752/Rev.2 [hereinafter, WT/GC/W/752/Rev.2].

(38)　WTO General Council, "Communication from the European Union, China, India and Montenegro to the General Council", WT/GC/W/753/Rev.1 [hereinafter, WT/GC/W/753/Rev.1].

を行う仕組みが発動する案（例えば，上級委員会が，紛争当事国が自主的に上訴の範囲を絞ることを提案する）を示す[39]。また，これの補完として W/753 は，上級委員の定足数拡大（現行の7名から9名へ），委員の常勤化，そして上級委員会事務局の増強を提言する[40]。

　第2の Rule 15 問題について W/752 は，DSU 第 17 条 2 項を，口頭審問が既に実施されている場合には，任期が満了した上級委員も当該事件の手続が完了するまで職務を遂行させる方向で改正することを提案する[41]。

　紛争の解決に不必要な勧告的意見を発出しているとの第3の批判については，W/752 は DSU 第 17 条 12 項を改正し，紛争解決に必要な限度で提起された問題を取り扱うよう規定することを提案する[42]。

　そして，第4の批判，すなわち加盟国国内法の新規検討の問題について W/752 は，DSU 第 17 条 6 項に注を挿入し，当該条項でいう「〔パネル〕の報告において対象とされた法的な問題及び〔パネル〕が行った法的解釈」の範囲に，加盟国国内法の意味についてのパネル判断は含まれないことを明記する形での改正を提案する[43]。

　第5の，後続パネルが先行する上級委員会判断に拘束されることについて W/752 は，上級委員会と WTO 加盟国の間で年次会合を DSB 内で開催し，上級委員会報告書に関する見解を幅広く加盟国が示せる機会を設けること（第 15 項として DSU 第 17 条に挿入）を提案する[44]。

　さらに，これら米国の批判に対する論点に加えて，W/753 では次の2点につき DSU 第 17 条の改正が提案されている。第1が，上級委員の任期に関するものであり，現行の1期4年で1回の更新を認める仕組みから，1期 6-8 年とし，更新をしない仕組みへと変更することを提案する。これは上級委員の独立性を向上させると同時に，上記の各提案を補強することになるとする[45]。

---

(39)　WT/GC/W/752/Rev.2, *supra* note 37, p. 2.

(40)　WT/GC/W/753/Rev.1, *supra* note 38, pp. 1-2.

(41)　*Ibid.*, pp. 1 and 4.

(42)　*Ibid.*, pp. 2 and 4.

(43)　*Ibid.* ただし，加盟国国内法の WTO 協定下での法的な特性の評価に関するパネルの判断は，上級委員会の審査対象に含まれるとする。

(44)　*Ibid.* これは，現行 DSU 第 17 条 14 項で認められている採択予定の上級委員会報告に対する見解表明に加えて，別途の機会を設けるというアイディアである。

(45)　WT/GC/W/753/Rev.1, *supra* note 38, p. 1.

◇終　章◇　WTO 上級委員会問題と各国の改革提案の動向〔阿部克則・関根豪政〕

表 1　米国が提起した WTO 紛争解決手続の問題点と EU 等が示した対応策

	米国の主張	EU 等による対応策の提案
① 90 日ルール	上級委員会は厳格に遵守すべき	DSU 第 17 条 5 項の改正，紛争当事国の合意で延長可。加えて，委員の定足数の増加＊，常勤化＊，上級委員会事務局の増強＊
② Rule 15	上級委員会ではなく，DSB が決定すべき	DSU 第 17 条 2 項の改正，口頭審問後であれば任期満了の上級委員の職務遂行を是認
③ 勧告的意見	紛争解決に不必要な勧告的意見を述べるべきでない	DSU 第 17 条 12 項の改正，「紛争の解決に必要な限度において」問題を取り扱うことを明記
④ 事実認定及び加盟国の国内法の新規の検討	上級委員会は事実認定をしてはならない。また，加盟国の国内法の意味を新規に検討してはならない	DSU 第 17 条 6 項への脚注の追加，加盟国国立法の意味についてのパネルの判断は上訴対象とはされないことの確認
⑤ 先例拘束性	上級委員会の判断は，将来のパネルを拘束しない	DSU 第 17 条 15 項の追加，上級委員会と WTO 加盟国との間の年次会合を通じた意見交換の機会の創設

＊は WT/GC/W/753 に記された提案（その他は，WT/GC/W/752 に記された提案）

　第 2 が，退任する上級委員の扱いである。W/753 は，退任上級委員については，後任が決定するまでは職務の遂行を最長で 2 年継続するとし，また，任期の切れる委員の後任の選定過程は，その任期が切れる前の一定の期間内（例えば 6 ヶ月以上前）に自動的に開始されることを提案する。これら米国の批判と EU 等による対応策は表 1 に整理した[46]。

　このような EU 等の提案の特徴の 1 つは，すべての論点について DSU の改正を提起していることである。もちろん DSU 改正は 1 つの方法ではあるが，米国の立場は「上級委員会は現行 DSU の規定する通りに行動すべき」という

---

(46)　これらの提案に対する批評としては，Tsuyoshi Kawase et al., Reforming the WTO AB: Short-term and Mid-term Options for DSU Reform, and Alternative Approaches in a Worst Scenario, T20 Policy Brief, 2019, at https://t20japan.org/policy-brief-reforming-the-wto-ab/.

ものであるため，米国が DSU 改正に応ずる可能性は高くないように思われる。また，現在の問題が発生する前の 2001 年から開始された DSU 改正交渉も実際の改正に至った例がないことに鑑みると，DSU 改正という方法の道のりは多難であろう。

　EU 等の提案のもう 1 つの特徴は，上級委員会の現行のプラクティスを容認する内容が多いことである。例えば 90 日ルールについては，それを厳格に遵守するよう上級委員会に要求するというよりは，90 日を超える場合のルール化をむしろ提案している。また，Rule15 問題に関する提案も，おおよそ現行の上級委員会検討手続第 15 項の内容を DSU に盛り込むものであり，事実上の先例拘束性に関しては，それを否定していない。さらに W/753 は，上級委員会の独立性を高め，上級委員会事務局の強化も提案しており，米国の立場とは正反対を向いている。それゆえ，W/752 と W/753 が議論された一般理事会会合において米国は，「上級委員会は，1995 年に加盟国によって合意されたルール，すなわち現行 DSU に従うべき」との懸念に，これら提案は応えておらず，むしろ上級委員会のプラクティスに合わせるように現行 DSU を変更しようとするものだと批判している[47]。W/753 が提案する上級委員会の独立性強化については，上級委員会が，より「説明責任を果たさなくなり（less accountable）」，より「越権行為（overreaching）」をしやすくなるだろうと米国は反論する[48]。したがって，米国が EU 等の提案に賛同する可能性は低いであろう。

Ⅲ　その他各国による共同提案[49]

　そして，2019 年に入ると EU 以外も上級委員会改革提案を提出するようになり，その内容も公開されるようになっている（表 2 参照）。なお，上級委員会改革の議論は，2019 年 1 月 17 日にニュージーランド大使の David Walker

---

(47)　WTO General Council, "Minutes of the Meeting – Held in the Centre William Rappard on 12 December 2018", WT/GC/M/175, paras. 6.159-6.169.

(48)　*Ibid.*, paras. 6.170-6.171.

(49)　本稿の脱稿後には，川瀬剛志「WTO 上級委員会危機と紛争解決手続改革：多国間通商システムにおける「法の支配」の弱体化と今後」法律時報 91 巻 10 号（2019 年）が公表されており，そこではこれらの提案の包括的な批評が行われている。

396

◇ 終 章 ◇ WTO 上級委員会問題と各国の改革提案の動向〔阿部克則・関根豪政〕

表 2 　上級委員会改革案の提出状況

文書番号	提案国	提出日
WT/GC/W/752/Rev.2, WT/GC/W/753/Rev.1	EU その他	2018 年 12 月 10 日
WT/GC/W/758, WT/GC/W/759, WT/GC/W/760, WT/GC/W/761	ホンジュラス	2019 年 1 月 18 日等
WT/GC/W/763/Rev.1	台湾	2019 年 4 月 5 日
WT/GC/W/767/Rev.1	ブラジル，パラグアイ，ウルグアイ	2019 年 4 月 25 日
WT/GC/W/768/Rev.1	日本，豪州，チリ	2019 年 4 月 25 日
WT/GC/W/769	タイ	2019 年 4 月 25 日

氏がファシリテーターとして指名されてからは，同氏の主導の下で非公式会合を通じた意見交換を行う形で進められている[50]。

　2019 年になって提出された各改革案も，基本的には米国が示した 5 つの問題点に沿って議論を展開しており，EU 等の共同提案（W/752）と項目はほぼ重複する。そのため，それぞれの提案の特徴的な点のみをここでは記載する（各内容の対比については章末の表 3 を参照）[51]。

　まず，台湾の提案（W/763）は，DSU 改正を提案する EU 等の共同提案とは異なり，上級委員会の機能に関するガイドラインを構築することを提案する[52]。これは迅速な対応を実現したいとの思惑に基づく。また，具体的な提案としては，米国が提示した 5 つの論点に沿った改革案に加えて，DSU 第 17 条 14 項の枠組下で示された上級委員会の報告書に対する加盟国の見解を要約した報告書を定期的に公表し，上級委員会はそれへの対応を年次報告書等で示

---

(50)　WTO General Council, "Minutes of the Meeting – Held in the Centre William Rappard on 28 February 2019" WT/GC/M/176.

(51)　ホンジュラス提案については，具体的な改革案を提示するよりも，論点提起の側面が強いため，ここでは詳述しない。

(52)　WTO General Council, "Guideline Development Discussion, Communication from the Separate Customs Territory of Taiwan, Penghu, Kinmen and Matsu to the General Council", WT/GC/W/763/Rev.1, paras. 2.1 and 2.6. もっとも，DSB 決定の方式を採ることも提案しているので，実質的には後述の日本・豪州・チリ案と大きな相違がない可能性がある（para. 2.7）。

すことを追加提案している[53]。

　ブラジル・パラグアイ・ウルグアイの共同提案（W/767）は，どのような手法を用いるかは必ずしも明確ではないが，DSU 改正は提案していない。その内容は，①退任する上級委員が係争中の案件を完了させるためには，閣僚会議又は DSB の許可を要する仕組み（口頭審問終了後か否かに関係なく）を設けること[54]，②審議の 90 日期限については原則延長を認めず，延長して作成された報告書については DSB がその有効性を決定すること[55]，③ DSU 第 15 条 1 項でいうパネル報告書の「事実に関する部分（factual sections）」に含まれる説明や事実認定を上級委員会の審議の対象から除外する点[56]，④新上級委員の選定は退任する委員の任期が切れる 180 日前から開始すべきとする点[57]に独自性が確認される。なお，紛争解決に不必要な勧告的意見を上級委員会が述べるべきではないとする点[58]，及び，上級委員会の判断の先例拘束性を否定する点[59]では，米国の立場に近い。

　日本・豪州・チリ提案（W/768）ではガイドラインという表現は用いられていないが，上級委員会問題に関する DSB 決定を採択することが提案されている[60]。同提案は，90 日ルールの厳格な遵守を上級委員会に要求すること[61]，国内法の意味を含む事実問題に上級委員会が踏みこむべきではないとすること[62]，上級委員会判断の先例拘束性を否定すること[63]を基本的な内容としており，その点では米国の懸念に答えるものであろう。それに加えて，①加盟国は上訴する際に，上級委員会が審議できる事項を超えて上訴することを避ける

---

(53)　*Ibid.*, para. 3.7.

(54)　WTO General Council, "Guidelines for the Work of Panels and the Appellate Body, Communication from Brazil, Paraguay and Uruguay", WT/GC/W/767/Rev.1, para. 2.1

(55)　*Ibid.*, paras. 3.1-3.2.

(56)　*Ibid.*, para. 4.1.

(57)　*Ibid.*, para. 7.2.

(58)　*Ibid.*, para. 5.2.

(59)　*Ibid.*, para. 6.3.

(60)　WTO General Council, "Informal Process of Matters Related to the Functioning of the Appellate Body, Communication from Japan, Australia and Chile", WT/GC/W/768/Rev.1, para. 1.3.

(61)　*Ibid.*, para. 5 of the Draft Decision.

(62)　*Ibid.*, para. 2.

(63)　*Ibid.*, para. 7.

ことの確認[64]，②90日期限の延長が必要な場合には，関与している加盟国間で手続的な問題を解決すること（関係加盟国主導）の提案[65]，③「1994年の関税及び貿易に関する一般協定第6条の実施に関する協定」（アンチダンピング協定）第17.6条(ⅱ)についても触れて，パネルや上級委員会は協定の義務及び権利を追加又は縮小するような解釈を抑止すべき旨が示されている点[66]に特徴がある。

タイの提案（W/769）は，DSU改正には触れないため，基本的にはDSUの解釈・運用として問題を処理することを目指すものと思われる。90日ルールの遵守を上級委員会に求めること[67]や，上級委員会の先例拘束性を否定すること[68]では，他国の提案と方向性を共有する。他方で，①退任上級委員の任期満了後の任務遂行については，原則的にはDSBによる承認に服させるものの，任期満了30日前までに口頭審理が実施されていれば自動承認とすること[69]，②パネルは国内法についての判断を行う場合にはそれが事実についての判断か，あるいは法的な判断かを描写することが奨励され，上級委員会はその判断を十分に考慮すること[70]，③過去のパネル及び上級委員会の報告書を考慮する場合には，報告書内で過去の報告書との関連性を説明するといった点に[71]，他の提案と若干の相違が確認される。

以上の各国の提案は，EU等の提案に比べれば，米国の立場に近い性格のものであると言えよう。いずれの提案も，DSU改正を目指すものではなく，DSUの枠内での解決策を探るものであり，かつ，90日ルール，紛争解決に不必要な勧告的意見，事実認定・加盟国の国内法の意味，先例拘束性等の論点に関しては，米国が指摘する問題点に一定程度の理解を示している。こうした対応は，現行DSUに基づく上級委員会の維持を目指すことを前提としており，かつ，それを迅速に行うことを想定しているためだと思われる。

---

(64)　*Ibid.*, para. 3.

(65)　*Ibid.*, para. 6.

(66)　*Ibid.*, para. 12.

(67)　WTO General Council, "General Council Decision on the Dispute Settlement System of WTO, Communication from Thailand", WT/GC/W/769, para. 5.

(68)　*Ibid.*, para. 17.

(69)　*Ibid.*, para. 2.

(70)　*Ibid.*, para. 12.

(71)　*Ibid.*, para. 18.

問題は，最終的に米国がこれらの提案に賛同するかである。予断は許されな
いが，一般理事会等の場で米国は，米国の主張の根源にある問題を特定しなけ
れば各提案に応ずることはできないとする態度を堅持しており[72]，上記の提
案が具体化される見通しは（少なくとも短期的には）明るくはない[73]。

Ⅳ　DSU 第 25 条仲裁の利用

　上級委員会の改革案が提示される傍ら，それが実現されるか不透明な情勢を
受けて，徐々に上級委員会に代わる紛争解決の手段を模索する動きが顕在化す
るようになっている。本稿の執筆時点ではその具体的な内容は公表されていな
いが，EU は，上級委員会が実際に機能停止した場合に備えて，DSU 第 25 条
仲裁を暫定的な上訴手続として利用することを提案する見込みだと報道されて
いる[74]。ここでは，EU の提案が公式には示されていないことを踏まえ[75]，
EU と同様に，DSU 第 25 条仲裁を上訴手続として利用するよう推奨する学術
的見解[76]に沿って議論を概観する。

---

(72)　US Mission to International Organizations in Geneva, "Ambassador Shea's
　　Statement at the WTO General Council Meeting", May 7, 2019, at https://geneva.
　　usmission. gov/2019/05/08/ambassador-sheas-statement-at-the-wto-general-council-
　　-meeting-agenda-items-4-6-7/.

(73)　さらに言うと，これらの提案は米国提案に近似しているがゆえに EU 等も賛同しな
　　い可能性を孕んでいる。

(74)　Inside US Trade, "EU Moving Forward with WTO Appellate Body Backup Plan",
　　May 28, 2019.

(75)　本稿執筆時点では，EU の暫定的上訴仲裁（Interim Appeal Arbitration）の提案が
　　非公式的にインターネット上に掲載されている（https://ielp.worldtradelaw.net/2019/
　　06/the-eus-interim-appeal-arbitration-proposal.html）。公式な情報ではないため，以
　　下では，学術的見解との相違点についてのみ触れる形とする。なお，その後，カナダと
　　EU の間で暫定的上訴仲裁取極が合意されており，その内容は原則的に上記の EU の提
　　案に沿ったものとなっている。Joint Statement by the European Union and Canada on
　　an Interim Appeal Arbitration Arrangement, 25 July 2019, at https://trade.ec.europa.
　　eu/doclib/press/index.cfm?id=2053.

(76)　Scott Andersen et al. "Using Arbitration under Article 25 of the DSU to Ensure the
　　Availability of Appeals", *CTEI Working Papers,* CTEI-2017-17 (2017); James Bacchus,
　　"Might Unmakes Right: The American Assault on the Rule of Law in World Trade",
　　CIGI Papers, No. 173 (2018), p. 27; Jens Hillebrand Pohl, "Blueprint for a Plurilateral

◇終　章◇ WTO 上級委員会問題と各国の改革提案の動向〔阿部克則・関根豪政〕

DSU 第 25 条仲裁とは，その呼称の通り，DSU 第 25 条に基づいて実施される仲裁であるが，DSU 第 25 条自体は簡潔な条文で不明確な点が多いこと，また，パネル及び上級委員会制度が充実していることから，これまではほとんど利用されない手続であった[77]。しかし，以下に記載するような特徴が存在するがゆえに，上級委員会を代替する制度として利用することができると提言されている。

まず，同仲裁の特徴としては，DSB の関与の機会が少ないため，手続の進行や仲裁判断の有効性が紛争当事国以外の加盟国によって阻止ないし否定されることがないことが挙げられる[78]。また，DSU 第 21 条及び第 22 条が準用される（DSU 第 25 条 4 項）ため，仲裁裁定の不履行については対抗措置の発動が認められることになり，裁定に一定の強制力も働く。さらに，仲裁人に上級委員会の元委員を指定することや，上級委員会の手続規則（例えば検討手続）に依拠することが可能なため，事実上，上級委員会に機能を近づけることも可能である[79]。

他方で，DSU 第 25 条仲裁を上訴手続として用いることには，幾つかの問題が存在する。米国の不参加の可能性が最大の問題と思われるが，それ以外にも考えられる課題の一例としては，仲裁への付託や実施のための手続が紛争当事国の合意を前提としている点が挙げられよう。DSU 第 25 条の下では，パネル手続の段階で勝訴した紛争当事国が仲裁への付託に同意しない場合，仲裁に判断を仰ぐことはできなくなる。たしかに，これに対しては，パネル手続の開始前や手続中の早い段階で仲裁に付託できることを合意することで対処できる[80]。とはいえ，一方当事国の敗訴が濃厚であったり，繊細な論点を含む場

WTO Arbitration Agreement under Article 25 of the Dispute Settlement Understanding", in Denise Prevost et al. (eds.), *Restoring Trust in Trade: Liber Amicorum in Honour of Peter Van den Bossche* (Hart, 2019), p. 140.

(77)　唯一の利用例が，米国－著作権法第 110 条 5 項事件（Award of the Arbitrators, *United States – Section 110(5) of the US Copyright Act*, WT/DS160/ARB25/1）である。

(78)　仲裁の開始に際して DSB の行動を要せず，また，仲裁判断は DSB 等に通報されるのみである。

(79)　Andersen et al., *supra* note 75, p. 3. EU の暫定的上訴仲裁の提案では，元上級委員が仲裁人を務めることが前提とされている。EU, *supra* note 75, para. 3.

(80)　Andersen, *ibid.*, p. 4. この点に関して EU の暫定的上訴仲裁の提案は，パネルの設置後 60 日以内に仲裁への上訴を認めること（上訴手続の内容）を合意することを原則と

401

合には，事前に合意することさえも難しいことがありうる[81]。あるいは，事前合意が形成されたとしても，実際にかかる合意が誠実に遵守される保証はない（合意違反に対する有効な対処法をも事前に設定する必要がある[82]）。要するに，当事国の合意を基礎とすると制度的な不安定性から免れることは難しくなるのである。このように，DSU 第 25 条仲裁に依拠することが理論的に可能であったとしても，これら付随する問題を解消することが求められ[83]，DSU 第 25 条仲裁が現行の上級委員会の役割を適切に代替することを実現するまでの道程は平坦とは言えない。

V　お わ り に

　以上，2018 年後半から 2019 年前半にかけて示されてきた WTO 上級委員会の改革に関する提案や議論を簡潔に整理したが，米国が上級委員会の大幅な制度変更を要求していないこともあり，EU 等の提案を除き，現行制度の微修正と言える提案が提出されるにとどまっている。それにも拘わらず，コンセンサスを基調とする WTO の交渉の場で，近い将来にこれらの提案が何らかの形で収斂するとは考えにくい。よって，しばらくの間は上級委員会の問題が「明確に解決される」ことを期待するのは難しいであろう。

　この問題の解決が困難なことの理由の一つは，上級委員会を「裁判所」とみなし，パネル・上級委員会の手続を裁判的手続と考える EU と，上級委員会は

　する。EU, *ibid.*, para. 4.

(81)　Tetyana Payosova, Gary C. Hufbauer, and Jeffery J. Schott, "The Dispute Settlement Crisis in the World Trade Organization: Causes and Cures", *Policy Brief*, 18-5 (Peterson Institute for International Economics, 2018), p. 10.

(82)　勝訴と言える当事国が仲裁への付託を拒絶した場合には，敗訴側には上級委員会への上訴を行うことでパネル報告書の採択をブロックするという対抗手段が存在するが，パネル報告が採択されない状態が発生してしまうことになる。

(83)　その他，DSU 第 25 条仲裁の利用を巡っては，WTO の事務局や上級委員会事務局がどの程度利用できるかという問題が想起される。DSU にはこの点に関する明文規定は存在しないが，それらの利用に肯定的な見解が見られ（Anderson et al. *supra* note 75, p. 2; Pohl, *supra* note 75, p. 152），DSU 第 27 条もそれを示唆する（see also, EU, *supra* note 75, para. 2）。しかしながら，現実問題として，WTO の事務局等の利用に米国等が賛成しない恐れはある。

「裁判所」ではなく，あくまで「紛争解決」を目的とした機関だと考える米国との間に，哲学的な対立が存在することにあると思われる。EU は，現在の上級委員会問題に対する解決策として，W/753 では上級委員会の独立性を高めることや，上級委員会事務局を拡充することにより，さらに司法化を進めることを提案しているが，米国は全く逆に，現行 DSU が本来与えている限定的な紛争処理機能に上級委員会の役割を縮減し，過度な司法化にブレーキをかけようとしているのである。こうした対立は，WTO 紛争処理制度の性質をどのように見るかという根本的な問題につながっており，容易に解消できるものではないであろう。

　そのような中で，今後も貿易紛争を法的に解決する場を維持するのであれば，短期的には，一部の加盟国間での合意に基づき DSU 第 25 条仲裁のような既存の制度を暫定的に利用することや，紛争当事国間で上訴を行わない旨を事前に合意しパネルのみの一審で完了させることが考えられる[84]。そして中長期的には新制度を含めて検討する必要があるものと思われるが，本研究では，既存の枠組を超えて検討するまでには至らなかった。この点については，引き続き WTO 等における動向を注視しつつ，今後の貿易紛争処理制度を継続的に検討し，次の研究結果を上梓したい[85]。

---

(84)　実際に，履行パネルの開始前に「履行パネルの報告書の回付時に，上級委員が 3 名を切る場合には上訴しない」とする合意を行う例が見られるようになっている。Understanding Between Indonesia and Viet Nam Regarding procedures under Article 21 and 22 of the DSU, Indonesia – Safeguard on Certain Iron or Steel Products, WT/DS496/14, para.7.

(85)　本章もその一部である現在進行中の共同研究（科研費（基盤研究(B)：「国際経済紛争処理手続の比較法的分析」2018 年〜2021 年，研究代表者：阿部克則　課題番号 18H00799））では，国際法上の他の紛争処理手続や国内訴訟法との比較の観点から，国際経済紛争処理手続をさらに分析している。

表3

米国の主張 （上級委員会改革の手段）	EU等による対応策の提案※ （W/752；W/753）	台湾 （W/763）	ブラジル、パラグアイ、ウルグアイ （W/767）	日本、豪州、チリ （W/768）	タイ （W/769）
	DSU改正	ガイドライン	ガイドライン	DSB決定	ガイドライン
① 90日ルール	DSU第17条5項の改正。紛争当事国の合意で延長可。上級委員会による手続の短縮調整の提案加えて、委員の定足数の増加*、常勤化*、上級委員会事務局の増強*	紛争の解決に必要な法的論点に限定。紛争当事国の合意で延長可	原則、延長を認めない。期限経過後の報告書の有効性はDSBが決定する	延長が必要な場合には、関与している加盟国で手続的な問題を解決する	上級委員会と紛争当事国とで協同で手続の短縮化に取り組む（意見書の分量の上限の設定等）
② Rule 15	DSU第17条2項の改正。口頭審問後であれば任期が満了した上級委員の職務遂行を是認	DSBによる決定。口頭審問後、任務遂行を全加盟国で決定する規則で認める	閣僚会議又はDSBの許可によってのみ、任期が満了した上級委員の任務続行が認められる		任務継続が認められるのはDSBの承認のみ（ただし、任期満了30日前に口頭審理が実施されたら自動承認）。
③ 勧告的意見	DSU第17条12項の改正。「紛争の解決に必要な限度において」問題を取り扱うことを明記	紛争の解決を達成できる範囲で法的な問題を検討する	DSBの勧告を行うことを支援することに必要な限度で検討を行う	上級委員会がWTO協定の権利・義務を追加することは認められないことの確認（AD協定第17.6条も参照）	上級委員会は紛争の解決に必要な限度で判断を行うべきで、必要と考えた根拠を報告書に明示すべき

◇終　章◇　WTO上級委員会問題と各国の改革提案の動向〔阿部克則・関根豪政〕

④ 加盟国の国内法の新規の検討	DSU第17条6項への脚注の追加。加盟国国内法の意味についてのパネルの判断は上訴対象とはされないことの確認	加盟国国内法の意味についての判断は上訴対象とはされない	DSU第15条1項の適用対象となる「事実…に関する部分」は上級委員会の検討範囲外	加盟国は上訴時に、上級委員会が審議できる事項を超えて上訴することを避けることの確認	パネルは国内法についての判断を事実についての判断と描写し、上級委員会はその判断を尊重する
⑤ 先例拘束性の問題	上級委員会とWTO加盟国との間の年次会合を通じた意見交換の機会の創設	先例としての拘束性はないことを加盟国間で確認（ただし、先の判断を考慮することは是認）	先例として法的な拘束性はないこと（ただし、先の判断は考慮されるべき）を確認	上級委員会が採用したものとは異なる解釈にパネルは依拠できることを確認	採択されたパネル及び上級委員会の報告書には拘束力はない。過去の報告書を考慮する場合には、その関連性について報告書の中で説明すべき
追加的な提案	1期6-8年制の導入*。後任が決定するまで委員は任務遂行が可能、任期の切れた委員の後任選定は自動的に開始*	加盟国の見解を要約した報告書をWTO事務局が定期的に公表	上級委員会の新委員の選定は、任期が切れる180日前から開始すべき	DSB決定の実施のためにDSBと上級委員会の間で定期的な対話の制度を創設（対話の成果の実施の確保については加盟国が検討）	DSBが上級委員会の年次会合を開催する

※EU等の提案のうち、＊はWT/GC/W/753に記された提案で、その他はWT/GC/W/752に記された提案

＜初出・原題一覧＞

序　章　阿部克則・関根豪政「国際貿易紛争処理の現状と本書の意義・構成」書き下ろし

◆第1部

第1章　阿部克則「WTO 紛争解決手続におけるパネル設置要請と先決的抗弁」千葉大学法学論集 27 巻 4 号（2013 年）59-93 頁

第2章　関根豪政「WTO 紛争解決制度における「複数の被申立国」手続」NUCB journal of economics and information science, 63 巻（2019 年）9-30 頁

第3章　平見健太「WTO 紛争処理における measure 概念の展開――国際通商における「法の支配」の射程」日本国際経済法学会年報 26 号（2017 年）213-234 頁

第4章　Takemasa Sekine, "Enhanced Third Party Rights under the WTO Dispute Settlement System", *Manchester Journal of International Economic Law*, Vol. 15, No. 3（2018）, pp.354-393

第5章　小寺智史「WTO 紛争処理制度と「妥当な期間」――履行過程における時間の制度的統制」書き下ろし

第6章　阿部克則「WTO 履行パネルの管轄事項」学習院大学法学会雑誌 53 巻 2 号（2018 年）117-143 頁

第7章　関根豪政「国家間貿易紛争解決手続の公開：自由貿易協定における展開と世界貿易機関に与える示唆」NUCB journal of economics and information science, 61 巻 1 号（2016 年）63-88 頁

第8章　阿部克則「CAFTA-DR 紛争処理手続におけるパネル設置要請と先決的抗弁」学習院大学法学会雑誌 55 巻 1 号（2019 年）3-26 頁

◆第2部

第9章　阿部克則「WTO 上級委員会検討手続第 15 項をめぐる諸問題――退任上級委員に関する移行規則はどうあるべきか？」書き下ろし

第10章　平見健太「WTO 紛争処理と司法抑制――不均衡な制度構造を背景とした紛争処理機能の再定位」書き下ろし

第11章　堀見裕樹「安全保障例外条項と紛争処理の限界――司法判断適合性の観点から」書き下ろし

第12章　関根豪政「紛争解決機関（DSB）の機能の再検討―― DSB は WTO 紛争解決手続の正統性の付与にいかに寄与しうるか」書き下ろし

終　章　阿部克則・関根豪政「WTO 上級委員会問題と各国の改革提案の動向」書き下ろし

〈編著者〉

阿 部 克 則〈あべ・よしのり〉
　学習院大学法学部教授

関 根 豪 政〈せきね・たけまさ〉
　名古屋商科大学経済学部教授

国際貿易紛争処理の法的課題

2019（令和元）年 12 月 15 日　　第 1 版第 1 刷発行

編 著 者	阿 部 克 則
	関 根 豪 政
発 行 者	今井 貴 稲葉文子
発 行 所	株式会社 信 山 社

〒 113-0033 東京都文京区本郷 6-2-9-102
Tel 03-3818-1019　Fax 03-3818-0344
info@shinzansha.co.jp
出版契約 No.2019-5470-9-01010 Printed in Japan

ⓒ 編著者 2019　印刷・製本／亜細亜印刷・牧製本
ISBN978-4-7972-5470-9-012-030-020 C3332
P428. 分類 329.000. a011 国際法・国際経済法

JCOPY 〈社〉出版者著作権管理機構 委託出版物〉
本書の無断複写は著作権法上での例外を除き禁じられています。複写される場合は，
そのつど事前に，〈社〉出版者著作権管理機構（電話 03-5244-5088，FAX03-5244-5089，
e-mail:info@jcopy.or.jp）の許諾を得てください。〈信山社編集監理部〉

国際私法年報　国際私法学会 編

ＥＵとは何か ― 国家ではない未来の形 (第3版)
　中村民雄 著

ＥＵ法研究　中西優美子 責任編集

ＥＵ競争法　笠原　宏 著

国際人権法　芹田健太郎 著

日本の海洋政策と海洋法 (増補第2版)　坂元茂樹 著

ヨーロッパ地域人権法の憲法秩序化　小畑　郁 著

ヨーロッパ人権裁判所の判例 II
　小畑郁・江島晶子・北村泰三・建石真公子・戸波江二 編

日本とブラジルからみた比較法
　二宮正人先生古稀記念
　柏木昇・池田真朗・北村一郎・道垣内正人・阿部博友・大嶽達哉 編

信山社

不戦条約　上・下　【国際法先例資料集　1・2】
　　柳原正治 編

プラクティス国際法講義（第3版）
　　柳原正治・森川幸一・兼原敦子 編

演習プラクティス国際法
　　柳原正治・森川幸一・兼原敦子 編

変転する国際社会と国際法の機能　内田久司先生追悼
　　柳原正治 編

変革期の国際法委員会　山田中正大使傘寿記念
　　村瀬信也・鶴岡公二 編

国際法の実践　小松一郎大使追悼
　　柳井俊二・村瀬信也 編

国際法学の諸相—到達点と展望　村瀬信也先生古稀記念
　　江藤淳一 編

ブリッジブック国際法（第3版）　植木俊哉 編

信山社

国際法研究
岩沢雄司・中谷和弘 責任編集

ロースクール国際法読本
中谷和弘 著

サイバー攻撃の国際法
―タリン・マニュアル2.0の解説
中谷和弘・河野桂子・黒﨑将広

宇宙六法
青木節子・小塚荘一郎 編

実践国際法（第2版）
小松一郎 著

漁業資源管理の法と政策
―持続可能な漁業に向けた国際法秩序と日本
児矢野マリ 編

―― 信山社 ――